# 인간 본성의 역습

**옮긴이 | 강주헌**

한국외국어대학교 프랑스어과를 졸업한 뒤 동 대학원에서 석사 및 박사학위를 받았고 프랑스 브장송대학교에서 수학했다. 2003년 '올해의 출판인 특별상'을 수상했으며, 현재 영어와 프랑스어 전문번역가로 활발하게 활동 중이다. 옮긴 책으로는 《총 균 쇠》《역사는 어떻게 만들어지는가》《12가지 인생의 법칙》《빌 브라이슨 발칙한 미국 산책》《촘스키처럼 생각하는 법》 등 100여 권이 있으며, 지은 책으로는 《원서, 읽(힌)다》《기획에는 국경도 없다》《원문에 가까운 번역문을 만드는 법》 등이 있다.

Copyright © Harvey Whitehouse, 2024
First published as Inheritance: The Evolutionary Origins of the Modern World in 2024 by Hutchinson Heinemann, an imprint of Cornerstone. Cornerstone is part of the Penguin Random House group of companies.

Korean translation copyright © 2025 by Wisdom House, Inc.
Korean translation rights arranged with Penguin Random House through EYA Co.,Ltd.

이 책의 한국어판 저작권은 EYA를 통한 저작권사와의 독점계약으로 (주)위즈덤하우스에 있습니다.
저작권법에 의하여 한국 내에서 보호를 받는 저작물이므로 무단전재 및 복제를 금합니다.

# 인간 본성의 역습

인간 본성은
우리의 세상을
어떻게 형성했고,
구원할 수 있는가

하비 화이트하우스 지음
강주헌 옮김

INHERITANCE

위즈덤하우스

**일러두기**
- 본문에서 인명·지명 등 고유명사는 국립국어원의 외래어 표기법 및 용례를 따랐다. 단, 표기가 불분명한 일부는 실제 발음 혹은 널리 쓰이는 용례를 따라 썼다.
- 옮긴이 주는 본문에 적고 표시했다. 미주는 모두 저자의 주다.

메리디, 대니와 샐리, 딜라일라, 퍼트리샤에게
이 책을 바친다.

## 이 책을 향한 찬사

진화론적 관점에서, 인류의 가장 위대한 성공과 실패를 통찰력 있고 흥미진진하게 설명한다.

- 유발 하라리, 《사피엔스》 저자

시간을 크게 가로지르고, 다양한 지역을 넘나들며, 다양한 유형의 인간 사회를 대담하고 포괄적으로 분석했다. 귀하게도 광범위한 범위를 다룬 야심 찬 책이다.

- 피터 프랭코판, 《실크로드 세계사》 저자

세계가 점차 미쳐가고 더 나빠지고 위험해진 듯하다고 생각하며 시간을 보낸 적이 있다면, 우리에게 생각하도록, 도발하도록 요구하는 이 책은 세계가 그렇게 전락한 이유를 이해하는 데 도움이 된다. 더 나아가 어떻게 하면 더 나은 미래를 만들어갈 수 있을지 생각하는 데도 도움이 될 것이다.

- 크리슈탄 구루 무르티, 〈채널4 뉴스〉 진행자

쉽게 읽힌다. 우리 안에서 진화한 인간 본성을 활용하는 것이 인간 본성을 초월하려는 시도보다 지금 우리에게 필요한 행동 변화를 이끌어낼 가능성이 더 높다고 설득력 있게 주장한다.

- 피터 싱어, 《우리 시대의 동물 해방》 저자

명쾌하면서도 독창적이다. 현대 사회의 기저에 있는 역학을 이해하기 위한 안내서로만이 아니라, 자연과학과 사회과학의 접근법을 결합한 표본을 보여준 저작으로도 중요하다.

— 리처드 랭엄, 《요리 본능》 저자

인간 조건에 대한 매우 설득력 있고 도발적이며 영감을 주는 분석이다. 흥미진진하고 읽기 쉽게 쓰였을 뿐 아니라 인류학이 왜 중요한지 보여준 책이다.

— 질리언 테트, 《알고 있다는 착각》 저자

놀라울 정도로 광범위한 범위를 다룬 무척 중요한 책이다. 이 분야의 대가가 수십 년간 쌓아온 인간 본성에 대한 깊은 통찰을 담았다.

— 루이스 다트넬, 《오리진》 저자

이 야심 차고 방대한 저서에서 화이트하우스는 거의 40년에 걸친 연구를 종합하여 인류 역사의 흐름이 세 가지 자연적 본성에 의해 형성되었다고 주장한다. 순응주의(동료들을 모방하려는 우리의 선천적 성향), 종교성(특정 도덕적 헌신과 세계관에 대한 신념을 발전시키려는 우리의 경향), 그리고 부족주의. 그는 이 세 가지 본성이 때로는 놀라운 협력의 성과를 이루는 데 활용되어 더 큰 사회와 복잡한 정정치체제를 창설할 수 있게 했다고 설명한다. 그러나 이 세 가지 본성은 동시에 갈등과 폭력을 부추기고 잔혹하며 불평등한 정치체제를 강화하기도 했다. 그는 지구 온난화 위협에 효과적으로 대응하려면 이러한 자연적 본성을 우리에게 유리하게 활용할 방법을 찾아야 한다고 주장한다.

— 《가디언》

**차례**

6    이 책을 향한 찬사
10   들어가는 말  인류의 부자연스러운 역사

## 1부 | 인간의 세 가지 본성

35   **1장 모방 문화:** 스펀지처럼 빨아들이는 인간
67   **2장 야생의 종교:** 자연스럽게 확산되는 믿음과 협력의 이유
114  **3장 사회적 접착제:** 피보다 진하게 흐르는 물

## 2부 | 본성은 어떻게 지금의 우리를 만들었는가

159  **4장 관습과 의례:** 집단을 확장하는 힘
200  **5장 종교와 사회:** 신의 이름으로 만들어진 거대 사회
251  **6장 부족과 전쟁:** 문명과 함께 진화하는 부족주의

## 3부 | 본성에 새로운 해법이 있다

| | |
|---|---|
| 291 | 7장 기후 위기에 대응하는 새로운 전략 |
| 337 | 8장 돈벌이로 전락한 종교성 |
| 374 | 9장 결집하거나 증오하거나, 부족주의의 두 얼굴 |

| | |
|---|---|
| 419 | 맺는말 테라 부족의 부상 |

| | |
|---|---|
| 446 | 감사의 말 |
| 449 | 옮긴이의 말 더 나은 미래를 위하여 |
| 452 | 주 |
| 480 | 찾아보기 |

**들어가는 말**

# 인류의 부자연스러운 역사

내가 인류학자라서 그런지 사람들이 나를 이상하거나 어리숙한 사람, 혹은 둘 모두인 것처럼 보는 일에 익숙하다.

나는 태평양의 한 열대 섬을 2년 동안 보금자리로 삼아 지냈다. 그 섬은 내가 현장 연구를 처음으로 수행한 곳이었고, 나는 그곳 사람들을 졸졸 따라다니며 그들이 공동묘지 사당에서 조상들에게 제물을 바치는 모습을 지켜보았다. 아득히 멀리 떨어진 잉글랜드의 케임브리지대학교 박사 과정 학생으로서 나는 파푸아뉴기니에서도 가장 덜 연구된 원주민 문화 중 하나에서 꼬박 2년을 지냈다. 파푸아뉴기니의 열대우림 깊은 곳에는 언어가 기록된 적이 없고, 전기와 수돗물도 없는 마을에서 살아가며 극소수의 외부인에게만 알려진 부족 하나가 있었다. 나는 그들과 함께 생활하며 그들을 인터뷰했고, 모든 것을 빠짐없이 공책에 기록했다.

사당 자체는 마을의 여느 집과 똑같아 보였고, 도끼와 덤불 칼을 사용해 주변 숲에서 채취한 재료들로 만들어졌으며 풀을 엮어 만든 지붕이 씌워 있었다. 그러나 사당으로서 무척 독특한 종교적 기능을 해냈다. 열성적이고 성실한 연구생으로서 나는 조상에게 제사를 지낸다는 개념을 가능한 한 모든 각도에서 분석해야겠다는 의무감을 느꼈다. 조상들이 사당을 두른 대나무 벽처럼 단단한 물체를 곧장 통과할 수 있을까요? 조상들이 자신들에게 제물로 올린 젯밥을 정말 먹나요? 조상들이 이렇게 자신들에게 바쳐진 제물에 기뻐할까요?

이렇게 질문할 때마다 부족민 친구들은 어리둥절한 표정을 지었다. 현장 연구를 시작하고 몇 달이 지나지 않아, 부족민들은 내가 끝없이 쏟아내는 순진무구한 질문을 기다리는 기색까지 보였다. 전반적으로 그들은 놀라울 정도로 관대했고, 내 무지함을 해결해주려고 겉으로는 무한히 인내하는 것처럼 보였다. 하지만 앞에서 언급한 질문들은 새로운 차원의 터무니없는 질문이었다. '물론입니다. 조상들은 벽을 통과할 수 있습니다.' '그렇지는 않습니다. 조상들이 젯밥을 정말 먹지는 않습니다. 밥을 먹다니, 말도 안 되는 소리입니다.' '물론입니다. 조상님들이 우리 제물에 기뻐하실 겁니다. 그렇지 않으면 우리가 왜 제물을 바치겠습니까?'

마지막 대답이 특히 내 관심을 끌었다. "아하!" 나는 무심결에 이렇게 내뱉고는 "그럼 조상들은 육체가 없어도 생각이 있다는 건가요?"라고 다시 물었다. 부족민들은 놀란 표정으로 눈을 깜빡이며 나를 쳐다보았고 "물론입니다. 조상님들에게도 정신이 있습니다"라고 말했다. 어쩌면 그들이 '우리가 이 멍청이를 우리의 가장 신성한 의식에 초대하는 실수를 저질렀다'라는 말을 입 밖에 내지 않은 것만으로도 예의를 차린 것 같았다.

인류학 공부를 하는 동안, 나는 내가 알고 있다고 생각하는 모든 것을 접어두고, 내 문화적 배경에서 비롯되는 선입견과 추정을 버리고 최대한 열린 마음으로 현장을 관찰하라는 교육을 받았다. 한마디로 '자문화 중심주의ethnocentrism'라는 죄악에서 벗어나라는 뜻이었다. 그러나 솔직히 말하면, 나는 그 부족 사람들에게 조상에 대해 질문하면서도 어떤 대답이 주어질지 알고 있었다. 왜 그랬을까? 나를 초대한 부족이 옳았기 때문이다. 그들의 대답은 자명했다. 사실 그런 대답은 누구에게나, 어디서나 뻔했다. 지상의 어떤 인간 사회에서나 죽은 사람에 대해 똑같은 질문을 하면, 모두가 거의 똑같이 대답할 것이 분명하다. 혼령에게는 육체가 없지만, 정신이 있어 감정을 겉으로 드러내고 기억하며 우리가 하는 말을 이해할 수 있다는 관념이 시공을 초월해 팽배하기 때문이다. 게다가 우리의 정신과 육체는 분리될 수 있어, 우리가 죽은 뒤에도 혼령은 계속 살아있다는 관념도 비슷한 정도로 팽배하다. 잉글랜드의 시골 저택을 떠나지 않는다는 유령들, 빙의를 맹신하는 아프리카계 브라질인들이 생각하는 혼령들, 중국인들이 믿는 조상신들을 생각해보라.

이런 관념은 인간 본성에 뿌리를 두고 있기 때문에 보편적이며, 새로운 세대에도 좀처럼 사라지지 않고 반복된다.[1] 이런 자연발생적인 믿음은 우리 인간종의 가장 뚜렷한 특징 중 하나다. 침팬지, 보노보, 고릴라 등 우리와 가장 가까운 영장류 친척들의 행동을 관찰한 결과를 보면, 죽은 것의 혼령에게 음식을 제물로 바치며 혼령의 마음을 달래고, 도와달라고 간청하는 세계가 존재하지 않는다. 하지만 인간 사회에서는 이런 관념이 들불처럼 확산되어 팽배하다. 이런 믿음의 구체적인 특징은 문화권에 따라 무한히 다른 형태로 표현되지만 그 기본적인 요소들은 인류의 역사에서 끊임없이 반복해서 나타난다.

달리 말하면, 우리가 다음 세대로 전승하는 것들, 예컨대 문화적 전통은 놀라울 정도로 다양한 형태를 띤다. 그러나 그 모든 형태가 궁극적으로는 우리의 진화한 심리에 뿌리를 두고 있다. 이렇게 문화적으로 진화한 전통과 생물학적으로 진화한 직관이 결합한 결과물이 무수한 세대를 거쳐 우리에게 전해진 집단 유산이 된다. 이 책은 그 집단 유산에 대해 살펴보며, 그 유산을 함부로 탕진하는 위험을 경고한다. 따라서 어떻게 해야 우리가 이 유산을 미래에 더 현명하게 투자할 수 있는가에 대해 연구한 책이기도 하다.

## 인간의 본성과 우리의 부자연스러운 역사

우리가 공통적으로 물려받은 유산의 가장 기본적인 요소는 모든 인간 사회에서 반복해서 관찰되는 세 가지 편향성이다. 첫째는 순응주의conformism로, 우리가 주변의 다른 사람들을 무작정 모방하는 성향이다. 예컨대 우리는 태어나 성장한 집단의 법도와 관습을 스펀지처럼 빨아들이며, 특별한 건축물에 젯밥을 제물로 바치는 등 주변 사람들의 행동을 그대로 되풀이한다. 둘째는 종교성religiosity이다. 종교성은 우리에게 내재한 자연스러운 성향, 즉 신과 혼령, 조상에 대한 관념을 습득하고 전파하는 성향을 가리킨다. 셋째는 부족주의tribalism다. 부족주의는 호화로운 잔치를 벌이거나 전쟁터에서 목숨을 걸고 싸우는 등 소속 집단에 대한 열정적인 충성심으로 흔히 나타난다. 이 세 가지 편향성은 인류의 역사가 어떻게, 또 어떤 이유에서 현재와 같은 방식으로 전개되었는지를 이해하는 데 무척 중요하다.

그러나 내가 이런 성향에는 원천적으로 근거가 있다고 주장하지만, 이 책은 인간 행동이 어떻게든 유전적으로 결정된다고 주장하는 환원주의적 진화심리학에 기초하지 않는다. 이 책에서는 우리의 본능적 편향성이 수천 년 동안 문화적 진화에 어떻게 영향을 받아 어떻게 확장되었는가를 살펴보고, 그 결과로 우리가 본성의 한계를 극복해 점차 더 큰 규모의 사회에서 협력하며 살아갈 수 있게 되었다고 말한다. 문화적 진화로 인해 우리 인간의 본능적 성향과 감수성은 강화되고 확장되었다. 생물학적 진화와 문화적 진화라는 두 가지 진화 과정을 동시에 겪으며 인간은 지식과 과학기술을 축적했고, 궁극적으로 지금과 같은 현대 세계를 이루어냈다.

인간의 본능적 성향을 활용하고 그 한계를 극복하는 과정은 시대와 장소에 따라 다른 방식으로 이루어졌다. 그러나 그런 다양성 이면에는 뚜렷한 패턴도 숨어 있다. 그 과정의 심층 구조를 파악하기 위해서는 인간이 사는 세계를 거대한 정원으로 생각하면 도움이 된다. 그 정원에서 자라는 놀랍도록 다양한 식물은 세계 곳곳에서 발견되는 다채로운 문화에 비견된다. 많은 풀과 덤불이 야생에서 저절로 나서 자란다. 비유해서 말하면, 이런 풀과 덤불은 순응하고 맹신하고 소속되려는 인간의 본능적 편향성에서 비롯되는 문화적 관습이라 할 수 있다. 야생식물은 뽑아내려고 아무리 노력해도, 또는 과학이나 종교적 정통성 혹은 다른 권위를 앞세워 통제하려고 해도 어디에서나 고개를 내밀고 자란다.

그렇지만 정원에는 의도적으로 심은 식물종도 있다. 예컨대 이국적인 열매를 맺는 품종으로, 포식자들을 견제하던 가시들이 선택교배selective breeding를 통해 순화된 것이다. 이런 공간에서 인간의 본능적 성향과 감수성도 이용되고 확장되어, 다시 말해서 교화되어 다양한 문화 시스템을 만들어낸다. 이국적 열매를 맺는 나무는 세계의 역사에서 처음으로 국가가 형성되고 종교가 조직화된 때를 가리킨다. 이때 전제 군주가 처음으로 등장하고, 신을 즐겁게 하고 신의 분노를 가라앉히려고 인간을 제물로 바쳤다. 이 과일나무종 중 일부는 오래전에 베어졌지만, 한때 정원의 많은 지역에서 자랐다. 그 그루터기가 지금까지도 곳곳에 남아, 수천 년이 지난 현재도 정원에서 과거의 모습을 떠올려주고 있다.

끝으로 정원에는 가로세로로 똑바로 줄을 맞추어 심긴 복제 나무들도 있다. 이 나무들은 수천 년 동안 지속된 교화의 산물로, 본래의 모습에서 크게 벗어난 현재의 사회 시스템, 즉 오늘날 우리 삶을 상징한다. 적잖은 복제 나무가 야생식물 및 인위적으로 재배되는 다양한 품종의 채소와 과일나무로 둘러싸여 있듯이, 세계의 많은 지역에서는 토속신앙과 조상숭배가 엄밀하게 다듬어진 종교 교리들과 더불어 여전히 번창하고 있다. 그러나 정원의 일부 지역이 야생의 모습을 완전히 상실한 채 줄을 맞추어 반듯하게 심긴 침엽수 군락지로 바뀌었듯이, 세속화된 통치 체제와 교육제도가 원초적 형태의 종교적 관습을 몰아냈다. 씨앗이 바람을 타고 이동하고, 정원사가 변화무쌍한 원예 전략을 채택하기 때문에 지상의 여러 대륙에서나 이 정원에서나 시간이 지남에 따라 생명체가 끊임없이 바뀐다.

　이번에는 이 정원의 배치를 세계 곳곳에 뿌리내린 뒤에 확산된 문화 체계들의 지리적 분포와 유사한 것으로 변환해 생각해보자. 중동, 인도 북서부와 파키스탄, 중국 칭하이성青海省은 내가 앞에서 언급한 순서대로 온갖 형태의 생명체가 번창한 정원의 일부 지역과 비슷하다. 처음에는 거의 다듬어지지 않은 믿음과 습관이 본능적인 직관에서 생겨났고, 다음에는 복잡한 형태의 사회조직과 종교가, 마지막으로는 고도로 교화된 형태의 현대 세계가 생겨났다. 한편 남북 아메리카를 포함해 다른 지역에는 유럽의 식민지 개척을 통해 이런 특징들 중 일부가 유입되고 도래되었다. 그러나 모든 종류의 식물이 처음 생겨나 확산된 곳에서도 초기의 식물들이 오늘날에도 존속하며, 야생식물과 개량된 품종이 함께 자라는 경우가 적지 않다. 예컨대 조상숭배는 동아시아의 많은 지역에서 지금도 폭넓게 행해지고 있으며, 지도자를 신성한 존재로 여기는 경우도 여전히 존재한다(예: 태국 왕이나 교황). 종교 조직이 확립되고 오랜 역사를 견디면 문화의 한 축에서 완전히 사라진 경우는 거의 없다. 일시적으로 사라졌더라도, 혁명과 개혁, 반란 등 겉보기에 주기적으로 반복되는 격변을 통해 되살아나는 경우가 많았다.

　오늘날의 세계에서 우리가 직면한 문제를 해결하는 데는 인간 본성과 문화의 이런 상호작용을 이해하는 것이 무엇보다 중요하다. 우리가 정원을 가꾸는 데 별다른 관심이 없어 과거의 원예가들이 축적한 지식을 무시한다면 결국 토양이 황폐화되고, 문자 그대로나 비유적으로나 식량이 떨어지는 지경을 맞이할 수 있다. 우리의 생존 열쇠는 우리가 키우려는 식물의 씨앗을 더 많이 심는 데에만 있는 것이 아니라, 정원 본연의 한계를 인식하는 동시에 그 한계를 거스르지 않고 문제를 극복하는 쪽을 선택하는 데도 있다.

이런 접근 방식은 논란의 여지가 없어 보이지만, 학계에서는 전혀 그렇지 않다. 안타깝게도 대부분의 사회과학자에게는 인간의 본성을 고려하지 않은 채 사회와 문화 체계를 연구할 수 있고, 반드시 그렇게 연구해야 한다는 것이 기본 신조다. 언뜻 보기에도 채택하기가 망설여지는 원칙이다. 어떤 형태로든 종교적 근본주의에 매몰된 사람이 아니라면, 오늘날 그런대로 교육을 받은 사람은 우리를 특징짓는 생물학적 유형만이 아니라 우리 뇌도 자연선택에 따라 진화했다는 사실을 인정할 것이다. 그렇지만 문화적 믿음과 관습의 형성 및 확산에 관해서는 우리가 빈 서판blank slate과 같다고 가정하는 사회과학자가 의외로 많다.[2] 이런 연구 자세는 인지과학과 행동과학에서 거둔 많은 증거를 무시하고 묵살하는 것과 같다.[3] 초기 단계에 사회생물학은 일반적으로 우파적 사고방식과 관련성을 띠었던 반면, 빈 서판이라는 가정은 좌경화된 태도나 자유주의적 태도와 관련이 있다. 하지만 그 반대의 경우도 쉽게 일어날 수 있어 상황은 더욱더 복잡해진다.[4]

그러나 가장 수구적이고 무엇이든 단순화하려는 평론가들에게 '인간 본성'에 대한 모든 논의를 떠넘겨야 할 이유가 어디에 있는가? 또 애초에 문화와 역사에서 인간 본성의 역할을 부정하거나 과소평가하는 일련의 주장들을 고수할 이유가 어디에 있는가? 이 책에서 차차 밝혀지겠지만, 우리의 선호와 상관없이 자연과 문화는 우리 삶의 모든 측면에 밀접하게 얽혀 있다.[5] 이 책에서는 자연스레 머릿속에 떠오른 생각들에 의해 문화가 형성되고 제약을 받는 다양한 방식이 다루어진다. 인간의 본능적 통찰력은 기본적으로 형성된다. 예컨대 모든 영장류는 고체 물체의 특성에 대한 직관력을 어린 시절에 기르며, 그 결과로 어떤 형태로든 '물리적 현상을 직관적으로 이해하는 능력intuitive physics'을 갖는다.[6] 하지만 물리적 세계에 대한 직관적 예상을 넘어서는 존재(마녀, 유령, 조상 등 단단한 벽을 통과하고, 하늘에서 둥둥 떠다닐 수 있는 존재)를 가정하는 수준의 상상력은 인간에게만 존재한다.

우리의 본능적 직관은 예기치 못한 이상한 방식으로 사회 시스템에 반영된다. 예를 하나 들어보면, 우리가 초자연적인 존재에 대해 갖는 직관은 사회적 지배에 대한 직관과도 관련이 있으며, 그 관련성은 여러 문화권에서 일관되게 확인된다. 나는 동료 학자들과 함께 진행한 실험실 실험을 통해, 아기들에게 유령이나 날아다니는 마녀처럼 공중을 떠다닐 수 있는 존재를 보여주면 아기들도 그 공중 부양자가 그런 능력이 없는 경쟁자와 싸우는 경우에 반드시 이긴다고 생각한다는 점을 입증했다.[7] 더 간단히 말하면, 우리는 본능적으로 초자연적 존재를 동경한다. 이런 관찰의 결과에서, 산타클로스부터 슈퍼맨까지 슈퍼히어로에 대한 이야기가 어린이들에게 인기가 높을 뿐 아니라 마법적 존재와 그 지상의 화신이 인간 사회에서 그토록 숭배받는 이유가 어느 정도 설명되는 듯하다. 인간 문화는 역사의 흐름에서 이런 관념들에 기초해 구축되었고, 점차 정교하게 다듬어진 초자연적인 존재가 가늠할 수 없을 정도로 초월적인 존재로 발전하기도 했다. 때로는 그 관념이 우리의 본능적 직관과 너무도 동떨어져, 성 삼위일체부터 불교의 사성제四聖諦까지 다음 세대로 전승하려면 많은 학습과 전문 지식이 필요한 경우도 있다.

이런 모든 이유에서 나는 이 책을 '자연스러운 역사'가 아니라 '부자연스러운 역사unnatural history'라 생각한다. 물론 자연선택에 따른 인간 심리의 생물학적 진화는 우리 유산에서 중요한 부분이고, 우리를 지금의 우리로 만든 것이기도 하다. 그러나 현대 세계는 문화적 진화 과정의 산물이기도 하다. 이 과정에서도 성공적으로 확산된 혁신은 살아남고, 나머지는 도태된다. 인간의 본성이 우리의 부자연스러운 역사를 형성하고 제약해왔지만, 그런 역사를 확정적으로 결정하지는 않았다. 인간 사회들로 이루어진 정원이 어떻게 더 커지고 복잡해졌는지 이해하려면, 인간의 본능적인 직관만이 아니라 우리가 사회적으로 정교하게 다듬어낸 규범과 제도까지 이해해야 한다. 결국 과제는 자연 대 문화의 대립 관계를 파악하는 것이 아니라, 자연과 문화가 함께 작용하며 어떤 영향을 미쳤는지를 파악하는 것이다.

내가 이 주장을 처음 펼치기 시작한 30여 년 전에는 이런 주장 자체가 위험한 짓이었다. 인류학은 완전히 밀폐되어 과학적으로 접근할 수 없는 공간의 문화를 연구하는 학문으로 여겨졌다. 인간의 심리 세계가 진화하며 문화에 어떤 영향과 제약을 주었는지를 설명하려는 시도는 '환원주의적reductionist'이나 '과학적scientistic'이라는 단어로 비난을 받았다. 그 때문에 인류학에서는 환원적 추론과 과학적 방법론이 죄악으로 여겨졌다. 연구원에 불과하던 내가 주제넘게 다른 방법론을 제시하면 "그런 접근법은 인류학이 아닐세"라는 질책을 받았다. 그런 질책을 인류학이라는 학문에 대한 의견으로만 받아들인다면 문제되지 않았지만, 인류학계라는 부족 집단으로부터 배척하겠다는 은밀한 위협이기도 했다. 게다가 종신 교수직을 아직 얻지 못한 사람에게는 직업적으로 자살이나 망명 중 하나를 선택하라는 강요로 여겨졌다.

하지만 곧 나는 다른 탈출구가 있다는 것을 알게 되었다. 파푸아뉴기니의 열대우림에서 돌아올 즈음, 나는 어떤 공동체의 신념 체계를 내 것으로 받아들이지 않고도 그 공동체에서 안전하게 살아가는 요령을 터득했다. 따라서 열대우림에서 친구들과 함께 어울려 살아가는 법을 터득했듯이, 나는 대학에서도 참여하는 관찰자, 즉 동료 학자들의 연구방법론을 조용히 지켜보면서 인간 행동에 대해 완전히 새롭게 생각하는 방식을 개발하는 학자가 될 수 있지 않을까 고민하기 시작했다.

## 새로운 사회과학

이렇게 새롭게 생각하는 방식의 핵심은 학계에서 서로 거의 교류하지 않는 폐쇄적인 전문가 집단들을 연결하는 데 있었다. 어떤 인간 집단이나 그렇듯이, 사회과학자들도 부족에 비견될 만큼 상당히 배타적인 집단이었다. 내가 30대 초에 대학 강사로 확고히 자리를 잡았을 때쯤에는 정치학자, 사회학자, 고고학자 등이 각자가 속한 부족을 드러내려고 몸에 두른 미묘하게 다른 표식들에 익숙해져 있었고, 그들이 자신의 부족에 얼마나 밀착되어 있는지도 잘 알았다. 매년 시험 때가 되면 나는 캠퍼스 내 여러 학부를 돌아다니며 학생들의 시험 점수를 전달해야 했다. 그때마다 어떤 연구실에서는 히피처럼 생긴 동료들(주로 사회학자), 어떤 연구실에서는 줄무늬 정장이나 스커트를 깔끔하게 차려입은 사람들(법률가)을 맞닥뜨려야 했고, 또 어떤 연구실에서는 보디 피어싱이 번뜩이는 학자들(민속 음악학자), 어떤 연구실에서는 팔꿈치에 가죽을 덧댄 헐렁한 코듀로이 콤비를 입은 학자들(역사학자)을 마주쳐야 했다. 그들은 각자 독특한 정체성을 지닌 부족을 형성했을 뿐 아니라, 시험 기간에 학생들의 점수를 주고받을 때를 제외하고는 다른 부족과 어울리지 않았다.

　내가 동료 집단들 사이에서 주목한 차이는 '사일로 문제silo problem'의 뚜렷한 징후였다. 다시 말하면, 전문화된 집단들이 서로 교류하지 않고 고립되는 경향이었다. 이런 사일로 현상이 문제인 이유는 사람들이 결국 서로 다른 식으로 옷을 입기 때문이 아니라 모두에게 도움이 되는 이론과 방법론, 연구 결과를 공유하는 일을 방해하기 때문이다. 그러나 나는 예컨대 실험심리학자들과 대화하며 더 많은 시간을 보낼수록 인류학이 그들의 연구 과제에 정보를 제공할 수 있고, 반대로 그들의 방법론이 인류학적 문제를 해결하는 데 사용될 수 있다는 것을 더 깊이 알게 되었다.

　내가 인류학을 공부하던 초기에 많은 시간을 할애해 씨름했던 수수께끼 하나를 예로 들어 설명해보자. 파푸아뉴기니에서 현장 연구를 실시하며 보낸 2년 동안, 나는 사람들이 죄를 용서받을 목적에서 특수한 컵에 돈을 놓는 행동을 자주 목격했다. 그 사람들은 그렇게 모인 돈의 상당한 부분을 자선단체에 기부했다. 나는 고해라는 의식에서 그처럼 놀랍도록 너그러운 행위가 비롯되는지 알고 싶었다. 사람들이 자신의 죄를 고백하며 용서를 구하는 의식은 가톨릭교회를 포함해 다양한 문화적 전통에 존재한다. 이런 의식 덕분에 우리가 어려움에 처한 사람들에게 더 관대해지고, 그래서 가난에 시달리는 공동체가 생존할 수 있을까? 안타깝지만, 사람들의 일상을 관찰하거나 그들에게 그렇게 행동하는 이유를 묻는 것만으로도 그 의문을 완전히 해결할 수 없었다. 요컨대 관찰만으로는 충분하지 않다. 여하튼 자신의 죄를 고해하는 사람은 다르게 행동하면서도 자선단체에 돈을 기부하는 이유를 그럴듯하게 설명할 수 있을 것이다. 예컨대 하느님의 은혜를 구하려고 그렇게 행동할 수도 있고, 고통받는 사람들에게 공감하는 감정으로 그렇게 행동할 수도 있다. 아니면 순전한 헌신에서 비롯된 행동일 수도 있다. 그들이 자신의 동기를 기꺼이 숨김없이 털어놓더라도 그들이 그렇게 행동하는 이유에 대한 실질적인 설명인지는 알 수 없다. 이런 이유에서 실험이 필요하다.

 나는 연구비를 지원받는 방법을 알아내자마자, 실험심리학 방법론을 훈련받은 박사 후 연구원들을 채용해서 이런 유형의 인류학적 의문들을 파헤치기 시작했다. 초기에 지원받은 보조금으로는 라이언 맥케이Ryan McKay라는 박사 후 연구원을 고용했다(훗날 맥케이는 런던대학교의 정교수가 되었다). 우리가 초기에 함께 진행한 연구 중 하나에서, 그는 가톨릭 신자들을 표본으로 모집해서 그들에게 과거에 저지른 죄와 그 죄를 고백하는 과정을 떠올려보라고 요구한 뒤에 교회에 돈을 기부할 기회를 제공했다. 그러나 실험 참가자의 절반은 돈을 기부하라는 요구를 받기 전에 고해를 통해 용서를 받았다고 생각한 반면, 나머지 절반은 기부 행위를 한 뒤에야 용서를 받았다고 생각했다. 이 실험에서 우리가 찾아낸 결론은, 고해에 대해 생각해본 적이 있는 사람이 그렇지 않은 사람보다 더 관대하다는 것이었다.[8] 이 실험은 내가 파푸아뉴기니에서 연구했던 고해 의식에서 부분적으로 영감을 받은 것으로, 사람들이 그렇게 행동하는 이유에 대한 까다롭기 그지없는 질문에 답할 수 있는 실험적 방법론의 표본이라 할 수 있다. 이 책에서는 인간 행동에 내재한 근원을 파악하기 위해 은밀한 관찰에만 의존하는 민족지학ethnography에 대조 실험을 결합해야 하는 이유가 설명된다.

그 후로 몇 년 동안 동료 학자들과 나는 이런 접근법, 즉 민족지학적 관찰에 기초를 두고, 인간의 다양한 사회문화적 시스템을 설명하기 위한 실험을 반복해 사용했다. 이 책에서는 브라질의 축구 팬들, 리비아의 혁명 반군, 카메룬의 농민들, 인도네시아의 종교 근본주의자들, 일본의 무술 단체들, 바누아투의 군장들 등 다양한 집단을 대상으로 내가 동료들과 함께 실시한 실험들이 소개된다. 물론, 우리 의문을 다양한 관점에서 답하는 데 필요한 방법론의 출처를 밝힐 때는 학계의 폐쇄적인 무리들이 언급되기도 할 것이다.

내가 관심을 둔 중대한 의문들의 답을 찾기 위해 실험이라는 방법을 사용하기 시작하고 오랜 시간이 지난 뒤, 현장 연구를 근거로 한 정성적 관찰qualitative observation에는 또 다른 유용성이 있다는 점을 깨달았다. 현장 연구를 통해 우리가 유망한 가설을 세우고, 그 가설을 실험으로 검증해서 새로운 자료를 결과로 얻어내는 데 도움을 받을 수 있다는 것은 사실이다. 그러나 현장에서 관찰해 얻은 정보는 그 자체로 과학적 흥미를 끄는 자료이기도 했다. 어떤 현상을 설명하는 데 그런 자료를 사용하려면 비교라는 방법이 필요했다. 다시 고해 의식을 예로 들어보자. 하나의 사례를 근거로 내세우며, 그런 의식이 추종자들을 더 너그럽게 만든다고 주장할 사람은 없을 것이다. 그러나 규모는 유사하지만, 고해 의식이 있는 무척 큰 규모의 표본 집단이 그런 의식이 없는 집단에 비해 더 너그럽다는 점을 입증할 수 있다면, 그런 주장을 합리적으로 뒷받침할 수 있을 것이다. 이런 통찰이 내가 처음으로 지도한 또 다른 박사 후 연구원, 퀜틴 앳킨슨Quentin Atkinson(훗날 오클랜드대학교의 정교수가 되었다)의 연구에 영감을 주었다. 앳킨슨과 나는 의식과 관련된 민족지학적 관찰 정보를 수집해 방대한 데이터베이스를 구축했다. 수십 곳의 문화권에서 찾아낸 600개 이상의 의식으로 구성된 이 데이터베이스는 인간 사회에 존재하는 의식의 원인과 결과에 대한 다양한 이론을 검증하는 데 사용되었고,[9] 우리가 나중에 의식의 힘에 대해 연구하는 방향을 결정하는 데도 큰 영향을 주었다.[10]

곧 나는 민족지학적 관찰에 적용되는 것이 역사 기록에도 적용된다는 점을 깨달았다. 역사책을 쓰는 전통적인 방법은 현존하는 기록물과 공예물을 주된 근거로 삼아, 과거에 있던 사건이나 삶의 특징을 최대한 상세하게 설명하는 것이다. 이런 식으로 접근하면, 오래전에 일어난 사건을 자세하게 묘사할 수 있고, 더 나아가 그 사건이 당시에 의미하던 것까지도 전달할 수 있다. 하지만 오늘날의 세계에서 정성적으로 관찰할 수 있는 것에 대한 설명이 그렇듯이, 정성적 관찰만으로는 인류의 역사에서 관찰되는 일정한 패턴을 과학적으로 설명할 수 없다. 그 수준에 도달하기 위해서는 정량적 접근 quantitative approach이 추가로 필요하다. 동료 학자들과 나는 각양각색의 제도와 발명이 세계 각지에서 언제 일어났는지에 대한 사례를 충분히 확보하면 무엇이 무엇을 선행했는지 규정할 수 있다는 점을 알게 되었다. 게다가 원인이 결과를 선행한다는 논리를 활용함으로써 우리는 역사의 흐름에서 인간 사회의 변화를 이끈 요인들을 더욱더 자세히 파악할 수 있었다. 이른바 빅데이터의 세계에 들어가 과거 문명들을 통계적으로 분석할 수 있게 되었다.

민족지학과 실험 방법론을 결합하는 것처럼, 유사 시대와 선사 시대를 정량화하는 작업은 사회과학과 인문학의 일반적인 규범을 위반하는 약간의 일탈로 여겨질 수 있다. 열린 마음으로 작업하기를 좋아하는 역사학자와 고고학자의 경우에도 과거의 특징을 수천 개의 작은 측정점으로 농축하는 것을 불편하게 여기거나 불쾌하게 생각할 수 있다. 역사학자도 민족지학자처럼 무척 상세히 기록되고, 무수한 주석이 더해진 문헌을 다룬다. 그런 문헌은 과거의 사건 및 그 사건이 일어난 사회문화적 맥락을 자세히 설명한 여러 권의 책으로 쉽게 분류된다. 그러나 나는 동료들의 도움을 받아 사회조직, 농업과 과학기술, 전쟁과 종교, 의식 등의 특징을 대대적으로 목록화해 과거에 대해 알려진 것을 아주 색다른 방식으로 정리하기 시작했다. 또한 목록에 수록된 각 항목이 인류의 역사에서 수천 년을 함께하고, 연구 표본으로 선택된 한 사회들에 존재했는지 여부를 확인하고자 했다. 많은 역사학자와 고전학자, 고고학자와 인류학자의 도움을 받아, 우리는 인류의 과거에 대한 방대한 데이터베이스를 구축함으로써 인류의 과거를 통계적으로 분석했다. 그 결과로, 초기의 농경 사회부터 근대 세계의 강대국과 제국까지 더욱 복잡한 사회체제를 잉태하는 데 기여한 요인들도 알아낼 수 있었다. 뒤에서 보겠지만, 우리는 그 과정에서 상당히 충격적인 사실을 새롭게 알아내기도 했다.

이 프로젝트의 범위가 확대되면서 나는 점점 더 많은 방법론과 학문, 접근법을 받아들였다. 이 책에 담긴 개념들을 발전시키는 데 무려 40년이 걸렸고, 그 과정에서 나는 진화 이론가, 데이터과학자, 통계학자와 지속적으로 협업한 동시에 역사학자, 고고학자, 민족지학자, 심리학자의 세계에도 더 깊이 빠져들었다. 게다가 이 프로젝트에 힘입어 나는 벨파스트퀸스대학교에 인지문화연구소를, 옥스퍼드대학교에는 사회결속연구센터를 설립할 수 있었다. 그 과정에서 나는 원래의 연구 터전이던 멜라네시아에서는 물론이고, 아시아와 아프리카, 남아메리카, 오스트랄라시아 등 여러 지역에서도 현장연구를 이끌었다. 또한 세계에서 가장 중요한 고고학 유적지, 뇌 영상 촬영 시설, 아동심리 연구실의 작업에 깊이 관여했을 뿐 아니라, 세계에서 가장 격렬한 분쟁지역과 극단주의 단체의 심장부에 초대받기도 했다. 이 모든 과정에서 나는 각 학문 분야의 고리타분한 배타성에서 벗어나 한층 포괄적인 접근법, 즉 초학문적 사회과학 trans-disciplinary science of the social을 만들어내려 애썼다.[11] 우리 공동체의 과거와 현재와 미래를 이렇게 새로운 관점에서 과학적으로 연구한 노력의 결실로 이 책을 쓰게 되었다.

## 세 가지 편향성

이 책에서 나는 수천 년 동안 우리 조상들에 의해 확장되었고, 진화하며 지금 우리가 살고 있는 고유한 세계를 만드는 데 기여한 편향성을 살펴보려 한다. 첫째로는 인간 본성에서 가장 본질적이면서도 특이한 특징, 즉 행동의 목적이 불분명한 경우에도 서로를 모방하려는 성향을 다룬다. 뒤에서 보겠지만, 이런 모방 충동 덕분에 인간은 과거 세대가 발견한 것들을 기억에 저장해둘 수 있었고, 시간이 지남에 따라 문화적 전통과 지식을 축적할 수 있었다. 나는 이런 측면의 인간 본성을 순응주의라고 칭한다.

순응주의는 이중적인 면을 띠어, 축복이자 저주이기도 했다. 인류가 힘을 합해 이루어낸 많은 놀라운 업적이나, 인간이 저지른 끔찍하기 이를 데 없는 적잖은 잔혹 행위도 순응주의로 설명된다. 하지만 좋든 나쁘든 간에, 순응주의에 따른 의례화된 행위가 급격히 증가하면서 최초의 대규모 사회가 탄생하는 데 핵심 역할을 했다. 또한 순응주의라는 편향성 때문에 지역 문화권들이 합쳐지고, 새로운 형태의 정치적 통일이 구체화될 수 있었다. 우리가 과거의 어느 때보다 미래지향적으로 사고할 수 있게 된 것도 순응주의 덕분이다.

안타깝게도 오늘날에는 정치의 양극화와 지속 불가능한 과소비가 확산되며, 세계의 많은 지역에서 화합력과 미래지향성이 쇠락하고 있다. 하지만 우리를 파멸의 길로 몰아간 순응주의적 본능이 우리를 수렁에서 건져낼 수도 있다는 점을 이 책에서 증명할 것이다.

이 책에서 다루는 두 번째 주된 편향성, 즉 종교성은 인류의 역사에서 순응주의 못지않게 중요하다. 많은 무신론자가 추정하듯이, 종교는 문화라는 창고에 단순히 선택적으로 더해지는 것이 아니다. 또 조직화된 종교의 열정적인 신도가 주장하듯이, 하느님이 우리에게 준 것은 더더욱 아니다. 오히려 내 생각에, 종교는 우리 뇌가 진화하는 과정에서 필연적으로 생겨난 부산물이다. 수천 년 동안 종교는 새로운 형태의 리더십을 가능하게 해주고, 점점 더 복잡해지는 사회 시스템을 촉진하는 데 핵심 역할을 해왔다. 그 과정은 조상숭배, 권력세습, 신성한 왕권이라는 형태를 거쳐, 오늘날 우리가 살고 있는 세계의 거의 모든 지역으로 확산된 도덕적 종교로 이어졌다.

그러나 조직화된 종교의 지배력이 느슨해지면서 새로운 형태의 종교성이 거의 눈에 잘 띄지 않게 힘을 키워가고 있다. 광고 산업, 소셜 미디어, 뉴스 복합기업news conglomerates은 예전보다 훨씬 더 창의적으로, 예컨대 브랜드 의인화brand anthropomorphism와 행동 수정behavior modification 같은 기법을 동원해서 우리에게 선천적으로 내재한 종교성을 이용하고 있다. 이런 식으로 소수의 엘리트 계층이 역사상 어떤 조직화된 종교보다 훨씬 더 큰 규모로 우리의 맹신적 믿음으로부터 얻는 이익을 늘려가고 있다. 더 심각한 문제는, 지불 능력이 가장 떨어지는 사람들이 그 비용을 부담하는 경우가 많다는 것이다. 하지만 종교성에 관해서도 나는 세계 자본주의가 악용하는 인간 본성의 특징을 통제할 수 있는 여러 수단이 있다는 점을 입증할 것이다. 또 인간 본성에 내재한 특징을 올바로 이용하면, 소셜 미디어 플랫폼과 뉴스 매체 등을 개혁함으로써 더욱더 합의된 결과를 끌어낼 수 있다는 점도 보여줄 것이다. 직관적인 형태를 띤 종교성은 우리에게 자연스레 주어지기 때문에 인간 본성에서 이런 측면을 없앨 수 없지만, 종교성이란 본성이 인간의 번영에 도움을 주고, 비합리적이고 파괴적인 모습으로 발현되는 것을 제약하는 방향으로 관리하고 활용할 수 있다.

마지막으로는 세 번째 편향성인 부족주의에 대해 살펴볼 것이다. 내가 보는 관점에서, 부족주의는 역사적으로 잔혹하기 이를 데 없는 행위들을 적잖게 낳았지만 평화롭고 창의적인 형태로 나타난 많은 협력에 동기를 부여하기도 했다. 또한 집단이 유대감을 갖는 심리적 원인에 대해 우리가 무엇을 알게 되었고, 집단의 유대감이 좋은 쪽으로든 나쁜 쪽으로든 우리 행동에 어떤 영향을 미쳤는지에 대해서도 다룬다. 이런 심리 연구에 근거해서, 부족주의가 역사에서 어떻게 활용되고 확장되었는지도 살펴볼 것이다. 그러나 부족주의에 대한 연구 결과들 중에는 우리를 불안하게 만드는 것이 적지 않다. 예컨대 세계의 역사에서 문명의 탄생과 확산을 이끈 가장 강력한 요인 중 하나가 전쟁이라는 것은 주지의 사실이지 않은가.

하지만 한때 도움이 되었던 부족적 충동이 이제는 우리 인간종에 존재론적인 위협을 가하고 있다. 군사과학기술이 그 어느 때보다 파괴적으로 발전한 까닭에 이제는 전쟁이 과거처럼 더는 승전국에 득이 되지 않을 수 있다. 하지만 현시대의 많은 문제를 해결하는 열쇠는 여전히 부족주의에 있다는 주장이 틀린 것은 아니다. 따라서 우리의 부족 본능이 현재는 지극히 해로운 방향으로 전개되지만, 지역 공동체와 국가 및 국제 외교의 차원에서만이 아니라 범지구적 부족이라는 새로운 형태의 정체성을 개발함으로써 부족 본능을 우리 모두에게 이익이 되는 방향으로 바꿔갈 수 있다는 것도 보여주려 한다.

요컨대 인간 본성에서 우리를 파멸의 늪으로 몰아가는 특징들은 경제 상황을 개혁하고, 지구의 자원을 보존하며 협력 능력을 확대하고, 갈등을 더 효과적으로 관리하는 데도 활용될 수 있다. 다시 말하면, 인류 문명이 실질적으로 번창할 수 있는 새로운 기반을 조성하는 데도 활용될 수 있다는 뜻이다. 따라서 이 책에서는 순응주의, 종교성, 부족주의라는 세 가지 편향성이 다른 맥락에서 동일한 순서로 반복해 다루어진다. 오늘날의 우리를 만든 세 가지 편향성을 세 번씩 반복해 살펴봄으로써 인간 행동에 내재한 몇몇 특징의 불변성만이 아니라, 우리가 지금 새로운 방향을 모색하고 있을지 모른다는 가능성까지 엿볼 수 있다.

그렇지만 우리 인간은 기후 붕괴, 기근과 질병, 핵무기를 통한 대학살 등 다양한 방법으로 지구를 파멸로 몰아갈 수 있다. 이런 종말론적 결과를 피할 가능성은 우리의 진화된 심리를 다수가 합의한 현명한 방법으로 활용할 수 있느냐에 달려 있다. 구체적으로 말해서 현명한 방법이 되려면 과학에 근거를 두어야 하고, 다수가 합의한 방법이 되려면 도덕적 관심의 공유, 집단 이익, 폭넓은 협의에 근거를 두어야 한다.

하지만 우리가 그렇게 할 수 있다면 미래 세계는 지금보다 더 나아질 것이다. 이런 이유에서 이 책에 담긴 메시지는 궁극적으로 희망적이다. 인간 본성과 우리 사회 및 문화 시스템의 진화에 대한 과학적 연구가 최근에 거둔 성과는 오늘날 세계가 직면한 가장 긴급한 모든 문제에 적용될 수 있다. 이 책의 목적은 그런 위험을 드러내는 데 그치지 않고, 더욱더 중요한 과제로서 평화로운 협력과 지속 가능한 번영을 위한 로드맵을 제시하는 데 있다. 따라서 우리에게 주어진 과제는 본성과 문화의 유산을 허투루 낭비하지 않고, 최적으로 활용하는 데 있다.

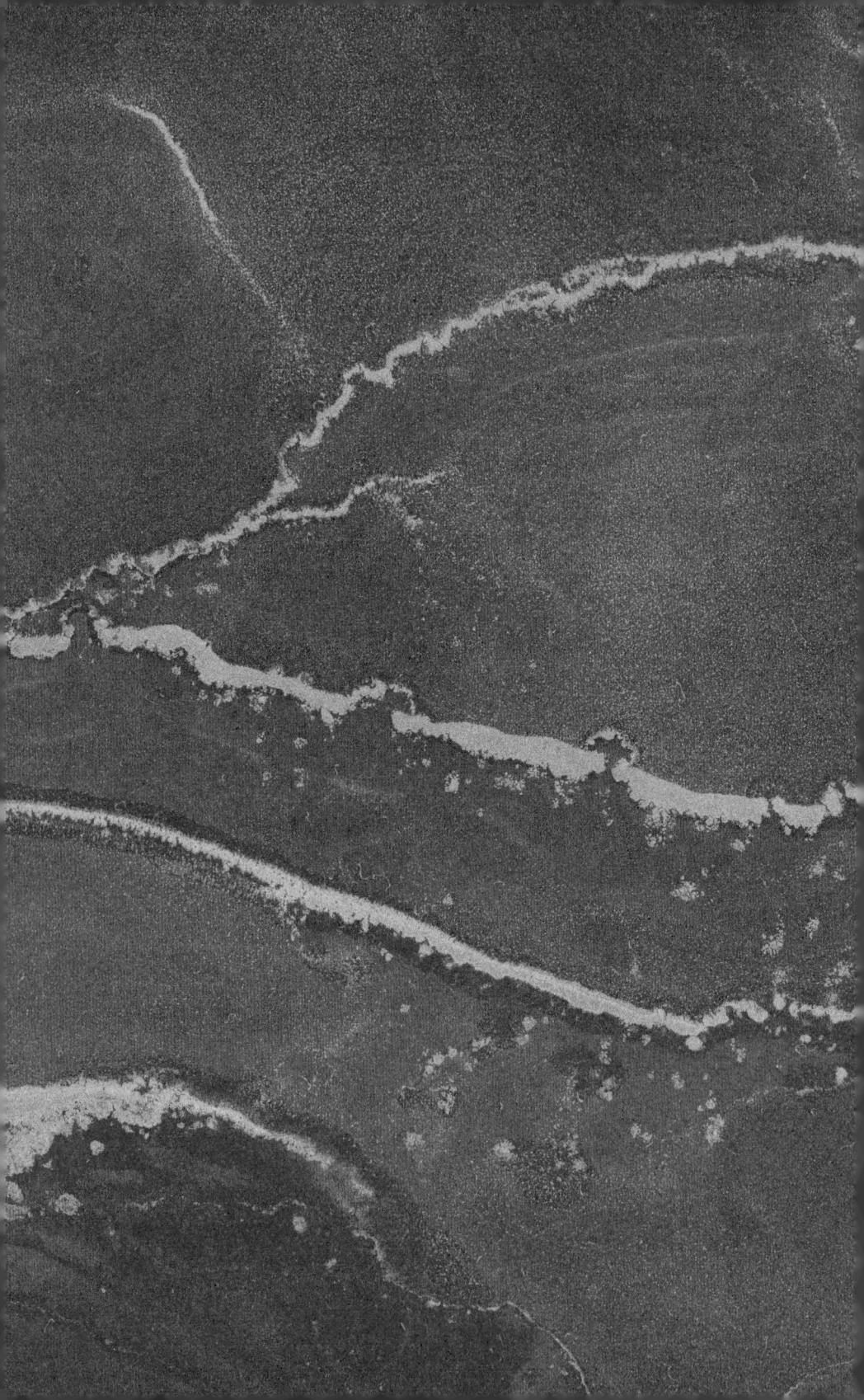

1부

# 인간의
# 세 가지 본성

# 1

# 모방 문화
### 스펀지처럼 빨아들이는 인간

처음에 네 살배기 소녀는 망설이는 듯했다. 그러나 동영상 속의 여인이 허락의 뜻이 담긴 미소를 보이자, 소녀는 조금 전의 수줍음을 잊고 호기심이 가득한 표정으로 물건들을 향해 손을 뻗었다. 그 소녀는 내가 동료들과 함께 텍사스대학교-오스틴에서 실시한 실험에 참가한 수십 명 중 한 명에 불과했다. 어린아이들이 어떤 행동에 분명한 목적이 없는데도 그 행동을 어떻게 어떤 이유에서 모방하는지 연구하기 위해 설계한 실험이었다. 아동심리 실험실의 탁자 위에는 밝게 칠해진 다양한 색상의 물건이 놓여 있었다. 오렌지색 공, 푸른색 육면체, 보라색 체스 말, 다채로운 색의 페그보드가 있었고, 무엇보다 은색으로 칠해진 상자가 호기심을 자극했다.

    실험에서 우리는 아이들에게 위에서 나열한 것처럼 이상하게 구색을 맞춘 물건들을 짧은 동영상으로 먼저 보여주었다. 동영상에서 모든 물건은 책상 위에 일렬로 가지런히 놓였고, 그 뒤로 젊은 여성이 앉아 있었다. 여성은 물건을 하나씩 차례로 들어 올린 뒤에 이리저리 돌려보거나 다른 물건과 살짝 부딪쳐 보고는 원래 자리에 조심스레 내려놓는 동작을 반복적으로 수행했다. 그렇게 모든 물건이 하나씩 들어 올려지고 내려진 뒤에야 동영상은 끝났다. 네 살배기 소녀는 이제 어떻게 할까? 우리는 이 의문의 답을 찾고 싶었다. 아이가 탁자 위에 놓인 물건을 갖고 놀까? 흥미를 잃고, 우리에게 더 재미있는 장난감이 있는지 물어볼까? 아니면, 실험실을 떠나고 싶어 할까? 소녀는 전혀 이런 반응을 보이지 않았다. 실험에 참가한 대부분의 아이가 그랬듯이, 그 소녀도 뜻밖의 반응을 보였다. 소녀는 방금 동영상에서 보았던 겉보기에 무의미한 행동을 그대로 '모방'했다.[1]

이런 행동에는 인간이 이런저런 형태의 관습과 의식, 의상을 갖게 된 중요한 단서가 감춰져 있다. 어린 시절의 어느 시점에 우리는 자신이 속한 공동체에서 악수를 하거나 상대의 뺨에 입술을 맞추는 행동으로 상대를 맞이하거나, 머리카락을 깔끔하게 자르고 특별한 장신구와 로션과 옷으로 몸을 꾸며야 하는 관습, 더 나아가 식사하는 자세까지 필연적으로 받아들이게 된다. 이 모든 것이 너무도 당연해서 우리는 그에 대해 어떤 의심도 품지 않는다. 그러나 누구나 삶의 과정에서 주변 사람들이 서로 악수를 나누거나 반짝이는 장신구를 목에 매달고 있는 모습을 처음으로 보며 의아한 생각을 품는 때가 있기 마련이다. 결국에는 우리 모두가 장신구와 인사법이 고유한 관습이라, 다른 공동체에 속한 사람들은 다르게 행동한다는 점을 알게 되지만, 극소수만은 '왜 우리가 그런 식으로 행동하는 거지?'라는 자명한 의문을 제기한다.

텍사스대학교-오스틴의 실험은 이 의문에 답하기 위한 우리의 첫 번째 시도였다. 그보다 수년 전에 심리학자들이 모방을 과학적으로 연구하기 시작했다. 그런 많은 학자가 이상할 정도로 제한적인 대답을 찾는 것으로 만족했다. 그들은 어린아이들이 겉보기에 아리송한 행동을 모방하는 이유가 지혜를 가진 어른이 쓸모없는 관습을 가르치지는 않을 것이라 믿기 때문이라고 주장했다. 다시 말하면, 어른들의 묘하고 이상한 행동이 무의미해 보일지라도 언젠가는 우리가 그 행동의 목적을 깨닫고, 시간을 들여 배우기를 잘했다고 추정하게 될 것이라는 뜻이다. 우리가 이런 깨달음에 이르지 못하더라도 그 행동을 모방하게 된 이유를 결국에는 잊어버리고, 그 행동이 관습이나 습관으로 영속화된다는 것이다.

그러나 인류학자로서 내 생각은 다르다. 평생 여러 인간 사회를 방문하며 다양한 형태의 의식을 연구한 결과, 나는 우리가 구체적인 유용성을 기대하며 공동체에서 다른 사람의 행동을 모방하지는 않는다는 점을 깨달았다. 그래서 모방의 가치는 모방이 우리에게 공동으로 소속된 집단에 대해 말해주는 것에 있지 않을까 싶었다. 나는 대서양을 가운데에 두고 옥스퍼드의 반대편에 있는 한 대학교에서 이런 직감적 가정에 동의하는 연구팀을 찾아냈다. 텍사스대학교-오스틴에서 크리스틴 레가리Cristine Legare가 이끄는 심리학 연구팀이 내 가정에 동의하면서, 기꺼이 나와 함께 연구하며 그 가정을 검증하겠다고 나섰다.

어린 소녀와 함께한 우리 실험은 뚜렷한 목적이 없는 행동을 우리가 어릴 때부터 모방하는 이유를 연구하려는 목적에서 고안되었다. 우리는 미묘하게 다른 두 가지 실험 조건을 준비했고, 그 결과가 어떻게 다를지 알고 싶었다. 네 살에서 다섯 살 사이의 어린아이 57명이 실험에 참가했다. 그중 절반 정도에게는 물건이 출발한 곳으로 되돌아가는 동영상을 보여주었고('최종 목적지'가 없음), 나머지 절반에게는 모든 물건이 출발한 곳으로 되돌아가지 않고, 최종적으로 은색 상자(대부분의 아이들에게 은색 상자는 무척 눈에 띄는 최종 목적지)에 들어가는 동영상을 보여주었다. 우리는 이 실험을 설계할 때, 미취학 아동은 상자를 무척 흥미롭게 생각하며 상자에 물건을 넣고 꺼내기를 좋아한다는 점을 미리 알고 있었다. 또 실험에서 사용된 상자처럼 반짝이는 밝은색 상자에 어린아이들이 훨씬 더 강한 동기를 부여받는다는 것도 우리는 경험적으로 알고 있었다. 그런데 우리가 찾아낸 결과는 뜻밖이었다. 아이들은 물건이 출발한 곳으로 되돌아가는 동영상을 보았을 때, 즉 뚜렷한 최종 목적지가 없는 동영상을 보았을 때 더 정확히 모방했고, 딴짓을 하며 일탈하는 경우가 더 적었다.

많은 심리학자가 가정했듯이 행동을 모방하는 목적이 특정한 분야에서 유용한 재주를 배우는 것이라면, 뚜렷한 목적지도 없이 애초에 출발한 곳으로 되돌아가는 겉보기에 무의미한 행동보다 (물건을 상자에 넣는) 명백한 결과가 있는 모형화된 행동을 모방하는 것이 더 가치 있다고 생각하는 편이 합리적이다. 여하튼 특정한 분야에서 유용한 재주는 세상에 중요하고 구체적인 영향을 미치는 경향을 띤다. 하지만 뒤에서 보겠지만, 이런 예측은 우리 인간종보다 다른 종에 더 맞아떨어진다.

그러나 인간은 어릴 때부터 정반대로 행동한다. 인간은 모방하는 행동에 뚜렷한 결과가 없을 때 그 행동을 더 충실히 따라한다. 그 이유가 무엇일까? 내 생각에는 인간이 의례의 동물ritual animal이기 때문이다.² 우리에게는 타인의 행동에 명확한 목적이 없을 때도 그 행동을 스펀지처럼 빨아들이는 천성적인 성향이 있다. 어느 지역에나 그곳의 문화 집단에는 고유하지만 객관적으로는 불필요하게 보이는 행동이 있다. 예컨대 인류학자나 역사학자가 기록하고 서술하는 모든 인간 집단에게는 출생, 결혼, 사망 등 삶의 주요 전환점을 기념하는 방법, 공동체의 성취를 축하하는 방법, 과거의 중대한 사건을 추모하는 방법, 자연에 마법적 영향력을 행사하는 방법 등과 관련된 고유한 일련의 규칙이 있다. 이런 규칙 중 일부는 단독으로, 몇몇은 가족 단위로, 일부는 지역 공동체에서, 일부는 수천 명 이상이 모이는 대규모 집회의 형태로 행해진다.

하지만 우리가 내일 당장 이 모든 의식과 의례를 중단하더라도 아기는 계속 태어나고 사람들은 여전히 사랑에 빠지고 함께 살아갈 것이다. 또 언젠가 우리는 모두 죽음을 맞이할 것이다. 그렇다면 왜 이 모든 의식에 신경을 쓰는 걸까? 무엇이 겉보기에 무의미한 행동을 우리가 모방하게 만들고, 우리가 자란 공동체의 관습을 스펀지처럼 빨아들이게 만들까? 우리 연구에 따르면, 그런 본성은 순응하려는 동기, 즉 주변 사람들을 모방함으로써 집단의 중심부에 안전하고 안정적으로 자리 잡으려는 동기에서 비롯되었다.

## 의례의 동물

지역적으로 고유한 관습이 진화할 수 있는 방법에는 한계가 없기 때문에 인류의 문화는 놀라울 정도로 다양하다. 2017년 나는 BBC2로부터 인간의 의례를 세계 최초로 다루려는 텔레비전 시리즈의 수석 자문위원을 맡아달라는 요청을 받았고, 우리는 세계 전역에서 인간종이 보여주는 행동의 다양성을 포괄하는 다큐멘터리 시리즈를 제작하는 작업을 시작했다.³ 한 에피소드에서 인도 북부에 위치한 라자스탄주의 마을이 소개되었다. 그 마을의 외곽에 많은 사람이 모였고, 그 앞에 부미Bhumi라는 젊은 여성이 앉아 있었다. 그녀의 길고 헐렁한 하얀 겉옷은 풍성한 검은 머리칼과 대조를 이루었다. 그녀가 완전히 민머리로 변할 때까지 머리카락이 한 가닥씩 고통스레 뜯겨 나가는 모습을 지켜보는 사람들의 표정은 두려움과 동경심이 뒤범벅되고, 무언가에 깊이 빠져든 듯했다.⁴ 부미는 자이나교 비구니로서 금욕적인 삶을 추구하겠다며 세속적인 욕망을 포기하기로 결심한 터였다. 머리카락을 뜯어내는 의식은, 훨씬 더 가치 있어 보이는 무언가에 헌신하겠다는 결정의 표현으로 젊음의 아름다움을 기꺼이 버리는 자기희생self-sacrifice이라는 행위였다.

잠시만 생각해보면 그러한 행위는 부미의 머리에서 원치 않는 머리카락을 제거하거나 부미에게 고통을 주려는 수단, 즉 '도구적 행위instrumental action'만은 아니었다는 점을 알 수 있다. 먼저 '이런 자기희생적 행위에 적용되는 특정한 규칙이 있는가?'라는 의문이 제기된다. 아름다움을 훼손하고 고통을 가하는 방법은 그 밖에도 무수히 많다. 그러나 충분한 지식이 없는 관찰자라도 그 의례가 전통적인 특별한 고행을 감수하면서 비구니가 되려는 사람이 치러야 하는 고유한 지역 풍습이라는 사실을 알아차릴 수 있을 것이다. 이 규칙이 특별하다고 짐작할 수 있는 단서 가운데 하나는 부미가 혼자 덩그러니 앉아 있는 것이 아니라, 똑같은 식으로 옷을 입고 앉아 조금도 다르지 않은 의식을 치르는 많은 젊은 여성 중 하나라는 사실이다.

부미의 시련은 텔레비전 다큐멘터리 시리즈 〈인간의 의식 Extraordinary Rituals〉에서 소개된 많은 시련 중 하나에 불과하다. 이 다큐멘터리에서는 이탈리아 시에나에서 벌이는 안장을 얹지 않은 말들의 경주, 말레이시아의 보디 피어싱, 네바다의 뉴에이지 순례, 중국의 짝을 찾는 중매 의식, 시체와 함께 춤을 추는 인도네시아의 의식, 브라질 카야포족의 출산 의식 등 세계 전역에서 찾아낸 흥미진진한 의식들이 무척 다양하게 다루어졌다. 우리는 이런 모든 의식에서 새로운 생명을 잉태하고, 운집한 사람들에게 즐거움을 주기 위해 폭력적인 갈등을 연출하며, 공동체 간에 경쟁심을 유발하고, 결혼을 위해 중매하며, 죽은 사람을 편안히 하늘나라에 보내고, 새로운 공동체를 환영한다는 사회적 의미를 어렵지 않게 찾아낼 수 있다. 이런 행위 자체는 모든 인간이 보편적으로 겪는 경험이다. 그러나 이런 경험을 관리하는 방식에 따라, 놀랍도록 다양한 의식 형태가 생겨났다. BBC2 텔레비전 다큐멘터리 시리즈가 많은 시청자에게 큰 호응을 얻었던 이유 중 하나는 시리즈의 제목에서 짐작되듯이, 소개되는 의식의 대부분이 시청자들에게 생소한 것이었고 그래서 '특이'했기 때문이다. 그러나 이 모든 의식의 근간이 되는 기본적인 심리는 어디에서나 거의 동일하다.

　이런 심리의 핵심에는 의식을 행하는 규칙은 원인과 결과라는 일반적인 원칙에 구속을 받지 않는다는 가정이 있다. 나는 이런 유형의 행동을 '인과적으로 불투명causally opaque'하다고 표현한다. 다시 말하면, 의식에는 행위와 의도된 결과 사이에 일반적으로 알려진 인과성이 없다는 뜻이다(심지어 인지할 만한 인과성도 찾기 힘들다). 겉보기에 무척 간단해 보이는, 문을 잠그는 행동에 대해 생각해보자. 우리가 열쇠를 돌려서 문을 잠근다면, 열쇠의 모양이 자물통과 맞물리도록 어떻게든 독특하게 고안되어야 한다고 가정할 수 있다. 완벽하게 똑같은 형태로 제작된 열쇠만이 빗장을 문틀에 밀어 넣어 문이 열리는 것을 방지할 수 있기 때문이다. 그런데 다른 열쇠는 무용지물인 반면에, 열쇠의 모양에서 어떤 부분이 그 열쇠를 작동하게 하는지는 명확하지 않을 수 있다. 다시 말하면, 우리는 자물통이 열쇠의 들쑥날쑥한 모양과 어떤 관계가 있는지 구체적으로 모를 수 있다. 그럼에도 우리는 자물쇠 전문가나 자물쇠를 따는 방법을 아는 사람이라면 자세한 내용을 알 것이라 추정한다. 이런 추정은 내가 '도구적instrumental' 추론이라 칭하는 행위의 특징이다. 다시 말하면, 어떤 행동의 인과적 기능이 투명하게 드러나든 그렇지 않든 간에 누군가는 어딘가에서 그 기능을 완전히 설명할 수 있다고 우리는 당연하게 믿는다는 뜻이다. 따라서 수수께끼 같은 부분이 있더라도 어떻게든 설명될 수 있다.

　하지만 의식과 관련된 행동의 경우에는 이런 추정이 무의미해진다.[5] 열쇠를 돌려야 자물통의 빗장이 밀려나며 문이 열리지만 누구도 그 이유를 인과적으로 설명할 수 없다면, 열쇠로 자물통을 여는 행동은 마법적 의식이 된다. 그렇다면 열쇠를 돌리는 행위와 그 행위에서 추정되는 결과(문이 열림) 사이의 인과관계는 설명될 수 없다. 다시 말하면, 문을 열려면 반드시 열쇠를 돌려야 하는 이유를 누구도 설명할 수 없다는 뜻이다. 이런 경우에 우리는 문이 열리는 과정을 마법적이라 표현할 수밖에 없을 것이다. 우리가 열쇠 모양이 어떻게 자물통과 맞아떨어지는지 설명할 수 있다고 생각하든, 그냥 열쇠를 돌리면 마법처럼 자물통이 열린다고 생각하든 간에 열쇠를 돌리는 행동은 똑같다는 데 주목해야 한다. 중요한 것은 우리가 그 과정을 어떻게 이해하느냐에 있다.

모든 의식이 마법적이지는 않다. 적잖은 의식에는 마법으로나 가능한 명시적인 결과가 없다. 손으로 가슴에 십자가를 긋는 가톨릭 의식을 예로 들어 생각해보자. 가톨릭 신자들은 성당에 들어갈 때 그렇게 성호聖號를 긋지만, 대부분의 경우에 그들은 그렇게 행동하는 이유를 말하지 못한다. 모두가 그렇게 하므로 그들도 그렇게 할 뿐이다. 당신이라고 다르지 않다. 교회에 들어가려면 교회 문을 열어야 한다. 하지만 누구도 똑같은 논리가 성호에도 적용된다고는 생각하지 않는다. 가령 문이 잠긴 교회에 들어가려고 할 때 당신은 열쇠로 문을 연 뒤에 성호를 긋는 동작을 할 것이다. 기계적으로 그렇게 행동할 것이므로 충분히 예측 가능하다. 열쇠를 돌리면 어떻게 문이 열리느냐는 자물쇠의 메커니즘에 감춰져 있지만, 그런 내적인 작동에 내재한 수수께끼는 해결될 수 있다고 당신은 가정한다. 하지만 성호에 감추어진 아리송한 이유는 해결되지 않는다. 어떤 행동에 이렇게 알 수 없는 인과적 근거가 있다고 가정할 때마다 우리는 그 행동을 일종의 의식으로 생각한다.

## 의식은 마음가짐

그 결과 중 하나는 상당히 당혹스럽다. 달리 말하면, '의식$_{ritual}$'이라는 이름으로 부를 만한 독특한 유형의 행동이라는 의미에서 이 세상에 객관적으로 '존재하는' 의식이 실제로 존재하지 않는다는 뜻이다. 의식이라는 개념은 순전히 우리 마음속에 존재한다. 다시 말하면, 의식과 관련된 행동이 추적 가능한 인과적 과정에 따른 것인지 아닌지에 대한 우리의 가정에 따라 달라진다. 암묵적으로라도 어떤 행동이 지독히 이해하기 힘들다는 생각이 들면, 적어도 당신에게 그 행동은 의식이다. 똑같은 행동이 다른 사람에게는 그렇지 않을 수 있기 때문이다.

의식의 이런 특징을 구체적으로 설명하는 데는 실비아의 요리법이라는 이야기가 도움이 된다. 이 이야기는 사람들이 분명한 이유도 모른 채 서로 모방하는 이유를 설명하려고 심리학자들이 간혹 사용하는 방법이기도 하다.[6] 실비아는 요리하는 것을 좋아했다. 그녀가 특히 잘하는 요리 중 하나는, 어머니의 무릎에서 배운 방법을 사용해 고깃덩이를 오븐에 굽는 것이었다. 실비아가 어렸을 때 어머니는 고깃덩이를 오븐에 넣기 전에 항상 양쪽 끝부분을 잘라냈다. 실비아가 결혼을 한 뒤, 언젠가 어머니가 실비아의 집에서 잠시 머물렀다. 그러던 어느 날, 실비아는 어머니에게 배운 방식대로 오븐에 넣을 고깃덩이를 손질했다. 어머니는 깜짝 놀라며, 고깃덩이의 양쪽 끝부분을 왜 잘라내느냐고 물었다. 알고 보니, 실비아가 어렸을 때 어머니가 고깃덩이의 양쪽 끝부분을 잘라낸 이유는 오븐용 접시가 그다지 크지 않았기 때문이었다. 결국 어머니가 그렇게 행동한 이유는 순전히 도구적이었다.

어렸을 때 실비아는 확실하지는 않더라도 그런 요리법은 더할 나위 없이 실질적으로 설명된다고 짐작했을 수 있다. 그랬다면, 실비아는 내가 '도구적 자세instrumental stance'라 칭하는 방법을 채택했을 것이다. 다시 말하면, 어떤 행동에나 궁극적으로 지향하는 실질적인 최종 목표가 있다고 가정했을 것이다. 그러나 고깃덩이의 양쪽 끝부분을 잘라내는 것이 그럴 만한 근거가 없는 관습이라고 실비아가 단순히 가정했을 가능성도 있다. 그랬다면 실비아는 내가 '의례적 자세ritual stance'라 칭하는 방법을 채택했을 것이다. 다시 말하면, 문제의 행동이 원인과 결과라는 정상적인 논리를 따르지 않는다고 가정한 것이 된다. 우리가 어떤 행동을 이런 식으로 해석하는데 누군가가 그 행동의 원래 이유를 알려주며 우리 해석이 틀렸다고 꼬집는다면 우리에게도 그 행동은 더는 의식이 되지 못하고, 또 하나의 도구적 행위에 불과한 것이 된다.

우리가 의례적인 자세를 취할 때 약간 놀라운 현상이 일어난다. 다시 말하면, 문제의 행동은 임의적인 것으로 간주되기 때문에 우리가 좋아하는 것이나, 우리가 믿는 사람이 우리에게 알려주는 것을 뜻할 가능성이 높다. 예컨대 수렵채집 문화에서 고깃덩이의 양쪽 끝부분을 잘라내는 행위는 짐승의 영혼을 야생으로 돌려보내, 그 영혼이 다른 사냥감의 몸에 들어가 나중에 그들이 사냥에 성공하기를 바라는 마음으로 해석될 수 있다. 이처럼 다른 문화권에서는 고깃덩이의 양쪽 끝부분을 잘라내는 행위가 어떤 종족이 '항상' 하던 행위일 수 있다. 그렇다면 그 행위는 그 종족의 전통으로, 그 종족을 같은 지역에 공존하는 다른 종족들과 구분 짓는 특징이 된다.

무언가를 우리에게 의례적 행동으로 보이게 만드는 요인이 무엇일까? 이에 대한 이런저런 의견들은 상당히 복잡하게 들릴 수 있다. 그러나 우리는 위의 원칙을 알게 모르게 항상 적용하고 있다. 실비아에 대한 이야기가 곧바로 이해되는 이유도 바로 여기에 있다. 우리는 순전히 도구적인 설명(접시 크게 맞게 고깃덩이의 양쪽 끝부분을 잘라냄)과 순전히 의례적 설명(문화적 정체성의 표현으로서 끝부분을 잘라냄)의 차이를 직관적으로 파악한다. 이런 관점에서 보면, 우리가 의례의 세계에 살고 있는 이유, 달리 말하면 우리가 목격하는 행동을 이해하려고 할 때 끊임없이 '의례적 자세'를 취하는 이유가 분명해진다.

무언가를 의례로 해석할지 여부가 명확하지 않은 때가 적지 않다. 커튼을 치는 경우를 예로 들어 생각해보자. '왜 커튼을 칩니까?'라는 질문에 대부분의 사람은 순전히 도구적인 행동으로 거실에 커튼을 친다고 대답할 것이다. 예컨대 도시에 사는 사람들은 어두워지면 행인들의 음흉한 눈길로부터 사생활을 보호하려고 커튼을 친다고 말할 것이다. 한편 중요한 축구 경기를 시청하는 동안, 눈부신 햇빛이 텔레비전 화면에 반사되는 것을 막으려고 커튼을 친다고 대답하는 사람도 있을 것이다. 그러나 우리는 특정한 목적을 달성하기 위해서가 아니라, 그저 일상적인 습관으로 커튼을 치는 경우가 많다. 따라서 다른 문화권의 가족이 옆집으로 이사 와서 밤에도 커튼을 치지 않거나 하루 종일 커튼을 닫아둔다면, 이웃들은 커튼을 사용하는 방법에 대한 문화적 규범이나, 커튼의 쓰임새에 담긴 사회적 신호가 다르기 때문이라고 그 차이를 쉽게 짐작할 수 있다. 반면에 누군가 커튼을 걷은 뒤에 커튼 끈을 사용하지 않고 커튼을 묶어 둔다면, 창문을 꾸미는 규범을 위반했다고 즉시 인식할 수 있다. 그러나 '커튼 치기'와 같은 습관적인 행동이 일상의 일부가 되면, 일반화된 규범에서 눈에 거슬릴 정도로 벗어나지 않는 한, 그 행동이 우리에게 깊이 의례화되었다는 사실을 알아차리기 힘들다.

따라서 어떤 행동이 의례라고 알아차리려면, 우리 자신과 다른 사람들이 의례적 자세를 취할 때를 포착해야 한다. 다시 말하면, 인과관계라는 일반적인 논리를 우리 행동에 적용하지 않는 때를 알아내야 한다. 하지만 우리가 공동체 안에서 성장한 영향 중 하나는, 의식하지 못한 채 많은 의례적 행동을 자연스레 습득한다는 것이다. 내가 뉴욕에서 한 저렴한 식당을 처음 방문했을 때를 예로 들어 설명해보자. '해시 브라운'이 무엇인지 몰라, 직원에게 해시 브라운이 무엇이냐고 물었다. 직원은 나를 평범한 영국인이 아니라, 정신이 나간 사람처럼 쳐다보더니 "해시 브라운은 해시 브라운입니다"라고 대답했다. 맞는 말이기는 하다. 해시 브라운은 해시 브라운이다. 그러나 이 대답은 해시 브라운을 먹고 자란 사람에게만 맞을 뿐이다. 우리의 의례화된 본성은 이처럼 관심사가 되지 못해 주목받지 못하는 경우가 많다.

　이런 이유에서 인류학자들은 자신이 성장한 문화권에서 멀리 떨어진 문화를 연구하려고 한다.[7] 이제 우리는 새로운 의례를 찾으려면, 우리에게 생소한 전통과 관습을 가진 집단을 찾아나서야 한다. 그래야 우리가 관심을 두는 현상이 더 극명하게 눈에 띄고, 궁금증도 유발하기 때문이다. 책을 읽거나 텔레비전 다큐멘터리를 시청하는 방법, 즉 간접적인 방법으로는 그 목적을 성취하기 어렵다. 의례에 내재한 공통된 특징을 더 효과적으로 찾아내는 방법은 많은 문화권을 직접 찾아가 여행하고 현지인의 삶에 참여해 그들의 행동을 현장에서 관찰하며, 처음에는 낯선 문화 체계를 알아가는 것이다. 인류학자들은 한 문화 집단과 오랫동안 함께 생활하며 연구를 수행하는 경우가 많다. 나는 인류학자로서 이력을 처음 시작한 파푸아뉴기니의 열대우림에서 낯선 관습들을 직접 목격했고, 그 덕분에 의례적 자세와 도구적 자세를 더 명확히 구분할 수 있게 되었다.

　그러나 오랜 기간의 현장 연구를 끝내고 고향에 돌아오면, 같은 이유에서 자신이 속한 공동체의 의례가 더 명료하게 보이기도 한다. 나는 2년 동안 파푸아뉴기니의 열대우림 깊은 곳에서 원주민 공동체와 함께 생활한 뒤에 영국으로 돌아와, 케임브리지대학교 동료들이나 가족과 함께하는 크리스마스 파티에 참석해야 했다. 귀향한 직후에는 영국의 식습관이 거의 초현실적으로 느껴졌다. 깔끔하게 차려진 음식을 먹기 전에 식탁 앞에 엄숙하게 서서, 극소수만이 알아들을 수 있는 언어로 성부와 성자와 성령에게 감사하는 정형화된 식전 감사기도를 듣고 있어야 하는 이유가 무엇일까? 특별한 나무

아래에 선물들을 놓고, 형형색색의 종이로 선물을 포장해야 하는 이유는 또 무엇일까? 왜 삼촌과는 악수를 하고, 숙모에게는 입맞춤을 해야 할까?

나는 의례를 전문적으로 찾아다니는 '정찰자spotter'가 되었다. 동물학자가 새와 나비를 찾아다니는 것처럼,[8] 나는 인간 행동에 내재한 의례적 자세의 증거를 찾아 온갖 곳을 돌아다녔다. 그러나 많은 조류학자와 나비 연구자가 자신이 연구하는 특징의 진화적 기원을 밝히는 데 결국 관심을 갖게 되듯이, 나를 비롯해 의례를 추적하는 정찰자들도 의례적인 행동이 애초에 어떻게 진화했는지를 설명하는 데 몰두하게 됐다.

인간이 습관적으로 의례적인 행동을 한다는 사실은 진화론적 관점에서 수수께끼가 아닐 수 없다. 많은 종은 관찰을 통해, 바람직한 결과를 낳는 행동을 모방하는 방법을 배운다.[9] 까마귓과에 속한 특정한 종을 비롯해 몇몇 조류는 놀라울 정도로 모방하는 능력이 뛰어나, 먹이를 찾는 데 필요한 행동의 순서를 정확히 기억한다.[10] 그러나 우리에게 가장 가까운 영장류 친척조차도 실질적인 결과가 분명하지 않은 행동을 모방하며 시간을 낭비하지는 않는데도[11] 인간은 주변 사람들의 행동을 항상 모방한다. 심리학자는 이런 현상을 '과잉 모방overimitation'이라 칭하며, 우리가 최종 목표에 기여하지 않는 행동까지 모방한다고 지적한다.[12]

## 과잉 모방의 기원

과잉 모방에 대한 많은 연구에서는 투명한 퍼즐 상자가 사용된다. 그 상자는 안이 들여다보이는 기계 장치로, 안에는 괜찮은 물건이 들어 있다. 상자 안에 있는 물건을 꺼내려면 일련의 수수께끼를 해결하거나 풀어내는 등 어떤 절차를 순서대로 수행해야 한다.[13] 이런 상자를 사용하면, 어린아이들이 어떤 종류의 행동을 모방하고, 어떤 종류의 행동을 모방하지 않는지를 알아낼 수 있다. 과잉 모방에 대한 연구는 어른 한 명이 이상한 몸짓(예: 손 흔들기)이나 불필요한 행동(예: 깃털로 상자를 두드리기) 같은 복잡한 절차를 거친 뒤에 퍼즐 상자를 열고, 어린아이에게 똑같이 해보라고 요구하는 식으로 이루어진다. 어린아이들이 그런 행동을 보이는 어른을 유심히 관찰한 뒤에 쓸데없는 동작은 물론이고 도구적으로 유의미한 행동까지 그대로 모방하는 것은 일반적인 현상이다. 더구나 연구자가 어른이 상자를 여는 것과 아무런 관련이 없는 '어리석은' 행동을 할 것이라고 미리 분명히 알려주며, 어린아이들에게 그런 행동까지 모방할 필요가 없다고 명확히 알려주어도 아무런 차이가 없는 듯하다. 그런 조언에도 개의치 않고, 어린아이들은 불필요한 행동을 그대로 모방한다.[14]

과잉 모방하는 경향을 어떻게 설명해야 할까? 진화론적으로 가능한 설명은, 과잉 모방 덕분에 우리 조상이 추론과 증거를 공유하는 것에만 의존하지 않고, 신뢰를 바탕으로 유용한 발견을 후세에 전달할 수 있었다고 주장하는 것이다. 과잉 모방은 상당히 획기적인 적응이었을 것이다. 예컨대 과잉 모방으로 다양한 치료 방법을 알게 되는 기회가 열렸다고 생각해보자. 많은 식물이 약효가 있지만, 어떤 식물이 어떤 효능이 있는지 알아내는 작업은 힘들기도 하고 오랜 시간이 걸린다. 개별적인 학습으로 많은 식물의 약효를 파악하려면 수많은 시행착오를 거쳐야 하기 때문이다. 그러나 전문가가 어떤 식물이 가장 약효가 있는지 알려줄 거라고 믿는다면, 많은 시간을 절약할 수 있다. 이 방법은, 매번 바닥부터 다시 시작할 필요 없이 과거 세대가 알아내고 축적한 지식을 그대로 전수할 수 있다는 점에서 더욱더 중요하다. 의학적 전문 지식을 전달하는 데 효과가 있는 방법은 점점 전문화된 도구를 생산하는 일부터 주거지 건설이나 짐승을 추적하는 방법에 이르기까지 다른 문화의 학습에도 효과적으로 적용된다. 이런 능력은 여러 세대에 걸쳐 향상되고 후세에 전달되기 때문에 인간은 신뢰를 바탕으로 새로운 능력을 배울 수 있어야 했다.

그러나 누구를 믿어야 할지를 어떻게 알 수 있을까? 도구적으로 유용한 기술을 배울 때는 조금이라도 더 유능하고 숙련된 사람을 우선적으로 모방하는 것이 좋은 전략이다. 일반적으로 그런 사람은 연륜이 있고 지혜로우며 경험이 많은 사람, 또 실적이 더 낫고 다른 사람들에게 신뢰를 받으며 자신감에 넘치고 구체적인 결과를 만들어내는 사람을 뜻한다. 방금 나열한 특징은 우리가 '권위 있는' 사람에게서 떠올리는 특성이므로, 그런 사람의 행동을 우선적으로 모방하는 성향은 대체로 '특권 편향prestige bias'이라 불린다.[15] 진화론적 관점에서 보면, 심리학자가 어린 실험 참가자들에게 퍼즐 상자를 사용해 관찰한 과잉 모방의 대부분은 권위 있는 전문가, 즉 우리에게 해롭거나 무의미한 것은 가르치지 않는다는 믿음을 주는 어른으로부터 유용한 것을 배우려는 욕망에서 비롯되었다. 흥미롭게도, 이런 믿음은 말보다 행동에 더 많이 주어지는 듯하다. 권위 있는 사람이 우리에게 어리석은 행동을 모방하지 말라고 지시하더라도 우리는 자신을 통제하지 못하고 그 행동을 그대로 모방하는 것 같다. 다시 말하면, 과잉 모방 편향이 우리 심리에 깊이 뿌리를 내린 까닭에, 우리가 언어를 사용하고 명료하게 추론할 때 과잉 모방을 무시할 수 없다는 뜻으로 해석된다. 일부 심리학자는 이런 해석을 '무조건 모방하고 나중에 수정한다'라는 일종의 학습 알고리즘으로 받아들인다.[16] 말하자면, 공인된 전문가로부터 배우며 학습할 때는 그의 행동을 기본적인 출발점으로 삼아 그대로 모방하고, 어떤 행동이 유용한 기여가 없다는 확신이 드는 경우에만 불필요하다고 판단해 걸러내는 것이 합리적이라는 뜻이다.

이 알고리즘이 약간 더 발달하면, 어리석게 보이든 보이지 않든 간에 '의도적'으로 보이는 행동은 모두 모방하지만, 유용한 것을 학습하는 데 전혀 도움이 되지 않아 보이는 명백히 불필요한 행동(예: 코를 긁는 행동이나 심호흡)까지는 번거롭게 모방하지 않을 것이다. 포대기에 싸인 갓난아기조차도 이런 차이를 구분한다는 실험적 증거가 있다. 일례로 한 연구에서 14개월 유아들에게 출연자가 손 대신에 머리로 탁자 위의 전등 스위치를 켜는 동영상을 보여주었다. 유아들은 두 집단으로 나뉘었고, 각자에게 출연자가 다른 조건에 있는 모습을 보여주었다. 한 조건에서는 출연자의 두 팔이 담요로 단단히 싸여 팔을 사용하기가 무척 어려운 상황이었다. 다른 조건에서는 출연자의 손이 자유로웠다. 출연자의 두 팔이 자유로운 조건을 관찰하는 경우에 유아들이 머리로 전등 스위치를 조작하는 이상한 방법을 모방할 가능성이 더 높다. 아마도 어른의 두 팔이 담요에 싸여 있을 때 아이들은 그 어른이 머리로 전등을 켤 수밖에 없었다고 결론을 내리고, 그 행동은 능동적인 선택이 아니므로 모방할 가치가 없다고 생각할 수 있다. 그러나 두 손이 자유로운 어른이 똑같이 행동하면 의도적으로 그렇게 행동했다는 뜻이기 때문에 모방할 가치가 있다고 추론하는 것이 아닐까 싶다.[17]

과잉 모방이 진화되는 이유는 무엇일까? 모방이 숙련된 전문가로부터 장래의 학습자에게 유용한 기술을 전달하는 유일하게 효과적인 방법을 제공하기 때문이라는 설명이 가능하다. 그러나 나는 과잉 모방에 대한 또 다른 설명이 있지 않을까, 즉 우리가 유용한 기술을 배우기 위해서만이 아니라 집단의 일원이 되기 위해서도 다른 사람을 모방한다는 생각을 오래전부터 품어왔다. 여하튼 사람들은 단순히 소속되고 싶은 욕망에 도구적 가치가 전혀 없는 행동을 습관적으로 모방한다. 넥타이를 매는 방법이 대표적인 예다. 매듭을 만들어, 셔츠의 맨 윗단추 위에 조심스레 올려놓은 과정을 생각해보라. 대부분은 수개월이면 넥타이를 매는 데 필요한 복잡하고 고도로 전문화된 기술을 습득하겠지만, 안타깝게도 나를 비롯해 적잖은 사람은 비판적인 눈을 가진 사람들이 만족할 만한 수준까지 그 기술을 다듬는 데 수년이 걸릴 수도 있다. 하지만 솔직히 말해서 넥타이를 굳이 매야 할 도구적인 이유는 없다. 폭이 너무 좁아 스카프처럼 목을 따뜻하게 해주지도 않고, 셔츠의 맨 윗단추 위에 있어 셔츠 앞부분을 고정하는 데 필요하지도 않다. 한마디로, 무의미한 의류인 셈이다. 그러나 넥타이의 존재 이유가 바로 거기에 있다. 넥타이의 경우에는 우리가 의례적 사세를 취하는 것이다. 날리 말하면, 권위 있는 사람으로부터 어떤 기술을 배울 목적이 아니라, 집단 내의 다른 사람들과 하나가 되려고 서로 모방하는 것이다.

이런 모방은 특권 편향이 아니라 다른 것, 즉 심리학자들이 순응 편향conformism bias이라 칭하는 것이다. 순응 편향은 인간의 행동에 영향을 주는 가장 강력한 힘 중 하나인 듯하다. 그러나 순응 편향도 진화론적으로는 수수께끼 같은 현상이다. 우리가 새로운 기술을 배우기 위해서만이 아니라 순응하기 위해서 서로 행동을 모방하는 것이 사실이라면, "적응의 이점이 무엇인가?"라는 단순한 의문이 제기된다. 엄밀히 따지면 순응주의는 유용한 기술을 습득하는 것을 쉽게 방해할 수 있고, 실제로도 종종 그렇게 한다. 우리가 주변 사람들과 뒤섞이고 싶은 욕심에서만 그들의 행동을 그대로 따라 한다면, 도구적으로 무용한 기술까지 무작정 모방하게 된다. 유행이 탄생하는 이유 중 하나가 순응 편향이다. 그런데 시간이 지난 뒤에 당신이 그런 유행을 따랐다는 증거를 보면 민망한 경우가 있지 않은가(나 자신도 1980년대에 소매를 돌돌 말아 걷어 올리고 깃을 바싹 세운 모습으로 찍은 사진을 보면 약간 부끄럽기도 하다).

미국 철학자 에릭 호퍼Erik Hoffer는 언젠가 "사람들은 원하는 대로 자유롭게 행동할 수 있을 때 대체로 서로 모방한다"라고 말했다.[18] 그러나 모방에 대한 진화론적 설명은 아직 명확하지 않다. 순응주의에 뿌리를 둔 모방보다 새로운 기술을 배우기 위한 모방이 시기적으로 먼저였을 가능성이 농후하다. 처음에 우리는 더 새롭고 더 나은 도구를 사용할 목적에서 모방하기 시작했지만, 그런 모방 편향이 결국 의례적인 특성을 띤 문화 관습의 탄생으로 이어졌을 수 있다. 그러나 이유가 무엇이었든 간에 사람들이 유용한 기술을 배우기보다 소속감을 갖기 위해 상대의 행동을 모방하기 시작하자, 저마다 차별성을 지닌 문화 집단(고유한 관습, 믿음, 관례 등으로 규정되는 공동체)들이 확산되는 환경이 조성되었다. 고유한 삶의 방식을 보여주는 집단의 일원이 되고 싶지 않다면 그 고유한 삶의 방식을 굳이 배울 필요가 없었을 것이다. 따라서 의례가 새로운 집단 정체성의 근거가 되어, '우리와 그들us and them'이라고 배타적으로 생각하는 새로운 길을 열어주었을 가능성이 있었다.

그렇다면 의례는 새로운 기술을 배우는 수단을 넘어, 정체성을 형성하고 집단에 속하기 위한 수단이 된다. 나는 이런 생각을 더 깊이 파고들고 싶은 욕심에 텍사스대학교-오스틴의 연구소로 향했고, 그곳에서 유아기의 순응주의 메커니즘을 집중적으로 연구했다.

## 하나가 되려는 인간의 욕구

이 장에서 지금까지 나는 우리가 두 가지 이유에서 다른 사람을 모방한다고 주장했다. 하나는 우리가 여러 과제를 더 효율적이거나 더 효과적으로 해내는 데 도움이 되는 유용한 기술을 습득하기 위한 목적이다. 이런 도구적 모방의 경우, 우리는 '특권 편향'의 영향을 받아, 유능한 개인을 적합한 표본으로 세심히 지켜본다. 우리가 다른 사람을 모방하는 또 하나의 주된 이유는 그들과 비슷하게 행동함으로써 집단의 일원이 되기를 바라기 때문이다. 이런 모방의 경우, 우리는 '순응 편향'의 영향을 받아 집단에 속한 다른 사람들이 지닌 명망이나 권위보다는 그들이 어떻게 행동하느냐를 관찰하는 데 더 큰 관심을 둔다. 그러나 두 편향은 각각 어떤 유형의 모방을 유도하고, 우리는 그 둘을 어떻게 구분할 수 있을까?

어떤 경우에는 모방이 기술을 배우려는 욕구에서 비롯되었는지, 아니면 단순히 적응이 목적인지를 비교적 쉽게 파악할 수 있다. 예컨대 어떤 행동에 우리가 닮고 싶은 무척 매력적인 최종 목표가 있다면, 또 우리가 본받고 싶은 사람이 인과적으로 명백한 일련의 단계를 차근차근 밟으며 그 목표를 이루어내는 능력을 보여준다면, 우리는 특권 편향에 이끌려 도구적 자세를 취할 가능성이 더 높다. 영국에서 내 또래 중에는 아동용 텔레비전 프로그램 〈블루 피터Blue Peter〉를 기억할 사람이 많을 것이다. 진행자가 주변에 흔히 있는 재료들로 유용하다고 생각되는 물건을 만드는 방법을 직접 시연하는 프로그램이었다. 그 프로그램을 본 어린 시청자들은 집에서 똑같이 만들어보려 했지만, 거의 언제나 집안 식구를 짜증나게 할 뿐이었다. 예컨대 연필꽂이나 쓸모없는 장식물을 만드는 데 필요한 우유병 뚜껑과 주방용 세제통이 희한하게 사라질 때마다 우리 어머니는 짜증을 냈다.

그러나 신뢰할 수 있는 본보기가 직접 보여주는 행동도 두 편향

중 어느 것을 따랐는지를 판단하기 힘든 경우가 적지 않다. 앞에서 언급한 실비아의 조리법이 좋은 예다. 실비아의 어머니는 고깃덩이의 양쪽 끝부분을 잘라내는 전통적인 관습을 따랐을까, 아니면 오븐용 접시의 크기에 맞게 고깃덩이를 다듬었을 뿐일까? 어느 쪽을 이유로 실비아는 어머니를 모방했을까? 실비아의 사례는 특이한 경우로 보일 수 있겠지만, 집단의 일원이 되는 방법을 학습하는 과정에는 이런 종류의 과제가 끝없이 제기된다.

우리 문화권의 관습도 처음 접했을 때는 배우기가 무척 어려웠다는 사실을 우리는 쉽게 잊고 지낸다. 내가 어린 시절에 겪은 몇몇 사례가 지금도 기억난다. 내가 유치원에서 보낸 첫 학기가 좋은 예다. 매일 수업이 끝나면 아이들은 의자를 탁자 위에 올려놓아야 했다. 나중에야 깨달았지만, 그 관습은 유치원 건물이 완전히 비워진 뒤에 청소부들이 교실을 청소하는 데 도움을 주기 위한 조치였다. 그러나 나는 이 새로운 관습에 차츰 익숙해졌고, 같은 반 아이들이 빠짐없이 동시에, 그것도 수업이 거의 끝나갈 무렵에 한꺼번에 의자를 치운다는 점이 가장 눈에 띄는 특징이었다. 우리 대부분은 어울리고 싶은 마음이 간절했기 때문에 그 관습에 열정적으로 참여했다. 그러던 어느 날, 나는 이 집단 의례에 따르겠다는 일념에 의자 하나를 끌어당겼다. 아뿔싸, 하필이면 그때 선생님이 그 의자에 앉으려고 했다. 선생님은 나동그라졌고, 고통에 얼굴을 찌푸리던 모습이 지금도 기억에 생생하다. 관습에서 비롯된 행동으로 선생님이 겪은 물리적 피해보다, 나에게 몰려온 부끄러움의 강도가 훨씬 더 강했던지, 그때의 수치심은 오랫동안 지속되었을 뿐 아니라, 내가 지금까지도 무심코 '사회적 실수 social faux pas'를 저지를 때마다 희미하게 떠오른다. 이 사건을 둘러싼 지배적인 감정은 누군가에게 고통을 주었다는 슬픔이나 그에 따른 감정이입은 아니었다. 권위 있는 인물을 다치게 해서 처벌을 받을 수 있다는 두려움은 더더욱 아니었다. 그날의 가장 중요한 의례를 올바로 수행하지 못했다는 이유로 집단으로부터 따돌림을 받을지 모른다는 극도의 두려움이었다. 또래들에게 놀림과 배척을 받을지 모른다는 끔찍한 두려움에 비하면, 꾸지람에 대한 걱정은 아무것도 아니었다.

이 경우에 다른 사람의 행동을 모방하는 이유는 무언가를 배우고자 하는 욕구가 아니라, 집단의 구성원들과 행동을 같이하려는 욕구에 있는 듯하다. 내 경험에 비추어 보면, 의례를 제대로 수행하지 못하는 경우가 도구적 능력을 습득하지 못하는 때보다 훨씬 더 두려웠다. 이런 두려움은 일찍부터 우리 안에 둥지를 틀고, 결코 우리를 떠나지 않는다. 나는 이런 경험을 근거로, 집단에게 배척당할지도 모른다는 두려움에서 비롯되는 순응 편향이 어린아이들을 과잉 모방하도록 유도하는 가장 강력한 원인이고, 새로운 기술을 배우려는 욕구보다 훨씬 더 강력한 동기가 아닐까 오래전부터 생각해왔다.

그러나 이 가정을 검증하려면 어떻게 해야 할까? 의례를 따르는 주된 동기가 구성원들과 똑같이 행동하며 집단에 순응하려는 욕구에 있다면, 집단 구성원들이 비슷하게 행동하고 있다는 것을 보여주는 강력한 사회적 신호가 주변에 있을 때 어린아이들이 의례를 따를 가능성이 더 높다고 예상할 수 있다. 예컨대 한 사람만이 가늘고 기다란 천조각으로 매듭을 만들어 셔츠 깃 아래에 가지런히 정돈한다면, 우리는 그 사람을 무척 이상하다고 생각하며 그 행동을 모방하지 않을 것이다. 그러나 어떤 학교에 다니는 아이들 모두가 똑같이 그렇게 한다면 이야기가 완전히 달라진다. 달리 말하면, 다른 상황에서는 미친 짓으로 보일 수 있는 방식으로 다수가 행동한다면, 그 행동은 우리가 반드시 따라야 하는 강력한 신호가 될 수 있다.

이 가정을 검증하기 위해 우리 연구팀은 행위자들이 각각 다른 색으로 칠해진 지렛대 여러 개가 옆면에 설치된 페그보드peg board(일정한 간격으로 구멍이 뚫린 판으로, 막대형 고정핀인 페그를 꽂아 물건을 걸거나 배치·순서를 표시하는 데 쓰는 보드 - 옮긴이)를 사용하며 이상하게 행동하는 동영상을 제작해 일련의 실험을 진행했다. 어떤 지렛대든 누르면 같은 색의 페그(핀)가 튀어나오게 했고,[19] 행위자들은 각자 나름의 순서대로 지렛대를 눌렀다. 동영상은 네 가지 유형으로 제작되었고, 실험에 참가한 아이들에게는 그중 하나만을 보여주었다. 각 유형은 순응주의와 관련된 것으로, 각각 다른 종류의 사회적 단서를 기초로 제작되었다.

첫 번째 동영상에서는 어른 두 명이 이상한 순서로 페그보드를 다루는 동작을 보였고, 단 한 번만 정확히 동시에 페그보드를 다루었다. 이런 인위적인 모습은 어린 관찰자에게도 두 어른이 의도적으로 똑같은 순서대로 움직인다는 점이 분명히 보였을 것이다. 달리 말하면, 두 어른이 정해진 규칙에 따라 행동하는 것으로 보였다. 군무群舞, 구호, 합창, 행진, 열병식, 북 치기 등 무언가에 맞추어 동시에 움직이는 행동은 집단 의례에서 문화의 경계를 넘어 무척 폭넓게 분포된 특징이기 때문에 동시성synchrnoy이라는 요소가 사용된다. 다른 유형의 동영상에서는 두 어른이 어떤 행동을 두 번씩 동시에 실시해 동영상을 시청하는 어린아이에게 '이중 타격double whammy'을 가해 모방을 유도했다. 세 번째 유형은 그보다 조금 '약한' 동영상으로, 여기에서는 두 어른이 어떤 행동을 차례로 수행할 뿐, 동시에 하지는 않았다. 마지막 유형의 동영상, 즉 가장 '약한' 조건에서는 어른 한 명이 어떤 행동을 두 번 반복해서 수행함으로써 의도성을 강조하면서도 그 행동이 공유된 관습에 순응하는 것으로 보일 가능성을 줄이려 했다.

실험에 참가한 아이들에게는 각각 네 유형의 동영상 중 하나와 함께, 두 종류의 언어적 단서 중 하나도 주어졌다. 하나는 도구적이고 목적 지향적인 분위기였고, 다른 하나는 관습적이고 의례적인 분위기였다. 도구적인 분위기를 조성하려고 실험자는 "저 누나가 페그를 튀어나오게 할 거예요. 잘 보세요! 저 누나가 페그를 튀어나오게 할 거예요"라고 소리쳤다. 따라서 의도된 결과, 즉 튀어나오는 페그에 초점이 맞추어졌다. 반면에 의례적인 분위기가 필요하면 실험자는 "저 누나는 항상 이런 식으로 해요! 잘 보세요. 저 누나는 항상 이런 식으로 해요"라고 소리쳤다. 이 경우에는 순응주의, 즉 '어떤 행동은 언제나 그런 식으로 행해져야 한다'라는 생각에 초점이 맞추어졌다. 이런 준비를 끝낸 뒤에 아이들에게 페그보드를 주고 놀게 했는데, 모방과 관련해 어떤 명시적 지시도 주어지지 않았다. 물론 대부분의 아이들이 방금 보았던 네 유형의 동영상에 담긴 행동을 거의 그대로 따라했다. 문제는 '네 유형 중 어떤 조건에서 아이들이 행동을 가장 정확히 모방하느냐?'였다.

실험 결과는 무척 흥미로웠다. 아이들은 의례적인 언어 단서(기술을 배울 필요성보다 순응해야 할 필요성을 더 강조한 단서)를 받은 뒤에, 자신에게 제시된 행동을 정확히 재현하는 경우가 더 많았다. 게다가 순응을 부추기는 단서를 받은 아이들도 그 뒤에 동영상에서 본 행동을 '사회적으로 지시된 것'으로 받아들이는 경향이 짙었다(예: "나는 그들과 똑같은 방식으로 해야 했다"). 반면에 도구적 조건, 즉 구체적인 결과에 초점이 맞추어진 동영상을 시청한 아이들은 행동의 순서에 주의를 덜 기울였고, 사회적 의무를 행하는 것보다는 독자적으로 선택해 행동하는 것을 설명하는 경향이 더 컸다(예: "내가 원하는 것이면 무엇이든 할 수 있다"). 요컨대 기술의 학습을 강조하는 행동보다, 사회적 관습을 강조하는 행동을 어린아이들은 더 편하게 모방하는 듯했다.

집단에 속하려는 욕구, 즉 부족과 하나가 되려는 욕구에 우리가 다른 사람을 더 자세히 모방한다면, 어린아이들이 집단에서 배제될까 걱정할 때마다 의례적인 형태의 모방이 심화된다고 예상할 수 있다. 다시 말하면, 집단에 속하려는 열망이 커질수록 사람들이 더 의례적으로 행동하고 관습을 더 충실히 따른다는 뜻이다. 이런 가정을 검증하려고 우리 연구팀은 집단 내에서 자신의 위치에 대한 불안감을 유발하도록 설계한 일련의 새로운 실험을 실시해, 집단에 속하려는 욕구가 의례적인 생각과 행동에 미치는 영향을 연구했다.

하지만 이 실험을 위해서는 어린아이들이 느끼는 배척에 대한 두려움을 잠재울 수 있는 윤리적이고 포용적인 방법을 찾아내야 했다. 물론 배척을 받는다는 생각 자체가 당혹스럽다. 그러나 이 문제는 동화에서도 자주 다루어진다. 예컨대 자신이 속한 집단의 다른 구성원들에게 따돌림을 받았던 '미운 오리 새끼'를 생각해보라. 배척에 대한 두려움이 행동의 모방에 어떻게 영향을 미치는지 알아보기 위한 초기 실험에서, 우리는 어린아이들에게 배척이라는 문제를 생각하게 만드는 훨씬 더 간단한 방법을 찾아냈다. 실험에 참가한 세 살에서 여섯 살 사이의 아이들에게 모니터로 도형들이 긴밀하게 무리를 지어 움직이며, 어떤 도형 하나가 무리와 함께하고 싶은 듯 다가오면 다른 도형들이 멀어지는 모습을 보여주었다.[20] 이 경우와 배척이라는 문제가 없는 경우를 비교하기 위해, 다른 표본 집단의 아이들에게는 모니터에서 도형들이 무리를 지어 즐겁게 어울리는 모습을 보여주었다. 아이들은 두 동영상 중 하나를 시청한 뒤에, 어른들이 물건을 이리저리 움직이거나 두드리고 빙글빙글 돌리는 동영상을 보았다. 그러고는 아이들에게 그 물건을 주며 직접 갖고 놀게 했다. 물론 앞의 실험에서 그랬듯이, 아이들에게는 의례적인 조건(모든 물체를 처음에 있던 곳에 되돌려 놓는 조건)이나 도구적 조건(모든 물체를 똑같은 방식으로 다루지만, 하나를 상자에 넣도록 하는 최종 목표를 분명히 제시하는 조건)이 주어졌다.

그러고는 아이들이 물체를 사용할 때 관찰한 행동을 얼마나 정확히 모방하는지를 면밀하게 측정했다. 그 결과에서도 우리가 이전 실험에서 얻어낸 결과, 즉 물체가 시작된 곳으로 되돌아가는 조건이 주어질 때 아이들은 그 행동을 더 자세히 모방하고, 그 행동은 세상에 인과적 영향을 미치지 않는 의례로 보일 가능성이 더 높아진다는 점이 재확인되었다. 그러나 이 실험에서 우리가 가장 궁금했던 문제는, 배척을 당할지도 모른다는 두려움이 아이들이 물체를 갖고 노는 방식에 영향을 미칠 수 있느냐는 것이었다. 집단에서 따돌림을 받을지도 모른다는 불안감에 철저히 대비된 아이들이 의례에 가까운 행동을 보면, 그 행동을 더 많이 모방할까? 우리가 실험으로 확인한 결과는 그랬다. 따돌림을 받는 도형에 대한 서글픈 동영상을 시청함으로써 배척 가능성을 염려하게 된 아이들이 '무의미한' 의례적 행동을 더 충실하게 모방하는 듯했다. 달리 말하면, 사회적 배제social exclusion에 대한 두려움에 아이들은 의례적인 자세로 더 적극적으로 모방했다. 게다가 실험이 끝난 뒤에 그렇게 행동한 이유에 대해 물었을 때 의례적인 조건에서 배척 위협 가능성을 알게 된 아이들은 다른 조건에 속한 아이들에 비해, 그렇게 행동한 이유를 사회적 처방social prescription과 관련된 방식으로 설명하는 경우가 더 많았다. 따라서 우리 연구팀은, 배척의 위협에 직면했을 때 의례적인 모방이 주변의 환심을 사는 방법의 하나로 채택된다는 결론을 내렸다.

모니터에서 움직이는 기하학적 도형들이 배척에 대한 두려움을 자극할 수 있었겠지만 그 자극은 무척 가벼운 수준이었다. 따라서 이후의 연구에서 우리는 배척에 대한 두려움을 조금씩 더 자극하는 방법들을 계속 고안했다. 예컨대 한 연구에서는 다섯 살에서 여섯 살 사이의 아이들에게 '노랑팀'이라는 이름을 붙이고 노란색 모자와 팔띠를 주었다.[21] 그 아이들은 각자 좋아하는 장난감과 동물, 음식에 대해 말한 뒤에 다른 구성원들도 똑같은 것들을 좋아한다는 이야기를 들었다. 그러고는 '사이버볼Cyberball'이라는 컴퓨터 게임을 하게 되었다.[22] 아이들은 노란색 아바타를 배정받았고, 노란색의 다른 아바타들과 함께 게임을 하거나 다른 팀, 예컨대 '초록팀'의 아바타와 함께 게임을 해야 했다. 게임을 하는 동안, 몇몇 아이는 처음에는 공정한 대우를 받았지만 갑자기 공이 자신의 아바타에게 전달되지 않으며 노골적으로 배척받는다는 사실을 알게 되었다. 다른 아이들에게는 공이 계속 공정하게 전달되었기 때문에 배척의 전형이었다. 게임을 끝낸 뒤에, 실험에 참가한 모든 아이가 일련의 의례적 행동이 촬영된 동영상을 봐야 했고, 그 의례적인 행동이 노랑팀에서는 전통적인 행동이라는 것도 아이들에게 알려주었다. 이후의 실험에서 결과는 예측대로, 노랑팀에서 공을 공정하게 전달받지 못한 조건, 즉 배척에 대한 두려움을 노골적으로 자극하는 조건에 놓였던 아이들이 노랑팀의 의례적 행동을 가장 충실하게 모방하는 것으로 나타났다. 초록팀에게 배제된 경우는 그런 영향을 미치지 않았다. 결국 중요한 것은, 우리가 동일시하는 집단으로부터 따돌림을 받느냐였다.

이 모든 연구 결과는 의례가 다른 사람들과 하나가 되고, 부족에 속하는 것을 확인하는 인간 특유의 방식으로서 중요하다는 점을 가리켰다. 우리는 어린아이들이 겉보기에 무의미한 행동을 과도하게 모방하는 이유에 대해 더 깊이 파고들었고, 아이들이 자신들보다 더 많이 알고, 자신들에게 쓸모없는 것을 가르치지 않는다고 신뢰할 수 있는 사람들로부터 새로운 기술을 배울 목적에서만 모방하지는 않는다는 점이 점점 더 분명해졌다. 그 결과로, 아이들이 과도하게 모방할 때는 훨씬 더 강력한 힘, 즉 순응을 통해 하나가 되려는 욕구가 작용한다는 것이 밝혀지기 시작했다.

물론 순응주의에는 어두운 면이 있다. 심리학 역사상 가장 유명한 실험 중 하나에서 스탠리 밀그램Stanley Milgram은, 실험에 참가한 사람들에게 점점 더 고통이 커지는 전기 충격을 동료 참가자에게 가하도록 요구했을 때, 실험자의 지시에 따르며 점점 더 큰 충격을 계속 가한다는 사실을 밝혀냈다.[23] 그 이후로 '순응주의'라는 단어는 아무런 생각 없이 명령을 따르는 현상을 가리키게 되었고, 가학적인 지휘관의 명령에 따라 잔혹 행위를 자행하는 나치 장교를 떠올리는 것은 그다지 어렵지 않다. 따라서 순응주의는 맹목적인 복종, 개인의 주체성 상실, 단지 명령에 따라 행동했을 뿐이라는 변명, 즉 '조직의 일개 구성원cog in the machine'이라는 유명한 표현과 연결된다.

그러나 나와 내 연구팀이 실시한 실험에서는 순응주의에 대해 더 미묘한 해석이 읽혀진다. 의례를 모방하려는 충동에 대해 우리가 배운 바에 따르면, 수렵채집에 의존하던 우리 조상들은 충실한 순응주의자였다고 당연히 추정된다. 달리 말하면, 선조들의 춤과 노래, 격언과 관습을 배우고, 그것들을 후세에 전해주었을 것이다. 여러 무리가 먹을거리를 찾아 이동하면서 때로는 힘을 합하고 때로는 흩어졌다면, 지역적으로 독특한 문화적 전통이 형성되고 변형되며, 다양한 형태의 그림과 조각, 미술 양식을 남겼을 것이다. 또 최초의 농경민들이 조성한 무덤이 점점 정교한 형태를 띠며, 지역마다 장례 의식의 차이도 더욱더 두드러지게 나타났을 것이다.

예컨대 내가 살고 있는 옥스퍼드 서쪽 지역에서는 5000~6000년 전에 사망자는 주변 경관이 내려다보이는 높은 지역에 조성된 쐐기 모양의 흙더미 아래에 돌담으로 둘러싸인 공간에 안장되었다. 한편 내가 사는 곳의 남서쪽에서는 돌로 무덤을 덮는 경우가 많았고, 너 서쪽에 있는 아일랜드에서는 무덤 모양이 원형이나 타원형이었지만 점차 직사각형 형태로 바뀌었다. 이 고대 종족들은 서로를 독특한 문화적 전통을 보유한 집단으로 인식했을 것이다. 그들은 지역적으로 독특한 장례 의식을 보유했을 뿐 아니라, 몸을 단장하고 행동하며 대화를 나누고 삶의 각 단계를 기념하는 방법도 제각각이었다. 이 모든 것이 가능했던 이유는 순응 편향, 즉 집단에 속하려는 욕구 이외에 어떤 목적도 없이, 신뢰할 수 있는 사람의 행동을 모방하려는 의지 덕분이었다. 이런 결론에서, 순응하려는 인간의 경향에 대한 부정적인 해석이 크게 희석된다. 사람들은 권위자에 대한 존경심에서, 혹은 처벌에 대한 두려움에서 명령에 복종하지만, 집단의 일원이 되려는 욕구도 우리가 순응적 태도를 취하는 주된 원인이다. 그러나 이 원인은 간혹 경시된다. 우리는 모두 어느 정도는 순응주의자이며, 순응주의는 우리를 인간답게 만드는 요소의 일부이기도 하다. 뒤에 다시 설명하겠지만, 순응주의의 가장 파괴적인 결과를 예방하는 동시에 인간의 번영을 위한 가장 소중한 잠재력으로서 순응주의를 활용하기 위해서는 무엇보다 순응주의의 본질을 이해해야 한다.

## 2

# 야생의 종교
### 자연스럽게 확산되는 믿음과 협력의 이유

 나는 거의 한 시간 동안 사원의 한구석에 혼자 앉아, 우리가 제물로 바친 젯밥을 먹으러 온다는 조상의 징후를 들으려고 귀를 바싹 기울였다. 제사상에 올릴 음식은 마을 여인들이 준비했고, 남자들이 엄숙한 표정으로 그 음식들을 탁자 위에 올려놓았다. 나는 귀를 기울이면, 조상이 젯밥을 먹으려고 찾아왔다는 징후를 느낄 수 있을 거라는 말을 들은 터였다. 특히 정신을 골똘히 집중하면, 귀신들이 대화하는 소리까지 단편적으로 엿들을 수 있을 거라는 귀띔도 있었다. 이 사원을 지은 사람들은 키붕Kivung의 회원들이었고, 키붕은 파푸아뉴기니에서 조상의 귀환을 준비하는 사람들로 구성된 상당히 큰 조직이었다.[1]
 사원을 둘러싼 대나무 벽의 틈새로 몸을 거의 다 드러내다시피 옷을 입은 사람들이 이리저리 분주하게 움직이는 모습이 보였고, 그 움직임에는 겉보기에 아무런 원칙도 없는 것 같았다. 여자들은 말썽을 부리는 아이들에게 조용히 하라며 나지막이 꾸짖었고, 때로는 손을 들어 때리려고 하면 아이들은 장난스러운 미소로 화답하거나 자그맣게 저항했다. 나는 죽은 사람의 목소리를 들으면 어떤 느낌일지 궁금했다. 또 죽은 사람의 목소리를, 사원 밖에서 공손히 나지막이 중얼거리는 사람들의 목소리와 어떻게 구분할 수 있는지도 궁금했다. 누군가 낙엽 더미를 근처 모닥불에 던져 넣었는지 연기가 사원 안으로 슬금슬금 들어와 눈이 따끔거리고 욱신거렸다. 하지만 사원에 유령이 어떤 모습으로 나타날지도 궁금했다. 눈물을 참으려고 눈을 깜박이는데 갑자기 주변에서 무언가가 움직이는 것 같았다. 조상신인가? 아니, 거미였다. 거미가 나무 기둥을 타고 천천히 기어올라가 서까래 사이로 사라졌다.

나는 진작 알았어야 했다. 그런데 사람들은 조상신이 보이지 않는다고 이미 나에게 말했었다. 예컨대 젯밥의 극히 일부가 신비롭게 사라지는 등 조상신이 들렀다는 흔적을 나중에야 볼 수 있을지 몰라도, 조상신이 밥을 먹는 모습은 결코 볼 수 없을 거라고도 일깨워주었다. 하지만 어느 날, 그들이 느닷없이 마을에 나타났고, 그들 중 몇몇은 마침내 그날이 곧 닥칠 거라고 말했다. 내가 그 지역의 정보를 수집하는 데 도움을 주던 사람들이 내가 그 말을 제대로 이해했는지 확인하려고 내 살을 꼬집었고, 내가 깜짝 놀라 움찔하자 소리내어 웃었다.

내가 들은 바에 따르면, 조상들은 주변을 처음에는 열대우림으로 만들었다. 그러나 그들이 찾아와서는 나무들을 베어낸 뒤에 고층 건물을 세워, 신문에 실린 사진에서 흔히 보던 미국의 휘황찬란한 모습과 닮은꼴로 만들었다. 젊은이들만 글을 읽을 수 있었지만 쉽게 읽어내지는 못했다. 학교 교육을 받으러 간 사람들이 대부분 도

중에 포기했기 때문이다. 게다가 농사를 지어 번 돈으로 학비를 감당할 수 있는 사람도 극소수에 불과했고, 초등학교의 교육 방식이 잔혹하다고 말하는 사람도 많았다. 그러나 신문지는 담배를 마는 데 무척 쓸모 있었다. 바나나잎보다 더 잘 타서, 집에서 재배한 담배를 마는 껍질로는 더할 나위 없이 좋았다. 하지만 담배를 피우는 사람들은 신문 기사에 더해진 사진들, 특히 도시 생활을 묘사한 사진들을 볼 수밖에 없었다. 그들이 상상하는 낙원은 그런 고층 건물들이 밤사이에 마법처럼 생겨나고, 도시에서의 삶과 같이 상상을 초월하는 풍요와 안락이 있는 곳이었다. 그런 낙원은 심판의 날, 즉 사악한 사람들은 지옥에 던져지고, 신실한 사람들은 고통에서 벗어나 영원히 편안하고 자유로운 새로운 삶을 시작하게 되는 심판의 날이 있고 난 뒤에 찾아올 예정이었다.

그동안 나는 내 자리에 꼼짝 않고 앉아 유령의 소리를 찾아 귀를 기울였다. 곧이어 나는 다른 수수께끼에 빠져들었다. 세계 어디에서나 사람들이 우리가 죽은 뒤에도 살아간다는 생각, 눈에 보이지 않게 떠다니는 영혼들에 우리가 둘러싸여 있다는 생각, 초자연적인 존재가 우리 주변의 세상을 창조했다는 생각, 또 기도나 제물로 초자연적인 존재를 기쁘게 해줄 수 있다는 생각을 품는 이유가 무엇일까? 당시는 내가 종교의 본질에 대해 연구하던 초기 단계였지만, 거의 모든 인류가 공유하는 믿음과 관습에는 공통된 기반이 있다는 것이 분명해지기 시작했다. 그러나 그 이유가 무엇일까?

그로부터 수십 년이 지난 지금, 종교적 사고와 행동을 구성하는 기본적인 요소들을 세계 곳곳에서, 즉 소규모 원주민 공동체부터 산업화된 광역 도시와 도심에 이르기까지 모든 인간 사회에서 찾아볼 수 있다는 것을 알게 되었다. 예컨대 육체와 정신이 분리될 수 있고, 자연계의 특징에는 숨겨진 본질과 목적이 있으며, 망자의 영혼을 기쁘게 하고 달래야 한다는 상상은 어느 특정한 지역에 국한된 이야기가 아니다. 세상이 돌아가는 방식에 대한 우리의 직관적인 기대를 거스르는 기적적인 사건과 특별한 존재에 대한 이야기를 퍼뜨리는 경향이나, 다양한 형태의 초자연적인 존재와 힘에 대한 믿음이 넘쳐나는 것도 세계적으로 공통된 현상이다. 우리가 불가사의한 힘을 전달할 수 있는 사람을 만날 때 경이감과 경외심을 느끼는 것도 지역의 경계를 초월한 공통된 현상이며, 아직 말을 배우지 못한 아기들도 여기에서 예외가 아니다.

　이런 믿음이 사라지지 않고 계속 되살아나는 현상은 범인류적으로 만연한 '종교 편향religiosity bias'을 가리킨다. 이 책의 뒤에 보겠지만, 종교 편향은 우리가 '신앙faith', '미신superstition', '동화fairy tale(요정 이야기)'라 생각하는 것만이 아니라, 다양한 형태로 나타나는 요즘의 광고와 소비자 행동에도 영향을 미친다. 그러나 우선은, 종교 편향이 인간 본성의 근본으로 여겨질 수 있는 이유에 대해 집중적으로 살펴보자.

### 선교사, 영혼, 조상신

나는 젊은 박사 과정 연구원으로서 말리어를 사용하는 베이닝족Mali

Baining과 함께 지내는 동안 인간의 편향성에 대해 처음으로 생각하기 시작했다.[2] 키붕이 1960년대 중반부터 열대우림의 곳곳으로 세력을 확대할 때, 말리 베이닝족도 키붕 조직에 가입한 많은 소수 언어 집단 중 하나였다. 키붕은 소수 민족들을 통합해 그 지역의 새로운 정치 세력으로 키워내는 데 큰 역할을 했다.[3] 내가 키붕에서 접한 모든 사상은 유럽의 영향, 특히 가톨릭 사제들과 전도사들의 가르침에 그 기원이 있다고 가정해도 크게 잘못된 것은 아닌 듯하다. 내가 도착하기 훨씬 전부터, 선교사들은 베이닝족이 거주하는 마을들을 돌아다니며 그들과 어울렸다. 그곳에서, 즉 파푸아뉴기니의 동뉴브리튼East New Britain 열대우림 곳곳에 흩어진 마을에서 그들은 교회를 세웠고, 성경에 담긴 이야기들을 들려주며 세례를 주었고, 고해성사를 들었다. 키붕이 주장하는 많은 개념, 특히 천당과 지옥, 죄와 구원 등과 관련된 개념이 유럽에서 건너온 성직자들에게 영향을 받았다는 것은 분명한 사실이다. 그러나 베이닝족과 함께 생활하는 인류학자로서 나에게 주어진 과제 중 하나는, 유럽인들이 도래하기 훨씬 전에 그들이 지키던 문화 체계와 색다른 믿음을 자세히 기록하는 일이었다. 따라서 선교사들의 가르침이 널리 알려지기 전, 즉 토착 신앙과 관습이 여전히 숭배되고 엄격하게 지켜지던 시절을 기억하는 원로들과 오랜 대화를 나누며 많은 시간을 보냈다.

조상들의 시대에는 일정한 연령에 이른다고 무조건 성인이 되지 않았다. 남녀를 불문하고 모두가 무척 정교하고 까다로운 입문 과정을 거쳐야 했다. 이 과정에는 숲속의 신성한 장소에서 혼자 지내야 하는 상당히 긴 기간도 있었다. 그 기간은 충격적인 시련으로 중단되는 경우가 잦았지만, 어떤 시련인지는 아무도 모르게 감추어져서 그 내용을 누설한 사람은 처형되는 끔찍한 결말을 맞을 수도 있었다.[4] 이런 통과의례를 통해 우주 전체가 재생된다고 여겨졌다. 따라서 통과의례는 어린아이가 성장해서 어른이 되는 데 필요할 뿐 아니라, 인간의 생존과 번식 및 번창에 필수적인 동물과 식물이 숲에서 풍요롭게 자라는 데도 필요하다고 생각되었다.

나는 이 정교한 신념 체계를 이해하고, 남성 숭배의 비밀을 직접 파헤치고 싶은 욕심에 그들의 손에 이끌려 열대우림 깊숙이 들어가 성인이 되기 위한 입문 의식을 치르기도 했다. 나를 위한 입문 의식의 일환으로, 원로들은 나에게 우리 주변을 에워싼 초자연적인 세계의 일상적인 면에 대해 가르쳐주었다. 그들의 설명에 따르면 숲에는 보이지 않는 정령들로 가득했고, 정령들을 잘 설득하면 사냥부터 치료까지 인간에게 필요한 일에 도움을 받을 수 있었다.[5] 이렇게 정령들을 설득하고 회유해서 우리를 돕도록 유도할 수도 있지만, 정령들은 변덕스러워 쉽게 토라졌다. 따라서 정령들에게 제물과 공물을 바치며, 끊임없이 달래고 회유해야 했다. 언젠가 내가 덤불 칼을 서투르게 휘두르며 정글을 헤쳐 나갈 때, 내가 나무에 사는 정령의 정원을 야생 덤불로 착각해서 망쳤다는 핀잔을 들었다. 그 때문에 나는 정령의 보복을 피하고, 정령의 세계와 우호적인 관계를 회복하기 위해 다양한 마법 주문을 수행하라는 권유를 받았다.

사람들은 그런 존재를 세가sega라고 칭했고, 이는 '숲의 정령'이라는 뜻이었다. 세가는 인간의 눈에는 보이지 않지만 꿈, 특히 아군가라가agungaraga로 알려진 영매靈媒의 꿈에서는 종종 보였다. 영매는 잠자는 동안에 세가와 교감할 뿐 아니라, 그 덕분에 예상치 못한 흉작이나 갑작스러운 질병 등 인간에게 닥치는 불행의 숨겨진 원인을 자주 알아내는 특별한 사람이었다. 아군가라가는 특히 주술 의식을 통해 일상적인 문제에 대한 실질적인 해결책을 제시하는 재능으로 높은 평가를 받았다. 그렇지만 깨어 있는 시간에 세가를 만난 사람은 극히 드물었다. 그때의 경험은 언제나 으스스했다고, 어떤 경우에는 겁나게 무서웠다고 묘사되었다. 세가와의 만남에는 물리학 법칙을 위배하며 도무지 설명되지 않는 현상이 항상 수반되었다. 예컨대 세가는 아무런 소리도 내지 않고 다가오기 때문에 인간의 귀로는 감지할 수 없다거나, 우리가 눈을 돌리는 순간 귀신은 사라진다는 식이었다.

이런 개념들은 서양인의 귀에 생경하게 들릴 수 있다. 그러나 베이닝족의 전통적인 신앙 체계는 세계의 모든 문화권에서 확인되는 신앙 체계(동화와 동요부터 세계적인 종교들의 가장 신성한 가르침까지)와 놀라울 정도로 유사하다. 기독교, 이슬람교, 힌두교, 불교, 도교, 조로아스터교 등 조직화된 종교를 어떤 형태로든 믿는 사람이라면, 초자연적인 것, 죽음 이후의 삶, 의례의 숨겨진 힘, 자연이나 우주의 지적 설계를 긍정적으로 받아들일 가능성이 크다. 이런 믿음은 심원한 직관에 뿌리를 두고 있어, 승려와 신부, 목사와 구도자 등 종교 전문가들이 조직화한 교조적 신앙 체계로만 나타나지 않고, 영성주의와 뉴에이지 운동에서부터 샤머니즘과 빙의 숭배possession cult에 이르기까지 다양한 형태의 일상적인 신앙생활로 표현된다.[6]

이런 유사성을 고려할 때, 베이닝족의 열대우림을 돌아다닌 가톨릭 선교사들이 '세가'를 별로 좋지 않게 생각했다는 사실이 놀랍게 여겨질 수 있다. '세가'가 기독교의 우주론적 틀에 들어맞지 않아, 요정이나 산타클로스에 대한 믿음과 같은 유치한 환상으로 일축할 수 있었기 때문만은 아니었다. 오히려 베이닝족의 마을을 줄지어 방문한 성직자들과 전도사들은 '세가'를 완벽하게 실재하지만 사악한 존재, 즉 사탄의 사자使者로 규정했다. 왜 그랬을까?

이 의문에 대한 대답은 의심할 여지없이 복잡하고 복합적이지만, 크게 두 방향으로 나뉜다. 첫째, 로마 가톨릭교는 신자들이 완전하고 배타적인 교리로 받아들여야 하는 믿음과 관습의 체계다. 이상적으로 말하면, '미지근한' 가톨릭 신자가 되어서는 안 된다. 예컨대 일요일에만 가톨릭 신자가 되고, 주중에는 모든 물질에 생명이나 혼이 있다고 믿는 물환론자$_{animist}$가 되어서는 안 된다. 따라서 사제들은 각 지역의 토속신앙을 바티칸의 교리에 통합했지만, 그 방법이 토속신앙을 이해하고 진정하게 관계 맺는 것을 저해하는 결과를 낳았다. 둘째, 선교사들이 가르치는 초자연적인 존재, 즉 성부와 성자와 성령으로 이루어지는 삼위일체는 도덕적으로 우려되는 존재였다. 선교사들의 하느님은 '세가'와는 다른 방식으로 인간의 문제에 관심을 가졌다. 역설적이게도, '세가'를 가톨릭 교리에서 배제하는 가장 좋은 방법은 세가를 가톨릭의 도덕적인 틀에 끼워 넣는 것이었다. 그렇게 하면 '세가'는 로마 가톨릭교가 물려준 성체와 더불어 추앙이나 공경과 숭배를 받기는커녕 철저하게 정죄의 대상이 될 수 있었다.

반면에 1964년 창립된 때부터 토착민이 주도한 키붕 운동은 추종자들에게 전통적인 믿음과 관습을 자랑스레 생각하며, '세가'를 악마적인 것으로 배척하지 말고 '세가'와 조화로운 관계를 유지하라고 적극 권장했다. 그 결과로, 내가 무심코 '세가'의 기분을 상하게 할 때마다 사람들은 나에게 그 잘못을 만회하라고 독려했다. 대체로 내가 '세가'에게 잘못을 범하는 경우는 '세가'의 영역을 침해하거나 '세가'의 재산을 훼손한 때였지, 공동체 사람들에게 못되게 행동해서 '세가'의 노여움을 산 적은 전혀 없었다. 내가 이웃의 텃밭에서 무언가를 훔치거나 이웃의 아내를 데리고 도망치고, 심지어 이웃의 동생을 살해하는 등 이웃에게는 어떤 잘못을 저질러도 '세가'는 전혀 신경 쓰지 않을 것이 분명했다(그렇다고 내가 그런 끔찍한 짓을 저지르지는 않았다.).

 '세가'가 정말 화를 내는 경우는 내가 그들의 삶을 직접적으로 방해하는 때였다. 세가의 삶을 방해하지 않는다면, 내가 무엇을 하더라도 세가는 신경을 쓰지 않았다. 그렇다고 내가 공동체 내에서 도덕적으로 행동하는 것만으로는 사냥에 성공하거나 질병에서 회복하는 데 도움을 달라고, 즉 나를 위해 무언가를 해달라고 '세가'를 설득해 도움을 얻을 수 없었다. 반대로 '세가'에게 제물이나 뇌물을 제공하는 등 직접적인 이익을 주거나, 내 명령에 따르도록 만드는 주문을 외우는 경우에는 '세가'의 도움을 받을 수 있었다. 하지만 주문을 잘못 외우거나 부적절한 날에 '세가'를 부를 수 있어, 그 방법이 항상 효과가 있다고 장담할 수 없었다. 숲의 정령들은 자신과 사람들이 그들을 위해 해줄 수 있는 것에만 관심이 있었지, 제물을 바치거나 주문을 외우는 사람이 좋은 사람인지에 대해 전혀 신경 쓰지 않았던 것은 확실하다.

따라서 선교사들이 섬기는 아브라함의 하느님은 베이닝족의 열대우림에 가져온 완전히 새로운 개념이었다. 하느님은 우리가 공동체 구성원들에게 어떻게 행동하는지 관심 있게 지켜보며 벌을 주거나 경건한 삶을 보상한다는 선교사들의 가르침은 일종의 계시로 다가왔다. 하느님이 우리 마음속까지 들여다보고, 우리가 못된 생각을 실행에 옮기기 전에 못된 생각을 처벌한다는 가르침은 훨씬 더 놀라운 것이었다. 이런 개념들에 대한 광범위한 토론이 있었고, 그 뒤에야 이 개념들은 키붕을 지탱하는 기본이 되었다. 뒤에서 보겠지만, 교훈이 담긴 초자연적 처벌에 대한 믿음은 복합 사회complex society로의 진화 과정에서 상당히 뒤늦게야 나타났다. 그 이유는 초자연적 존재가 인간사에서 도덕의 집행자로서 직관적으로 여겨지지 않기 때문이다. 오히려 초자연적 존재는 '세가'처럼 우리 편에 두는 것이 더 좋은 강력한 존재로 자연스럽게 생각된다. 따라서 소규모 사회에서 정령과 신은 기본적으로 자기중심적인 존재들이어서, 그들을 달래고 매수하며 유혹하는 데 방해가 되지 않는 한 우리가 서로 어떻게 행동하느냐는 전적으로 우리 몫이다.

따라서 키붕이 토착 신앙 체계인지 아니면 기독교 선교사들로부터 차용한 것인지에 대한 의문에 대해 답하자면 둘 모두다. 키붕은 죄와 구원에 관련해 로마 가톨릭 선교사들의 가르침을 많이 받아들이면서도 그런 도덕적 관심사가 지역 조상들에게서 비롯되었다고 보았다. 그러나 키붕은 '세가'와의 우호적인 관계를 보존할 필요가 있다고 생각하며, 지역민들에게 변덕스러운 '세가'에 대한 전통적인 믿음을 유지하라고 독려했다. 토착 신앙과 기독교 신앙의 이런 '짜 맞추기mix and match'는 선교사들이 활동한 식민지에서 흔한 현상이었다.

젊은 박사 과정 학생이던 나에게 다른 신앙 체계의 이런 짜 맞추기는 무척 흥미롭게 보였다. 완전히 이질적인 신학, 즉 가톨릭 신학에서 차용한 개념이 토착 신앙과 그토록 쉽게 통합되며 키붕의 세계관을 만들어낼 수 있었다는 것이 나에게는 신기하게만 여겨졌다. 하지만 두 신앙 체계의 기저를 이루는 부분들이 어떤 면에서 '직관적intuitive'이라는 생각을 했다. 기독교 신앙과 토착 신앙 모두에 내재하는 공통된 부분, 즉 어느 지역에서나 사람들이 공유하며, 거의 모든 인간 집단에서 자생적으로 생겨나 확산되는 종교적인 생각과 행동이 기독교 신앙과 토착 신앙에 존재한다면 어떻게 될까?

## 야생에서의 종교

무신론자들은 하나의 유일무이한 신앙 체계가 궁극적인 진리를 구현하는 반면, 다른 모든 종교는 거짓이라고 선언하는 부조리를 흔히 지적한다. 여하튼 그런 특별한 변증을 옹호하는 일반적인 근거는, 우리가 모든 종교의 상황을 체계적으로 비교해서 그중 하나만이 옳다는 것을 알게 되는 과정을 거치지 않고, 그런 전통을 숭배하는 문화권에서 우연히 자랐다는 것이 전부다. 이런 이유에서, 종교 간의 차이를 만드는 모든 요소를 어떻게든 제거할 수 있더라도 종교적 신념이 그렇게 터무니없어 보이지는 않을 것이다. 우리가 모든 종교에 공통된 핵심을 찾아낼 수 있다면, 그 핵심 신앙을 고수하는 일은 이른바 종교를 믿는 다른 모든 사람과 의견을 함께하는 것과 같다. 그렇다고 그 핵심 신앙이 반드시 더 타당해지지는 않지만, 순전히 성장 배경만을 이유로 어떤 종교를 다른 종교보다 우선적으로 받아들이는 것은 부조리하다는 지적은 줄어든다.

나는 키붕과 함께한 시간 덕분에, 그 공통된 특징들을 찾아 나서게 되었다. 그 특징들은 특정한 방식으로 생각하는 보편적인 성향에 뿌리를 둔 일련의 신앙으로 이루어지기 때문에 뭉뚱그려 '야생의 종교wild religion'라 일컬어졌다.[7] 그런 신앙은 조직화된 종교의 정교하게 다듬어진 차별적인 교리와 다르다. 후자는 흔히 종교의 '교리적'인 면이라 칭해지며, 교리를 정확히 알기 위해서는 명확한 교육과 훈련, 경전의 참조, 신조와 설명의 빈번한 반복이 필요하다.[8] 교리에 기초한 종교는 깔끔하게 손질된 정원과 같아서 전문가의 관리와 감독이 필요하다. 그러나 야생의 종교는 어떤 도움도 없이 자생하는 잡초처럼 무척 자연스럽게 사방으로 퍼져 나간다. 여기에서, 야생의 종교를 만들어내는 보편적인 요소들이 조직화된 종교 조직들에게 성가신 골칫거리로 흔히 여겨지는 이유가 설명되는 듯하다.

하지만 교리에 근거하든 그렇지 않든 간에 형성 과정에서 야생적인 면이 깊이 스며들지 않은 종교를 상상하기는 어렵다. 예컨대 로마 가톨릭교회처럼 조직화된 종교는 주술, 빙의, 유령, 흑마술에 대한 '야생적' 발상을 지속적으로 차단하고 있지만, 이런 종류의 믿음중에서 공인된 형태는 일상적인 관습의 일부로 용인하거나 심지어 권장하기도 한다. 이런 이유에서 눈물을 흘리는 조각상과 치유력을 지닌 유물이 존재한다. 달리 말하면, 성 삼위일체의 신비로움부터 불교의 사성제까지 조직화된 종교의 중심 교리가 무척 부자연스럽고 배우기 어려울 수 있지만, 그런 종교를 믿는 일반인에게는 더욱 더 '야생적'이고 더 자연스러운 직관적 요소로 이루어진 '민속folk' 전통과 의례에 빠져드는 것이 너그럽게 허용된다는 뜻이다.

야생의 종교가 자연스레 생겨난다는 주장이 성립한다고 해서 우리가 완전히 형성된 신앙 체계를 갖고 태어난다는 주장이 성립하지는 않는다. 겨드랑이 털이 자연스럽다고 말한다고 해서 우리 모두가 태어날 때부터 겨드랑이에 털이 수북하다고 말하지는 않는다. 오히려 주변 환경이 모방하기에 적절한 자료와 그 자료를 받아들이기에 적합한 조건까지 충분히 제공한다면, 유아는 자라는 동안에도 야생의 종교적 믿음을 습득하려는 뿌리 깊은 성향을 보인다.

유럽의 마녀론도 진화한 직관에 뿌리를 두고 있다. 그러나 올바른 문화적 환경이 조성되면 이런 직관은 무시될 수 있다. 무신론적 환경, 즉 초자연적 존재를 믿는 기본적인 성향을 체계적으로 억누르는 환경에서 성장한 사람은 마녀의 존재에 대해 회의적일 가능성이 높다. 이런 이유에서, 야생의 종교를 '자연스러운 것', 즉 인간의 진화한 편향 중 하나로 묘사한다고 해서 우리가 그런 편향을 타고난다는 것을 뜻하지 않으며, 그 편향이 결국 문화적 신념으로 표현된다는 뜻이 아님을 강조하는 것이 중요하다. 하지만 이런 직관적 믿음은 명시적으로 가르칠 필요가 없다는 점에서 색다르고, 우리 뇌가 일반적인 환경에서 발달하는 과정 가운데 자연스럽게 생겨나는 특징이 있다.

그 과정을 이해하기 위해서는 우리 뇌가 어떻게 발달하는지에 대해 간략하게 되짚어볼 필요가 있다. 우리 뇌는 삶의 경험이 신비롭게 기록되는 빈 서판이 아니다. 우리 뇌는 고도로 전문화된 계산 장치, 더 정확히 말하면 그런 장치들로 구성된 방대한 집합체라 생각하는 견해가 있다. 예컨대 박쥐에게 음파 탐지 능력을 활용해 물리적 환경에서 자신의 위치를 파악하는 데만 집중하는 장치가 있듯이, 인간에게는 다른 사람의 정신 상태를 해석하고, 공간을 이동하는 물체의 궤적을 예측하며, 종과 종 사이의 본질적인 차이에 대해 추론하는 데 집중하는 인지 장치가 있다는 것이다. 다시 말하면, 우리는 사람을 속일 수 있다거나 동물의 종류가 다양하다는 것을 명시적으로 배울 필요가 없다는 뜻이다. 조상 대대로 살아온 세계에 대한 정보를 처리하도록 우리 뇌가 진화했기 때문에 우리는 그런 것들을 어느 정도 받아들인다. 이런 견해가 맞다면, 인간의 뇌는 다양한 용도에 맞게 다양한 형태의 칼날로 이루어진 스위스 군용 칼과 약간 비슷하다. 상대적으로 부드러운 것을 자르는 칼날만이 아니라, 포도주 병에서 코르크를 빼내거나 말발굽에서 돌을 뽑아내는 도구까지 있지 않은가.

다른 견해로는 우리 뇌가 다양한 기능을 가진 여러 개의 날로 구성된 스위스 군용 칼보다는 필요에 따라 무척 다양한 방식으로 사용될 수 있는 하나의 칼날처럼, 범용 도구에 더 가깝다는 주장이 있다. 이 견해에 따르면, 뇌가 수행할 수 있는 많은 전문화된 과제는 칼날을 다루는 차별적 기술을 습득한 산물이다. 명백한 예를 들면, 뇌에는 글을 읽고 쓰는 데 사용되도록 진화한 회로망이 없다. 글을 읽고 쓰는 능력, 즉 문해력은 세대가 거듭되며 학습되어야 하는 인지적 도구에 더 가깝다. 물론 문해력은 비교적 나중에야 나타났기 때문에 자연선택으로 진화되었다고 생각하기 어렵다. 게다가 글을 읽고 쓰는 능력이 인위적으로 교육되는 집단에서 성장하지 않는 한 문해력은 전혀 생겨나지 않는다. 문제는 일련의 보편적인 문법 원칙과 같이 전문화된 방향으로 진화한 능력과 관련된 것으로 이런 도구들은 타고나는 것이 아니라 학습의 결과일 수 있다는 점이다.[9]

우리 뇌가 작동하는 방식에 대한 두 견해는 모두 상당히 그럴듯하고 서로 모순되지는 않는 듯하다. 어떤 식으로 생각하든 간에 우리 뇌는 특정한 종류의 과제를 해내는 선천적 잠재력이 있고, 많은 새로운 상황, 즉 진화라는 과정을 거친 과거에는 상상할 수 없던 상황에도 유연하게 적용될 수 있다. 우리가 타고난 전문화된 심리적 도구의 역할을 강조하든 학습된 인지적 도구의 역할을 강조하든 간에, 우리의 진화한 심리 작용에서는 두 능력이 결합되는 것이 분명하다. 더 정확히 말하면, 두 방향의 능력이 결합해서, 우리가 스펀지처럼 흡수해 전승하는 문화적 신념의 형태에 분명 영향을 미친다.

종교 편향의 몇몇 특징이 오늘날 보편적이라면 그 특징 중 다수는 과거에도 보편적이었을 가능성이 크다. 고대 선사시대의 신앙 체계를 세세히 재구성하기는 불가능하지만, 고고학은 범인류적 종교성의 몇몇 특징에 대해 직접적인 증거를 제공한다. 예컨대 수많은 선사시대 매장지에서 발굴된 부장품들은 (네안데르탈인을 비롯해 밀접한 관련이 있는 다른 종 중에서도) 현생 인류가 줄곧 사후 세계에 대한 희망을 품었다는 것을 강력히 시사하며, 논란의 여지가 있지만 동굴 벽에 그려진 그림들은 다양한 유형의 초자연적 존재가 어딘가에 있다고 믿었다는 뜻으로 해석된다. 게다가 많은 종교적 직관이 일찍이 어린 시절에 나타난다는 사실은 인간이 예부터 줄곧 초자연적 존재를 믿었을 뿐 아니라 앞으로도 그렇게 믿을 가능성이 크다는 의미다. 그렇다면 종교의 몇몇 측면은 자연스레 주어지는 것이 되고, 심리학자들은 이런 장난스러운 면을 '직관적intuitive'이라고 말한다.

## 무언가 어둑한 밤에 밀려오면

나는 파푸아뉴기니에서 2년 동안 키붕과 '세가'의 세계에 푹 빠져 살다가 케임브리지의 킹스칼리지로 돌아왔고, 처음에는 그 새로운 환경에 다시 적응하기 어려웠다. 모든 면에서 대조적인 다른 부족과 함께 살았기 때문인지, 내 부족의 규범과 관습이 이제는 이상하게도 생경하게 느껴졌다. 하지만 프랑스계 인지 인류학자 파스칼 부아예Pascal Boyer를 처음 만났을 때 이런 점에서 그가 나와 비슷하다는 생각이 들었다. 당시 그는 킹스칼리지의 연구원으로, 멀리 캠강과 케임브리지대학교의 뒤뜰이 굽어보이는 깁스 빌딩의 아치형 구조물을 가로지르는 그럴듯한 연구실을 차지한 반면, 나는 구겨진 청바지에 지독한 궐련 냄새를 풍기고 도서관을 어슬렁대며 박사 논문을 쓰던 연구생에 불과했다. 그러나 우리 둘은 아득히 멀리 떨어진 문화권에서 현장 연구를 끝내고 돌아온 데다 인간은 어느 곳에 살더라도 차이점만큼이나 유사점도 많다는 사실을 실감나게 확인한 탓에 서로를 '관심사가 같은 동족'으로 보았던 듯하다.

우리는 정장을 차려입고 대학의 만찬 행사장에 참석해 식탁을 사이에 두고 앉아, 포트와인을 특정한 방향으로만 돌리라는 요구에 얼굴을 찡그리며 빈정거렸고, 우리가 대학 부속 예배당에서 보았던 것과 머나먼 땅에서 연구한 주술적 관습 사이의 유사성에 대해서도 일화를 주고받으며 이야기를 나누었다. 부아예는 사하라 사막 남쪽 지역에서, 즉 카메룬의 팡Fang족과 함께 살면서 현장 연구를 수행했다. 따라서 내가 뉴니기에서 함께 살았던 종족과는 반대편 세계에서 연구를 진행한 셈이었다. 그러나 복수심에 불타는 마녀와 탐욕스러운 조상신을 향한 믿음이 지배하는 비영어권 마을에 살며 겪은 우리의 경험들은, 케임브리지의 점잖은 만찬장을 지배하는 전통이나 옥신각신하며 키워가는 동료애와 거의 동일한 심리에 뿌리를 두고 있다는 데 동의했다.

곧이어 부아예는 미국에서 연구하는 그의 몇몇 친구를 소개해주었고, 오래지 않아 우리는 대서양 양쪽을 오가며 정기적으로 모임을 가졌다. 우리 모임에 합류하는 젊고 똑똑한 학자들이 점점 늘어갔다.[10] 모임에 참석한 학자들의 생각이 무척 다양해서 밤늦게까지 토론이 이어지기 일쑤였지만 모두가 항상 온화하고 유머러스한 성품을 잃지 않았다. 더욱더 중요한 것은, 명시적으로 합의된 두 가지 원칙을 전제 조건으로 삼았다는 사실이다.

첫 번째는 종교는 과학적으로 설명될 수 있다는 원칙이었고, 두 번째는 과학 이론의 설명력이 그 이론을 생각해낸 사람보다 더 중요하다는 것이었다. 이 두 원칙은 우리 대부분이 몸담고 있던 학문 분야에서 상당히 급진적이었다. 당시 종교학과 인류학 등 인문학 분야의 동료들은 대체로 과학적 방법론에 대해 회의적이거나 심지어 대놓고 적대적이었고, 그런 과학적 방법론을 '환원주의reduction-ism'라 칭하며 진저리쳤다. 게다가 그 학문들에서 지배적인 체계를 주창한 학자들은 자신의 이론을 옹호하며 조금도 물러서지 않았다. 그러나 더 과학적인 방법론에 기초해 공동 작업을 추진하는 모임의 일원이 된 것은 단순히 연구 분위기를 바꾸는 데 그치지 않았고, 삶의 방향을 바꾸는 기회였다. 결국 우리 모임은 새로운 학문 연구 분야에 걸맞은 멋진 이름을 생각해냈다. 그렇게 탄생한 '인지종교학Cognitive Science of Religion'(이제는 CSR로 알려짐)은 인지 구조에 대해 급속히 성장하는 연구 결과를 바탕으로, 세계 전역에서 종교적 신앙과 행동이 어떻게 생겨났고, 어떤 차이가 있는지를 설명하려는 시도였다.

모든 인간 사회에서 자연스레 나타나서 확산되는 종교적 사고와 행동의 '야생적' 패턴을 설명하는 것이 인지종교학의 새로운 주된 목표가 되었다.[11] 그리고 지난 수십 년 동안, 이 분야의 연구자들은 야생에서 종교가 생겨나는 심리적 과정을 조금씩 밝혀냈다. 지금까지의 연구에 따르면, 종교적 사고와 행동에서 널리 확산된 많은 특징이 진화의 부산물로 이해하는 것이 최선인 듯하다. 요컨대 야생의 종교적 신앙은 일반적으로 인간의 진화 과정에서 선택된 것이 아니라, 더 잘 적응한 다른 심리적 특성들의 부작용side effect으로 생겼다고 이해하는 편이 더 낫다는 뜻이다. 예컨대 다른 사람이 어떻게 행동할지를 예상하려는 직관적 심리 작용, 자연계를 나름대로 분류하려는 직관적이고 생물학적인 지식, 도구를 만들며 우리에게 모든 것에는 존재하는 목적이 있다고 생각하게 만드는 뇌, 조기 경보 시스템처럼 포식자를 과도하게 감지하는 성향 등의 부작용으로 생겨난 것이 아닐까 싶다. 우리 조상들은 이런 직관의 도움을 받아 생존하고 후손에게 유전자를 물려줄 수 있었다. 그러나 우리가 사후 세계의 존재를 본능적으로 믿고, 특정한 사물이나 장소를 신성하게 여기며, 자연계가 지적으로 설계되었다고 생각하게 된 데도 이런 직관의 역할이 크다. 게다가 눈에 보이지 않는 위험한 정령이 동굴과 숲에 숨어 있다는 생각을 우리에게 심어준 것도 이런 직관일 수 있다.

    예컨대 야생의 종교에서 반복해서 나타나는 몇몇 특징은 다른 사람의 정신 상태에 대해 추론하는 인간 능력의 부산물인 듯하다. 실험심리학자들은 이런 능력을 '마음 읽기mindreading'라 칭한다.[12] 그렇다고 우리가 텔레파시를 사용한다는 뜻은 아니다. 상대가 알거나 모른다고 생각되는 것을 근거로 그의 관점에서 상황을 파악하고, 그의 행동을 예측하려고 자연스레 노력한다는 뜻일 뿐이다. 걸음마를 배우는 단계의 아기는 이 능력을 극히 초보적인 수준으로도 사용하지 못한다. 이 단계의 아기는 어떤 물건이 감추어진 곳을 알려주면 모두가 그것을 알고 있을 것이라 추정하는 수준에 불과하다. 하지만 다섯 살이 되면, 어떤 물건이 어디에 숨겨져 있는지 당신에게 보여주거나 말해주지 않으면 당신이 물건의 존재조차 모르거나 물건을 어디에서 찾아야 할지 모를 거라고 추정한다. 몇몇 아이는 다섯 살에 불과한데도 재미삼아 속임수를 쓰고, 새롭게 찾아낸 능력, 즉 악의 없이 거짓말하는 능력을 검증하며 커다란 만족감을 얻기도 한다. 심리학자들이 '마음 이론theory of mind'이라 칭하는 것을 아이들이 습득한 결과다.¹³

다른 사람의 정신 상태를 추론하는 이런 능력은 혼령과 사후 세계에 대한 우리 생각에 깊은 영향을 미친다. 이에 대한 좋은 예로는 사후 세계의 존재에 대한 믿음을 우리가 마음에 대해 자연스럽게 추론하는 방식의 부작용으로 설명하려는 시도, 즉 '시뮬레이션 제약 가설simulation constraint hypothesis'이라 칭해지는 개념이 있다. 이 가설에 따르면, 죽은 사람의 혼령이나 유령이라는 개념은 특정한 정신 상태의 제거를 상상하지 못하는 데서 생겨난다. 물론, 시각과 청각 같은 지각 능력이 결여되면 어떤 느낌일지는 관련된 기관(눈과 귀)을 손으로 가리는 것만으로도 상상할 수 있다. 하지만 기억하고 공감하며 추론하는 능력처럼 고차원적인 인지 능력이 부족한 경우를 모의 실험하기는 쉽지 않다. 그런 능력이 사라졌다고 상상하는 순간, 그렇게 상상하기가 무척 어렵다는 점을 깨닫는다. 따라서 시뮬레이션 제약 가설에 따르면, 이런 능력이 사후에도 존속한다고 상상하는 것이 훨씬 더 자연스럽다.¹⁴

달리 말하면, 우리는 죽은 사람의 영혼이 생전에 있었던 사건들을 기억하고, 감정을 느끼며, 눈과 귀를 포함해 신체 기관들이 더는 기능하지 못하고 소각되거나 땅속에서 썩을지 모르지만 판단을 내릴 수 있다고 상상한다. 이런 상상은 시뮬레이션 제약 가설이 어린

아이에게서 초기 단계에 형성되는 과정과 맞아떨어진다. 예컨대 취학 전의 아이들도 쥐 인형이 악어 인형에게 먹힌 뒤에도 쥐 인형의 고차원적인 인지 기능이 지속된다고 생각한다.[15] 구체적으로 말하면, 아이들은 쥐 인형이 더는 몸이 없어 화장실에 가거나 아침을 먹을 필요는 없지만, 엄마와 친구들을 여전히 기억할 수 있다고 선뜻 추정한다.

야생의 종교를 떠받치는 또 하나의 직관적 토대는 질병의 발병에 대해 추론하는 방법에서 비롯된다. 과학자들이 미생물의 존재를 알아내기 훨씬 전부터 사람들은 전염의 위험을 걱정했다. 접촉을 통해 증상이 확산되는 것을 관찰했기 때문만이 아니라, 보이지 않는 무언가가 세상에 존재한다고 직관적으로 추론했기 때문에도 전염의 위험을 염려했다. 이런 직관에는 진화적 이점이 분명히 존재한다. 오염 물질과의 접촉을 통한 전염을 본능적으로 두려워한다면, 매섭고 치명적인 질병이 공동체 내에서 확산되더라도 그 질병에 걸릴 확률이 낮아질 수 있기 때문이다. 따라서 모든 인간 사회에서 특정한 물건을 세척하고 정돈하며 분리하는 등 위험을 예방하는 조치가 기본적으로 관찰되는 이유가 여기에서 설명되는 듯하다. 흥미롭게도 이런 예방 조치는 강박장애obsessive-compulsive disorder, OCD로 고통받는 사람들 사이에서 안타깝게도 과장되게 나타나는 현상과 똑같다.[16] 그러나 이런 염려가 드물게 병적인 수준으로 발전하지만, 우리 모두에게는 위생과 전염에 대한 염려에서 어느 정도의 강박장애가 있다.[17]

그러나 이 직관에도 종교적인 부작용이 있다. 보이지 않는 무언가에 의해 더럽혀질 수 있다는 두려움은 일반적으로 의례의 형태로 표현될 뿐 아니라, 주술과 흑마술에 대한 두려움으로도 나타난다. 예컨대 파푸아뉴기니의 많은 문화 집단에서 내가 겪은 경험에 따르면, 신뢰할 수 없는 사람과 교류할 때는 옷, 머리카락, 손톱 조각 등 자신의 흔적을 남기지 않도록 주의해야 했다. 이런 물건들에는 당신의 본질이 담겨 있어, 당신이 멀리 떨어져 있더라도 적이 그 물건을 사용해서 당신에게 사악한 마법을 걸 수 있다. 많은 문화권에서 우리의 보이지 않는 숨겨진 본질이 우리가 접촉하는 물건에 흔적을 남긴다는 생각에 이름이 붙여져 있다. 예컨대 오세아니아의 많은 문화권에서는 '마나mana'라고 일컫고, 마다가스카르에서는 '하시나hasina', 오지브웨이족Objibway에서는 '마니투manitou', 이로쿼이 연맹Iroquois에서는 '오렌다orenda' 등으로 불린다.[18] 따라서 주술의 전염이라는 개념은 오랫동안 여러 세대의 학자들에게 궁금증을 불러일으켰고, 그 결과로 그에 대해 많은 이론이 생겨났다.[19]

인간의 긍정적인 특성과 부정적인 특성은 본질적으로 전염성을 띤다는 생각도 이와 관계가 있다. 예컨대 어떤 사람이 존경이나 숭배를 받는다면, 그가 착용했던 물건이나 그와 닮은 모습으로 만들어진 물건을 만지거나 입맞춤하면 건강이나 행운 같은 것을 얻을 수 있다고 생각하지 않는가. 그러나 정반대의 경우가 훨씬 일반적이다. 예컨대 사회적으로 지위가 낮은 사람, 특히 도덕적 결함이나 범죄로 인해 배제되거나 배척된 사람은 전염병처럼 피해야 한다는 생각이 팽배하다. 정말 문자 그대로 따돌려진다. 파푸아뉴기니에서는 증오하는 적의 시신을 강에 던져 떠내려 보냈다. 대부분의 현대

국가에서는 유죄 판결을 받은 범죄자를 감금함으로써 법을 준수하는 시민이 범죄자를 만나거나 뒤섞일 가능성을 원천적으로 차단한다. 범죄가 극단적일수록 범죄의 흔적을 완전히 지우려는 노력이 더 철저해질 수 있다. 영국에서는 연쇄 살인범의 집값이 예외 없이 급격히 하락하고, 철거되는 경우가 많다. 극단적인 경우, 예컨대 어린 소녀들을 강간하고 학대하고 살해한 프레드와 로즈메리 웨스트 부부가 살던 집은 허물고 남은 돌덩이까지 가루로 분쇄된 뒤에 주거지로부터 멀리 떨어진 쓰레기 매립지에 버려졌다. 어느 곳에서나 사람들은 악행을 저지른 사람과 관련된 물건과 물리적으로 접촉하기를 본능적으로 혐오한다. 심리 실험에서는 살인자의 스웨터를 입는 것조차 꺼릴 정도였다.[20] 어둠의 힘에 의해 더럽혀질지 모른다는 두려움은 전염성 질병이 만연한 지역에서 더 보편적인 경향을 띠며, 보이지 않는 사악한 힘이 존재한다고 믿는 우리의 편향성이 전염을 예방하려는 진화된 심리적 방어기제의 부산물이라는 가정을 더욱 뒷받침한다.[21]

하지만 야생의 종교를 떠받치는 또 다른 직관적 토대는 '무차별적 목적론promiscuous teleology'으로 알려진 범인류적인 편향이다.[22] 목적론적 추론은 어디에서나 창조자의 조화를 보려 하며, 나무부터 바위까지 모든 것이 그렇게 능동적으로 설계되었다고 결론짓는 경향을 띤다. 인간은 자연계를 포함해 거의 모든 것에 목적론적 추론을 무분별하게 적용하려 한다. 목적론적 추론을 이렇게 무차별적으로 적용하는 것도 인간 심리의 또 다른 특징으로, 어린 시절의 초기에 흔히 나타난다. 예컨대 취학 전의 아이들에게 바위가 뾰족한 이유가 오랜 침식 때문인지, 코끼리가 바위에 앉지 못하게 하려는 것인지를 물으면, 바위의 모양이 기능적으로 설계되었다고 생각하는 목적론적인 설명이 대답으로 선택된다.[23] 물론 목적론적으로 추론하는 인간의 선천적인 성향은 고도로 적응된 것이다. 그런 성향 덕분에 인간은 멀리 떨어진 짐승을 죽이고, 가죽을 벗겨내고, 고기를 조리하기 위해 불을 지피는 도구들을 창의적으로 개발할 수 있었다. 우리가 작고 연약한 몸에만 의존했다면 불가능했을 무수히 많은 일을 해낼 수 있게 된 것도 결국에는 목적론적으로 추론하는 성향 덕분이었다. 그러나 이런 목적론적 사고방식은 모든 곳에서 창조자를 찾아내려는 경향을 부산물로 낳았다. 따라서 이런 편향은 세계 종교들에서 창조 신화, 예컨대 오스트레일리아 원주민의 신화에서 꿈의 시대alcheringa에 활약한 영웅들부터 아브라함에 뿌리를 둔 종교들의 기원 이야기까지 빈번하게 반복해 나타나는 이유를 설명하는 데 도움이 될 수 있다. 우리는 주변 세상을 설명하려고 할 때 신적인 존재나 조상이 세상을 그렇게 만들었다고 상상하며, 그때 어떤 사건이 있었는지에 대한 이야기를 꾸미고 퍼뜨리는 선천적인 성향을 보인다.

그러나 나에게 가장 흥미로운 직관적 믿음은 사후 세계, 창조론, 전염이 아니라 혼자 있을 때도 우리 주변에 도사리고 있는 어떤 힘을 찾으려는 우리의 성향과 관련된 것이다. 우리가 잠재적으로 위험하거나 낯선 환경에 있을 때마다 이런 성향은 더 강해진다. 우리가 죽은 후에도 영혼은 계속 살아있고, 나무와 산과 강에는 보이지 않은 강력한 존재가 살고 있다고 생각하는 우리의 자연 발생적인 성향을 고려하면, 어떤 공간이 우리를 불안하게 만든다고 해서 놀라울 것은 없다. 해가 떨어진 뒤에 어두워진 숲이나 묘지에서 방향을 잃었을 때 어떤 기분이 드는지 생각해보라. 갑자기 낙엽이 떨어지거나 올빼미가 굵직하게 우는 소리에 우리는 화들짝 놀랄 뿐 아니라, 주변에 인간 같은 존재가 있다는 생각을 떠올린다. 문화가 자애로운 존재만이 아니라 사악한 존재로도 이루어진 만신전萬神殿을 제공하는 까닭에 그런 경험은 우리에게 상당한 두려움을 유발할 수 있다. 무언가가 어둑한 밤에 밀려오면, 우리 생각은 자연스레 사람을 잡아먹는 악귀와 흡혈귀, 마녀와 악령을 떠올린다.

심리학자 저스틴 배럿Justin Barrett의 주장에 따르면, 이런 유령은 우리 뇌에 깊숙이 감추어진 '과민한 행위자 탐지 장치Hypersensitive Agency Detection Device, HADD'에서 만들어진다.[24] 무언가에 예민하게 반응하는 이런 장치는 강력한 야행성 포식자들이 주변에서 어슬렁거릴 때 우리 조상에게 유용하게 쓰였을 것이다. 예컨대 굶주린 사자가 어둠을 타고 야영지에 다가오는 것을 무심코 넘겼다가 산 채로 잡아먹히기보다, 민감하게 감지해 잘못된 경보에 쓸데없이 나무에 올라갔더라도 목숨을 부지하는 편이 더 낫지 않겠는가. HADD라는 개념을 이용하면, 어둠에 대한 두려움만이 아니라, 미스터리한 사건을 강력한 존재의 징조로 해석하는 경향까지도 설명된다. 선사 시대에 가장 위협적인 포식자는 사자가 아니라 다른 사람이었다는 점을 고려하면, 분명하지 않은 형태에서 인간의 모습을 보려는 우리의 보편적인 성향이 HADD로 인해 강화되었을 수 있다. 예컨대 어둠에 잠긴 숲에서 나뭇가지가 꺾이는 소리를 듣는다면, 어떤 미지의 힘을 과도하게 감지하는 것만이 아니라, 더 구체적으로는 '인간과 비슷한' 존재를 과도하게 감지하는 것(일반적으로 '의인화anthropomorphism'로 설명되는 현상)일 수 있다. 이런 과민한 감지 장치는, 인간이 나무와 강과 바위 등에 숨어 있는 초자연적인 힘을 그럭저럭 잘 찾아내는 이유를 설명하는 데 어느 정도 도움이 되는 듯하다. 요컨대 진화적으로 강력한 이점이 있는 까닭에, 우리가 주변 환경에 인간과 유사한 특성을 부여하는 것이라 생각할 수 있다.[25]

대체로 초자연적인 것에 대한 몇몇 개념, 예컨대 우리의 주변 세계가 어떻게 생성되었고, 우리가 야밤에 으스스한 소리를 들으면 어떻게 해야 하는지에 대한 설화는 우리의 진화된 직관에 뿌리를 두고 있어 자연스레 생겨난 듯하다. 그러나 의인화가 '야생'의 종교적 믿음이 취하는 유일한 형태는 아니다. 초자연적인 존재에 대한 몇몇 믿음은 직관적이기 때문이 아니라, 오히려 그 반대이기 때문에 널리 확산된다는 증거도 있다. 많지는 않지만 직관에 어긋나는 믿음이어서 당황스러운 영역이 아닐 수 없다.

## 우리가 믿기 힘든 이야기에 주목하는 이유

아파트는 손님들로 북적였다. 아버지의 동료 중 한 명이 새 부인을 데리고, 일요일 점심 식사를 함께하려고 방문한 터였다. 그들은 인도 하이데라바드에서 얼마 전에 건너온 가족이었고, 아들 산자이도 함께 왔다. 나는 산자이를 즐겁게 해주고 싶어, 아버지의 허락을 받아 초등학교에서 가장 친한 친구 둘을 초대했다. 그런데 우리가 훨씬 더 가난했기 때문에 산자이가 사회적 사다리에서 우리 가족을 자기보다 밑에 있다고 생각할지 모른다는 의구심을 남몰래 품었다. 한편 산자이의 아버지는 전 부인이 죽은 뒤에 중매로 재혼한 까닭에, 우리가 영국인의 잣대로 그를 판단하지 않을까 걱정한다는 이야기를 들은 적이 있었다. 나는 산자이가 아직도 어머니의 죽음을 애도하고 있는지도 궁금했다. 아버지의 동료가 손뼉을 치고는 인도에서 삼촌에게 배웠다는 공중 부양 기술에 대해 이야기를 시작하자 분위기가 밝아졌다.

그 기술은 간단했다. 우리 중 한 명이 의자에 앉고 나머지는 의자를 둥그렇게 둘러싼 채 그의 머리 위에 손을 얹었다. 하지만 두 손이 맞닿아서는 안 되고, 두 손을 포갠 채 2.5~5센티미터쯤 떼어두어야 했다. 생존자들이 죽은 사람의 혼령과 교류를 시도하는 교령회를 막연히 떠올리게 하는 자세였다. 다음 단계에서 우리 모두는 집게손가락 하나를 앉은 사람의 무릎과 겨드랑이 안쪽에 엄숙하게 끼워 넣어야 했다. 그러고는 집게손가락을 천천히 올리며, 앉은 사람이 힘들이지 않고 의자에서 떠오르도록 높이 들어올려야 했다.

지금 돌이켜보면, 학교 친구들과 나는 당시 공중 부양 실험에서 경외감과 회의감을 동시에 경험했다. 의자에 앉은 사람의 몸이 희한할 정도로 가볍게 느껴졌다는 데는 우리 모두가 동의했다. 그렇다고 전혀 무게가 느껴지지 않은 것은 아니었다. 그러나 우리가 저마다 예상한 만큼 무겁지는 않았다. 우리 중 누구도 손가락이 한 사람을 통째로 들어올릴 수 있을 만큼 강하다고는 상상하지 못했을 것이다. 우리는 의례적인 절차를 먼저 행하지 않고, 누군가를 들어 올리는 시도를 했을 때와 비교해보려 했다. 한 친구는 우리가 정해진 순서를 정확히 따라야만 공중 부양 기법이 효과를 발휘하는 것 같다고 우겼다. 하지만 나는 우리가 마법적인 전주곡 없이 공중 부양을 시도하려고 했을 때 그 친구가 항상 똑같은 정도로 힘을 썼는지 의심하지 않을 수 없었다. 당시 어린아이였던 내 눈에도 공중 부양 시도는 잘 통제된 실험이 아닌 것 같았다. 그런데도 내가 그 실험을 함께한 이유는 신나는 흥분감, 즉 우리가 강력하지만 설명할 수 없는 무언가의 통로가 되었다는 느낌을 함께 나누는 일이 사회적으로 중요했기 때문이었다.

공중 부양, 즉 몸이 공중에 뜬다는 개념은 많은 문화권에서 다양한 형태로 등장한다. 그 이유가 무엇일까? 설득력 있는 가능한 대답은, 그런 개념이 세계가 작동하는 방식에 대한 우리의 선천적 직관, 즉 이 경우에는 아주 어린 시절에 형성되는 것으로, 무언가로 떠받쳐지지 않는 물체는 땅으로 떨어진다는 가설과 모순되기 때문에 '매력적'으로 여겨진다는 것이다.[26] 중력에 대한 인간의 가정은 놀라울 정도로 어린 나이에 형성된다. 발달심리학자들이 증명해보였듯이, 유아기 초기에도 아기들은 물체를 떨어뜨리면 바닥으로 떨어질 것이라 예상하기 때문에, 그 물체가 어떤 것에도 떠받쳐지지 않는데 위로 떠오르거나 공중에 매달리면 놀라는 표정을 짓는다.[27] 중력의 작용에 대한 이런 가정은 아기의 인지 구조에 끼워 넣어지는 듯하다. 심리학자라면 이런 가정을 '경험으로 충분히 구체화되지 않은 것'이라 말할 것이다. 다시 말하면, 아기들이 관찰만으로 중력의 영향을 예측할 만큼 세상에 충분히 노출되지 않았다는 의미다. 아기들이 물체가 아래쪽으로 움직일 것이라 예상하고, 헬륨으로 채워진 풍선처럼 공중에 뜨는 물체를 반反직관적이라 생각하는 성향을 띠는 것은 당연한 듯하다.

그러나 '아기들이 물체가 어떻게 움직일 거라고 예상한다는 것을 우리가 어떻게 알 수 있는가?'라는 의문을 제기할 수 있다. 물론, 아기들이 자신의 의견을 명확히 표현하기는 너무 어리기 때문에 직접적으로 물어볼 수 없다. 그러나 발달심리학자들은 세심하게 통제된 실험실에서 아기들이 어떤 시나리오를 더 놀랍게 혹은 덜 놀랍게 받아들이는지 파악할 수 있다. 이런 상황에서 놀람의 정도를 측정하는 대표적인 방법에는 두 가지가 있다. 하나는 시간을 측정하는 방법이다. 유아는 예상하지 못한 상황을 더 오래 응시하며 호기심을 드러내기 때문이다. 다른 하나는 빠는 행동sucking이다. 유아는 놀라서 무언가에 몰두할 때 입안의 쪽쪽이를 더 세게 빨아댄다. 많은 실험에서 확인되듯이, 물체가 반직관적으로 움직일 때, 예컨대 물체가 위쪽으로 떠오르거나 난데없이 갑자기 튀어나올 때, 혹은 유령처럼 서로 뚫고 지나갈 때 아기들은 놀라는 표정을 짓는다.[28]

어렸을 때는 반직관적인 사건에 이렇게 흥미를 느끼기 때문에 동화는 직관에서 벗어나는 사건들로 가득하다. 슈퍼맨이 하늘을 날고, 산타가 말도 안 되게 작은 굴뚝을 통과하는 이야기에 어린아이들은 자연스레 빠져든다. 그러나 반직관적 믿음의 유혹은 성인이 된 후에도 계속된다. 여기에서 동화가 널리 전해지고, 세대를 초월해서 기억되고 소중히 간직되는 이유가 설명될 뿐 아니라, 초자연적 존재에 대한 생각이 전통문화에 스며들어 끈질기게 이어지는 이유도 설명되는 듯하다.[29] 성인이 된 이후에도 우리의 초자연적 존재에 대한 믿음은 여전히 반직관적이지만 그 때문에 우리가 놀라지는 않는다. 비행기와 글라이더부터 새와 풍선에 이르기까지, 날아다니는 물체에 익숙해진 뒤에는 중력을 거스르는 현상에 더는 놀라지 않지만, 그 반직관적인 현상은 여전히 우리 눈길을 사로잡는다. 제트기도 실제로는 하늘에서 떨어져야 한다는 것을 무언의 직관이 우리에게 알려주기 때문이다. 이런 이유에서 지금도 많은 사람이 막연히 기적적인 현상이라 생각하고, 비행이라는 위험을 아예 감수하지 않으려는 사람도 적지 않다.

반직관적 믿음의 매력은, 경전과 신화에 초자연적 존재가 만연하는 이유를 설명하는 데 어느 정도 도움이 된다. 유령과 정령, 일반적인 신과 조상신 등 세상의 많은 초자연적 존재는 비행기와 열기구만큼이나 반직관적이다. 유령이라는 존재를 만들어내고 싶은가? 오래전에 당신 집에서 죽었지만, 한밤중에 가끔 돌아와 다락방에서 느닷없이 나타나거나 창문을 마음대로 드나드는 누군가를 떠올려보면 그것으로 충분하다. 당신이 방금 떠올린 귀신은 순간적으로 이동하고 중력을 거스를 수 있다는 점을 제외하면 여느 인간과 조금도 다르지 않다(죽음에서 돌아왔다는 점도 다르지만, 이에 대해서는 뒤에서 다시 다루기로 하자). 요컨대 완벽하게 정상적인 사람을 유령과 정령, 조상신 등 신적인 존재로 바꾸는 데는 한두 가지의 반직관적인 속성이 필요할 뿐이다.

세계 전역의 많은 문화권에서 발견되는 대부분의 초자연적 존재는, 완벽하게 자연적인 존재에 극히 제한된 수의 반직관적인 특징을 더하는 수정이 이루어지면 충분히 예측된다는 주장이 예부터 있었다.[30] 파스칼 부아예에 따르면, 초자연적 존재라는 개념의 기저에는 우리의 진화된 심리를 기반으로 하는 두 종류의 '수정'이 공통적으로 확인된다.[31] 하나는 특정한 영역과 관련된 직관적 속성을 취해, 그 속성이 적용되지 않는다고 구체적으로 명시하는 것이다. 앞 단락에서 언급한 예에서도 유령이라는 존재는 지극히 단순하지만 모든 물리적 물체와 관련된 예상을 뒤엎으며, 순간적으로 이동하거나 공중을 날고, 벽을 통과할 수 있다는 시나리오를 제시하지 않았는가. 이런 시나리오는 직관적인 물리학을 무시한다. 예컨대 모든 물체는 연속적인 경로를 이루며 공간을 이동해야지 난데없이 튀어나오지 않으며, 떠받치는 것이 없으면 모든 물체는 땅으로 떨어져야지 위로 떠오르거나 날지 못하며, 다른 고체와 충돌하면 그 물체가 옮겨지거나 부서져야지 통과할 수 없다는 사실을 우리는 성장하며 자연스레 알게 되고, 그런 지식이 직관적 물리학의 기반이 된다. 부아예는 이런 반직관적 시나리오를 직관적 지식의 '침해breach'라고 칭한다. 또 하나의 '반직관적 수정'은 어떤 영역에 속한 속성을 다른 영역에 적용하는 방법이다. 예컨대 눈물이나 피를 흘리는 조각상은 직관적인 생물학의 영역에 속하는 속성을 인공물의 영역에 옮겨 놓은 경우다.

그렇지만 중요한 것은 이런 초자연적 현상이 '미지근하게'만 반직관적이라는 점이다. 예컨대 눈물을 흘리는 조각상은 진짜라고 믿지만, 수요일에만 존재하는 조각상은 가짜라고 생각할 수 있다. 부아예는 이보다 더 미지근한 믿음을 '최소한으로 반직관적minimally counter-intuitive'(요즘 문헌에서는 MCI라고 널리 사용된다) 믿음이라 칭한다. 현재 MCI 개념의 원인과 결과에 대한 연구가 활발히 이루어지고 있으며, 대다수의 연구가 MCI 개념이 단순히 직관적인 개념보다 '더 매력적'이기 때문에 문화권의 경계를 넘어 더 널리 퍼져 있는가에 대한 의문에 초점을 맞추었다.[32]

이런 매력에서, 고대 신화의 원시적인 존재부터 마블 코믹스의 슈퍼 히어로까지, 또 신약성서에 담긴 기적부터 동화까지 이렇게 종교성을 띤 이야기들이 서로 동떨어진 문화권에서 끊임없이 재창조되는 이유가 설명된다. 여기에서 중요한 것은, 우리가 신성시하고 존중하며 숭배하는 초자연적인 존재들이 동화에서 묘사되는 것과는 무척 다른 반응을 불러일으킬 수 있지만 기본적으로는 동일한 심리에 뿌리를 두고 있다는 점이다. 산타클로스가 누가 말썽을 피웠고 누가 착하게 행동했는지를 안다고 주장하면 웃음을 유발하는 것으로 끝날 수 있지만, 교황의 무류성無謬性을 부정하면 역사 기록에도 있듯이 화형을 당할 수 있었다. 두 상반된 생각을 용인하는 심리는 크게 다르지 않다.[33] 이런 심리는, 상반되게 나타난 사회적 결과에 상관없이 두 생각이 역사적으로 처음에 어떻게 순조롭게 시작되었는지를 설명하는 데 도움이 될 것이다.

2000년대 초, MCI 개념에 대한 연구가 빠르게 확대되었다. 초자연적 믿음의 인지적 매력에 대해서만이 아니라, 그 믿음이 사회에 미친 영향과 결과에 대한 의문이 점점 더 많이 제기되었다. 그런 믿음이 협력에 도움이 될까, 아니면 방해가 될까? 그런 믿음이 사회 질서를 뒷받침할까, 아니면 훼손할까? 특히 우리는 신들에게, 또 지상에서 그들을 대리하는 사람들에게 머리를 조아리는 선천적 성향이 있는 것일까? 어떻게 해야 그 답을 구할 수 있을까?

## 모든 결정권은 신에게

일반적으로 종교가 사회에 폭넓게 미친 영향 중 하나는, 좋든 싫든 간에 종교가 우리에게 무엇을 해야 한다고 말한다는 것이다. 세계 어디에서나 조상신과 일반적인 신 등 온갖 형태의 초자연적 존재는 우리와 동등한 존재일 뿐 아니라 우리가 존중해야 할 존재로도 여겨진다. 우리가 그들의 기분을 상하게 한다면 어떤 형태로든 보상해야 한다. 그들의 용서를 바란다면 그들에게 굽신거려야 한다. 그들의 도움을 원한다면 그들의 비위를 맞추거나 그들에게 선물 공세를 벌여야 한다. 신은 악인의 역할을 맡든 은혜를 베푸는 역할을 맡든 간에 섬기는 위치가 아니라 지배하는 위치에 항상 존재한다. 신은 우리를 좌지우지하며 우리에게 명령한다. 우리 역할은 자비를 구하거나 신을 기쁘게 하는 것이다.

나는 동료들과 함께 그 이유를 설명해보려 애썼다. 그렇다면 우리는 '최소한으로 반직관적'인 존재들(예: 신과 조상 및 정령)이나 그들을 대리하는 지상의 존재들(예: 선지자, 성직자와 구도자, 메시아)이 경외심을 불러일으킨다고 자연스레 생각하고, 그 때문에 우리가 문자 그대로나 은유적으로나 그들에게 엎드려 절하는 것일까?

이 질문에 대한 대답은 '예'인 듯하다. 무척 어린 아기도 초자연적인 존재가 사회적으로 지배적인 위치에 있다고 생각한다는 증거가 있다. 하지만 우리가 어떻게 이런 결론에 도달했는지 설명하려면 신중한 분석이 필요하다. 그 분석은 아기가 권위체를 대하는 태도의 관찰로 시작된다. 말을 배우기 전의 유아는 반직관적인 개념을 좋아할 뿐 아니라, 누가 대장인지에 대한 정보에도 놀라울 정도로 민감하게 반응한다. 예컨대 만화 영화를 보면, 상대적으로 몸집이 크거나 자기편이 많은 쪽, 혹은 언덕 위에 서 있는 등 공간적으로 더 높은 곳을 차지한 등장인물이 갈등 상황에서 승리한다고 생각한다. 또한 말을 배우기 전의 아기는 대장이라고 추정하는 인물이 대치 상황에서 원하는 것을 얻지 못하면 놀라운 표정을 짓기도 한다. 어린 아기의 이런 예측은 인간의 뇌가 발달하는 초기에 자연스레 형성되는 듯하며, 우리가 정신적으로 성숙해지고, 우리가 성장하는 문화적 환경에 적응하는 방법에도 영향을 미치는 것으로 여겨진다. 예컨대 우리가 텔레비전에서 보던 인물을 실제로 만나면, 그가 생각하던 만큼 키가 크지 않아서 놀라는 경우가 많다. 그 이유는 명성 및 재산과 관련된 높은 지위가 건장한 체격이나 근엄한 표정과 상관관계가 있다고 우리가 예측하기 때문이 아닐까 싶다.

핵심적인 의문은 아기들이 초자연적인 존재에게도 똑같은 방식으로 권위를 부여할 수 있느냐는 것이다. 이 의문을 두고 많은 논쟁이 있은 뒤에, 나는 말을 배우기 전의 유아를 대상으로 연구를 수행하는 데 필요한 전문 시설을 활용할 목적에서, 일본 규슈대학교의 심리학자들과 함께 연구팀을 결성했다.[34] 우리는 사회적 권위에 대한 판단에서 이렇게 초기에 발달하는 직관이, 우리가 종교적 권위에 대해 생각하는 방식과 직접 관련이 있는지를 알아내기 위한 방향으로 실험을 설계했다. 예컨대 유아들은 중력을 거스르는 능력이나 어딘가에서 느닷없이 튀어나오는 능력 같은 초자연적인 능력 갖춘 사람이면 사회적으로도 지배적이라고 생각할까? 또 상대적으로 몸집도 크고, 근육도 더 발달했다고 생각할까? 그렇다면 어떤 인간 사회에서나 샤먼과 주술사부터 성직자와 교황에 이르기까지 초자연적인 힘을 행사한다고 여겨지는 지도자들에게 더 높은 사회적 지위를 부여하는 이유도 이렇게 설명할 수 있을까?

이런 의문의 답을 찾아내기 위해 우리 연구팀은 부모와 함께 아기들을 실험실에 초대해서, 두 등장인물이 보물을 두고 경쟁하는 일련의 만화 영화들을 보여주었다. 어떤 영화에서나 한 등장인물은 보물을 차지하려고 공중을 날거나 순간 이동을 하며 반직관적으로 모니터를 가로질렀다. 한편 다른 등장인물은 화면 안에서 직관에 부합하게, 즉 바닥에 발을 딛고 왼쪽에서 오른쪽으로 끈질기게 움직였다. 따라서 첫 번째 등장인물은 초자연적인 힘을 가졌지만 두 번째 등장인물에게는 초자연적인 힘이 거의 없다. 다음 단계에서 두 등장인물은 대치 상태에 있게 된다. 공중을 날거나 순간 이동을 할 수 있는 초자연적 등장인물과 그런 능력을 전혀 지니지 못한 평범한 등장인물 사이에 초록색 정육면체가 놓여 있다. 초록색 정육면체는 우리가 상상할 수 있는 가장 바람직한 보물은 아니라고 생각할 수도 있다. 그러나 화면 안에서 두 등장인물은 초록색 물체를 향해 조금씩 움직이며 긴장과 욕망을 억누른 채 뱉어내는 신음에서, 둘 모두가 그 물체를 차지하고 싶어 한다는 점이 여실히 드러난다. 하지만 한 명만 승자가 될 수 있었다. 우리 연구팀은 아기들이 어떤 결과를 가장 놀랍게 받아들이는지 알아내고 싶었다. 짐작한 대로, '평범한' 등장인물이 보물을 차지하는 식으로 대치 상태가 해소될 때 아기들은 놀란 듯한 표정으로 화면을 더 오랫동안 쳐다보았다. 아기들은 초자연적인 존재가 그 작은 초록색 정육면체를 차지하며 사회적 지배력을 행사할 것으로 예상했다. 하지만 그 예상이 빗나가자 아기들은 어리둥절했다.

이 연구는 말을 배우기 전의 유아도 초자연적인 힘을 가진 존재가 사회적으로 지배력이 있다고 생각한다는 점을 보여준 최초의 연구였다. 우리가 내집단의 종교적 신앙에 대해 많은 것을 배우기 전부터 신(혹은 지상의 중보자)이 모든 것을 결정하지, 그 반대는 아니라고 생각한다는 가정을 뒷받침한다는 점에서 이 연구는 무척 흥미로운 결과였다.

## 종교는 우리를 도덕적으로 만드는가?

인간의 본성에는 문화의 경계를 넘어 놀랍도록 유사하게 나타나는 또 하나의 중요한 면이 있다. 그 본성은 눈물을 흘리는 조각상이나 정육면체 큐브를 낚아채는 슈퍼 히어로와는 별다른 관계가 없지만, 오늘날 많은 사람이 그 본성을 더 강력한 존재에 대한 믿음으로 연결시킨다. 종교가 사회에 미치는 가장 중요한 영향이 무엇이냐는 질문에, 많은 사람이 종교적 신앙을 통해 우리가 더 도덕적으로 행동하게 된다고 대답하는 듯하다. 실제로 퓨리서치센터Pew Research Center가 2007년에 실시한 설문조사에 따르면, "도덕적인 사람이 되려면 신을 믿어야 하는가?"라는 질문에 유럽 밖의 국가들에서는 압도적인 다수가 그렇다고 대답했다.[35]

그러나 놀랍게도 과학자들은 이 질문에 대해 의견이 지금도 여전히 나뉜다.[36] 그 이유 중 하나는 신도 많고 도덕 체계도 많아, 우리가 종교나 도덕을 언급할 때 무엇을 뜻하는지 항상 명확하지는 않기 때문이다. 그럼에도 불구하고 '도덕이 어떤 식으로든 종교 편향에 관련되는가?'라는 의문은 여전히 존재하는 듯하다. 사후 세계, 전염병, 지적 설계, 심지어 '최소한으로 반직관적' 속성에 대한 우리의 직관적인 생각이 우리의 도덕적 행동을 근본적으로 바꿀 수 있을까? '선행은 좋은 것이기 때문에 신들이 사랑하는 것일까, 아니면 신들에게 사랑을 받기 때문에 선행이 좋은 것일까'라고 물었다는 소크라테스의 질문도 비슷한 맥락에서 제기된 것일 수 있다.[37]

오늘날 이 질문에 대한 최상의 대답은 그리스 철학이 아니라 과학적 연구에서 얻어진다. 내 동료 올리버 스콧 커리Oliver Scott Curry가 주도한 연구에서 밝혀졌듯이, 인간의 도덕심은 하나의 관심사, 즉 협력cooepration에 대체로 뿌리를 두고 있다. 더 구체적으로 말하면, 협력의 일곱 가지 원칙은 어디에서나 도덕적으로 훌륭하다고 판단되며, 보편적인 윤리 기준의 기반을 이룬다. 이 일곱 가지 원칙을 소개하면 '친족을 도와라, 집단에 충성하라, 호의를 베풀어라, 용기를 가져라, 윗사람을 공경하라, 무엇이든 공정하게 나누라, 다른 사람

의 재산을 존중하라'다.³⁸

문화 상대주의자들이 모든 분야에서 항상 그렇게 주장했듯이 보편적 도덕도 존재하지 않기 때문에 각 사회가 고유한 윤리 기준을 찾아내야 했다는 주장은 그때까지도 상당히 합리적으로 여겨질 수밖에 없었다. 따라서 커리의 연구팀이 제시한 새로운 개념은 중대한 도전이었다. 하지만 뒤에서 설명되겠지만 도덕의 경우에는 문화 상대주의가 맞지 않는다. 게다가 보편적 도덕이라는 개념의 기반이 되는 협력의 일곱 가지 원칙은 광범위한 사회적 동물에서 발견되며, 인간에게만 고유한 것이 아니다.³⁹ 이런 도덕적 직관은 생존과 번식에 도움이 되기 때문에 진화했다. 인간을 비롯해 협력하는 행동을 부추기는 유전적 돌연변이를 받아들인 사회적 동물들은 번식의 이점도 누렸다. 그 결과로, 그 유전자를 지닌 생물종이 이후의 세대에는 더 많이 살아남고 확산되었다. 가족 구성원을 돌보고 해치지 않아야 한다는 원칙을 예로 들어보자. 이 도덕적 명령은 친족 선택kin selection이라는 메커니즘을 통해 진화했을 것이고, 그 결과로 유전자적으로 가까운 친척이 생존하고 자손을 생산하는 것을 지원함으로써 자신의 유전자가 후손에 전해지는 가능성을 높이는 방식으로 행동했을 것이다. 한편 집단에 대한 충성심은 독자적으로 행동할 때보다 협력해서 행동할 때 더 나은 결과를 만들어내는 사회적 생물종에서 진화한다. 호혜성reciprocity(당신이 내 등을 긁어주면 나도 당신 등을 긁어주겠다는 개념)은 이기적인 행동만으로는 얻을 수 없는 이익을 가져다준다. 윗사람에 대한 공경심도 살아남는 또 하나의 방법으로, 이 경우에는 지배 집단과 종속 집단이 서로 죽을힘을 다해 싸우기보다 양쪽의 자리를 조화 있게 분배하는 방법을 모색하게 된다.

'협력으로서의 도덕morality as cooperation' 이론에 따르면, 협력의 일곱 가지 원칙 전체가 어디에서나 도덕적 사고의 본질을 이룬다.[40] 도덕적 판단을 촉발하는 모든 인간 행동은 궁극적으로 이런 협력 원칙 중 하나 이상을 위반한 경우로 여겨질 수 있다. 적어도 이론적으로는 그렇다. 그러나 일곱 가지 원칙이 정말로 보편적이라는 것을 어떻게 규명할 수 있었을까?

이 의문에 대한 답은 전 세계를 대상으로 인간의 도덕적 추론에 대해 실시한 미증유의 연구에 있다.[41] 우리 연구팀은 과거에 인류학자들이 광범위하게 연구한 덕분에 해당 문화 집단의 지배적인 도덕규범에 대한 자료가 풍부한 사회 60개를 표본으로 모았다. 표본으로 선택받기 위해서는 해당 사회의 문화 체계와 관련해 적어도 1200쪽 가량의 설명이 있어야 했다. 또한 전문적인 훈련을 받은 인류학자가 해당 지역에서 사용되는 언어를 실질적으로 활용하며 집중적인 현장 연구를 적어도 1년 이상 실시한 사회여야 했다. 요컨대 각 문화 집단이 도덕률을 결정하는 데 이웃 집단으로부터 영향을 받았을 개연성을 최소화하는 동시에 다양성을 극대화하는 방향으로 표본 사회를 선정했다. 따라서 표본은 여섯 곳의 주요 지역, 즉 사하라 사막 이남의 아프리카와 지중해 연안, 동유라시아, 태평양 도서 지역, 북아메리카와 남아메리카에서 두루두루 선정되었다.[42]

연구 목표는 60개 사회의 문화를 기록한 문서 400종을 분석해서 협력의 일곱 가지 원칙이 두드러지게 언급될 때마다 도덕적으로 좋은 것으로 판단되었는지 그렇지 않았는지를 확인하는 것이었다. 전체 문서 중에서 일곱 가지 원칙들을 간단하게라도 언급하는 단락은 3460개였다. 그때마다 우리는 각 단락에 언급된 협력의 유형이 '좋다, 윤리적이다, 도덕적이다, 옳다, 고결하다, 의무적이다, 예의 바르다, 규범적이다' 등 도덕적 판단이 더해진 단어로서 규정되었는지를 알고 싶었다. 그 결과로, 일곱 가지 유형의 협력에 대해 962개의 도덕적 판단이 찾아졌다. 그중 961건에서 협력하는 행동이 도덕적으로 좋은 것이라 판단되었다(전체 사례의 99.9퍼센트). 유일한 예외는 미크로네시아의 한 외딴 섬에서 공공연히 다른 사람의 물건을 훔친 사례로, 도덕적으로 용인되었다. 하지만 이 특이한 사례가 용인된 이유는, 이런 유형의 도둑질이 사회적 우위를 '용기 있게' 주장한 경우에 해당하기 때문이었다고 추정된다. 따라서 이 사례는 다른 사람의 재산을 존중해야 한다는 규칙을 위배한 것처럼 보이지만, 용기라는 대안적 협력 원칙을 우선순위에서 더 중요시한 까닭에 도덕적으로 용인된 듯하다. 여기에서 얻는 주된 결론은 일곱 가지 협력 원칙이 어디에서나 도덕적으로 좋은 것이라 판단된다는 점이다.

그렇다고 이런 현상이 종교성과 반드시 관련이 있다고 말할 수 있을까? 여하튼 우리가 일곱 가지 도덕 원칙을 받아들이려면 반드시 신을 믿어야 한다고 생각해야 할 분명한 이유는 없다. 하지만 세상 곳곳에서, 많은 사람이 종교적인 것과 좋은 것 사이에는 연관성이 있다고 생각하는 듯하기 때문에, 이 의문에 깊은 관심을 기울일 필요는 있었다.

나중에야 밝혀졌지만 이 의문에 대한 답은 꽤나 복잡했다. 보편적 도덕심을 구성하는 한 요소는 우리의 종교적 본능과 직관적으로 연결되는 듯하다. 이런 점에서 그 요소는 초자연적 존재가 사회적으로 지배적일 것이라는 초기 단계에 형성되는 생각까지 거슬러 올라간다. 앞에서 나는 유아를 대상으로 한 연구 과정을 설명하며, 말을 배우기 전의 아기들도 초자연적인 힘을 가진 존재가 그런 힘을 갖지 못한 존재와의 다툼에서 승리한다고 예측한다는 점을 보여주었다. 이 실험에서, 영의 세계와 우리의 관계가 권위체에 대한 존중이라는 도덕적 배려에 의해 재확인되는 듯하다. 신과 조상은 우리의 주인이 되고, 우리는 그 초자연적 존재들의 종이 되는 경향을 띤다. 따라서 우리는 그들에게 머리를 조아리고 절하지만, 그들은 우리에게 그렇게 하지 않는다.

그러나 그 밖의 도덕적 영역은 어떨까? 그 영역도 우리의 종교적 신앙 및 행동에 연결될 수 있을까? 우리의 종교적 직관, 예컨대 초자연적 존재와 초자연적인 힘, 죽음 이후의 삶, 자연의 지적 설계 등과 관련된 종교적 직관도, 우리가 보편적인 것으로 밝혀낸 일곱 가지 도덕 규칙과 관련이 있을까?

답부터 말하면 '그렇다'다. 그러나 그 관련성이 생각만큼 자연스럽지도 않고 직관적이지 않다. 다시 말하면, 직관적 종교성과 보편적 도덕심 사이의 관련성은 그 자체로 자연스럽지는 않지만, 문화 체계로서의 종교가 부자연스러운 문명사의 일부로서 진화해온 방법의 산물이라는 뜻이다. 따라서 직관적 도덕과 직관적 종교 사이의 관련성은 인류의 역사에서 극적인 변화를 거쳤다. 이 책의 뒷부분에서 살펴보겠지만, 예컨대 친족을 돌봐야 한다는 본성적인 도덕적 의무는 세계의 많은 종교에서 효심을 표현하는 다양한 행동을 성실히 수행하며 조상을 돌봐야 하는 의무로 발전했다. 호의에 보답해야 한다는 도덕률은 우리가 영적인 세계와 교류하는 경우에도 두드러지게 나타나지만, 종교 역사에서 인간 제물이 만연하던 시기에 암흑기를 맞았다. 하지만 종교의 역사에서 오랜 시간이 지난 뒤에는 어디에서나 인간에게 율법 같은 계명을 준수하라고 요구하는 신을 믿는 현상이 나타난다. 종교와 도덕은 모두 인간의 본성에 뿌리를 두지만, 이 둘에 대한 우리 직관이 반드시 연결되지는 않는다. 때로는 도덕적 추론이 종교적 신앙에 스며들지만 때로는 그렇지 않다. 둘의 관계는 우리가 살아가는 문화적 전통에 따라 달라진다.

따라서 "도덕적이기 위해서 종교가 필요한가?"라는 의문에 적어도 잠정적으로는 답할 수 있고, 그 답은 '아니다'이다. 우리의 직관적인 종교적 믿음이나, 사람들이 채택하는 많은 '매력적인' MCI 개념은 초자연적인 존재에 대한 경외심이라는 특별한 경우를 제외하고는 우리의 도덕적 직관과 어떤 필연적인 관련성도 없는 듯하다. 이제 우리는 마침내 소크라테스의 질문에 대답할 수 있을 것 같다. 선행은 신들에게 사랑을 받기 때문에 좋은 것이 아니다. 오히려, 신이 알아주든 말든 또 신경 쓰든 말든 선행은 좋은 것이다. 안타깝게도 이는 이 문제에 대한 퓨리서치센터의 조사에 응답한 대부분의 사람이 본의가 아니었더라도 세계의 종교 지도자들에 의해 오도되었음을 보여주는 결과다.

나는 아내와 함께 거룻배를 타고 템스강을 거슬러 올라가 옥스퍼드셔 시골의 한적한 곳에 정박했다. 나는 거룻배에 몸을 숨기고 창밖으로 보이는 야생동물의 모습을 사진에 담는 일을 오래전부터 좋아했다. 덕분에 수년 전부터 많은 아름다운 장면을 목격할 수 있었다. 새벽에는 여름 철새가 도래하는 장면을 보았고, 안개로 자욱한 가을 저녁에는 외양간 올빼미가 유령처럼 활공하고 물총새가 번개처럼 물총을 쏘는 모습도 보았다. 그러나 템스강에서 살아가는 아름다운 생물들 중에는 번번이 내 망원 렌즈를 교묘히 피해 다니는 상징적인 녀석이 있었다. 바로 수달이었다. 나는 수달의 출현 여부에 대한 소식을 수문 관리인들에게 시시때때로 물었고, 녀석이 목격될 가능성이 가장 높다고 생각되는 곳에 자리를 잡았다. 그러나 아무런 소용이 없었다.

어둠이 내리고, 강둑의 끝자락에 앉아 유난히 실망스러운 저녁을 보낸 뒤, 나는 거룻배를 끌고 상류로 거슬러 올라갔다. 그리고 수달을 꿈꾸며 밤새 잠들었다 깨기를 반복했다. 새벽 5시쯤, 화들짝 놀라며 잠에서 깼다. 무엇 때문에 놀랐는지는 모르겠다. 여하튼 어떤 이유에서 나는 침대에서 기어 나와, 거룻배 측면의 해치를 열었다. 삐죽삐죽한 머리털에 파묻힌 한 쌍의 우윳빛 눈동자가 강둑에서부터 나를 뚫어지게 쳐다보고 있었는데, 문자 그대로 팔을 뻗으면 닿을 거리에 있었다. 수달이 거룻배 아래로 잠수하더니 물고기 한 마리를 입에 물고 나타났다. 그러고는 선미 쪽으로 헤엄치며 다시 멀어져 갔다. 나는 선실 작업대 위에 놓인 카메라를 황급히 들고 갑판으로 기어 나갔다. 잠시 후, 나는 안개로 자욱한 이른 아침에 나를 향해 포즈를 취하는 수달의 모습을 클로즈업해 카메라에 담았다.

그런데 종교를 다루는 장에서 뜬금없이 이 이야기를 하는 이유가 무엇이겠는가? 내가 이 행운에 반응한 방식에 그 답이 있다. 나는 화들짝 놀라 잠을 깬 이유가 궁금했다. 또 잠을 깬 뒤에는 왜 해치를 열고 창밖을 보려고 했을까? 하필이면 왜 그 특별한 순간이었을까? 1분이라도 빨랐거나 늦었다면 주변에 아무것도 보이지 않았을 것이다. 언제라도 즉시 촬영할 수 있도록 카메라를 준비해둔 이유는 또 무엇이었을까? 평소였다면, 촬영에 실패해서 전날 저녁에 망원 렌즈를 카메라에서 벗겨내고 모든 짐을 챙겨두었을 것이다. 이 모든 우연에는 의미가 담겨 있는 것 같았다. 문화권에 따라 다르겠지만 정령이 나를 잠에서 깨웠다고 말할 사람도 적지 않을 것이고, 예컨대 조상신이나 강의 정령이 나에게 수달의 출현을 알려주고 싶어서라는 등 그 의미를 해석하는 방향도 문화권에 따라 제각각일 것이다. 나는 기독교가 지배적인 문화권에서 성장한 이유로, 수달을 보려고 무진 애쓰지만 번번이 실패하는 나를 하느님이 가엾게 여기며 수달을 한 번쯤 만나는 선물을 주실 거라고 막연히 기대했지만 그 기대를 겉으로 드러내지 않았는지도 모른다. 어쨌든 나는 말로 표현할 수 없는 고마움을 느꼈지만 누구에게 감사해야 할지 명확히 알지 못했다. 하느님이나 조상, 아니면 전설로 내려오는 템스강의 수호신에게? 그 절반의 기대감이 마음 한구석에서 덜그럭거리며 결국에는 의식의 수준까지 완전히 올라온 경우에도 나는 어깨를 움츠리며 무시해버렸다.

이렇게 직관적이고 적잖게 함축적이며 앞뒤가 맞지 않는 생각이 드러내는 것은 초자연적 존재와 도덕적 추론에 대한 일련의 직관이다. 앞에서도 말했듯이, 초자연적인 존재와 도덕적 추론은 야생의 종교를 떠받치는 기본적인 구성 요소다. 미스터리는 강에 수달이 있었다는 것이 아니라, 내가 언제든 사진을 찍을 수 있게 카메라를 준비해두고 알맞은 때에 적절한 장소에 있었다는 것이다. 그런 우연에는 설명이 필요한 듯했고, 내 머릿속에 즉각적으로 떠오른 생각은 육신이 없는 존재, 즉 어떤 초자연적 존재에게 감사하고 고마워해야 한다는 것이었다. 우리 주변에서 유사한 반응을 찾자면, 축구에서 페널티킥을 성공시킨 뒤에 하늘을 바라보며 감사하는 프로 축구선수의 얼굴 표정이 아닐까 싶다.

물론 일이 틀어지는 경우에도 똑같은 논리가 적용된다. 저명한 인류학자 에드워드 에번스프리처드 경Sir Edward Evans-Pritchard은 남수단의 아잔데족Azande이 (실질적으로 인간의 모든 죽음을 비롯해) 자신들에게 닥친 모든 불행을 마법의 탓으로 돌린다는 것을 알아냈다.[43] 사고로 보이는 것조차 초자연적인 힘이 개입된 경우로 흔히 설명된다. 예컨대 곡물 창고의 그늘에 앉아 있다가, 창고가 무너져 불의의 죽음을 당하면 모두가 그 죽음을 사악한 마법의 장난으로 해석한다. 그렇다고 이런 해석이 그 비극에 대한 자연스러운 설명과 모순되지는 않는다. 에번스프리처드가 영민하게 지적했듯이, 아잔데족은 흰개미 떼의 창궐로 곡물 창고 버팀대가 약해졌고, 그 때문에 창고가 무너졌다는 사실을 처음에는 인정한다. 그러나 사람들이 창고 안의 그늘에 앉아 있던 바로 그때 창고가 무너지고, 사람들을 죽게 만든 이유가 무엇이었을까? 아잔데족도 이에 대해서는 마법의 힘만이 유일하게 가능한 설명이라고 말한다. 문화권마다 초자연적인 힘을 거론하며 행운과 불운에 대해 무척 다양하게 설명하지만, 모두가 사건 자체에 대해 지루하고 따분하게 설명하는 데 그치지 않고 그 이상의 것을 자연스레 찾는다는 점에서는 비슷하다.

수달과의 우연한 만남을 계기로, 나는 종교에 대한 우리의 성향이 얼마나 뿌리 깊은지 되돌아보았다. 이 장에서 줄곧 살펴보았듯이, 어디에나 종교의 기저를 이루는 많은 함축적인 믿음이 있으며, 그 믿음들은 심신 이원론, 본질주의, 무차별적 목적론 및 그와 유사한 믿음에 대한 범인류적인 직관만이 아니라 관심을 끌기 위해 핵심적인 원칙을 부정하는 개념에서 파생했다. 인류학자들이 이런 범인류적인 직관에서 비롯된 믿음의 총체를 '야생의 종교'라 표현한 이유는, 그 믿음들이 특별한 교육이나 제도적 지원 없이도 자연스레 확산되었기 때문이다.[44] 야생의 종교에 대한 연구는 인간이 종교적 권위체에 경의를 표하는 이유에 대한 새로운 통찰로 이어지며, 말을 배우기 전의 유아조차도 직관적인 물리학 법칙을 무시하고 초자연적인 힘을 발휘하는 존재가 사회적으로 지배적일 것이라 추정한다는 증거를 찾아냈다. 또한 우리는 다른 사람에 대해 본능적인 의무감을 느끼며, 그 의무감은 가족, 충성과 호혜성, 용기와 존중, 공정과 소유권에 관한 보편적인 도덕적 직관에 뿌리를 둔 것일 수 있다. 정리하면, 이 장에서 다루어진 편향들은 지역을 불문하고 사람들이 거짓이라고 입증할 수 없고 겉보기에 있음직하지 않은 신앙 체계에 동의하는 이유만이 아니라, 사람들이 서로 협력하는 이유를 이해하는 데도 핵심 역할을 한다.

그러나 인간 세계에 무척 다양한 유형의 신앙 체계가 있듯이, 인간의 본성에는 흔히 종교와 복잡하게 뒤얽힌 또 다른 면이 있다. 우리 인간이 협력해서 이루어낸 지극히 인상적인 업적은 물론이고, 가장 잔혹한 형태의 억압이나 집단 간의 폭력도 그 면에서 비롯된 것일 수 있다. 바로 '부족주의'다.

# 3

# 사회적 접착제
## 피보다 진하게 흐르는 물

아랍의 봄이 겨울로 바뀌고 있었다. 2011년 말, 리비아의 독재자 무아마르 카다피가 생포되어 사살되었다. 여전히 총성이 울려 퍼졌지만, 이제 총성은 누군가를 해치거나 죽이려는 것이 아니라 하늘로 향하며 승리의 환희를 표현하는 것이었다. 혁명 당시, 카다피의 군대를 공격한 사람들 중 상당수는 군대 경험이 없었다. 대부분이 그 전까지 총을 잡아본 적이 없었고, 장비를 잘 갖춘 현대식 군대와 피비린내 나는 전투는 더더욱 경험한 적도 없었다. 하지만 그 민간인들이 전사로 변해 전투에 목숨을 걸었고, 많은 사람이 죽었다. 대체 무엇이 그들에게 자기희생이라는 행동을 불사하게 했을까?

이 의문은 내가 파푸아뉴기니에 살며 부족의 전사들이 대담하게 행하던 습격에 대해 알게 된 이후로 줄곧 품었다. 그 습격은 식민 지배가 시작되고 키붕이 출현하며 차츰 사라진 까닭에, 내가 극단적 자기희생을 직접 목격하고 연구할 기회는 없었다. 그런데 아랍의 봄이 도래했고, 북아프리카와 중동의 많은 지역이 내전의 혼란에 빠져들었다. 내 학생 중 하나인 브라이언 맥퀸Brian McQuinn은 리비아 혁명 기간의 대부분을 미스라타Misrata(수개월 동안 포위된 도시)에서 보냈는데 그가 수집한 증거는 놀라울 정도로 자세했고 통찰력까지 있었다.¹ 많은 서류 작업과 배후 공작이 있은 뒤에 나는 이스탄불 공항의 한 키오스크에서 편도 항공권을 어렵사리 구했고, 마침내 맥퀸과 함께할 수 있었다.

나는 수많은 승객과 가축의 틈새를 헤치고 활주로에 들어섰다. 공항 터미널 건물은 총알이 남긴 흔적으로 가득했고, 야자나무 잎사귀들은 갈기갈기 찢겨 있었다. 나와 함께 비행기를 타고 온 승객들은 짐을 찾으려고 몸싸움을 벌였다. 그런 아수라장에서 맥퀸은 나를 끌어내고는 자신의 자동차로 데려갔다. 조수석 문에도 총알 자국이 있었고, 맥퀸의 자동차로 목적지에 가는 동안에는 내 발 옆에서 탄피 하나를 찾아냈다.

맥퀸은 지나치게 빠른 속도로 말하는 경향이 있다는 걸 알고는 카페인 섭취를 가급적 피했다. 그러나 맥퀸은 나를 자동차에 밀어 넣고는 쉬지 않고 이야기해서, 나는 그가 그날 아침에 커피를 서너 잔은 마셨을 거라고 추측했다. 그는 살림 주하Salim Juha와의 만남을 주선해두었다. 주하는 혁명 첫날에 카다피 군대를 떠난 전前 대령이었다. 맥퀸의 열정적인 설명에 따르면, 주하와의 만남이 우리 작업을 시작하기에 최적의 방법이었다. 우리는 화재로 허물어진 건물들과 불에 타버린 탱크들이 끝없이 늘어선 거리에 들어섰고, 그와 동시에 맥퀸의 목소리도 점점 줄어들었다. 우리를 위해 통역을 맡은 무함마드를 한 길모퉁이에서 태운 뒤에 우리는 정문에 차량 진입 방지 시설이 갖추어진 커다란 저택으로 향했다. 맥퀸이 경비원들과

짤막하게 이야기를 나누었고, 탄약 벨트를 차고 자동 화기로 무장한 경비원들이 진입 방지 장애물들을 한쪽으로 치웠다. 맥퀸이 저택 담을 따라 운전하며 나에게 눈을 돌렸다. "주하 씨는 엄청난 권력자입니다. 절대 그를 모욕하지 마십시오. 그렇지 않으면 선생님과 제가 큰 고역을 치르게 될 겁니다."

저택은 한때 석유 투자 회사의 건물이었지만 당시는 미스라타 혁명군의 거점으로 사용되고 있었다. 소총으로 무장한 젊은이들이 소파에 널브러져 담배를 피우며 가끔 큰 소리로 웃었다. 우리 셋이 지나가자 그들은 입을 다물고는 눈으로 우리를 뒤쫓았다. 주하는 회의실에서 20명 정도가 편하게 앉을 수 있는 긴 테이블에 앉아 있었다. 그의 왼쪽과 오른쪽에는 혁명 여단의 지도자들이 담배 연기에 휩싸여 있었다. 맥퀸과 무함마드와 나는 테이블 맞은편에 마련된 자리로 안내되었다. 주하가 나를 뚫어지게 쳐다보며 아랍어로 공식적인 발언을 시작했다. "아드님 브라이언을 우리에게 보내주셔서 감사드립니다." 무함마드가 통역했다.

맥퀸은 내 아들이 아니었다. 그는 나에게 지도를 받는 박사 과정 학생이었고, 우리 둘 사이에 나이는 몇 년밖에 차이가 나지 않았다. 그러나 나는 입씨름하지 않는 것이 최선이라고 생각했다. 어쨌든 친족 심리kin psychology도 우리가 여기에서 연구하려던 과제 중 하나이지 않았던가! 하지만 내가 무언가 기억할 만한 것을 기록할 틈도 없이 주하의 공식 발언이 끝났고, 내 차례가 되었다. 나는 아들에게 보여준 환대에 대한 감사하다는 말을 서둘러 웅얼거렸고, 곧이어 그와 그의 동료들이 인류학적 관심사를 담은 몇 가지 질문에 기꺼이 답해줄 수 있는지를 물었다. 주하의 눈빛이 강렬해졌다. "먼저 묻고 싶은 게 있습니다. 리비아에 혁명이 일어났다는 뉴스가 전 세계에 전해졌을 때 혹시 그 이전에 들은 적이 있었습니까 …… 미스라타에 대해?"

일종의 시험처럼 느껴졌다. 맥퀸이 그를 화나게 하지 말라고 했던 조언이 기억났다. 그러고는 옥스퍼드에서 나보다 앞서 인류학과 학과장을 지낸 저명한 전임자 중 한 분이 떠올랐다. 바로 에드워드 에번스프리처드 경으로, 2장에서 소개했듯이 아잔데족의 주술적 신앙에 관심을 가졌던 인류학자였다. 제2차 세계대전 당시, 에번스프리처드 경은 리비아에서 영국군 정보 장교로 근무했다. 그가 남긴 방대한 기록을 통해 나는 미스라타의 한 전쟁 영웅에 대해 알고 있었다. 나중에야 밝혀졌지만 그 전쟁 영웅이 주하의 할아버지였다. 내가 그 전쟁 영웅에 대해 언급하자, 분위기가 약간은 밝아졌다.

주하의 허락을 받고, 나는 내가 그곳을 방문한 목적과 그에게 묻고 싶은 질문들에 대해 자세히 설명할 수 있었다. 무엇 때문에 수많은 평범한 민간인이 승리의 기쁨을 누리기보다 목숨을 잃을 가능성이 더 높은 민중 봉기에 참가해 무기를 들게 되었는지 알고 싶다고 그에게 말했다. 특히 2011년의 반란에 가담한 리비아인의 압도적 다수가 군사 훈련을 받은 적이 없거나 아무런 준비도 되어 있지 않은 상태였다는 점을 지적하며 "그들에게 최첨단 무기로 무장한 데다 준비도 잘된 군대를 타도할 수 있다는 희망을 준 것이 무엇일까요?"라고 물었다.

주하는 자신이 카다피의 군대에 있었을 때와 비교하며 답변을 시작했다. 그는 자신이 군 대령이었을 때 신병들에게 무기 사용법을 가르치는 데는 3개월이 걸렸지만, 미스라타에서 그가 훈련시킨 민간인들은 3시간 만에 무기 사용법을 터득했다고 덧붙였다. 그들은 총기를 사용하는 방법만이 아니라 총이 고장 났을 때 고치는 방법과 새로운 상황에 맞추어 개조하는 방법까지도 배웠다. 미스라타에는 총기를 정비할 만한 시설이 없어 문제를 스스로 해결해야 했기 때문이었다. 그들의 관심사가 급료를 받는 데 있지 않고, 승리를 쟁취하는 데 있었기 때문에 진취적인 창의력을 최대한 끌어올렸던 것이다.

이런 동기부여가 모든 차이를 만들어냈다. 주하의 설명에 따르면, 혁명군이 성공한 비결은 싸우겠다는 의지였다. "혁명이 시작되었을 때 혁명에 참여하라는 강요가 전혀 없었습니다. 우리는 그저 친구들에게 전화를 걸어 이렇게 물었을 뿐입니다. '죽고 싶냐? 죽고 싶으면 우리와 함께하자. 죽고 싶지 않으면 집에 돌아가서 안전한 곳에 숨어 있도록 해라.' 지금은 깊이 생각하고 토론할 때가 아닙니다. 기꺼이 죽고자 하는 사람만이 무언가를 이룰 수 있습니다. 죽음을 바라지 않는 사람은 그냥 내버려둬야 합니다." 이렇게 쭉정이를 가려내는 과정을 거친 결과, 미스라타의 '카타이브kata'ib'(대대)에 소속된 민간인 전사들은 누구나 전통적인 군대의 직업 군인보다 10배의 가치가 있었다.

리비아의 상황은 부분적으로 특이했지만, 서로를 위해 싸우다 죽겠다는 혁명가들의 의지까지 유일무이하지는 않았다. 수천 년 전부터 전사는 전쟁터에서 자기희생적인 행동을 기꺼이 각오한 사람이었고, 이런 자기희생은 진화론적 관점에서 설명하기가 쉽지 않다. 여하튼 번식하기 전에 죽는 것만큼, 자신의 혈통을 끊어버리는 확실한 방법은 없다. 진화론적 관점에서 보면, 유기체는 다른 개체의 생존보다 자신의 생존을 우선시하는 것이 정상이다. 그러나 자기희생적인 행동이 진화한다는 것이 이해되는 상황이 적잖게 있다. 이런 상황을 들여다보면, 뉴기니의 전사들이나 리비아의 혁명가들이 서로를 위해 싸우다 죽겠다는 의지를 불태우는 이유를 설명하는 데 도움이 된다.

## 자기희생적 행동의 진화

자기희생적 행동을 진화론적으로 가장 설득력 있게 설명하자면, 자기희생적 행동과 관련된 개체의 생존은 위태로울 수 있지만 가까운 친척의 번식은 성공할 확률이 증가한다는 것이다.[2] 예컨대 지상에 둥지를 트는 새는 공중을 나는 포식자의 공격에 극히 취약하다. 따라서 새들은 소중한 알과 솜털로 뒤덮인 새끼를 보호하기 위해 포식자들의 주의를 돌리려고 애쓴다. 흔한 책략으로 새는 날개가 부러진 것처럼 위장해 꼬리를 축 떨군 채 힘겹게 절룩절룩 걸으며 어린 새끼들에게 몸을 감출 곳을 찾아갈 시간을 벌어주는 방법을 사용한다. 더 간단한 방법, 예컨대 날카로운 소리를 내거나 꽥꽥거리며 포식자의 주의를 끄는 방법을 사용하는 종도 있다. 아주 약삭빠른 종은 아예 다른 종, 정확히 말하면 포식자가 좋아하는 종인 척하기도 한다. 내가 특히 좋아하는 예는 요정굴뚝새superb fairywren로 알려진 오스트레일리아의 아주 작은 새가 주의를 분산시키는 방법이다. 이름에 걸맞게, 수컷 요정굴뚝새의 머리와 뺨은 영롱한 무지갯빛을 띠는 푸른색이고, 윗등은 반짝이는 검은색으로 칠해진 듯하다. 따라서 오스트레일리아에 정착한 유럽인들이 그 새를 요정에 비유한 이유는 쉽게 짐작된다. 요정굴뚝새는 새끼가 위협을 받으면 땅에 내려와 끽끽거리며 특이한 동작으로 살금살금 움직인다. 그 이상한 동작은 굶주린 포식자에게 살집이 많은 쥐가 움직이는 것처럼 보일 수 있다.[3] 사회적 포유동물 중에는 자신의 새끼만이 아니라 형제자매를 위해서도 영웅적인 행동을 비슷하게 인상적으로 취하는 종이 적지 않다. 예컨대 늑대와 사자는 무리 지어 살며, 각 개체는 형제자매를 보호하기 위해 용감무쌍하게 싸운다.

이런 모든 행동이 진화된 이유가 무엇일까? 영웅이 개인적으로 번식을 위해 노력하지 않더라도 가장 가까운 친척들이 짝짓기에 성공하면 영웅의 유전자가 후세에 전해질 확률이 높아지기 때문이다. 하지만 러시아 태생의 미국 물리학자로 훗날 이론생물학자가 되었던 세르게이 가브릴레츠Sergey Gavrilets에 따르면, 자기희생적 행동이 진화할 수 있는 또 다른 방법, 즉 가까운 유전자의 유대가 굳이 필요하지 않는 방법이 있다. 2014년 가브릴레츠는 옥스퍼드대학교의 사회인류학부에서, 집단 내에서나 집단 간에 갈등이 있는 상황에도 협력하려는 유전적 성향의 진화에 대해 강연했다. 그가 말하려던 핵심 개념은, 아무런 관계가 없는 사람들 간의 협력은 유전적 친족 관계보다 공유된 과거 경험에 의해 좌우될 수 있다는 것이었다.

나는 뉴기니와 리비아 등 여러 지역에서 직접 관찰한 결과를 근거로, 공유된 경험이 폭력적인 자기희생의 심리에 중심적인 역할을 한다는 이론을 이미 전개한 적이 있었기 때문에 가브릴레츠의 견해에 흥분할 수밖에 없었다(그 이론에 대해서는 잠시 뒤에 자세히 살펴보기로 하자). 그러나 여전히 빠진 퍼즐 조각이 있었다. 자기희생이라는 심리가 애초에 어떻게 진화했느냐는 것이었다. 강연이 끝난 뒤에도 가브릴레츠와 나는 계속 대화를 나누었고, 우리 대화는 그 이후로도 수개월 동안 계속되었다. 그 결실은 '행위자 기반 모형agent-based mode'의 개발로 이어졌고, 그 모형은 절박한 생존 위협에 직면한 전사 부족들에서 극단적인 자기희생이라는 심리가 진화된 이유를 설명하는 데 도움을 줄 수 있다.[4]

행위자 기반 모형은 자원의 가용성, 경쟁, 기상 조건 등 다양한 변수가 언제라도 달라질 수 있는 세계에서 여러 형태의 행위자(이 경우에는 인간)가 어떻게 행동할 수 있는지에 대해 설명하려고 고안된 컴퓨터 시뮬레이션이다. 이런 모형을 사용하면, 각양각색의 변수들이 상호작용하며 여러 유형의 결과를 어떻게 낳는지를 탐구하는 데 도움이 된다.[5] 우리가 고안한 모형은 파푸아뉴기니의 열대우림에 해당하는 가상의 공간에 설정되었다. 그 공간에는 많은 다른 집단이 공존하며, 각 집단은 구성원들이 자손을 낳아 규모가 커질 수도 있지만, 반대로 많은 인명 손실로 규모가 축소될 수도 있다. 이 공간에 공존하는 각 집단은 두 종류의 외적 위협에 시달렸다. 하나는 적대적인 집단이었고(예: 적대적인 이웃의 습격), 다른 하나는 자연재해 같은 환경의 위협이었다(예: 지진, 악성 전염병, 말라리아). 두 종류의 위협은 집단 구성원의 때 이른 사망을 낳으며 인구 감소로 이어지고, 심지어 그 집단이 완전히 소멸하는 방향으로 치달을 수도 있다. 하지만 진화론적 관점에서 보면, 두 종류의 위협이 동일하지는 않았다. 전쟁으로 인한 손실은 그 가상의 공간에서 경쟁 관계에 있는 집단에게는 이득으로 간주되었다. 상대 집단이 힘을 상실한 만큼 힘이 커졌을 것이기 때문이다. 반면에 자연재해로 인한 손실은 경쟁 집단에게 자동으로 이익이 되지는 않았다(적어도 전쟁으로 얻는 이득과 같은 정도는 아니었다).

이 모형에서 모든 개별적 개체에게는 특정하게 행동하는 방식이 부과되었다. 첫 집단에게는 일이 원만하게 풀릴 때, 예컨대 전쟁에서 승리하거나 환경이 순조로울 때 구성원들을 더욱더 협력하도록 유도하는 한 쌍의 '유전자'가 주어졌다. 두 번째 집단에게는 전쟁에서 패배하거나 자연재해를 겪는 등 집단적으로 부정적인 사건을 경험한 뒤에 구성원들을 더욱더 협력하도록 유도하는 유전자가 주어졌다. 가브릴레츠는 이 모형을 지속적으로 시뮬레이션하며, 무작위로 상황이 바뀌는 경우에 어느 집단이 더 협력적으로 변하고 어느 집단이 그렇지 않은지를 관찰했다. 결과는 놀라웠다. 일부 집단은 적응력을 떨어뜨리는 사건, 즉 생존해서 유전자를 후손에 전달하는 능력에 부정적인 영향을 미친 경험을 필연적으로 겪었다. 그런데 그런 집단이 고통을 덜 겪은 집단에 비해 결국에는 더 협력하는 모습을 보여주었다. 게다가 자연재해보다 집단 간의 갈등으로 고통을 공유할 때, 부정적 상황이 협력에 미친 긍정적 영향이 더 강하게 나타났다. 요컨대 나쁜 일을 당하면 집단이 더 단단히 결속한다는 뜻이었다.

 '행위자 기반 모형'을 통해, 전쟁에서 영웅적 행위가 영웅에게는 치명적인 결과를 안겼지만 우리의 진화된 심리에 내재될 수 있었던 이유를 설명할 수 있었다. 이 모형은 어떻게 고통의 공유가 결속을 유도하는 강력한 요인이 되고, 어떤 대가를 치르더라도 집단을 지키려는 의지를 불사르게 만드는지 보여주었다.

## 고통스러운 시련이 만들어내는 유대감

이 과정과 관련된 심리 메커니즘을 분석하는 데는 오랜 시간이 걸렸고, 내가 가브릴레츠를 만나기 훨씬 전부터 그 분석은 시작되었다. 엄밀히 말해서, 내가 이 문제에 처음 매료된 때는 1980년대, 즉 내가 파푸아뉴기니의 열대우림 깊은 곳까지 들어가 베이닝 부족을 만나고, 그들과 함께 생활하며 입문 의식을 거친 때로 거슬러 올라간다.

 베이닝 부족의 세계에서는 입문 의식을 거치지 않은 사람은 완전한 성인으로 여겨지지 않는다. 입문 의식을 거치지 않은 사람은 무엇보다도 춤을 출 때 사용되는 신성한 의상을 입을 수 없었다. 따라서 내가 입문 의식을 치른 남자로서 나뭇잎으로 온몸을 가리고, 나무껍질로 만든 가면을 쓴 채 처음 춤을 추었을 때는 커다란 자부심까지 느꼈다. 그렇게 온몸과 얼굴을 가린 까닭에, 내 하얀 손등이 아니었다면 누구도 나를 알아보지 못했을 것이다. 무아지경의 상태에서 살인적 폭력을 행할 때 행위자의 신분을 가늠할 수 없도록, 전통적으로 그렇게 겉모습을 꾸몄다. 과거에는 그런 의상을 입을 수 있는 권리는 고통스러운 절차를 거친 뒤에야 가질 수 있었다. 그 절차에는 척추 아래쪽의 살에 뾰족하게 다듬은 뼛조각을 끼워 넣는 과정이 포함되었으며, 이 뼛조각은 춤을 추는 동안 묵직한 가면의 무게를 지탱하는 고정점으로 사용되었다. 한편 머리에 쓰는 장식물의 밝은 색상은 날카롭게 다듬은 잎으로 착용자의 혀에 상처를 내서 얻은 피로 빚어냈다. 착용자는 그 장식물을 진홍색으로 반짝반짝 물들일 때까지 계속 피를 뱉어내야 했다.

나는 입문 의식을 함께 치른 동료들과 함께 의기양양하게 춤추고 노래했지만, 키붕의 지도자들이 다른 사람을 죽이거나 해치는 것을 금지했기 때문에 나 같은 젊은이들은 입문 의식에서 가장 고통스러운 과정을 건너뛰었다. 천만다행으로 내가 의례적 차원에서 몸의 일부를 훼손하거나, 집단의 적을 공격하는 습격에 참가할 필요가 없다는 뜻이었다. 하지만 남성 세계의 비밀에 입문하는 과정을 치르는 동안 나는 윗세대가 겪은 시련에 대한 생생한 증언을 들었고, 그 과정에 충격적인 면이 있었다는 건 의심의 여지가 없었다. 그렇게 함께 고통을 겪은 남자들은 전사가 되었다. 따라서 진정한 전사들은 적을 대담하게 공격할 때만이 아니라 그들의 공동체가 공격받을 때도 서로 신뢰하며 서로를 지켜준다.

우리 인간이 고통을 공유할 때 지극히 강력한 유대감이 형성되며, 전투에서 영웅적인 행동을 마다하지 않는다는 것은 오래전부터 알려진 사실이다. 수천 년 동안, 전사 조직은 이런 사실을 들먹이며 신입 구성원에게 고통스러운 입문 과정을 거치도록 요구했다. 파푸아뉴기니의 세픽강 지역에서 살아가는 카닌가라족Kanigara의 남성들은 살가죽을 광범위하게 벗겨내는 고통을 견뎌내야 한다. 그 고통의 뒤에는 영구적인 흉터가 남겨진다.[6] 한편 파푸아뉴기니의 다른 지역들에서 소년과 미혼 남성은 코중격nasal septum에 구멍을 뚫는 의식부터 가시가 돋친 식물을 요도에 삽입함으로써 요도가 남근 안에서 찢어지며 피를 쏟게 하는 의식까지, 섬뜩한 고통을 겪어야만 한다.[7] 어쨌든 이런 현상이 멜라네시아에만 국한되지 않는다. 오스트레일리아 대륙과 마주한 아라푸라해와 산호해의 섬들에서 살아가던 원주민 집단들은 극심한 고통을 수반하는 할례를 견뎌야 했고, 그 결과로 남근의 모양이 완전히 변형되었다. 하지만 그런 의식들이 모두 생식기의 학대에만 집중되지는 않았다. 태평양 너머 북아메리카의 대평원에는 몸속으로 깊이 박힌 갈고리에 연결된 밧줄 끝에 매달린 채 태양춤Sun Dance을 추는 문화가 있었다. 한편 아마존에서는 오늘날에도 입문자들은 성난 총알개미로 가득 채운 장갑을 끼고 견뎌야 한다. 한 마리에게 물려도 총상을 입은 것처럼 고통스럽고, 몇 시간 동안 고통이 지속된다고 해서 총알개미라고 이름 붙여진 개미가 가득한 장갑을 끼고 있으면 얼마나 고통스럽겠는가. 이런 예는 얼마든지 나열할 수 있다.[8]

인류학자들이 밝혀낸 바에 따르면, 호전적인 사회일수록 입문 의식이 더 고통스럽고, 그 고통을 증언이라도 하듯이 항구적인 흉터를 남기는 경우가 많다.[9] 이처럼 고통스러운 시련의 공통된 기능은 군사적 결속을 기르는 데 있는 듯하다. 고통스러운 의식을 공유하며 형성된 유대감으로 인해, 그 의식을 함께 치른 사람들은 곤경에 처할 때 서로 더 적극적으로 돕고, 필요하면 함께 입문한 동료들을 위해 죽을 각오로 싸운다. 이에 대한 증거는 세계 전역에서 발견된다. 예컨대 나는 파푸아뉴기니에서 시행한 입문 의식에 대한 연구를 근거로 동료들의 도움의 받아, 서아프리카에서 목격되는 유사한 의례, 정확히 말하면 유사한 시련이 수반되는 의례의 영향에 대해 관심을 가졌다. 서아프리카에서는 토지 접근권을 두고 목축민과 농경민 사이에 폭력적 충돌이 점점 빈번해졌다. 인구 증가로 인해 땅과 물을 차지하려는 경쟁이 치열해진 데다 기후변화도 긴장감을 고조하는 데 한몫을 한다. 아프리카의 일부 지역, 특히 말리와 나이지리아 같은 국가에서는 이런 갈등이 무장 이슬람 단체에 의해 틈나는 대로 악용되는 실정이다. 지역 갈등을 통제 불능 상태로 만드는 원인은 특정 지역의 물리적 조건보다, 사람들을 부족의 정체성과 조상의 땅으로 이어주는 유대감 같은 것이 더 큰 듯하다. 특히 집단의 결속에는 입문 의식이 차지하는 역할이 상당히 커 보인다.

내가 동료들과 함께, 나이지리아와 국경을 맞댄 카메룬의 아다마와 지역 주민 398명을 대상으로 실시한 연구에서 얻은 결과는 적어도 그렇다. 그 지역은 목축민과 농경민의 충돌 등으로 수천 명이 죽었고, 더 많은 사람이 고향에서 쫓겨난 곳이었다.[10] 우리 연구 결과에 따르면, 그런 물리적 충돌이 벌어질 때마다 농경민들이 보여주는 서로를 위해 죽도록 싸우겠다는 의지는 어린 시절에 함께 겪은 끔찍한 입문 의식과 밀접한 관계가 있었다. 어렸을 때 그들은 족장의 집 근처에 있는, 울타리가 둘러진 성소에 떠밀려갔다. 그들이 성소에 들어서면, 가면을 쓴 인물이 어둠속에서 불쑥 나타나 소년들을 위협했다. 소년들은 겁에 질려 도망치려 했지만, 입문 의식을 진행하는 어른들이 탈출을 막았다. 두려움이 거의 발작적인 상태까지 치달아, 그때의 경험은 그 소년들에게 영원히 잊지 못할 경험이 되었다. 사방이 막힌 성소를 탈출하려다 자초한 상처를 제외하면 신체적으로 다친 곳은 없었지만, 심리적 충격은 항구적이었다.

하지만 극단적인 입문 의식은 소규모 토착민 사회의 전사들에게만 국한되지 않는다. 예컨대 1997년부터 2006년까지 콜롬비아에서 활동한 극우적인 마약 밀매 단체, 콜롬비아 연합자위대Autodefensas Unidas de Colombia는 신병들에게 포로를 고문하고 팔다리를 절단하며 살해하는 의례적 행위를 수행하도록 강요했고, 그렇게 절단한 신체 부위를 항상 휴대하게 했다.[11] 시에라리온의 혁명연합전선Revolutionary United Front도 비슷한 전술을 사용해 신병들에게 가족이나 공동체 구성원을 살해하는 등 의례화된 살인에 참여하게 했다.[12] 전통적인 군대도 훈련의 일환으로 신병들에게 신체적이고 정신적 고문을 가하는 경우가 있다. 예컨대 대만의 상륙 정찰부대, 양서정수대대兩棲偵搜大隊에 자진해 입대하는 신병들은 반쯤 벌거벗은 채로 50미터의 날카로운 산호초 위를 포복하는 등 일련의 극단적인 시련을 겪어야 하고, 그 과정에서 고통을 극대화하는 의무적인 훈련도 받아야 한다.[13] 훈련병들은 찢어진 상처에 소금물을 뿌려 고통을 가중시키기도 한다. 실수를 범하거나 절차를 무시하면, 출발선으로 되돌아가 고통스러운 시련을 처음부터 다시 시작해야 한다.

이처럼 다양한 유형의 증거 자료를 비롯해 많은 증거 덕분에 고통의 공유, 집단 유대감, 전투에서의 영웅적 행위 등과 관련한 의례들 사이의 관계는 오래전부터 인정되었다. 그러나 관계가 심리적으로 정확히 어떻게 작용할까? 고통스러운 시련에서 어떤 부분이 사람들로 하여금 서로를 위해 기꺼이 죽음을 각오하고 싸울 정도로 강력한 유대감을 형성할까? 그 해답은 정체성 융합identity fusion이라 알려진 주목할 만한 형태의 집단 정렬group alignment(구성원이 공유된 비전과 목표를 향해 협력하는 상태 - 옮긴이)에 있는 듯하다.

## 어떤 희생도 마다하지 않겠다는 마음

정체성 융합은 집단과 하나라는 본능적인 감정이다.[14] 개인적인 정체성이 집단의 정체성과 '융합'될 때 정체성 융합이 이루어진다. 예컨대 당신이 열성적인 축구 팬이라면 정체성 융합이 무엇을 뜻하는지 대략 짐작할 수 있을 것이다. 먼저, 당신이 응원하는 축구팀의 경기장을 떠올려보라. 이번에는 경쟁 관계에 있는 팀을 응원하는 사람들이 술에 취해 경기장을 파손하고 있다고 상상해보라. 그 행동이 악의적이면서도 불필요한 짓이라고 생각해보라. 개인적으로 그런 행동을 어떻게 받아들이겠는가? 누군가 당신의 신성한 집을 더럽히고 있다는 생각이 드는가? 그렇다면 당신은 그 축구팀과 융합되었을 가능성이 높다.

물론 모두가 축구팀과 융합되지는 않는다. 어떤 사람은 종교 단체와 융합되고, 어떤 사람은 국가와 융합된다. 또 민족과 융합되는 사람이 있는 반면에 자신이 속한 합창단이나 나이트클럽을 함께 다니는 패거리와 융합되는 사람도 있다. 이런 종류의 무리와 융합된 적이 없는 사람도 여하튼 가족과는 융합되어 있을 수 있다. 이번에는 당신 가족 중 누군가 심한 모욕을 당하거나 다쳤다고, 혹은 납치되었다고 상상해보자. 가족을 지키거나 구출하기 위해 어디까지 가겠는가? 어떤 일도 서슴지 않겠는가? 그렇다면 당신은 가족과 융합되었을 가능성이 크다.

융합된 개인은 소속 집단의 열렬한 수호자가 된다. 다른 구성원들과 적극적으로 협력할 뿐 아니라 집단이 위협을 받으면 집단을 보호하려고 최고의 희생을 감수하기도 한다.[15] 군사 집단에서, 특히 전시에 병사들에게 원하는 것이 정확히 그런 마음가짐이다. 물론 정체성 융합은 길거리의 갱단부터 테러 조직까지, 전통적인 군대부터 자살 폭탄 테러범에 이르기까지 다양한 형태의 폭력 집단에서 이용되고 있다.

정체성 융합의 구조는 윌리엄 스완William B. Swann과 앙헬 고메스Ángel Gómez가 각각 텍사스와 마드리드에서 이끈 사회심리학자들로 구성된 팀에 의해 처음 개발되었다.[16] 처음에 그들은 '자아에 타자가 포함된 정도'를 정체성 융합 구조의 근거로 삼았고, '자아'와 '타자'를 각각 원으로 표현해서 두 원이 중첩되는 정도가 자아라는 개념에 타자가 포함되는 크기를 뜻하는 것으로 보았다. 스완과 고메스는 그런 그림을 사용하면, 사람들이 자신의 개인적 정체성이 집단의 정체성과 일치한다고 생각하는 정도를 측정할 수 있다는 점을 알아냈다. 스완과 고메스는 작은 원과 큰 원이 겹치는 정도를 보여

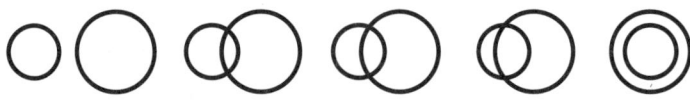

⟨윌리엄 스완과 앙헬 고메스의 정체성 융합의 구조에 관한 원⟩

Swann, W. B., Jr, Gómez, Á., Seyle, D. C., Morales, J. F., & Huici, C., 'Identity Fusion: The Interplay of Personal and Social Identities in Extreme Group Behaviour', *Journal of Personality and Social Psychology*, Vol. 96, No. 5, pp. 995–1011 (2009)에서 변형 인용.

주는 일련의 도형을 그렸고, 실험 참가자들에게 작은 원은 '당신'이고 큰 원은 '당신이 속한 집단'을 상징한다고 말한 뒤에 물었다. 다음 그림 중 어느 것이 당신과 집단 간의 관계를 가장 적합하게 보여 주는가? 가장 오른쪽 그림에는 작은 원이 큰 원에 완전히 에워싸여, 그 그림을 선택한 사람은 융합된 상태로 여겨졌다.

나는 이 융합 측정법을 처음 보자마자 반가운 마음에 환호하지 않을 수 없었다. 파푸아뉴기니에서 고통스러운 입문 의식을 함께 겪은 사람들 사이에 강렬한 유대감이 형성되는 이유를 이해해 보려고 오래전부터 고심하던 차였기 때문이다. 나는 그 경험에 대한 기억이 개인의 정체성을 형성하는 방향만이 아니라, 우리가 소속 집단에 대해 생각하는 방향에도 영향을 미친다고 생각했고, 두 방향 사이에 어떤 관련성이 있을 것이라 확신했다.[17] 그러나 그 과정이 집단 유대감에 미치는 영향의 정도를 측정할 방법까지는 몰랐다. 그런데 스완-고메스의 융합 도형은 내가 그때까지 찾던 바로 그 방법이 분명해 보였다.

새로운 융합 도형을 사용한 많은 연구가 있은 뒤에 나와 동료 학자들은 이 메커니즘이 어떻게 작동하는지에 대해 검증 가능한 이론을 완성했다. 이 이론에 따르면, 최소한 두 가지 경로를 통해 정체성 융합이 이루어진다.[18] 첫째는 집단 구성원들과 공유한 생물학적 본질과 관계가 있다. 무척 다양한 인간 사회에서 확인되는 공통된 현상은, 같은 가족에 속한 구성원들은 피, 뼈, 가풍 등으로 다양하게 나타나지만 유전되는 본질을 공유한다는 생각이다. 그렇다면, 이렇게 본질화된 생물학적 특성을 공유한다고 믿기 때문에 우리가 더 '융합'되는 것일까? 이 가정을 검증하기 위해 우리 연구팀이 초기에 취한 방법 중 하나는 쌍둥이를 대상으로 한 연구였다. 우리는 이란성 쌍둥이 246쌍과 일란성 쌍둥이 260쌍을 모집해, 각각의 쌍둥이에게 서로 얼마나 '융합'되었다고 느끼는지 물었다. 아니나 다를까, 일란성 쌍둥이가 이란성 쌍둥이보다 훨씬 더 융합된 걸 느낀다고 대답했다.

그러나 융합을 실질적으로 유도할 만한 생물학적 근거가 없는 경우에도 인간은 생물학을 들먹이며 집단 유대감을 설명하는 흥미로운 경향이 있다. 어떤 경우에는, 생물학적 특성을 공유한다는 '인식perception'만으로도 피부색, 모발 종류, 얼굴 특징 등 인종 분류와 관련된 신체적 특성을 공유하는 대규모 집단과 융합되는 근거로 삼을 수 있다. 우리가 생물학적 유대에 본능적으로 부여하는 힘도, 융합된 사람들이 다른 구성원에 대해 이야기할 때 친족이라는 표현을 자주 사용하는 이유를 설명하는 데 도움이 될 것이다. 자신의 나라를 모국이나 조국으로 표현하는 민족주의자, 같은 민족에 속한다는 이유로 서로 형제라고 칭하는 남자들, 여성이면 누구나 자매로 받아들이는 페미니스트가 대표적인 예다.

요정굴뚝새의 영웅적인 행동에서 보았듯이, 집단을 위해 희생하려는 인간의 의지가 생물학적 친족 관계를 통해 진화했다는 가설은 타당하게 들린다. 그러나 우리 연구팀은 소속된 부대와 '융합'된 병사들 같이 생물학적 유대를 공유하지 않는 사람들 사이에서는 어떻게 융합이 형성되는지에 대해서도 관심을 가졌다. 이런 궁금증은 쌍둥이 연구에서 확인된 사실, 즉 친족 선택을 통해 영웅적 행동을 유발한다고 오래전부터 알려진 생물학적 관련성과는 별개로, 형제자매를 위해 기꺼이 희생하겠다는 의지는 공유된 경험shared experience에서 비롯된다는 사실과 밀접한 관계가 있다. 게다가 쌍둥이에 대한 연구 결과는 정체성 융합에는 적어도 두 가지 경로, 하나는 공유된 생물학적 유대, 다른 하나는 개인적인 변화 과정을 집단의 다른 구성원들과 함께 겪었다는 공감이 있을 것이라는 우리 예감을 뒷받침해주었다.

당신이 응원하는 축구팀, 당신이 섬기는 교회, 당신이 속한 국가 등 비非유전적 유대가 이때 작동하기 시작한다. 당신이 이런 집단에게 느끼는 유대감은 (실제든 인식의 수준이든 간에) 혈연이 아니라, 특정한 기억과 순간에 의해 주로 형성된다. 가령 당신은 십 대에 절친한 친구들과 함께 록 콘서트에 가서 노랫말에 감동을 받아, 평생 잊지 못할 방식으로 친구들과 연결되었던 것이 지금도 기억에 남아 있을 수 있다. 체포될지도 모른다는 위험을 무릅쓰고 가두행진에 함께 나섰을 수 있다. 또는 당신과 친구들이 다 같이 좋아하는 팀이 중요한 대회의 결승전에서 굴욕적인 패배를 당한 순간에 함께 괴로

워했을 수 있다. 당신과 친구들이 이런 종류의 경험을 함께한 적이 있다면, 공유된 경험이 정체성 융합으로 이어졌다고 인정할 수 있을 것이다. 이런 경험은 집단이나 무리 등 우리가 지구 끝까지 충성스럽게 따라갈 수 있다고 장담하고 싶은 조직에 우리를 긴밀하게 연결해주는 경험이다.

집단 유대로 이어지는 경로는 유난히 잊히지 않고 유의미한 과거의 사건과 관련된 정신적 이미지를 중심으로 형성되기 때문에 나는 이 경로에 '이미지화 경로imagistic pathway'라는 이름을 붙였다.[19] 혈연적 관계가 아니라, 우리 기억에 깊이 각인된 강력한 이미지에 의해 형성되는 유대라는 뜻이다.

## '단단한 우리'의 시작

우리가 집단과 융합될 때 우리의 머릿속에서는 어떤 일이 벌어질까? 그 해답의 일부는 우리가 특히 삶의 행로를 바꿔놓은 사건을 어떻게 기억하고, 그 사건의 의미와 결과를 어떻게 되돌아보느냐에 있다. 우리가 삶의 과정에서 겪은 무척 감상적인 사건들을 기억하는 경우, 어떤 사건이 하필이면 왜 그런 식으로 일어났을까, 그 사건이 당시와 그 이후에 어떤 의미가 있었는지, 그 사건이 일어나지 않았다면 상황이 얼마나 달라졌을지 등에 대해 되돌아보는 데 많은 노력을 기울이는 경향을 띤다. 사람들이 의례에 수반되는 시련에 대해 생각하는 방식에서 이런 과정이 두드러지게 나타난다는 것은 오래전부터 공인된 사실이었다. 예컨대 노르웨이의 유명한 인류학자 프레드리크 바르트Fredrik Barth의 주장에 따르면, 뉴기니 내륙 지역의 입문 의식은 고통스럽기 그지없어, 그곳에서 입문 의식을 치른 사람은 그때의 경험을 그 이후로도 오랫동안 기억할 뿐 아니라, 입문 의식에 담긴 상징성과 의미를 지속적으로 되돌아보기도 한다. 그런 과정을 통해, 입문자들은 기억과 정서를 결부시키는 동시에 자신들이 머릿속에 떠올린 다양한 이미지 사이의 유사점을 탐구하는 '함축된 의미의 증폭기fans of connotations'(바르트의 용어)를 만들어간다.

이 과정이 강력한 이미지와 그 이미지에 대한 해석에 주로 초점을 맞추기 때문에 나는 바르트의 주장을 근거로 삼아, 이 과정을 '종교성의 이미지화imagistic mode of religiosity'라고 칭했다. 나는 이에 대한 증거를 뉴기니의 입문 의식에서만이 아니라, 오스트레일리아 원주민들의 '꿈의 시대'에 대한 환상부터 아마존 지역 주술사들의 영혼 여행에 이르기까지 시대와 관계없이, 세계 곳곳에서 변화 의식을 행하는 많은 유형의 집단에서 찾아낼 수 있었다. 이 이미지화 과정에는 기억에 오래 남고 해석을 요구하는 감정적으로 강렬한 경험이 반드시 존재했다. 따라서 나는 이 이미지화 과정이, 혈연적으로 아무런 관계가 없는 구성원과의 융합이 일어나는 토대라고 생각했다. 그러나 융합이 어떻게 일어나는지 이해하기 위해서 몇 가지 실험을 설계해야 했다.

우리 연구팀의 우선적인 목표는 집단 의례의 정서적 강도와 그 경험에 부여되는 의미의 정도 사이에 실제로 밀접한 관련이 있는지 확인하는 것이었다. 그 결과를 근거로, 우리가 다음 차례로 세운 목표는 이런 종류의 이미지화 과정이 실제로 정체성 융합으로 이어지는지, 그렇다면 그 과정은 어떻게 작동하는지 알아내는 것이었다.

일반적으로 심리 실험은 대학 캠퍼스에 그 목적을 위해 따로 마련된 실험실에서 행해진다. 하지만 동료들과 나는 전사 집단의 입문 의식에 버금갈 정도로 고통스러운 의식에 참여한 경우의 효과에 대해 대조 실험controlled experiment을 하고 싶었다. 그런 의도에서 우리가 처음 고안한 인위적 의례는 실험실 밖에서, 정확히 말하면 내가 당시 가르치던 벨파스트퀸스대학교에서 얼마 떨어지지 않은, 나무로 울창한 들판에서 진행되었다. 우리는 실험 참가자들이 기억을 처리하는 방법에 의례화된 행동이 어떤 영향을 미치는지 알아보고 싶었다.

우리가 설계한 의식은 구체적인 사물과 환경이 내가 열대우림에서 경험한 것과는 상당히 다를 수밖에 없었지만 파푸아뉴기니에서 연구한 의식을 느슨하게 기초한 것이었다.[20] 이 실험 의식에 참여한 학생들은 약 15명으로, 뉴기니의 일부 부족에서 행해지는 전향적인 입문 의식과 비슷한 규모였다. 실험장에 도착한 학생들에게는 우리가 멀리 떨어진 부족 집단으로부터 배운 번식 의식을 행할 것이라는 설명이 지체 없이 전해졌다. 이 의식은 자연계의 생식력을 향상시키는 것에, 예컨대 부족민이 의존하는 짐승과 야생식물을 더 풍성하게 만드는 데 목적이 있다는 보충 설명도 더해졌다. 하지만 그 밖에는 의식의 의미나, 의식이 생식력을 향상하는 데 실질적으로 효과가 있는지에 대해서는 알려진 것이 거의 없다고도 알렸다. 그러고는 실험 참가자들은 차분하게 줄을 맞추어 들판을 가로질러, 숲으로 둘러싸인 곳에 들어갔다. 그곳에는 나무 그루터기들이 원형으로 배치되고, 중앙에는 썩어가는 나뭇잎이 잔뜩 쌓여 있었다. 학생들에게 그 낙엽 더미에 손을 '씻으라'고 말했다. 그 뒤에는 소매가 없는 헐렁한 옷을 입히고는 다른 곳으로 데려갔다. 이번에는 긴 막대기를 하나씩 주며, 막대기의 끝을 잘라내 뒤로 던지라고 말했다. 다시 학생들에게 돌을 하나씩 주며 갈아서 가루로 만들라고 지시했다. 다음에는 각자의 창(막대기에서 남은 부분)을 두 발 사이의 흙가루에 '심으라'고 지시했고, 마지막으로는 활활 타오르는 횃불로 표시된 웅덩이로 참가자를 한 명씩 데려갔다.

참가자가 한 명씩 웅덩이에 다가갈 때마다 북소리가 리드미컬하게 울렸다. 그들이 웅덩이 앞에 무릎을 꿇고 앉으면 북소리가 멈추었다. 내가 파푸아뉴기니에서 함께 살았던 부족의 언어로 마법의 주문을 읊조리는 동안 참가자는 한 손을 웅덩이에 넣었다(물론 참가자 중 누구도 그 주문의 뜻을 이해하지 못했을 것이다). 안에 무엇이 있는지 모른 채 구멍에 손을 넣으라는 요구를 받아본 적이 있는 사람이라면, 그 요구에 따르기가 쉽지 않음을 알 것이다. 따라서 많은 학생이 얼굴을 찡그리며 웅덩이에 손을 넣었고, 겁에 질려 손을 빼고는 다시 시도하기를 반복했다. 이 의식을 끝낸 뒤에 모든 참가자에게 있는 힘을 다해 막대기를 숲에 던져버리고 한 줄로 풀밭의 출구 지점까지 돌아오라고 지시했다.

실험에 참가한 모든 학생은 위에서 설명한 절차를 똑같이 따랐다. 그러나 우리는 정서적 강도의 영향을 파악하고 싶었기 때문에,

각 학생에게 대조되는 두 가지 조건 중 하나를 부여했다(낮은 자극과 높은 자극). 자극의 강도가 낮은 조건에서는 의식이 대낮에 편안하고 절제된 방식으로, 즉 극적인 효과와 흥분을 최소화한 상태에서 행해졌다. 반면에 자극의 강도가 높은 조건에서는 햇빛이 희미해지는 저녁에 의식이 진행되었다. 게다가 참가자들이 북소리에 맞추어 웅덩이를 향해 다가가는 단계에서, 자극의 강도가 높은 조건에 배정된 참가자들은 눈을 가리고 있어야 했다.

의식이 끝난 뒤, 우리는 실험 참가자들에게 자체 진단을 통해 그때의 경험이 정서적으로 얼마나 강렬했는지 측정해달라고 부탁했다. 우리는 의식이 진행되는 동안 참가자들이 느낀 두려움의 정도가, 그 이후로 몇 주 동안 당시에 경험한 의식의 의미를 얼마나 깊이 되돌아보는지에 영향을 미치는지 관심을 두었다. 그 값을 얻기 위해 우리는 의식을 치르고 2개월이 될 때까지 참가자들에게 주기적으로 설문조사를 실시했다. 각 참가자에게 의식이 어떤 순서로 진행되었고, 각 단계에서 어떤 행위가 요구되었는지 기억해보며, 그 행위의 의미가 무엇이라고 생각하는지 물었다. 우리는 참가자들의 대답을 분석해서 크게 두 방향의 해석을 찾아냈다. 하나는 그들의 대답에서 단순히 얼마나 많은 생각이 드러났는지에 초점을 맞춘 경우로, 행동에 부여된 의미의 수를 단순하게 헤아렸다. 다른 하나는 우리가 '유추적 깊이 analogical depth'라 칭하는 것에 초점을 맞춘 경우로, 다시 말하면 '돌을 갈아 가루로 만드는 행위는 씨앗을 심는 행위를 상징한다'라는 식으로 어떤 행동에 특유의 의미를 부여한 경우였다.

그 뒤에 우리는 참가자들을 의식에서 정서적으로 강렬한 감정을 느낀 참가자와 그렇지 않은 참가자로 나누었다. 또 그 효과를 조사하기 위해, 참가자들에게 의식이 진행되는 동안 어떤 행위가 있었고, 각 행위가 뜻하는 바에서 경험하고 떠올린 생각을 무엇이든 나열해보라고 다시 요구했다. 그러고는 참가자들이 얼마나 많은 의미를 만들어냈는지 합산했다(비유적 깊이에는 가중치를 부여했다). 그 결과는 인상적이었다. 그 의식을 상대적으로 더 무섭게 경험한 사람이 당시의 행위에 대해 더 깊이 되돌아보며, 상징적 해석을 더 풍부하게 만들어냈다. 이 실험을 통해, 우리는 다른 사람들과 함께 공유한 의례적 경험을 더 자주 되돌아보고, 그 경험이 정서적으로 강렬했던 경우에는 더욱더 의미 있게 받아들인다는 가정을 뒷받침하는 명확한 증거를 처음으로 찾아냈다. 훗날 이 증거는 정체성 융합으로 이어지는 이미지화 과정에 대한 우리 이론 즉, 극한의 의례에 함께 참가한 사람들은 서로를 지키기 위해 어떤 일도 마다하지 않을 정도로 단단히 결속된다는 이론의 초석이 되었다.

하지만 과학 이론은 단 한 번의 연구만을 근거로 증명되었다고 선언될 수 없다. 많은 실험에서 동일한 결과가 반복되어야 한다. 실험을 시도할 때마다 그 과정에서 새로운 것을 배우는 일은 일반적인 현상이다. 따라서 다음 실험에서 우리는 객관적인 생리적 증거를 근거로 감정의 강도를 더 직접적으로 측정하는 방법을 도입하고 싶었다. 첫 연구에서는 참가자들이 자신의 감정적 경험을 얼마나 정확하고 일관되게 평가했는지 불분명했다. 일부 참가자는 감정의 강도를 부풀리거나 축소하며 잘못 전해주었을 가능성도 있었다.

또 우리는 참가자들에게 정서적으로 더 강렬한 사건을 경험하게 해주고 싶었다. 우리가 고안한 의례 과정은 파푸아뉴기니의 젊은이들이 전통적으로 거치는 실제 입문 의식을 크게 완화한 것이었다. 따라서 그 경험이 정서적으로 얼마나 강렬했는가를 그럭저럭 구분되게 측정하더라도 전통문화의 '진짜'와 비교하면 최고점에서 여전히 매우 낮은 수준이었다. 공정하게 말하면, 놀이공원에서 롤러코스터를 타거나 괜찮은 공포 영화를 보는 일이 우리가 인위적으로 고안한 의식을 거치는 것보다 더 무서웠을 수 있다.

따라서 우리는 의식을 실행하는 동안 받는 생리적인 자극을 더 정확히 측정하고, 감정의 강도에 대한 자체 측정의 정확성과 일관성을 평가할 수 있는 방법을 고민하며 많은 시간을 보냈다. 마침내 우리는 실험에 참가한 동안의 심박수와 피부 표면 전기 전도도(여러 실험에서 정서적 자극, 특히 공포의 객관적 척도로 사용되는 이른바 '갈바닉 피부 반응Galvanic Skin Response, GSR')를 함께 측정해야 한다는 결론에 이르렀다. 의식을 시작하기 전에 수집한 기준치와 비교해서 심박수와 GSR의 측정값이 변하는 정도에 따라, 참가자가 의식을 치르는 동안 실제로 느낀 공포의 정도를 더 객관적으로 측정할 수 있다고 생각했다. 유일한 문제는 이 연구를 진행하던 시점, 즉 이른바 2000년 전후에는 상당히 크고 무거운 장비를 사용할 수밖에 없었다는 것이다. 게다가 참가자들이 전선을 몸에 연결해야 해서, 실험실 밖에서 의식을 진행하기에는 이상적인 조건이 아니었다.

결국 우리는 원점으로 돌아가 인공적으로 고안한 의식을 완전히 새로이 설계하기 시작했다. 정서적으로 영향을 주는 방향으로 감각을 자극할 수 있으면서도 부피가 큰 GSR 기계를 수용할 수 있고, 기억에 남을 만한 환경이 필요했다. 우여곡절을 겪은 끝에 우리는 기막힌 해답을 찾아냈다. 동굴이었다. 고대 채집 사회에 우리 조상들은 지하 깊은 동굴 벽에 놀랍도록 아름다운 예술 작품을 남겨놓았다. 고고학자들의 주장에 따르면, 비좁은 공간으로 기어들어가 몸을 어색한 자세로 비틀어야만 의도한 대로 보이도록 동굴 벽에 계획적으로 그려진 그림도 적지 않다. 고대 동굴 바닥에 흩뜨려진 악기와 발뒤꿈치 자국은 벽에 그려진 그림들 앞에서 어떤 의식이 행해졌을 것이라 추측하게 해준다.[21] 물론 횃불이 어스름하게 밝혀졌을 것이다. 동굴이라는 으스스한 공간에서 이상한 조명과 음향이 결합되면, 원시적이지만 무척 효과적인 특수 효과 무대를 만들어낼 수 있었을 것이다. 우리 목표는 요즘의 대학 캠퍼스에 이와 유사한 공간을 만들어내는 것이었다. 그런데 어떻게?

해결책은 퀸스대학교 음악학부의 동료들이 얼마 전에 설립한 시설에서 실마리를 얻었다. 음악학부는 그 시설을 '음향 예술 연구소 Sonic Arts Research Centre, SARC'라고 불렀다.[22] 공연 공간만이 아니라, 음악이 인간의 심리와 행동에 미치는 영향에 대한 실험을 실시할 수 있는 곳으로도 설계된 시설이었다. 바닥을 비롯해 거의 모든 곳에 강력한 스피커가 설치되어, 소리가 모든 방향에서 쏟아져 나올 수 있었다. 또한 벽은 이리저리 이동할 수 있는 소재로 제작되어, 공연 공간의 음향에 다양한 변화를 줄 수 있었다. 정교하게 배치된 무대 조명을 제대로 이용하면, 다양한 시각 효과와 색상의 변화도 연출할 수 있었다. 요컨대 동굴에 실제로 들어가지 않고도 구석기 시대 동굴 구조를 거의 비슷하게 구현해낼 수 있었다.

다음 문제는 그 동굴 같은 환경에서 적절한 의식을 어떻게 구성하느냐는 것이었다. 곧바로 확인된 한 가지 제약은, 참가자를 무거운 장비에 전선으로 연결하려면 참가자들이 함께 의식을 진행하지 못하고, 한 명씩 의식을 수행할 수밖에 없다는 점이었다. 게다가 참가자가 검지와 중지의 끝에 감지기를 부착하고, 이 감지기를 다시 GSR 모니터에 연결해야 했기 때문에 그 손을 사용할 수 없었다. 달리 말하면, 의식이 고정된 장소에서 행해지고, 행동도 한 손만 사용하는 것으로 제한되어야 한다는 뜻이었다.

처음에는 이런 제약이 버겁게 느껴졌지만, 결국에는 실제로 존재하는 의식과 상당히 유사한 실행 계획을 고안했다. 이 새로운 실험에서 우리는 참가자들에게 SARC 공연 공간의 한가운데에 놓인 의자에 앉게 했고, 그들의 앞에는 부직포로 덮인 탁자가 있었다. 우리는 그 탁자를 '제단'이라 칭했고, 제단에는 기름 한 종지, 작은 진흙 덩어리, 목걸이 등 의식에 사용할 다양한 물품이 놓여 있었다. 제단 너머에는 참가자에게 전하는 지시가 투사되는 스크린이 설치되었다. 실험에 참가한 사람들은 눈앞의 스크린에 투사되는 정보를 통해 전해지는 일련의 행동을 순서대로 행하라는 지시를 받았다. 첫째로 참가자들은 손가락 하나를 기름 종지에 담근 뒤에, 이마와 목에 살짝 찍어 발라야 했다. 다음으로는 제단에 놓인 목걸이 주위에 상상의 삼각형을 그리며 어떤 기도문을 암송한 뒤에 목걸이를 머리에서부터 착용해야 했다. 어떤 곡이 연주되기 시작하면, 참가자들은 스크린에 있는 한 점을 뚫어지게 응시해야 했다. 그 사이에 커다란 짐승을 닮은, 모피 코트를 입은 남자가 작은 상자를 들고 실험실에 들어왔다. 그는 제단까지 걸어가 상자를 제단 뒤에 내려놓았다. 그러자 음악이 멈추고, 모피 코트를 입은 남자가 딸랑이를 흔들며 실험실을 떠났다. 그가 실험실을 떠나자, 곧이어 북소리가 스피커에서 흘러나왔다. 참가자들은 상자에서 반질거리는 까만 돌을 꺼내 진흙을 꼼꼼하게 바른 뒤에 다시 상자에 넣으라는 지시를 받았다. 그러고는 목걸이도 벗어 상자에 넣으라는 지시를 받았다.

앞에서 언급한 '번식 의식'과 마찬가지로, 새롭게 고안한 '제단 의식'의 목표도 감정의 강도에 따라 나중에 사람들이 당시의 경험에 담긴 의미를 얼마나 많이 되돌아보느냐를 측정하는 것이었다. 그런 점에서, 이 실험에 참여한 대부분의 학생이 첨단 기술로 이루어진 음향 예술 공연 공간을 처음에 약간 다소 기괴하게 느꼈을 것이라는 사실이 도움이 되었다. 여기에 전선이 기계에 연결되고 털로 뒤덮인 이상한 남자가 딸랑이를 흔들며 다가오는 초자연적인 분위기가 더해진 까닭에, 실험 참가자들이 어느 정도는 기억에 깊이 각인되는 경험을 할 것이라고 우리 연구팀은 확신할 수 있었다.

그렇지만 정말로 깊은 인상을 남기기 위해 우리는 그 수준을 훌쩍 넘어서고 싶었다. 그래서 정서적으로 강렬하고 '높은 자극'을 주도록 고안된 의식에서, 공연 공간의 조명을 한층 더 위협적인 붉은색 조명으로 바꾸었다. 또 모피 코트를 입은 남자가 등장할 때는 극적인 느낌을 더하려고, 그에게 딸랑이를 흔들며 참가자의 뒤쪽으로 걸어가게 했다. 따라서 참가자는 모피 코트를 입은 남자가 뒤쪽에 있다는 것은 알았지만 볼 수 없었다. 또한 반질거리는 돌이 든 상자를 꽉 닫아서 참가자는 상자 안을 전혀 볼 수 없게 만들어 상자 옆면의 구멍으로 손을 넣을 때 손가락에 무엇이 닿을지 전혀 모르게 했다. 이런 조건에서 정서적 충격을 확실히 가하기 위해 북소리를 크게 올렸고, 속도도 점차 빠르게 조절했을 뿐 아니라, SARC가 제공할 수 있는 음향 효과를 최대한 활용해 모든 방향에서 소리가 쏟아져 나오게 했다. 반면에 낮은 자극으로 고안된 의식에서는 이 모든 요소를 제거하거나 크게 줄였다. 예컨대 조명을 완전히 끄는 대신에 낮추었고, 음악을 나지막이 재생했으며, 모피 코트를 입은 남자가 참가자의 시야에서 벗어나지 않도록 조절했고, 상자를 열어두어 참가자가 안에 무엇이 들어 있는지 쉽게 볼 수 있도록 했다.

우리는 자극이 높은 조건과 낮은 조건 사이의 이런 차이가 자체 측정한 감정의 강도에 의도된 영향을 미친다는 사실을 알아냈다. 그렇지만 중요하게는 이런 자체 평가를 확인해주는 더 객관적인 생리적 측정값을 확보함으로써 의식이 진행되는 동안 여러 시점에 참가자의 심박수와 GSR이 급상승하는 것을 확인했다. 그 현상은 참가자가 의식을 치르는 동안 어떻게 느꼈는지를 기록한 결과와 방향성이 일치했다. 전에도 그랬듯이, 우리는 참가자들을 '높은 자극'과 '낮은 자극'으로 분류한 뒤에 다음 달에 그때의 경험에 담긴 의미를 얼마나 자주 되돌아보았는지 물었다. 또한 '번식 의식'을 진행했을 때와 똑같은 방법을 사용해서, 의식에 참여한 일이 그 이후의 성찰과 의미 부여에 미친 영향을 측정했다. 이번에도 놀라울 정도로 결과가 명확했다. 제단 의식을 정서적으로 가장 강렬하게 경험한 사람이 그 이후에 더 자주, 더 깊이 되돌아보았다.

이런 연구 결과는 이미지를 자극하는 의식에 참가한 영향을 이해하는 데 필요한 중대한 진전이었다. 그러나 이런 결과는 흥미로웠지만, 그 자체로는 내가 가장 관심을 기울이며 연구하던 주제는 아니었다. 내가 제시한 이론에서 감정의 강도는 그 자체로 중요하지 않았다. 감정의 강도가 집단의 결속에 기여하는 방식 때문에 중요하게 여겼을 뿐이다. 따라서 정서적으로 강렬했던 경험이 더 많은 자기 성찰로 이어진다는 것이 입증되었기 때문에 이제는 그런 자기 성찰이 집단의 결속력을 높이고, 집단이 위협을 받을 때 구성원들을 위해 기꺼이 싸우고 죽겠다는 의지로도 연결되는지를 확인해야 했다. 이런 맥락에서 정체성 융합이라는 개념은 획기적인 발상이었다.

정체성 융합 개념이 확립되자마자, 우리는 공유된 감정과 의미 부여가 집단의 결속과 자기희생에 미치는 영향을 측정할 수 있는 새로운 연구를 연이어 설계하기 시작했다. 융합의 정도를 측정하기 위한 초기 연구 중 하나에서는 가톨릭교도와 개신교도를 갈라놓은 북아일랜드 분쟁The Troubles으로 공동의 부정적인 경험을 겪은 사람들 가운데 약 200명을 상대로 표본 조사를 실시했는데, 그들은 종파 분열로 신음하던 북아일랜드의 양편에서 추출한 사람들이었다.[23] 먼저 우리는 참가자들에게 가장 흔한 형태의 종파적 학대(욕설, 공개적인 모욕, 재산 피해 등)를 나열하고, 그중 어느 것을 개인적으로 직접 경험했으며, 신체적으로든 정서적으로든 얼마나 자주, 얼마나 뼈저리게 고통받았다고 느끼는지 물었다. 과거에 인위적으로 설계한 의식 실험에서도 그랬지만, 이번 실험에서도 우리는 고통스러운 경험이 그 이후의 성찰에 미치는 영향에 대해 알고 싶었다. 따라서 우리는 참가자들에게 이런 경험에 대해 얼마나 자주 생각했는지를 1부터 6까지의 척도로 물었고, 한쪽 끝에는 '아주 조금만 생각했다', 반대편 끝에는 '되돌려보며 많은 세월을 보냈다'를 답으로 두었다. 끝으로 우리는 각 참가자에게 가톨릭 공화주의자든 개신교 연합주의자든 간에 자신이 속한 편에 얼마나 강력히 융합되어 있다고 느끼는지 물었다.

위에 언급한 질문들을 사용해 측정한 실험 결과에 따르면, 개신교도든 가톨릭교도든 북아일랜드 분쟁의 결과로 상대적으로 더 고통스러운 사건을 겪었다고 대답한 사람들이 부정적인 경험을 더 자주 되돌아보는 것으로 나타났다. 고통이 가장 극심했다고 대답한 사람들도 마찬가지였다. 다시 말하면, 종파 간의 폭력적 분열로 인한 공동의 고통은 어떤 식으로 측정해도 더 높은 수준의 성찰로 이어졌다. 이런 결과는 우리의 이전 연구와 일치했다. 그렇지만 중요한 문제는 이런 결과가 정체성 융합과 어떤 관련이 있느냐는 것이었다. 여기에서도 우리 가정이 옳다고 입증되었다. 우리가 끌어낸 결론에 따르면, 실험에 참가한 사람들은 북아일랜드 분쟁을 겪는 동안 공유한 고통에 대해 더 많이 되돌아볼수록 자신이 속한 '종파'와 더 깊이 융합되었다. 그렇게 되돌아보는 과정이 정체성 융합을 향한 여정에서 중대한 역할을 하는 듯했다.

두 실험은 결국 극적인 발견으로 이어졌다. 정서적으로 강렬한 경험은 우리를 근본적으로 바꿔놓을 수 있고, 우리 자신을 규정하는 경험을 다른 사람들과 함께 공유할 때 개인적인 정체성과 집단 정체성이 하나로 융합된다는 사실이 실험을 통해 확인되었다. 정서적으로 강렬한 경험을 함께했다는 기억은 무척 강력한 형태의 집단 유대로 이어진다는 우리 가정을 뒷받침하는 증거는 점점 쌓여갔다.

하지만 이런 증거만으로는 강렬한 '이미지'를 통한 정체성 융합이 공유된 기억에 뿌리를 두고 있다는 우리 이론을 증명하기에 충분하지 않았다. 우리가 그 이론을 명확히 증명했다고 확신하기 위해서는 다양한 인구 집단을 대상으로 연구해서 동일한 결과를 끌어낼 수 있어야 했다. 따라서 우리 연구팀은 최전선의 군인들부터[24] 중요한 경기에서 패배한 축구팀의 팬들까지,[25] 또 뉴스에 보도되는 잔혹 행위에 의해 급진화된 무슬림부터[26] 오락을 목적으로 행해지는 잔인한 야생동물 사냥에 경악하는 동물 애호가까지,[27] 다양한 집단을 대상으로 공유된 고통과 성찰과 정체성 융합 사이에 어떤 관계가 있는지를 계속 추적했다. 나에게 지도를 받던 박사 과정 학생, 타라 타수지Tara Tasuji는 여성에게 가장 강렬한 경험일 수 있는 '출산'의 영향을 연구했다. 어머니 164명을 대상으로 한 설문조사를 통해, 다른 어머니들과의 융합이 출산 후에 눈에 띄게 증가했다는 사실을 밝혀냈다.[28] 북아일랜드에서 분쟁에 대해 되돌아보는 성찰이 그랬듯이, 출산 경험에 대한 반추가 비슷한 고통을 겪은 다른 사람들과 융합되는 수준을 높이는 결과로 이어졌던 것이다.

결과적으로 이제 우리는 사람들이 어떻게 소속 집단과 융합되는지 더 잘 알게 되었다. 정체성 융합은 결국 본질을 공유한다는 느낌으로 귀결된다. 이 본질은 공인된 생물학적 물질, 예컨대 피와 뼈, 혹은 공통 조상을 가진 사람들 사이에 공유되는 유전자 등에 뿌리를 두고 있을 수 있다. 그러나 이 본질이 우리의 집단 정체성에 반드시 필요한 강렬한 기억, 예컨대 우리 삶을 바꿔놓으며 '우리'를 하나의 집단으로 규정하게 된 충격적인 경험에 뿌리를 두고 있을 수 있다는 것이 더욱더 흥미롭지 않은가.

## 우리 편을 위해 싸우다 죽으리라

사람들이 소속 집단과 어떻게 융합하는지를 더 깊이 이해한 뒤에 해결해야 할 다음 의문은 '정체성 융합이 어떻게 구성원의 행동에 영향을 미치는가'였다. 특히 구성원들이 집단을 보호하기 위해 기꺼이 목숨을 거는 이유를 밝혀내고 싶었다. 처음에 우리는 정체성 융합의 영향을 파악하기 위해, 가상의 시나리오를 제시한 뒤에 그런 시나리오에서 사람들이 자기희생적인 행동을 적극적으로 나서는 정도를 측정해보려 했다. 기본적으로 우리는 사람들에게 집단을 지키기 위한 가장 효과적인 방법이 자신의 목숨을 바쳐야 하는 극단적인 상황이라면 어떻게 행동하겠느냐고 물었다. 그러나 사람들이 그런 딜레마에 직면할 때 어떻게 하겠다고 말하는 것과 실제 행동이 반드시 같지는 않다. 따라서 우리는 진짜로 목숨을 내던진 상황을 찾아야 했다. 그 연구열이 나를 2011년 미스라타의 리비아 반군 지도자, 주하에게로 이끌었다.

아랍의 봄이 시작되기 전에도 미스라타가 어떤 곳인지를 내가 정말로 알았다는 사실을 주하에게 납득시키고는 내친김에 영웅적인 행동의 예를 들어달라고 부탁했다. 최전선의 전투에서 가까운 친구들을 무수히 잃은 사람들로 가득 찬 방에서, 내 부탁은 그야말로 눈치를 상실한 질문이었다. 그러나 주하는 눈 하나 깜짝하지 않고, 자욱한 담배 연기 사이로 검푸른 눈동자로 나를 뚫어지게 바라보았다. 그러고는 나에게 트리폴리 거리에서 한 소년이 보여준 영웅적 행동에 대해 들어본 적이 있느냐고 물었다. 나에게는 금시초문이었다. 어쩌면 미스라타 밖에서는 누구도 그 이야기를 들어본 적이 없었을 것이다. 알 자지라의 많은 열성적인 기자들도 다를 바가 없을 것이다.

"탱크들이 트리폴리 거리로 몰려들었고, 탱크 뒤쪽에는 리비아 국기가 걸려 있었습니다. 그때 열네 살인가 열다섯 살쯤으로 보이는 꼬마가 움직이는 탱크에 기어올랐습니다. 왜 그랬을까요? 초록색 국기를 떼어내고 다른 깃발을 달려고요. 혁명군의 깃발을!"

"그냥 깃발을 바꿔 달려고요?"

내가 물었다.

"그렇습니다. 깃발만을."

주하는 그 소년이 사살될 거라고 예상했고, 실제로 죽임을 당했다고 덧붙였다.

그 소년은 동료 혁명가들과 융합되었을 가능성이 높다. 융합 도형이 처음 개발된 이후로 많은 연구를 통해 집단 구성원들이 융합되고 그들의 관심이 개인이나 집단의 정체성에 집중되면, 집단의 응집력을 측정하는 기존의 어떤 방법보다 집단을 위해 싸우다 죽겠다는 구성원들의 의지가 더 쉽게 예측된다는 것이 밝혀졌다.[29] 심박수와 다른 자율 기능을 높이는 운동을 함께하게 함으로써 참가자들의 결속력을 강화하면 융합이 집단을 위해 싸우다 죽겠다는 의지에 미치는 영향이 커진다는 연구도 있었다.[30] 개인적인 정체성과 집단 정체성이 융합되면 어느 한쪽이 두드러지며 융합이 행동에 미치는 영향이 증가하기 마련이므로, 이런 결과는 이론적으로 타당하게 들린다. 하지만 자기희생적으로 행동하겠다는 의지나 감정을 추상적으로 표현하는 척도에서는 높은 점수를 선택하기가 상대적으로 쉽기 때문에 이런 측정 방법에는 명백한 한계가 있다. 생사를 가르는 상황에 더 구체적으로 직면한다면 많은 사람이 다르게 행동할지도 모른다.

이런 상황을 조금 더 실감나게 꾸미기 위해 연구자들은 처음에는 유명한 '트롤리 문제Trolley problem'를 집단 내의 문제로 변형했다. 트롤리 문제는 참가자들에게 선로 위에서 재앙적 상황을 향해 돌진하는 차량(트롤리)을 상상해보라고 요구하는 사고 실험thought experiment이다. 실험에 참가한 사람들이 사고를 피하기 위해 어떤 조치를 취하지 않으면 무고한 사람들이 죽는 상황이지만 여기에는 대체로 윤리적 딜레마가 끼어든다. 예컨대 누군가의 생명을 구하기 위해 행동하면 다른 사람은 필연적으로 죽는다.[31] 정체성 융합 연구자들이 이런 문제를 통해 사람들이 집단을 지키기 위해 어디까지 각오할 수 있는가를 간단히 파악할 수 있다는 것을 깨닫는 데는 오랜 시간이 걸리지 않았다. 몇몇 연구에서 확인되었듯이, 집단과의 융합도가 높은 구성원일수록 동료 구성원들을 죽이려고 폭주하는 트롤리를 차단하려고 죽음에 뛰어들 가능성이 높았다. 더욱더 놀라운 사실은, 집단에 깊이 융합된 사람은 기꺼이 자기희생적 행동을 각오한 동료 구성원마저 밀어내며 다른 구성원들을 구하려고 나설 가능성이 높았다는 것이다. 그들은 집단을 대신해 영웅적으로 죽음을 맞으며, 많은 집단 구성원의 생명을 구할 준비가 된 사람들이었다.

하지만 우리 연구팀의 일부에게는 이런 실험이 여전히 지나치게 추상적으로 느껴졌다. 트롤리 문제처럼 구체적인 상황을 가정한 경우에도 자기희생의 각오가 현실 세계에서 '싸우다 죽는 행동'으로 실제로 이어질지 알 수 없었고, 이런 점은 많은 정체성 융합 연구의 실질적인 한계이기도 했다. 그렇다고 이런 연구에 참가한 사람들이 진실하지 않다는 말은 아니다. 돌진하는 트롤리에 곧장 기꺼이 뛰어들겠다며 이론적으로 느끼는 감정과 현실에서 실제로 그렇게 행동하는 일은 확연히 다르다는 점을 인정하는 것일 뿐이다. 물론 이런 주제에 대한 실증적 연구를 진행하기는 쉽지 않다. 다른 무엇보다, 집단을 위해 기꺼이 자신을 희생하겠다는 의지를 설득력 있게 보여준 사람들은 이미 사망해 인터뷰에 응할 수 없기 때문이다.

이런 이유에서 결국 나는 2011년 리비아의 미스라타에 방문하게 되었다. 그곳에서는 거짓으로 꾸미는 게 불가능할 정도로 서로를 위해 기꺼이 죽겠다는 의지를 이미 보여준 사람들을 우리 실험에 참가하도록 대거 모집할 수 있었다. 내가 미스라타를 방문한 목적은 혁명 지도자들과 대화를 나누는 데 그치지 않고, 그들의 허락을 얻어 그들이 지휘하는 전사들을 상대로 설문조사를 실시하는 것이었다. 우리의 연구 목표는 융합 수준을 측정하고, 무엇이 혁명군들로 하여금 서로를 위해 목숨까지 무릅쓰게 만드는지를 알아내는 것이었다.

설문조사에서 우리는 가족, 같은 대대의 동료 전사들, 다른 대대의 전사들, 직접 총을 들고 싸우지는 않지만 혁명을 지지하는 사람들과의 융합 수준을 측정했다.[32] 그 결과는 우리가 그때까지 시행한 어떤 융합 연구보다 인상적이었다. 첫째로 우리가 그때까지 기록한 것 중 가장 높은 수준의 융합을 확인할 수 있었다. 가족과 동료 전사 모두에서 융합 점수가 전반적으로 천장 수준이었다. 반면에 단순히 혁명을 지지하는 사람들, 즉 이념적으로 같은 편에 있지만 설문조사가 있기 전에 수개월 동안 전사와 그 가족이 견뎌야 했던 고통을 공유한 적이 없는 사람들과 전사는 융합되지는 않았다. 요컨대 단순히 같은 편을 지지하거나, 같은 신념을 공유하는 것만으로는 융합을 끌어내기에 충분하지 않았다. 2011년 리비아인들을 하나로 융합한 것은 포화에 맞서 함께 저항했다는 공유된 경험이었다.

그러나 그 이상의 것이 있었다. 우리는 혁명 기간에 경험한 가장 극심한 형태의 고통이 가장 높은 수준의 융합과 자기희생으로 자연스레 이어지는지 알아내고 싶었다. 우리와 인터뷰한 혁명가 179명 모두가 그들의 가족들과 마찬가지로 극심한 고통을 겪었기 때문에, 게다가 그들 모두가 일반적인 도형을 이용해 측정할 수 없을 만큼 최고 수준으로 융합되었기 때문에 작업이 쉽지는 않았다. 그래서 우리는 '강제 선택forced choice'이라는 혁신적인 방법을 추가하며, 전사들에게 하나만을 선택할 수 있다면 집단 중 어느 소집단과 가장 융합되었다고 생각하느냐고 물었다. 예컨대 "가족과 동료 혁명가들 중 어느 쪽과 더 깊이 융합되었다고 생각하는가?"라고 물었다.

이 질문에서 혁명가가 두 범주로 확연히 구분된다는 점이 드러났다. 대대에서 병참을 지원하는 혁명가는 전우보다 진짜 형제를 선택하는 경향을 보였다. 반면에 최전선에서 싸운 혁명 대대원들은 전우를 선택하는 경우가 더 많았다. 그들은 자신의 혈육보다 동료 전사들에게 더 깊이 융합되었다.

주목할 만한 결과였다. 이미지를 통한 융합, 즉 공유된 경험에 뿌리를 둔 융합은 단순히 '가족처럼' 느끼게 하는 또 하나의 방법에 불과한 것이 아니었다. 치열한 폭력의 시기에는 공유된 경험을 통한 융합이 생물학적 친족 관계보다 훨씬 더 강력할 수 있다. 이런 결과를 얻은 뒤에도 이 결과를 뒷받침하는 증거만이 계속 축적될 뿐이었다. 이런 연구들의 결과로 이제 우리는, 세계 어디에서나 가족 구성원을 위해서만이 아니라 자아를 규정하는 데 가장 큰 영향을 미친 경험을 공유한 사람들을 위해서도 극단적인 형태의 자기희생을 마다하지 않도록 유도하는 것이 융합이라는 사실을 알고 있다. 나는 동료들의 도움을 받아, 동일한 양상이 리비아의 혁명가들에게서는 물론이고, 서아프리카의 부족 마을에서 무시무시한 입문 의식을 견뎌낸 남자들, 베트남과 이라크에서 전투의 공포를 경험한 미국 병사들, 심지어 축구 경기장에서 패배의 시련을 함께한 축구 팬들에게서도 확인된다는 것을 알아냈다.[33] 이제 우리는 형제애라는 유대감이 다른 사람을 위해 기꺼이 싸우다 죽겠다는 의지로 연결되고,[34] 하나로 융합되어 친족과 다름없다는 느낌이 우리를 아무런 관계도 없는 구성원을 위해 기꺼이 희생하게 만든다는 것도 알고 있다.[35]

우리는 불쾌한 경험이 집단의 결속을 강화할 수 있다고 처음에 얼핏 떠올린 육감에서 어느덧 큰 진전을 이루어냈다. 그리하여 공유한 생물학적 특성만이 아니라 공유된 경험도 정체성 융합에 기여할 수 있고, 궁극적으로는 집단을 위한 극단적인 형태의 행위조차 마다하지 않도록 동기를 부여할 수 있다는 점을 알게 되었다. 이런 관점에서 보면, 군사 조직이 공유된 생물학적 특성과 공유된 경험을 이용한다는 사실을 알게 되더라도 조금도 놀랍지 않다. 군사 조직은 전사들의 신체적 유사성을 강조하며 전사들이 어떻게든 생물학적으로 관계가 있다는 강력한 의식을 만들어낸다. 전사들이 겉모습에서 최대한 서로 비슷하게 보이게 만들고, 한 몸처럼 똑같이 맞추어 행진하고 열병하도록 훈련시키는 이유도 여기에 있다. 그러나 군사 조직은 전사들에게 전쟁터에서만이 아니라 입문 의식과 신병 훈련소에서의 고통, 다양한 형태의 의례화된 괴롭힘을 통해서도 극단적인 형태의 경험을 공유하게 함으로써 '형제애'라는 의식을 심어준다. 그 과정에서 군사 조직은 세계에서 가장 강력한 힘 중 하나를 군사적 목적에 활용한다. 그 힘이 바로 이미지를 이용한 정체성 통합이며, 물을 피보다 더 진하게 흐르게 만든다.

마지막으로 언급하고 싶은 뚜렷한 자기희생 사례는 미국 제92보병사단의 존 폭스John Fox 중위의 이야기다. 제2차 세계대전이 막바지에 접어들던 1944년 12월, 독일군의 반격에 미군이 어쩔 수 없이 후퇴하게 되자 폭스는 이탈리아의 한 마을에 자진해서 관측병으로 남았다. 폭스는 어떤 집의 2층에 숨어, 지상의 독일군 위치를 파악한 뒤에 포격할 핵심 목표물을 무전으로 알려주었다. 그 목표물 중 하나가 자신이 숨어 있던 곳이었다. 이 무전을 받은 사람은 공교롭게도 그의 절친한 친구, 오티스 재커리Otis Zachary 중위였다. 재커리는 폭스가 실수로 그 무전을 보냈다고 생각했다. 그러나 폭스는 무전으로 보낸 명령을 그대로 진행하라고 고집했다. 폭스가 포격을 받아 죽기 전에 마지막으로 남긴 말은 "포격해! 우리보다 그놈들이 더 많으니까. 그놈들에게 지옥불 맛을 보여주라고!"였다.[36]

  포식자의 주의를 끌려고 맛있는 쥐인 척하는 요정굴뚝새를 보고 많은 사람이 놀라움을 금치 못하겠지만, 우리 중에도 자식을 지키기 위해 똑같이 행동할 사람이 많을 것이다. 진화론적 관점에서 보면 이런 현상은 아주 쉽게 설명될 수 있다. 유전적으로 아무런 관련이 없는 개체를 위해 위험을 무릅쓰는 이유를 설명하기가 오히려 더 어렵다. 하지만 존 폭스처럼 인간은 곤경에 처했을 때 이렇게 행동하는 경우가 많다. 우리는 극단적인 자기희생 행위에서 중동과 파키스탄, 동남아시아의 이슬람 순교자들을 습관적으로 떠올린다. 그러나 자기희생적 행위는 역사적으로 그보다 훨씬 더 오래되고 널리 퍼진 현상이다. 기록된 역사를 보면, 사람들은 자신이 속한 집단을 위해 싸우는 과정에서 죽을 수 있다는 것을 알면서도 싸웠고, 때로는 처참하게 죽을 것임을 확실히 알면서도 싸웠다. 모두가 내심으로는 '형제애'와 '자매애'라는 구호가 허구에 불과하다는 것을 알지만, 친족처럼 느끼는 유대감이 중요한 역할을 한다. 그러나 또 다른 설명이 있다. 당신을 당신답게 만들고, 나를 나답게 만드는 것이 똑같다는 느낌이다. 그 의식이 우리가 공유한 본질이고, 우리를 개별적으로 규정하면서도 집단에도 본질적인 경험에 뿌리를 둔 의식이다. 그리하여 우리는 단순한 이웃 이상의 존재가 되고, '하나의 부족a tribe'이 된다.

이 장에서는 집단의 다른 구성원을 보호하기 위해 기꺼이 싸우다 죽겠다는 의지를 비롯해 극단적인 형태의 부족주의가 특별히 강렬한 형태의 집단 결속, 즉 개인적인 정체성과 집단 정체성이 하나로 융합되는 결속과 어떻게 관련되는지를 살펴보았다. 융합에 대한 연구를 위해 우리는 전투로 단련된 전사들만이 아니라, 정신적 외상을 남긴 출산을 경험한 여성들, 응원하는 축구팀의 고통스러운 패배를 견뎌야 했던 팬들까지 인터뷰했다. 그 결과, 이제 우리는 사람들이 언제 어떤 이유에서 집단과 융합되고, 집단의 이익을 보호하기 위해 위험을 무릅쓰는 이유도 어느 정도 자신 있게 설명할 수 있게 되었다.

이제 우리는 인간 본성에 대한 연구에서 무척 흥미로운 부분을 마주하게 된다. 앞의 석 장에서는 인간의 사회적 행동에 큰 영향을 주는 세 가지 천부적 편향, 즉 또래를 모방하려는 경향, 초자연적인 힘을 믿는 경향, 집단과 결속하려는 경향에 대한 증거를 제시하는 데 주력했다. 그러나 이 모든 것이 하나의 의문을 불러일으킨다. 세 가지 편향이 인간의 행동에서 보편적으로 발견되는 특징이라면, 인류의 공통된 역사에 어떤 영향을 미쳤을까? 따라서 조직화된 종교부터 국민국가에 이르기까지, 현재 우리가 살고 있는 부자연스러운 세계를 형성하는 데 이런 천부적 편향들이 어떤 역할을 했는지에 답을 구해보려 한다.

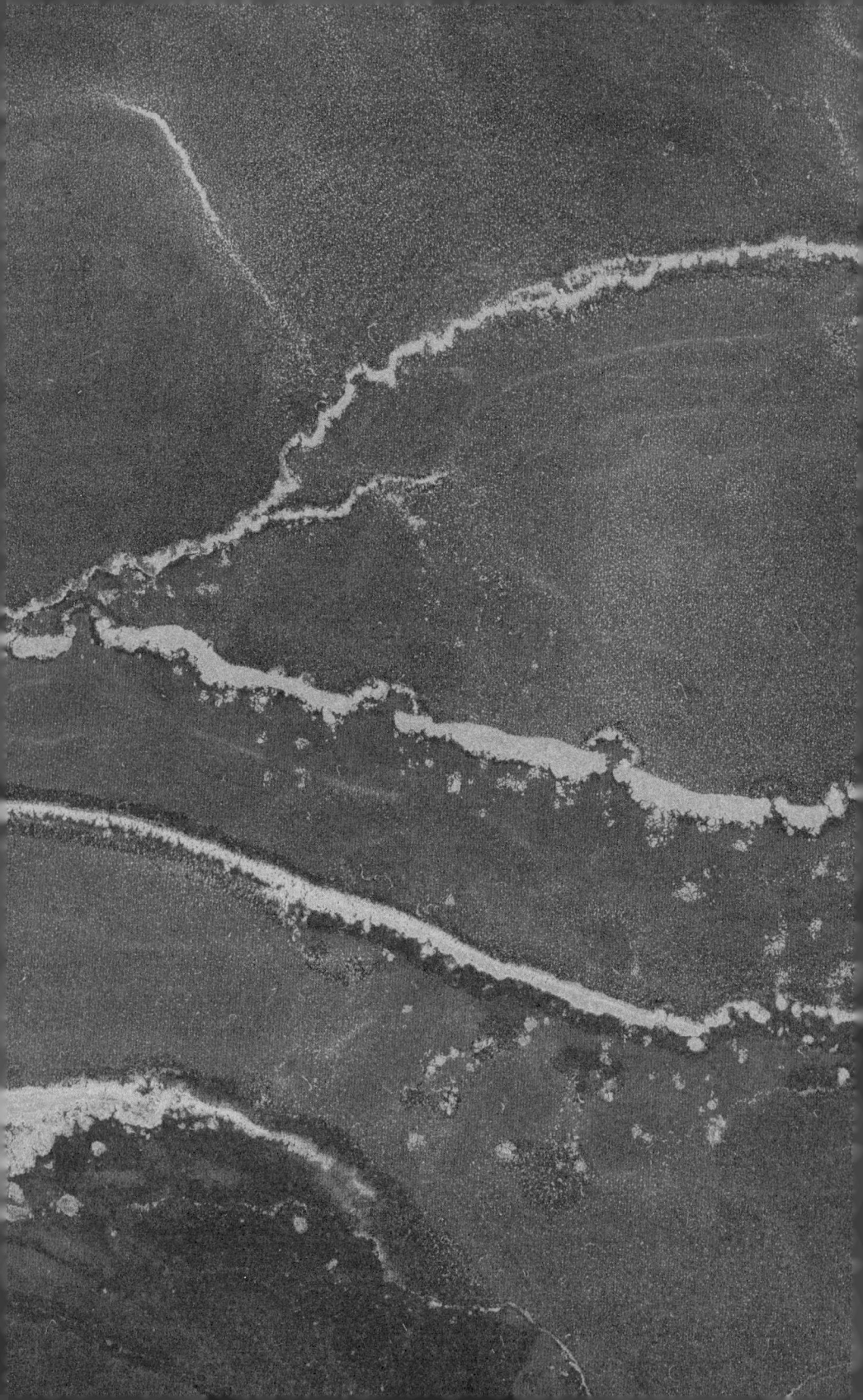

## 2부

# 본성은 어떻게 지금의 우리를 만들었는가

# 4

# 관습과 의례
집단을 확장하는 힘

괴베클리 테페Göbekli Tepe는 튀르키예 아나톨리아Anatolia 남동부 지역에 T자형의 단일한 돌덩어리가 스톤헨지처럼 모여 있는 유적지다. 그 돌덩어리들은 하나같이 머리가 없는 거인처럼 똑바로 세워진 모습이다. 그러나 스톤헨지는 기원전 2000~3000년경에 세워진 반면, 이 돌기둥들은 훨씬 앞서 약 1만 2000년 전에 채석되었다. 이 돌을 채굴하는 데 얼마나 많은 노동력이 투입되었을지는 상상조차 하기 힘들다. 불도저, 권양기, 크레인 없이, 심지어 철제 공구도 없이 어떻게 그 작업을 해냈는지는 아무도 모른다. 게다가 그렇게 힘들여 돌을 캐낸 이유도 밝혀지지 않았다. 고대 채집인들에게 석기시대의 기술을 극한까지 밀어붙여, 산비탈에서 20톤에 달하는 돌을 깎아내고 거기에 아름다운 형상을 조각하라고 자극한 것은 무엇이었을까?

괴베클리 테페에 첫발을 내디뎠을 때 언덕 정상에 부분적으로 기념물들이 내 눈에 들어왔고, 멀리 지평선에 안개를 뚫고 웅장하게 솟은 언덕들을 제외하면 바싹 메마른 평평한 풍경이 굽어보였다. 나는 1만 2000년 전에는 그곳이 어떤 모습이었을지 상상했다. 눈길이 닿는 데까지 아득히 펼쳐진 야생 밀밭, 열매가 주렁주렁 달린 과실나무들과 언제라도 딸 수 있는 장과류, 야생 영양 무리 등이 머릿속에 그려졌다. 하지만 당시 내 주변에는 챙이 넓은 모자를 쓰고 머리 수건을 두른 과학자들이 이곳저곳을 돌아다니거나 발굴 현장을 들여다보고 있었다. 어떤 학자는 사진을 열심히 찍었고, 학문적으로 의견이 충돌하는 부분에 대해 목소리까지 높이며 실랑이하는 학자들도 있었다. 한편 현장에서 일하는 고고학자를 삼삼오오 둘러싸고, 그의 즉석 강의를 듣는 학자들도 있었다.

나는 그런 학자들 사이를 돌아다니며 그들의 대화에 귀를 기울였다. 한 고고학자가 시가 크기 정도 되는 돌멩이 하나를 집어 들고는 한 줌의 열성적인 사람들에게 그 돌멩이가 PPNB 나비폼 블레이드 Pre-Pottery Neolithic B naviform blade라고 말하며, 토기가 발명되기 전의 신석기 시대에 대략 배 모양으로 다듬어진 것이라는 설명을 덧붙였다. 그처럼 소중한 유물들이 우리 발 주변 돌조각들 사이로 온통 흩어져 있었다. 나는 두 명의 저명한 고고학자가 그 돌기둥이 태평양 연안 북서부 지역의 토템 폴totem pole을 닮지 않았느냐고 논쟁을 벌이는 현장을 지나 계속 걸었다. 그때 발굴 책임자, 클라우스 슈미트 Klaus Schmidt가 눈에 들어왔다. 납작한 모자를 쓰고, 바람에 퍼덕거리는 가벼운 면 스카프를 목에 두른 그는 열성적인 사람들에게 둘러싸여 있었다. 나는 그들을 향해 다가갔다.

슈미트는 T자형의 거대한 돌기둥 하나를 가리키고 있었다. 우리 주변 곳곳에는 비슷한 형태의 돌기둥들이 우뚝 세워져 있었고, 돌기둥은 한결같이 팔꿈치를 구부린 거인의 두 팔이 양옆으로 조각된 것처럼 보였다. 슈미트는 돌기둥에서 허리띠 같은 형상이 새겨지지 않았다면 생식기가 있었을 법한 부분을 가리키며, 남근이 보이지 않지만 남성의 장신구인 허리띠를 근거로 그 인물이 남성이라는 점을 추론할 수 있다고 말했다. 돌기둥에 가까이 다가가자, 여우와 황소, 독수리와 거미 등 홍적세 말기나 홀로세 초기에 돌아다니거나 꿈틀거리고, 날개를 펄럭였던 것으로 알려진 많은 동물이 부조로 조밀하게 장식된 모습을 볼 수 있었다. 하지만 돌기둥에 마땅히 새겨져야 했을 형상이 없는 것도 똑같은 정도로 놀라웠다. 이 돌기둥을 남긴 채집인들은 당시 농작물을 막 재배하기 시작했지만 괴베클리에는 어떤 식물도 조각되지 않았다. 머리가 없는 뼈대가 조각된 사례 하나를 제외하고, 돌기둥을 괴기스러운 의인화로 해석하지 않는다면 인간의 형상은 극히 드물었다. 돌기둥에 조각을 남긴 사람들은 짐승에 무척 관심이 많았다.

괴베클리 테페의 의의에 대한 논란에도 불구하고, 고고학자들 사이에는 그곳이 매우 중요한 의례가 행해지던 중심지였을 것이라는 의견 일치가 이루어지고 있었다. 하지만 고대인들에게 괴베클리 테페가 필요했던 이유와 그곳이 무엇을 의미했는지는 지금까지도 여전히 미스터리다. 여하튼 나는 그 궁금증을 푸는 데 도움을 달라는 요청을 받은 여러 과학자 팀의 일원으로 그곳에 있었다. 의례는 인간사에서 괴베클리 테페의 돌기둥들만큼이나 방대하고, 오래된 것이며 깊이 감추어질 수 있는 힘이기 때문에, 내 생각에는 그 의례적 사고의 핵심을 파악하는 것이 최선의 방책인 듯했다. 이런 관점에서 발굴을 시작해보자.

고고학적 발굴 현장, 괴베클리 테페는 약 1만 년에서 1만 2000년 전 인간 사회의 규모에서는 혁명이라 할 만한 최초의 움직임이 어땠는지를 보여주는 듯하다. 당시 지구 전체의 인구는 약 500만 명, 즉 오늘날 대도시에 거주하는 인구의 일부에 불과했다. 지금 지구 곳곳에 흩어져 살아가는 수십억 명에 비교하면 총인구가 극히 적었을 뿐 아니라, 우리 조상들이 속한 집단도 현대 국가에 비교하면 미미한 수준이었다. 약 1만 2000년 전까지 모든 인류는 식용 식물, 열매와 견과, 씨앗을 채집하고 야생동물을 사냥하거나 죽은 짐승을 먹으며, 요컨대 야생에서 먹을 것을 찾아다니며 살았다. 다시 말하면, 새로운 자원을 찾아 끊임없이 거주지를 옮기며 이동하는 삶을 살았다는 뜻이다. 많은 환경에서 이렇게 생계를 꾸리는 방식으로는 기껏해야 수십 명의 수렵 채집인으로 이루어진 무리를 지탱할 수밖에 없었다.

작은 무리를 지어 먹을 것을 구하는 다른 많은 영장류와 달리, 수렵채집 단계의 인간 무리는 종종 다른 무리와 협력하고, 재화를 교환하며, 힘을 합해 특정한 형태의 사냥을 함께하거나 달갑지 않은 침입자를 몰아낸다. 이런 형태의 협력이 서로 알아들을 수 있는 언어를 사용한 유사한 문화 집단들 사이에 가장 널리 퍼졌을 것이라는 이론이 있지만, 수렵채집 단계의 무리들 사이에는 명확한 종족적 경계나 언어적 경계가 없었다는 이론도 있다.[1] 물론 두 이론이 모두 옳을 수 있지만, 고대인들의 문화적 전통과 집단 간의 관계에 대해 '모든 것에 들어맞는 만병통치약' 같은 관점을 가정하지 않도록 조심해야 한다. 그렇지만 고대사회에 살았던 사람들이 오늘날을 살아가는 우리보다 훨씬 더 편협한 지역주의적 인간관을 지녔을 것이라고는 자신 있게 말할 수 있다. 고대 수렵채집인의 경우, 일상생활을 함께한 가장 밀접한 공동체는 구성원이 수십 명에 불과했을 것이다. 따라서 평생을 살아가는 동안 마주쳤을 법한 사람들을 아무리 크게 계산해도 대부분이 반복해서 마주친 사람이었을 것이고, 얼굴을 보면 이름을 알았고, 누가 누구와 어떤 관계에 있는지도 알았을 것이다.

하지만 일부 지역에서는 의례가 행해지는 기간의 중요한 순간에는 수백 명에 달하는 방문객이 주기적으로 유입되었을 것이다. 그중 하나가 괴베클리 테페였다. 먹을 것이 풍부할 때 괴베클리의 인구도 크게 증가했을 것이다. 영양 무리가 떼 지어 그 지역을 지나가던 늦여름과 가을에는 다른 무리들이 전통적인 연례행사처럼 그 신성한 곳에 내려와 힘을 합해 사냥하고 함께 축제를 벌이며 풍요로움을 나누었을 것이다.[2] 서아시아의 고대 수렵채집인들이 친족 관계와 결혼 및 신성한 의식 등 무수한 지역 전통을 통해 하나가 되어, 작은 집단을 결성했을 것이라는 가정은 그럴듯하게 들린다. 괴베클리는 남겨진 유물을 통해, 문화적으로 풍부한 문명이 어떻게 꽃피웠는지를 들여다볼 수 있는 창문인 듯하다.

그러나 약 1만 년 전, 괴베클리에서는 거대한 돌기둥을 조각하던 작업이 중단되었고, 그곳도 버려졌다. 괴베클리에서 돌기둥을 만들던 사람들이 한때 살던 지역에는 전체적으로 농경 공동체가 생겨났고, 그들은 새롭게 찾아낸 능력, 즉 자연계를 지배하는 능력을 찬미하며 즐겼다. 그리하여 장식용 토기부터 2층 주택까지 새로운 형태의 예술과 기술이 폭발적으로 성장했다. 이질적인 문화 집단들을 가끔 끌어모으며 성대하게 열리던 축제가 사라지고, 동질적으로 보이는 지역 문화의 흔적이 더 많이 눈에 띄게 되었다. 그 흔적은 점점 정교해졌지만, 한때 괴베클리에서 수렵채집인들의 마음을 사로잡았던 자연에 대한 경외심은 점점 시들어갔다. 결국 그들이 힘들여 세웠던 기념물들은 까맣게 잊히고 따가운 햇살이 내리쬐는 산비탈만이 덩그러니 남아, 그 밑에 묻힌 돌덩이들은 아무런 표식이 없는 무덤처럼 수천 년 동안 훼손되지 않고 고스란히 보존될 수 있었다.

이 장에서는 더 커진 문화 집단에서 협력을 독려하기 위한 새로운 종류의 의례가 처음에 어떻게 등장했는지를 다룬다. 구체적으로 말하면, 괴베클리 테페를 포기한 이후에 점진적으로 등장한 사회처럼 점점 더 복잡해진 사회가 협력을 통해 어떻게 탄생했는지를 설명해보려 한다. 인구 규모의 증가는 사회과학자들이 '사회적 복잡성social complexity'이라 칭하는 것과 밀접한 관계가 있다. 정착지가 점점 더 커지고 밀도가 높아지면, 집을 짓거나 경작할 땅이나 공동으로 사용하는 급수 시설 등 자원을 관리하는 방법이 한층 더 정교해져야 한다. 더 많은 인구가 더 조밀하게 모인 정착지에서는 분쟁을 해결하고, 외부의 적을 막아내고, 공공사업을 조정하는 새로운 방법이 필요하다. 이런 문제를 관리하기 위해 진화하는 제도는 시간이 지남에 따라 더욱 정교해지며, 그 과정에서 전문화된 역할, 더 포괄적으로 규격화되는 규칙과 규범이 만들어지고, 결국에는 중앙집권적으로 계급화된 지배구조가 탄생하게 된다. 이 모든 혁신 하나하나가 점점 확대되는 사회적 복잡성의 단면들이다.

이런 사회적 복잡성의 진화에서 첫 단계는 더 큰 사회 집단을 장기적인 계획과 협력을 기반으로 결성하고 조직하는 것이었다. 이 과정이 시작된 때를 추적하면, 괴베클리 테페를 포기한 이후의 시기로 거슬러 올라갈 수 있다. 약 1만 년 전, 농경 기술이 중동의 비옥한 초승달 지대에서 세계 최초로 시작되어 퍼져 나갔고, 그 이후에 중국과 남아메리카 같은 지역에서도 농경이 독자적으로 생겨났다. 요컨대 농업은 적어도 11개 지역에서 각기 다른 시점에 탄생해 확산되었다. 농경의 발달과 더불어, 삶과 관련된 의례에도 근본적인 변화가 생겨난 듯하다. 집단이 정착해 농경에 점차 의존하게 되면서, 의례는 더 잦아졌고 형태도 바뀌었다. 그런 변화는 문화 집단이 성장하고 확대되는 데도 도움을 주었다.

이런 과정은 1장에서 언급한 순응 편향에 뿌리를 두고 있다. 다른 사람의 행동에 수긍할 만한 뚜렷한 근거가 없는데도 우리에게는 그런 행동을 모방하는 경향이 있다. 이처럼 과잉 모방하는 경향은 의례적 자세에 의해 주로 자극을 받는다는 사실을 기억해야 한다. 이 장에서는 농업으로 전환하는 동안 대규모 공동체를 구축하기 위해 이런 순응 충동이 어떻게 이용되고 확대되었는지를 살펴보려 한다. 예컨대 우리가 오늘날 물려받은 의식에 대한 접근 방식이 구석기 시대 선조들과는 크게 다르다는 점을 보여주려 한다. 그러나 이 수수께끼를 풀어내는 과정은 쉽지 않다. 농작물이 처음 경작되고, 야생동물이 조금씩 길들기 시작한 사회에서 의례적인 삶이 어떻게 변화했는지 알아내려면 많은 난관을 해결해야 한다. 고고학이 제공하는 부분적인 증거 너머를 보아야 하고, 오늘날 다양한 인간 문화에서 확인되는 것도 활용하고, 주변 환경의 자극에 반응해 인간이 생각하고 행동하는 방식에 대해 심리학자들이 우리에게 말해줄 수 있는 것까지 고려해야 한다.

결국 이 장에서 다루는 내용은 우리가 조사하고 추리하는 능력을 총동원해야 하는 탐정 이야기일 수 있다. 따라서 우리는 범죄 현장 자체에서 수집한 증거만이 아니라, 유사한 사례와 그럴듯한 근거 및 인간 행동에 영향을 미치는 천부적 편향성에 대한 지식까지 고려해야 한다.

## 일상화된 의례가 만들어낸 '상상의 공동체'

괴베클리 테페가 위치한 우르파Urfa 주변 지역이 채집에서 농경으로 전환하는 동안, 그곳 사람들이 속한 집단의 성격에 대해서는 어떤 고고학자도 확신하지 못한다. 여러 집단이 신성한 곳에 모였을 때 그들은 하나의 공동체를 형성했을까, 아니면 그 모임이 경쟁 관계에 있는 부족들로 이루어졌지만 분명한 집단 정렬이 있었을까? 예컨대 괴베클리 테페에 세워진 거대한 돌기둥들은 개별 집단의 토템으로 사용되었을 가능성이 있다. 이때 돌기둥은 그 집단의 고유한 신이나 시조始祖와 관련 있었을 것이다. 한편 단일한 돌기둥을 세운다는 행위 자체가 경쟁적으로 행해지며, 각 부족이 강력한 힘과 협동심을 고유한 자랑거리로 과시하거나, 집단 간의 경쟁에서 우월한 위치에 있다는 것을 표현하는 수단으로 삼아 다른 부족들을 압도하려던 시도였을 가능성도 있다.

그러나 이런 문화 집단들은 세세한 부분에서 어떻게 달랐을지 몰라도, 소규모이고 특정한 지역에 국한되었을 가능성이 크다. 괴베클리 테페의 돌기둥과 유사한 단일한 돌덩어리가 그다지 멀지 않은 곳에서 발견된다면, 그 돌덩어리를 조각한 사람들은 공통된 문화권에 있었을 거라고 추론할 수 있지만, 더 멀리 여행한 사람은 상당히 다른 형태의 돌기둥을 보았거나, 그런 돌기둥이 전혀 없는 지역을 맞닥뜨렸을 것이다. 문화의 지리적 경계는 무척 제한적이기도 했지만, 시간이 지남에 따라 점차 희미해지기도 했다. 따라서 한때 고고학자들은 T자형 돌기둥을 만든 문화 집단이 자취를 감추고, 한참 뒤에야 다른 문화 집단이 어딘가에서 그곳에 들어왔을 것이라 생각했다. 그러나 최근의 발견에 비추어보면, 이야기가 완전히 달라진다.[3] 시리아 북부의 텔 할룰라 Tell Halula에서 발굴된 유물을 분석하면, 신석기 시대 초기에 우르파에 살며 괴베클리에 돌기둥을 세웠던 사람들과 훨씬 후대의 고고학적 기록에서 확인되는 문화 집단 사이에 연결성이 있는 것이 분명하다. 이런 증거는 괴베클리 주변 지역을 궁극적으로 지배한 문화 체계가 아득히 먼 곳에서 느닷없이 전래된 것이 아니라, 괴베클리에 계속 거주하던 후손들의 노력을 통해 서서히 진화했다는 것을 가리킨다.[4]

그 세세한 과정은 여전히 오리무중이지만, 시간의 흐름에 따라 하나의 공통된 문화를 공유한 집단이 무척 커졌다는 것은 분명하다.[5] 할라프 Halaf 시대의 독특한 무늬가 새겨진 토기와 인장은 괴베클리의 문화 체계가 한때 번성했던 튀르키예 지역만이 아니라 현재

시리아와 이라크의 많은 지역에서 발견된다. 무엇이 달라졌을까? 일정한 지역에 기반한 문화 집단들이 동일한 규범, 의례와 관습, 머리 모양, 전설과 조리법까지 공유하는 훨씬 더 큰 문화 집단으로 어떻게 진화되었을까?

이 질문에 대한 내 대답의 기원은 파푸아뉴기니의 동뉴브리튼에서 지냈던 시절로 거슬러 올라간다.[6] 19세기 식민지 정부와 선교사가 도래하기 전, 동뉴브리튼 사람들은 신석기 선사시대 우르파의 문화 집단보다 크지 않았던, 어쩌면 훨씬 더 작은 문화 집단에 살고 있었다. 파푸아뉴기니의 많은 언어는 서로 이해되지 않았는데, 그렇게 다른 언어를 사용하는 사람들 사이의 관계는 불안정해서 폭력으로 치달을 가능성이 컸다. 내가 살았던 마을의 원로들이 전해준 말에 따르면, 서로 마주치면 의례적인 참수와 식인 행위로 이어지는 경우가 많았다. 때로는 상대적으로 더 조직화된 집단이 더 작은 집단의 구성원을 노예나 신부로 끌고 가는 경우도 있었다. 방언의 차이는 있었지만 같은 언어를 사용하는 사람들 사이에도 평화로운 거래와 결혼만큼이나 전쟁과 습격이 일어날 가능성이 있었다.

나는 이런 사회에서 의례가 취하는 형태에 특히 관심이 많았다. 3장에서 보았듯이, 나는 그런 사회에서 전사들이 의례에 수반되는 고통스럽고 가혹한 시련을 통해 어떻게 하나로 결속되는지에 관심을 가졌다. 하지만 그런 의례는 무척 불규칙하게 열렸다. 가장 빈번하게 열린 집단 의례조차 대규모 축제나 공동으로 이루어낸 성과를 축하할 목적에서 가끔씩만 열렸다. 이렇게 드물게 열리던 의례가 행사 일정에서 주된 하이라이트였고, 이때 잔치와 춤과 노래가 거의 언제나 곁들여졌다. 괴베클리와 같은 고대 유적지에서도 의례가 산발적으로 열리며 이런 식으로 진행되었을까? 그렇다면 이런 의례가 문화 집단의 규모와 구조에 어떤 영향을 미쳤을까?

3장에서 말했듯이, 드물게 열린 의례가 참가자들 사이에 강한 유대감을 형성한다. 이렇게 가끔 경험하는 정서적으로 강렬한 순간이 우리 기억에 깊이 각인되어, 개인적인 정체성과 집단 정체성이 하나로 융합하는 데 도움이 된다. 이런 경험을 통해 형성된 집단은 상대적으로 규모가 작고 한정적인 경향을 띤다. 평범한 관찰자에게는 음식 기호나 건축 양식 등 문화적 관습에서 그 집단이 이웃한 공동체와 공통된 부분이 적지 않게 보이지만, 그 집단의 정체성을 가장 뚜렷하게 드러내는 상징은 확연히 다르다. 예컨대 괴베클리의 거대한 돌기둥은 T자 모양이다. 하지만 약간 멀리 떨어진 차요누Çayönü, 케르메즈 데레Qermez Dere, 구시르 회유크Gusir Höyük의 정착지에는 돌기둥이 있지만 T자 모양이 아니다. 꽤 가까운 곳에 살던 사람들이 확연히 다른 문화적 전통을 지켰을 수 있으며, 다른 집단의 돌기둥에 대해 알았지만 그럼에도 불구하고 다른 방식을 고집하며 돌기둥을 세웠을 수 있다.

마찬가지로, 뉴브리튼에 거주하던 많은 집단도 얼핏 보면 유사한 유형이지만 무척 색다르게 변형된 의례를 실행함으로써 이웃들과 차별화했다. 예컨대 베이닝족에 속한 많은 집단은 독특한 '불춤fire dance'을 추었다. 이때 입문 의식을 거친 전사들은 무척 정교하게 만들어진 가면을 쓰고 불길 속에 뛰어들었고, 대다수의 남자들은 길쭉한 대나무를 리드미컬하게 두드리며 목청을 다해 노래를 불렀다.

그러나 집단마다 가면이 다르고, 박자와 노래도 달랐기 때문에 서로 구별되었다. 게다가 이런 전통의 뒤에 있던 비밀스러운 이야기, 신화와 상징은 해당 지역에 국한되었고, 그런 전통을 지탱하는 집단에 한정된 것이었다.[7]

얼마 전까지 동뉴브리튼에서 살아가던 원주민 부족들과 마찬가지로, 우르파에서 채집으로 살아가던 고대인들도 자신이 속한 공동체의 특수성에 자부심을 느끼며, 남들과 다른 차이를 중요시하고 비슷한 점을 하찮게 생각했을 것이다. 뉴기니에서는 이런 문화적 차이가 작은 혁신에서 시작되었고, 그로 말미암아 여러 집단으로 찢어지며 곳곳으로 퍼져 나갔다. 본래의 형태에서 조금만 벗어나면 눈에 띄지 않는 경우가 많다. 그러나 전통이 시작된 곳에서 멀어질수록, 그 형태는 복사되고 복사되고 복사되어 본래의 것에서 조금씩 더 멀어지게 된다. 게다가 의례가 행해지고, 신화가 전달될 때마다 왜곡과 망각의 위험이 수반된다.[8] 또한 각 집단이 기존의 의례를 약간 새로운 형태로 시도하면 그때마다 작은 일탈이 허용되고, 시간이 지나면 결국에는 집단마다 다른 형태의 의례를 행하는 것처럼 보인다. 요컨대 파푸아뉴기니 같은 지방에서 확인되는 것처럼 지역마다 다른 전통을 보유한 듯한 풍경이 된다.[9]

기독교 여러 교파, 특히 가톨릭식 예배가 동뉴브리튼에 도래하면서 이 모든 것이 극적으로 바뀌었다. 가톨릭 선교사들이 규칙적으로 진행되는 예배 형태를 고집했기 때문이었다. 로마 가톨릭교회는 표준화된 형태의 성체성사, 세례, 성찬식, 고해성사, 기도, 찬송, 교리, 설화 등을 신속히 정립해 나갔고, 그렇게 정립된 예배 형식은 뉴기니 마을뿐 아니라 세계 어디에서나 거의 동일했다. 따라서 가톨릭식 예배는 라틴 아메리카, 아일랜드, 동유럽, 인도, 중국 등 세계 어느 곳에서나 매주 거의 비슷한 형태로 행해졌다.

어떻게 가톨릭교는 동뉴브리튼의 잡다한 의례를 하나의 표준화된 예배, 즉 수천 킬로미터나 떨어진 교회들에서 행해지던 의례를 그대로 본뜬 형태로 바꿀 수 있었을까? 물론, 이런 표준화가 가능했던 이유 중 하나는 로마 가톨릭교가 전통적으로 고도로 조직화된 구조이기 때문이라고, 즉 바티칸을 중심으로 정교하게 관리되는 계급구조를 띠기 때문이라고 설명된다. 또 다른 이유로는 독실한 가톨릭 신자라면 반드시 실천해야 할 믿음과 신념과 관습이 글로 남겨졌고, 그 대부분이 유서 깊은 역사를 지녀 신성불가침으로 여겨지기 때문이라는 설명이 가능하다. 그러나 명확히 단언할 수 없지만, 가톨릭교 같은 종교들이 드넓은 지역의 곳곳에 흩어져 살아가는 많은 사람에게 표준화된 형태로 행해지는 데 다른 이유도 있다. 바로 '일상화routinization'가 아닐까 싶다. 일상화는 믿음과 관습이 하루 혹은 일주일을 단위로 지속적으로 반복되는 형태를 가리킨다. 선교사가 도래하기 전의 뉴기니에서 의례는 잦지 않았고 정서적으로 강렬하게 행해졌다. 하지만 가톨릭교가 도래한 이후로는 의례와 관련된 삶에서 핵심적인 요소들이 더 빈번해진 반면, 정서적 강도는 줄어들며 일상화되었다.

겉보기에 일상화는 매우 의아해 보일 수 있다. 세계적으로 가장 널리 퍼져 있는 종교들이 신도에게 매일, 매주, 매월, 매년 절, 회당, 모스크, 교회 등 신성한 건물을 찾아가 정확히 똑같은 절차에 따라 예배하라고 요구하는 이유를 생각해본 적이 있는가? 이런 예배는 특이한 현상일 수 있다. 가령 당신이 일요일 아침에 세계 어느 곳에 있더라도 성당을 찾아가 신도석에 앉으면, 과거에 수없이 행했던 행동을 그대로 반복하고 마음속으로 외운 성가를 노래한다. 이렇게 행동한다고 당신이 무언가 새로운 것을 배우지는 않는다. 당신이 예배하는 신에게 그런 행동이 그렇게 자주 반복되어야 할 필요가 무엇인지도 짐작하기 어렵다. 특히 하느님은 전지전능하다고 여겨지는 신인데 낡디낡은 똑같은 기도와 찬송을 반복해서 들을 필요가 없지 않을까? 현실적인 관점에서 보면, 이런 행위는 행위자와 수혜자 모두의 관점에서 잉여적인 듯하다. 설상가상으로, 이런 빈번한 반복은 예배 행위의 자발성이나 진정성을 떨어뜨린다고 생각하는 것이 합리적일 수 있다. 다시 말하면, 일상화된 행위는 필요 이상으로 익숙해지기 때문에, 많은 예배자가 의식적인 성찰이나 적극적인 참여 없이 '자동 인형'처럼 예배하는 현상이 불가피해질 수 있다.

그러나 이런 극단적인 반복은 결코 잉여적이지 않다. 일상화된 의례가 시간과 자원의 낭비처럼 보일 수도 있지만, 실제로는 인류가 발명해낸 가장 강력한 사회적 통제 수단 중 하나다.

일상화는 몇몇 중대한 결과를 불러온다. 첫째로 우리를 극단적인 순응주의자로 만든다. 1장에서 설명했듯이, 어떤 행동이 어떻게 보아도 도구적 기능이 전혀 없다고 생각될 때. 즉 내가 '의례적 자세'라 칭하는 것을 받아들일 때 우리는 그 행동과 관련된 사람들을 더 세심하게 모방한다. 잉여점을 훌쩍 넘어 똑같은 행동을 반복하고 똑같은 기도를 되풀이하라는 요구보다 순응주의로 치닫는 더 강력한 신호를 상상하기는 힘들다. 따라서 일상화로 인해 전통을 더 충실히 준수하게 된다는 것이 일상화의 효과라 할 수 있다. 둘째로는 혼자 성찰하는 여유가 줄어들어, 권위적인 주장에 더 끌리게 된다. 우리가 의례의 절차를 더 빈번하게 따를수록 우리 행동은 더 기계화되고 습관화된다. 그리고 그 절차를 행하는 방법에 대한 성찰이 줄어들면, 그 이유에 대해 생각할 여유도 줄어든다. 그 때문에, 그 절차가 무엇을 뜻하는지에 대해 듣고는 그에 대해 비판적으로 생각하지도 않고 무작정 받아들일 가능성이 커진다. 이런 자세도 신앙 체계를 치밀하게 표준화하고, 혁신적이고 독립적인 사고력을 낮추는 데 중요한 토대가 된다.[10]

지금까지 말할 것을 기준으로 하면, 일상화가 나쁜 것처럼 들릴 수 있다. 개인주의, 창의성, 혼자 생각하는 능력을 중시하는 문화에서, 일상화된 의례와 순응주의는 그다지 바람직하지 않은 것으로 여겨질 수 있다. 그러나 일상화와 순응주의는 세계 역사의 흐름에서 인간 집단에 무척 유용했다고 입증되었다.

솔직히 말하면, 일상화된 의례의 출현과 확산으로 인해 협력의 문이 열리고 더 큰 사회가 형성되었다고 주장하고 싶을 정도다. 그 이유가 무엇일까? 의례가 일상화되면 더 큰 땅에서 더 많은 사람 사이에서 문화적 전통이 안정화될 수 있기 때문이다.

일상화가 베이닝족과 그 이웃의 종교 문화에 미치는 영향에 대해 관심을 두기 시작한 때부터 나는 의례가 실제로 어떻게 작동하는지 처음으로 이해하기 시작했다. 일상화가 시골 사람들을 통합하는 힘은 키붕의 추종자들에게 커다란 계시로 다가왔다. 키붕은 새로운 종교 조직으로, 나는 이 조직을 연구하는 데 많은 시간을 보냈다. 키붕에 처음 발을 들여놓은 사람은, 키붕이 극단적으로 잦은 의례 행사에 참여하기를 요구하는 데서 가장 크게 놀랐다. 실제로 키붕은 많은 시간과 참여를 요구해서 키붕의 '일work'이 전업에 버금간다고 입버릇처럼 말하는 사람이 적지 않았다. 키붕의 많은 추종자에게 이런 푸념은 결코 과장이 아니었다. 제물을 바치고, 몸과 마음을 정화하고 면죄를 받기 위해 의례를 행하며, 망자의 무덤을 깨끗이 정리하고, 얼굴을 맞대고 만나 도덕과 신학과 우주론에 대해 토론해야 했다. 이런 모든 활동이 엄격히 정해진 일정표에 따라 조직화되어 매일, 주 2회, 매주, 격주, 매월 반복되었다. 또 그 밖에도 다른 중요한 의례를 거행할 때가 되면, 채마밭과 농경지에서 일하던 사람들, 심지어 집안일에 열중하던 사람들을 포함해 모두에게 알리려고 매일 징을 반복해 때렸다. '징'은 전통적인 슬릿 드럼slit drum(속을 도려낸 통나무에다 가늘고 긴 홈을 판 북-옮긴이)부터 폐기된 금속 솥에 이르기까지 큰 소리를 낼 수 있는 것이면 무엇이든 될 수 있었다. 내가 살았던 마을의 징은 숲에서 발견된 제2차 세계대전 시대의 대형 포탄으로, 당시 마을 한복판을 차지한 나무에 매달려 있었다.

나는 키붕의 추종자들로부터 삶에 대한 이야기를 수집했다. 그들은 일상화된 새로운 생활 방식에 얼마나 큰 영향을 받았고, 그들의 사회적 세계가 어떻게 확대되었는지에 대해 이야기해주는 경우가 많았다. 키붕에 가입한 초기에는 시간을 할애하라는 요구를 부담스럽게 생각하는 사람이 많았다. 게다가 많은 사람이 그런 희생을 달

가워하지 않으며 참여를 꺼렸다. 그러나 마을 전체가 참여하는 경우가 많아, 무리를 따르지 않기가 더 힘들었다. 하지만 사람들은 키붕과 함께하면 그 지역에서 전에는 방문한 적이 없는 마을들을 방문할 수 있고, 더구나 따뜻하게 환영받고 후한 대접을 받을 뿐 아니라 고향 마을에서 이미 익숙해진 똑같은 의례에 초대를 받을 수 있다는 것도 알게 되었다. 이런 기회를 통해 인적 네트워크를 크게 확대할 수 있었고, 서로 다른 언어를 사용하는 데다 예부터 적으로 여겨지던 공동체에서도 사회적이고 물질적인 이익 등을 기대할 수 있게 되었다. 이렇게 키붕은 전례 없는 방식으로 수천 명의 사람들을 하나로 결집시켰다. 키붕이 이렇게 해낼 수 있었던 정확한 원인은 빈번한 의례에 있었다. 파푸아뉴기니의 그 지역에서 공통된 신앙 체계와 관습을 만들어내고, 단일한 정체성이라는 깃발 아래에 드넓은 지역을 통합하는 것이 전에는 전혀 가능하지 않았다.

키붕의 지원으로 '상상의 공동체imagined community', 즉 개별 구성원이 서로 개인적으로 알기에는 너무 큰 집단이 처음으로 출현했다. 예컨대 당신이 살고 있는 국가를 생각해보라. 국가는 오늘날을 살아가는 대부분의 사람에게 유의미한 집단 범주지만, 당신이 그 국가의 모든 구성원을 안다는 것은 어불성설이다. 따라서 어떤 의미에서 국가는 당신이 구체적으로 지칭할 수 있는 혈육들로 구성된 공동체가 아니라, 상상 속의 타인들로 이루어진 공동체다.[11]

키붕에 가입한 마을들에 1960년대에 일상화된 의례를 도입하자, 그 지역에서 전에는 각양각색으로 파편화되었던 마을들과 언어 집단들이 통합되는 즉각적인 효과가 나타났다. 게다가 이렇게 새롭게 찾은 정체성의 공유는 선거에서도 강력한 힘을 발휘하며, 키붕의 지지를 받은 정치인들이 국회와 지방의회에서 의석을 확보할 수 있게 되었다. 이런 새로운 형태의 정치적 연대는 내가 그곳에서 현장 연구를 수행하던 1980년대에도 유지되며 강력한 힘을 발휘했다. 그러나 우리 조상들이 빈번하게 반복되는 집단 의례에 통합하는 힘이 있다는 것을 깨닫는 데 걸린 수천 년에 비하면 그 기간은 극히 짧은 시간에 불과하다. 선사시대에 일상화를 통한 통합은 상상조차 할 수 없는 개념이었다. 훨씬 나중에야 등장한 문자의 경우도 거의 마찬가지였다. 그러나 의례의 일상화와 문자가 탄생하며, 결국 인간 문화가 과거보다 더 안정적인 형태로 저장되고 확산될 수 있었다. 이 과정이 파푸아뉴기니에서 신속하게 전개될 수 있었던 이유는, 기독교의 교육 기법과 규칙적인 예배가 일상화된 의례를 편리하게 만들어가는 청사진을 제공한 덕분이었다.

동뉴브리튼에서 원주민들과 함께 살아가는 과정에서 나는 의례의 일상화가 고대사회에서도 비슷한 역할을 했을지 궁금했다. 일상화된 의례의 발명이 최초의 대규모 공동체가 출현하는 데 핵심 역할을 했을까? 나중에야 밝혀졌지만, 이 의문은 간단히 답할 수 있는 질문이 아니었다. 기독교 선교사들의 활동이 광범위하게 문서로 기록된 덕분에, 일상화된 의례가 파푸아뉴기니 사람들에게 어떻게 영향을 미쳤는지는 이제 모두가 알고 있다.[12] 그러나 우리가 풀어내야 할 훨씬 큰 숙제는, 거의 모든 것이 불분명한 선사시대에 일상화가 어떻게 발명되었고, 믿음과 관습이 기록되기 훨씬 이전인 고대사회에서 일상화의 영향을 어떻게 알아내고 이용했는지를 알아내는 것이었다. 또 최초의 대규모 사회가 탄생하는 데 일상화가 정말 원동력이었다는 것을 우리가 어떻게 알 수 있을까?

## 일상화의 탄생

원론적으로 말하면, '신석기 혁명Neolithic revolution'이라 불리는 농업의 점진적인 출현과 확산으로 한층 일상화된 집단 의례가 생겨났다는 가정은 완벽하게 맞아떨어진다. 농경은 인간 활동에서 여러 영역이 더 정교해졌음을 의미했다. 야생동물을 사냥하거나 견과류와 장과류를 채집하는 일을 갑자기 중단한 것만이 아니었다. 농작물을 생산하는 과정에는 무수히 많은 단계가 있었다. 씨앗 채취부터 농기구의 제작까지, 또 씨앗을 심은 뒤에는 농작물을 수확하는 일까지, 밀과 보리를 까부르고 빻는 일에서 음식을 정성껏 요리하는 일까지 해야 했다. 이런 작업 중 대다수는 매일 끊임없이 계속되는 일상 활동의 일부로 자주 반복되었다. 결국 이렇게 일상화된 기술들은 특별히 '무언가를 하는 방법', 즉 우리에게 내재되어 일상의 삶에서 행해지는 일상화된 문화 체계를 자연스레 형성하게 되었고, 예컨대 벽을 자주 회칠하는 등 전통적인 장식으로 벽을 아름답게 꾸미거나, 먹을 것을 가공하고 조리하는 깨끗한 공간을 집에 마련하는 방향으로 발전했다.

그러나 의례와 관습의 일상화가 농업으로의 전환에서 비롯된 쓸데없는 부산물만은 아니었을 것이다. 이런 일상화로 인해 공유된 문화의 표준화와 관련된 많은 이점이 뒤따랐을 것이다. 정착지의 규모가 점점 커지고 밀도도 높아졌지만, 모두가 같은 유한한 자원에 의존하면서 사회적 관계의 긴장도가 점점 높아졌을 것이고, 비교적 낯선 사람들과 전에는 상상할 수 없던 정도로 협력해야 할 필요성도 증가했을 것이다. 이런 상황에서 공통된 문화와 정체성을 가졌다면 협력하기가 훨씬 더 쉬웠을 것이다. 낯선 사람들도 자신과 같다고 인정한 순간, 그들과 맞부딪치며 싸우기보다 예의 바르게 소통하기가 더 쉬워졌을 것이다.

따라서 농업이 확고히 자리를 굳히자, 농경과 일상화가 서로 그 필요성을 강화하는 효과를 낳았을 것이다. 농업의 정착으로 반복되는 일상이 많아지고, 대다수의 일상이 점점 의례화되었듯이, 농경에 기초한 삶의 방식은 집단 정체성과 협력의 도움을 대규모로 받아야 할 때가 많아졌다.

여하튼 이 모든 것은 이론이었다. 그러나 문자가 발명되기 훨씬 이전, 고대사회의 고고학에서 그 증거를 찾아낼 것이라 기대할 수 있었던 이유가 어디에 있었을까? 상황은 생각만큼 절망적이지 않았다. 아나톨리아 남부 지역, 괴베클리에서 서쪽으로 950킬로미터쯤 떨어진 곳에 차탈회위크Çatalhöyük라는 또 하나의 중요한 고고학 유적지가 있다. 차탈회위크는 괴베클리보다 수 세기 뒤에 세워진 도시로, 그곳에서는 주민들의 의례적인 삶과 집단 정체성이 형성되던 규모가 어떻게 달라졌는지 관찰된다.

차탈회위크에는 9000년이 넘는 과거부터 시작해서 약 2000년 동안의 인간 활동으로 빚어진 쌍둥이 언덕이 있다. 흙과 돌무더기로 이루어진 언덕으로, 낡은 집을 허물고 그 기초 위에 새 집을 짓는 일을 반복한 결과로 그런 언덕이 생겼다. 많은 세대가 지나자 집들이 점점 높은 곳에 지어졌고, 그 결과로 언덕이 형성되었다. 이는 돌무더기를 파고 내려가면 시간을 거슬러 올라가며 그곳에 살았던 사람들의 삶을 엿볼 수 있다는 뜻이었다.

인류의 역사에서 일상화된 의례가 처음 등장한 때를 추적하던 과정에서 나는 차탈회위크에 깊이 빠져들었고, 결국에는 그곳을 몇 번이고 방문했다. 한때는 6년 연속 여름마다 방문하기도 했다. 여름은 언제나 발굴이 한창이던 계절이어서, 그때마다 나는 따가운 햇살 아래에서 고고학자들을 따라다니며 끝없는 질문으로 그들을 괴롭혔다. 차탈회위크에 대해 더 많이 알아갈수록 그 유적지에 대규모 집단생활의 기원을 이해하는 열쇠가 있을 것이라는 내 예감은 더욱 굳어졌다. 키붕에서 자주 행해지는 의례 덕분에 베이닝족이 새로운 정체성을 확립하며 과거에는 별개의 집단들로 나뉘어 경쟁하던 사람들을 하나로 아우를 수 있었듯이, 수천 년 전 차탈회위크에서도 훨씬 느렸겠지만 비슷한 현상이 진행되었을 것이라는 내 이론이 정확히 맞아떨어진 것 같았다. 그 과정을 알아내기 위해 나는 차탈회위크 유적지의 발굴 책임자이던 이언 호더Ian Hodder와 함께 연구하기 시작했다.[13]

차탈회위크에서 연구하던 고고학자들이 직면한 가장 큰 과제 중 하나는 정착하는 기간에 지속된 연속성과 변화의 형식을 알아내는 것이었다.[14] 예컨대 사람들의 식단이 변했는가? 변했다면 그 변화가 사냥과 채집에서의 변화, 농작물 재배와 가축화 등과 관계가 있었는가? 인구 규모와 인구 밀도에는 어떤 변화가 있었는가? 일하는 방식은 수천 년 동안 거의 동일했을까, 아니면 더 쉬워지거나 더 어려워졌을까, 더 단순해지거나 더 전문화되었을까? 내가 호더와 공동으로 연구하며 특별히 관심을 둔 것은 '의례에 기반을 둔 삶에 변화가 있었다는 증거가 있는가, 특히 집단 의례가 더 잦아지고 더 표준화되었는가?'라는 의문이었다.

수천 년 동안 땅속에 묻혀 있던 유물의 해석을 근거로, 이런 질문에 답하기는 쉽지 않다. 그러나 점점 더 많은 고고학 자료가 발굴되면서 차탈회위크에서 드러나는 그림이 점점 더 명확해졌다. 시간이 지남에 따라 가축화된 양과 염소와 소의 수가 증가했고, 사냥에 대한 의존은 줄어들었다. 집에서 발견되는 인공물의 양과 종류도 증가했지만, 인공물을 만들고 유지하는 데 필요한 노동력도 함께 증가했다. 물질문화가 확장되었지만 사람들이 더 많은 시간을 일했다는 증거였다. 일상생활이 더 힘들어진 것으로 보이며, 인간의 유해를 분석한 결과에서도 노동량의 증가와 관련된 사고와 부상이 더 많아졌다는 점이 드러난다.

그렇다면, 이 모든 것이 차탈회위크 고대인들의 의례적인 삶과 어떤 관련이 있었을까? 이 주제와 관련해 가장 흥미로운 증거 중 일부는 인간이 남긴 쓰레기에서 찾아냈다. 차탈회위크에서 식용으로 쓰인 짐승은 영양가 있는 부분이 모두 분리된 뒤에 먹을 수 없는 부문은 버려졌다. 따라서 쓰레기 더미에는 고대인들이 언제 어떤 종류의 식사를 했는지에 대해 무척 자세한 정보가 담겨 있다. 결과적으로, 우리는 당시 사람들의 식습관을 둘러싼 의례가 시간이 지남에 따라 극적으로 변해가고 있었다는 점을 확인할 수 있었다.

그들이 잔치를 어떻게 벌였을지 생각해보자. 정착한 초기에는 야생 황소의 고기가 큰 잔치에서 소비되었을 것이고, 황소의 뿔은 전리품으로 벽에 장식되었을 것이다. 영국 시골 저택의 복도를 장식하는 짐승 머리의 박제처럼! 그러나 차탈회위크의 집들에 전시된 부크라니움buranium(소의 두개골을 본뜬 장식 조각)은 트위드 재킷에 헐렁한 반바지를 입은 남자가 멀리서 총을 쏘아 죽인 황소의 것이 아니라, 위험을 무릅쓰고 가까이에서 죽인 황소의 것이라는 점이 달랐다. 그 때문에 엄청난 대담성과 용기가 필요했다. 신석기 시대 튀르키예의 야생 황소는 덩치가 크고 공격적인 짐승이었다. 뒷다리와 엉덩이의 높이만도 180센티미터여서 가축화된 황소보다 훨씬 컸다. 그렇지만 차탈회위크의 벽화에 묘사된 사냥 장면을 곧이곧대로 믿는다면, 30명 이상의 남자가 무리를 지어 야생 황소를 날카롭게 다듬은 발사체로 공격하고, 맨손으로 올가미를 씌우고 네 발을 묶어 쓰러뜨리려 했던 것으로 추정된다. 그 과정에서 얼마나 많은 사람이 다치거나 죽었는지 알 수 없지만, 그들의 용맹함을 칭송하는 대규모 공동체 잔치와 추모식이 열렸다는 것을 벽화를 통해 추측할 수 있다. 또한 잔치 행사에서 남겨진 것들을 통해서는 그런 대규모 공동 잔치는 간헐적으로만, 기껏해야 10년 정도에 한 번이나, 많은 사람이 평생 한 번만 경험했을 정도로 열렸을 것으로 추론된다. 이런저런 면을 고려할 때, 그런 공동체 잔치는 앞에서 언급한 대로 '이미지'가 강조된 의례, 즉 정서적으로 강렬하지만 무척 드물게만 시행된 의례의 전형이었을 것이다.

호더와 나는 그런 의례가 차탈회위크에 정착한 기간의 중반쯤에 최고조에 달했을 것이라는 결론을 내렸다. 그 시기에 잔치가 가장 풍성하게 열렸고, 집을 장식한 부크라니움도 한층 정교해졌다는 증거가 발견되었기 때문이었다. 많은 점에서 이런 변화는 괴베클리 테페에서 관찰된 양상과 유사했지만, 공동체가 거대한 돌기둥을 세우고, 그 돌기둥을 야생동물의 모습으로 장식하려고 땀을 흘리지는 않았다. 오히려 차탈회위크 사람들은 실제로 피와 살을 지닌 짐승을 땅에 쓰러뜨리고, 잔치가 열리는 곳까지 끌고 오는 데 땀을 흘렸다. 게다가 그 성과를 돌기둥에 남기는 대신, 머리를 박제로 만들어 벽을 장식하는 방식으로 기억에 남겼다. 두 곳 모두에서, 이런 활동으로 결속된 공동체가 상대적으로 소수의 참가자로 이루어졌을 것이라는 추론은 타당하게 여겨진다. 이렇게 산발적으로 열렸지만 정서적으로 강렬한 인상을 남긴 의례는 끈끈하게 결속된 작은 공동체를 만들어냈다.

  그러나 그 사이에 차탈회위크에서는 중대한 변화가 일어나고 있었다. 괴베클리 테페 유적지에서는 일어나지 않았던 것으로 추정되는 엄청난 변화였다. 의례가 점점 더 잦아졌다. 차탈회위크에서 의례가 일상화되었다는 최초의 증거는 크게 눈에 띄지 않아 쉽게 간과되었다. 그 증거는 모든 종류의 일상적 작업에서 조금씩 늘어나는 형태를 띠었다. 그런 작업은 많은 면에서 도구적이었다. 예컨대 가루를 빻거나, 짐승을 도살하고, 바구니를 짜거나 화로를 청소하는 등 생존과 관련된 작업의 효율성을 높이기 위해 고안된 부분들이 많았다. 그러나 인과적으로 불분명한 관습이 꾸준히 증가하며 그 작업들에 스며들었다. 요컨대 의례가 가장 일상적인 물건과 활동에 배어들었다. 그때부터 바구니는 식료품을 담는 세속적인 그릇일 뿐 아니라, 바구니를 만들고 소유하는 사람에 대해 사회적으로 중요한 정보가 암호화된 장식품이기도 했다.

집, 특히 집안의 특정한 공간을 청소하는 일도 거의 강박이 되어, 실용적인 목적을 위해 합리적으로 요구되는 수준을 훨씬 넘어섰다. 예컨대 집에는 일반적으로 북쪽이나 동쪽에 다른 곳보다 약간 높은 단이 있었고, 그곳은 음식 찌꺼기, 화롯불의 재, 부러진 연장의 조각 등 집안일의 흔적이라 할 만한 부스러기가 없도록 세심하게 관리되었다. 게다가 이런 주택에 거주한 사람들은 점토에 석회를 섞은 하얀 흙으로 정성껏 세심하게, 그것도 거의 매달 반복해서 벽에 회칠하는 데 열중한 것으로 보인다. 의례가 가정집에 들어갔다는 증거였다. 집이라는 공간에서 의례가 점점 더 중요해지면서 가정은 작은 성전, 즉 예배를 위한 공간으로 변해갔다.[15]

차탈회위크에서 의례가 확대되는 과정은 오랜 세대에 걸쳐 진행되었다. 그 과정에서, 일상화된 의례의 성격도 달라졌다. 정착이 막바지 단계에 이른 약 7000년 전부터, 의례화되었지만 도구적이던 집안일이 점차 내부 공간에서 외부 공간으로 이동하기 시작했다. 그리하여 사람들의 일상이 점점 더 많은 사람에게 공개되었다. 이런 변화와 더불어, 인장부터 도기 무늬까지 일상에서 사용하는 인공물의 표준화와 안정화도 늘어났다.

호더와 나의 판단에, 한층 동질적인 문화가 정착지 전체로 확대된 현상은 의례의 변화와 관계가 있는 듯하다. 그즈음, 산발적이고 정서적으로 강렬한 의례는 더 이상 집단을 하나로 결속해주는 사회적 접착제의 주된 형태가 아니었다. 가정에서 더 빈번하게 행해지던 세속적인 의례가 그 자리를 차지했다. 육류의 주된 공급원으로 가축에 의존하는 정도가 증가함에 따라, 음식을 함께 먹는 잔치가 점차 드물어졌다. 과거의 영웅적인 사건은 생생한 경험이 아니라, 집단이 공유하는 스토리텔링의 소재가 되었다. 따라서 힘센 야생동물을 괴롭히고 화를 돋우는 으스스한 집단 의례가 사라진 대신, 벽을 장식하는 오래전에 죽인 짐승의 머리를 가리키며 과거의 영웅적 사건을 신화처럼 이야기하는 경우가 점점 잦아진 듯하다.

차탈회위크 사람들은 의례적인 삶에서 이런 중심축의 변화가 얼마나 중대한 결과를 낳았는지 꿈에도 몰랐을 것이다. 그러나 나는 그런 변화가 인류의 선사시대에 조용한 혁명을 일으켰을 것이라 생각한다. 의례의 일상화로 인해 고대인들이 자신을 공동체의 일원으로 인식하는 방법이 달라졌을 것이고, 훨씬 더 큰 집단 정체성이 출현하는 길이 열렸을 것이다.

## 집단의 확대와 일상화

차탈회위크에서의 정착은 농업으로 전환함에 따라 새로운 형태의 의례가 점차 생겨나고, 다음에는 더 큰 문화 집단이 형성되었다는 점을 보여준 초기의 한 예일 뿐이다. 시간이 지남에 따라 이런 과정이 심화되며, 세계 전역에서 규모가 훨씬 큰 문명의 탄생으로 이어졌다.

예컨대 차탈회위크에서 수백 킬로미터 떨어진 도시들을 통합하며 세계사에서 처음으로 탄생한 대규모 복합 사회 가운데 하나가 4500여 년 전 인더스계곡(현재의 파키스탄)을 따라 발달한 하라파 문명Harappan Civilization이었다. 이 복합 사회의 특징은 매우 높은 수준의 표준화였다. 도상圖像과 건축, 특히 몸의 청결과 공중위생과 관련된 공유된 믿음과 관습을 가리키는 여러 지표에서 표준화가 명확히 드러났다. 하라파 문명 전역에서 무척 일관되게 토기에 표식을 하는 데 사용된 인장이 좋은 예다. 인장은 제국 전체에 걸쳐 거의 동일한 방식으로 도안되어 위쪽에는 (아직 해독되지 않은) 한 줄의 문자가, 가운데에는 어떤 동물이, 아래쪽에는 글이 추가로 새겨졌다. 건물 역시, 하라파의 모든 도시에서 똑같은 방식으로 지어졌고, 수천 명의 노동력이 동원되어야 했던 홍수 방지 시설도 건물을 짓는 원칙을 그대로 준수하며 건설되었다.

문화적 동질성이 이런 수준으로 유지되려면 어떤 형태로든 계급적 지배 구조가 필요했을 것이라 상상하게 된다. 하지만 훗날 많은 제국과는 달리, 하라파 문명에는 하향식 관리와 통제 시스템이 없었던 것으로 보인다. 하라파에서도 도시계획과 물관리를 위해서는 고도로 정교한 형태의 협력과 조정이 필요했을 테지만, 강력한 지도자가 상위에 있고 노예들이 바닥에 있는 사회 계층화는 이루어지지 않은 듯했다. 군사적 지배를 통해 순응을 강요한 흔적도 없었다. 하라파 문명은 군대도 없고 정교한 무기도 없었다. 주변 집단들과 교역하며 메소포타미아 등 다른 문명지로부터 평화적인 방법으로 사치품을 들여오는 데 더 큰 관심을 쏟았다. 요컨대 하라파 문화를 하나로 묶은 힘은 폭력이나 중앙집권적 관료제가 아니라 일상화된 의례였던 것으로 여겨진다. 하라파 문명에서 관찰되는 높은 수준의 표준화를 근거로 추정하면, 그곳에서는 규범과 믿음과 관습이 일상생활에서 반복되는 관행, 특히 청결과 위생과 관련된 관행으로 굳어진 듯하다. 그들 이전에는 차탈회위크에서, 먼 훗날에는 동뉴브리튼에서 그랬듯이, 일상화가 새로운 문화 집단, 특히 이전에 그곳에 존재했던 어떤 집단보다 큰 집단을 형성하는 데 분명 도움이 되었을 것이다.

의례가 더 일상화되고, 사회가 더 커지면서 더 조밀해진 인구를 먹이려면 농경이 더 집약적으로 행해져야 했을 것이다. 이와 관련된 가장 확실한 증거는 고고학만이 아니라 민족지학적 기록에서도 찾아진다. 내가 벨파스트에서 옥스퍼드로 이주한 2006년, 현대 인류 사회의 종교적 믿음과 관습에서 계승되는 것과 변하는 것의 특징을 설명하는 데 초점을 맞춘 연구를 위한 보조금을 받았다. 나는 의례의 일상화에서 비롯되는 통합 효과에 관심이 많았기 때문에, 이 프로젝트에서 높은 빈도의 의례가 어떤 문화 집단에서, 어떤 이유에서 나타나는지 조사하는 것을 최우선 순위에 두었다. 연구 보조금 덕분에 나는 박사 후 연구원이던 퀜틴 앳킨슨을 고용해, 세계 전역의 문화들을 정리한 대표적인 표본을 바탕으로 의례에 관련한 데이터베이스를 구축하고, 의례가 행해지는 빈도와 정서적 강도를 측정할 수 있었다. 다행히 앳킨슨은 의례의 빈도가 집단의 규모와 실질적인 관계가 있는지 확인하는 데 필요한 통계적 기법을 완전히 습득한 수준이었다. 내가 가정한 대로, 차탈회위크의 사냥 축하연처럼 정서적으로 강렬하지만 드물게 열린 의례는 소규모 집단과 관련이 있었고, 시간이 지남에 따라 일상화된 가정의례처럼 정서적으로 덜 강렬하지만 일상생활의 일부가 된 의례는 대규모 집단과 관련이 있었다.

이런 가정을 검증하기 위해, 앳킨슨과 나는 드물게 열리지만 이미지가 강조된 의례가 정서적으로 더 강렬한 경향을 띠고, 빈번하게 행해지는 '일상화된' 의례는 그렇지 않은지를 조사하기 시작했다. 이를 위해 우리는 현재 세계 전역에 존재하는 문화 표본 74개에 존재하는 약 645개의 의례에 대한 정보를 입력한 데이터베이스를 구축했다.[16] 이 정보의 출처는 민족지학자들의 방대한 저술이 보관된 비교문화 자료 Human Relations Area Files[17]와 집단의 규모와 구조 등 다양한 관심사에 관련해 중첩되는 문화에 대해 유의미한 정보가 많이 기록되어 추가적인 정보를 제공한 《에스노그라픽 아틀라스 Ethnographic Atlas》였다.[18] 이런 출처로부터 우리는 의례의 수행 빈도와 정서적 강도, 의례가 행해지는 집단의 규모만이 아니라, 경제생활과 생존 전략의 다양한 측면 등 흥미롭다고 생각될 만한 다른 특징들에 대한 정보도 수집했다. 앳킨슨이 이렇게 수집한 자료에 대해 통계분석을 끝내자 우리가 예측한 대로, 드물게 행해지는 의례의 정서적 강도가 높은 경향을 띤다는 사실이 밝혀졌다. 그러나 의례에 대한 데이터베이스를 분석한 결과에서 훨씬 더 흥미로운 사실이 드러났다. '일상화는 농업의 강도와 관련이 있었다.' 달리 말하면, 사회가 농경에 의존할수록 의례가 더 잦아졌다는 뜻이다.

결국 이런 결과는 도전 의식을 더 자극하는 의문을 낳았다. 의례가 더 빈번하게 행해짐에 따라, 초기 농경민들 사이에서 상대적으로 더 큰 문화 집단이 안정화되고 확산되었다는 설득력 있고 정량적인 증거를 역사에서 찾을 수 있을까? 이 까다로운 의문에 도전한 고고학자 믹 갠틀리Mick Gantley는 '물질 상관 요인 분석Material Correlates Analysis, MCA'이라는 새로운 방법론을 고안해냈다.[19] MCA 방법론은 앳킨슨과 내가 민족지학적 문헌을 근거로 사용해서 만들어낸 의례 데이터베이스에서 영감을 얻은 것이었다. 이 데이터베이스는 현대 문화권에서 일상화와 농업 사이에 강력한 관련성이 있다는 사실을 밝혀냈지만, 갠틀리는 서아시아가 농업으로 전환하는 동안 의례적인 삶이 어떻게 변화했는지를 밝혀내는 데 이 정보를 사용할 수 있는지 알아내려 했다.

MCA 방법론의 핵심 개념은, 우리가 조사하려는 세계 곳곳의 지역들에 분포된 수백 개의 고대 고고학 유적지에서 발굴된 유물로부터 추론되는 물질적인 삶에는 많은 특징이 있다는 것이다. 따라서 우리가 직접 볼 수 없는 것이 많더라도 문서로 잘 정리된 특징들을 의례 데이터베이스에서 표본으로 삼은 사회들에 존재하는 특징들과 비교할 수 있다. 그 결과로, 지금도 관찰할 수 있는 고고학 유물들과 현존하는 민족지학적 문화의 표본들로부터 직접 비교할 수 있는 90가지 특징을 찾아냈다. 이런 특징들에는 음식이 어떻게 만들어지고 소비되었는가, 공동체는 어떻게 조직되었는가, 어떤 종류의 의례가 행해졌는가 등에 대한 세세한 내용이 포함되었다. 이런 특징들이 우리에게는 '물질 상관 요인'이 되었다. MCA 방법론을 근거로, 어떤 고대사회가 어떤 현대 사회와 더 닮았는지 말할 수 있게 되었다. 그렇지만 '어떤 고대사회가 이미지화(드물게 시행되지만 정서적으로 강렬한 입문 의식이 포함되는 뉴기니 부족들의 의례)가 강렬한 현대 사회와 더 비슷한가?', '어떤 사회가 일상화된 의례(특별한 신전, 교회, 모스크, 회당 등에서 규칙적으로 행해지는 예배를 강조하는 오늘날의 세계 종교들)를 지닌 현대 사회에 더 비슷한가?'라는 의문을 제기한 작은 진전에 불과했다.

그 답은 놀라웠다. 다음 도표는 서아시아에서 농업으로의 전환기에 있던 49개 고고학 유적지를 비교한 결과다.[20] 일반적으로 고고학자들은 도표의 아래쪽(더 오래된 유물이 출토되는 더 아래층에 해당)에 더 오래된 단계를, 위쪽(땅에 묻힌 유물이 일반적으로 지표로부터 더 가까운 층에서 발견)에 더 근래의 단계를 표시한다. 따라서 이 도

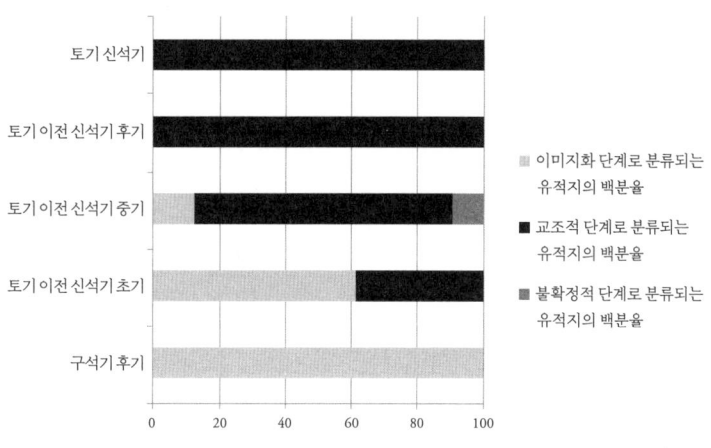

〈서아시아 고고학 유적지에 관한 물질 상관관계 분석〉

Gantley, M., Whitehouse, H., & Bogaard, A., 'Material Correlates Analysis (MCA): An Innovative Way of Examining Questions in Archaeology Using Ethnographic Data', Advances in Archaeological Practice, Vol. 6, No. 4, pp. 328–41 (2018)에서 변형 인용.

표에서 묘사된 가장 오래된 층은 '구석기 후기Epipaleolithic'(농경이 도래하기 전, 구석기 시대의 가장 마지막 단계로 모든 인간이 야생 식량에 의존하던 때)이고, 그 중간에 PPNPre-Pottery Neolithic(A/B/C 단계로 구분)과 PNPottery Neolithic(마침내 토기가 발명된 때) 등으로 표현되는 다양한 시기가 존재한다. 갠틀리의 통계분석에 따르면, 구석기 후기를 온통 표시한 옅은 회색 띠는, 고대 채집 문화에서는 이미지가 주로 지배한 까닭에 드물게 행해졌지만 정서적으로 강렬한 의례로 구성원들이 결속되었다는 점을 가리킨다. 반면에 도표의 위쪽을 차지하며 짙은 회색으로 표시된 신석기 시대 후기는 농업이 확고히 자리를 잡아, 현대 사회와 공통점이 가장 많았다. 예컨대 일상화된 의례들을 채택한 데다 모든 의례가 더 큰 집단을 하나로 결속할 수 있는 잠재력을 보여주었다. 이미지화 단계에서 교조적 단계로 전환되는 과정에서 (중간 회색으로 표시된) 불확정적인 관습이 적잖게 발견되었다. 이 흔적은 농업으로 전환하는 동안 의례가 차탈회위크에서만이 아니라 훨씬 더 넓은 지역에서 점차 일상화되고 있었다는 구체적인 증거가 된다.

## 농경과 미래를 대비하는 마음

이 장에서 나는 신석기 혁명 기간에 집단 의례가 빈번해지며 문화 정체성을 만들어내는 요인들이 안정되었고, 그로 인해 대규모 집단이 탄생할 수 있게 되었다고 주장했다. 간단히 말하면, 일상화된 의례들이 더 큰 집단을 만드는 데 도움을 주었다. 그러나 일상화된 의례가 어떤 이유에서 초기 농경민에게 유용했고, 미래에 대한 우리의 마음가짐에 어떻게 영향을 미쳤는지도 아직 밝혀지지 않았다.

농업과 미래를 대비하는 마음은 지금도 밀접한 관계가 있다. 나는 대학교에서 보낸 첫 주, 즉 열여덟 살의 열렬한 학부생이었을 때 이 관계를 처음 알게 되었다. 당시 내 스승 중 한 분이던 제임스 우드번James Woodburn은 탄자니아에서 하자족Hadza과 함께 생활하며 현장 연구를 마치고 돌아와 사회조직이 없는 문화 집단을 발견했다는 선언으로 인류학계에 충격을 던진 학자였다. 런던정경대학교의 동료들은 그 선언으로 인한 소동에 여전히 왈가왈부하고 있었다. 그 주장에 대한 불신과 회의를 내비치는 크고 작은 목소리가 인류학과의 복도에서는 끊이지 않았다.

하지만 이 문제에 대해 직접적인 질문을 받을 때마다 우드번은 동료들이 과장하는 것이라고 대답했다. 정확히 말하면, 하자족에게 사회조직이 없는 것이 아니라, 사회적 집단화social grouping가 무척 유연하다는 것이었다. 요컨대 구성원이 원하면 언제라도 집단을 탈퇴하거나 가입할 수 있어서, 집단에 대한 충성이나 집단에게 기대하는 호혜성이 크지 않다는 뜻이었다. 먹을 것은 기본적으로 매일 사냥이나 채집으로 구해진 뒤에 누가 무엇을 받을지에 대해 크게 고민하지 않고 거의 균등하게 공유되었다. 우드번은 이런 형태의 생산과 분배 방식을, 비생산적인 사람들도 제재를 받거나 낙인이 찍히지 않고 혜택을 받는 조세 제도에 비유했다. 당장은 생산 능력이 없는 어린아이와 노인이 혜택을 받는 것처럼 보였지만, 그들이 미래에 더 많은 것을 기여할 예정이거나 과거에 많은 것을 기여했기 때문에 장기적으로는 균등하게 나누는 것이었다.

이런 생활 방식 덕분에 하자족 사회는 무척 평등했다. 일반적으로 사회적 불평등의 요인이 되는 모든 종류의 자원, 예컨대 재산과 권력과 지위가 상당히 균등하게 분배되었다. 하자족은 유목민이었기 때문에 식량과 소유물을 비축할 수 없었고, 가볍게 이동할 수 있어야 했다. 모두가 똑같은 기본 무기를 가졌기 때문에 누구도 다른 사람을 쥐고 흔들 수 없었다. 여성도 무리 차원에서 연대하며 협력하는 경향을 띠며, 가부장적이거나 공격적인 남편에 의해 억압당할 가능성이 있는 가정 단위로 분리되지 않아 성 불평등도 아주 적은 편이었다. 또한 우드번이 '평준화 메커니즘levelling mechanism'이라 칭한 제도, 즉 자부심과 경쟁심이라고 부르는, 자부심과 경쟁의 표현을 적극적으로 억제하는 규범이 적용되어, 지위의 차이도 적극적으로 예방되었다. 우드번은 이러한 사회를 '평등주의적egalitarian'이라 표현했고, 그들의 생존 방식을 '즉각적 보상immediate return' 경제라 칭했다.

우드번은 단순한 수렵채집사회와 더 복잡한 사회를 구분하는 중요한 차이점 중 하나에 특히 주목했다. 소규모 무리를 지어 사냥과 채집으로 생계를 꾸리는 경우, 미래에 더 큰 보상이 있을 것이라는 가능성은 현재에 보장된 작은 보상보다 일반적으로 덜 유혹적이다. 우드번은 캐나다 북서부 해안에서 다수의 복잡한 수렵채집사회들을 관찰했고, 그들이 제방과 둑에 의존하며 미래를 위한 신중한 계획과 조율된 노력이 필요한 지연된 보상 경제를 운영한다는 사실을 밝혀냈다. 그러나 내가 우드번의 강의에서 깊은 인상을 받은 부분은, 수렵과 채집을 완전히 포기하고 농경을 시작한 사회에서 단기적 사고를 탈피하려는 노력이 훨씬 더 뚜렷하고 지속적이었다는 것이다. 농경민은 농작물이 자라고 가축이 성장할 때까지 끈기 있게 기다려야 먹을 수 있기 때문에, 하루 동안 땀 흘린 대가를 그날 먹어 치우는 생활 방식은 더 이상 유효하지 않다. 필요할 때 식량을 공급할 수 있을 뿐 아니라, 모두가 먹을 수 있도록 식량을 분배하기 위해서는 미래를 대비하는 마음으로 삶에 접근하는 방식이 더더욱 필요하게 되었다.

그리하여 농경의 발명은 식량 생산 및 저장과 관련된 기술에 새롭게 의존하게 되었고, 그로 인해 미리 계획을 세우는 일이 절대적으로 필요해졌다. 농작물이 자라고 익을 때까지 기다려야 하고, 농산물의 소유권이 부족 전체가 아닌 개별 가족에게 귀속되면, '즉각적 보상'에 기초한 생활 방식을 유지하기가 무척 어려워진다. 그때부터는 어려운 시기를 대비해 식량을 비축하거나, 위급한 일이 닥쳤을 때 형편이 더 나은 사람이 그렇지 못한 사람을 지원할 수 있도록 잉여 식량을 이곳저곳에 지속적으로 옮겨두는 방법을 찾아두는 일이 필요하다.

지연된 보상 경제체제가 확립되자, 인간 사회에 새로운 문젯거리가 제기되었다. 가장 기본적인 문제 중 하나는, 흉년기에도 굶주리는 사람이 없도록 공동체 전체가 충분한 식량을 확보해둬야 한다는 것이었다. 신석기 선사시대에서 이 문제가 어떻게 해결되었는지를 이해하려는 고고학자들이 주로 참고하는 연구서는 《석기시대 경제학》으로, 선사시대 전문가가 아니라 나와 같은 인류학자 마셜 살린스Marshall Sahlins가 쓴 책이다.[21] 살린스는 농업이 탄생하며 공동체를 이루던 사회 단위들에 큰 영향을 미쳤다고 주장하는 탁월한 통찰을 보였다. 살린스는 농업의 탄생으로 가정이 생산과 소비와 교환의 주요 단위가 되는 '가내 생산 방식domestic mode of production'이 가능해졌다고 주장한다. 소규모 무리가 생존에 필요한 자원을 조달하고 공유하는 주요 경제 단위로 기능하는 대신, 가족이 각각 별개의 집을 차지했고, 그 집들은 집단을 위한 커다란 모닥불이 아니라 공동화로common hearth를 중심으로 형성되었다.

그러나 가내 생산 방식이 소규모 농업을 운영하고, 결혼과 육아에도 효과적인 방법이지만 어느 정도 단점도 있다. 가내 생산 방식의 가장 큰 문제는, 실질적인 생산자와 의존적인 소비자의 비율이라는 측면에서 모든 가구가 언젠가는 불리해진다는 것이다. 젊은 가구에는 배를 채워야 할 입이 많은 반면에 일할 능력이 있는 성인은 상대적으로 적다. 한편 오랜 연륜을 지닌 가정에는 움직이기조차 힘겨운 노인들이 있지만, 그들에게 의존하던 식구들이 어느덧 성장해서 둥지를 떠나 자체의 가족을 부양하는 역할에 전념해야 한다. 이런 사회에서 즉각적인 보상 경제에 기초해 각 가정이 자활하도록 방치된다면, 그 사회에 곧 재앙이 닥치며 많은 가정이 파멸을 맞이할 것이다. 이런 공동체에서는 개별 가구를 조직화해서 서로 도움을 주는 네트워크, 즉 상대적으로 강한 가구가 위기를 맞은 가구를 지원하도록 장려하는 시스템을 만들어갈 방법을 찾아내야 했다.

고고학자들 사이에서는 신석기 시대에 가정이 주된 경제생활 단위로 처음 등장한 시기에 대한 논쟁이 지금도 여전히 진행 중이다.[22] 일부 학자는 자립적인 가정의 증거는 신석기 시대가 갓 시작된 약 1만 년 전까지 거슬러 올라갈 수 있다고 주장한다.[23] 반면에 9000년 전, 즉 도기가 처음 발명되었을 때쯤이라고 주장하는 학자들도 있는데[24] 이 주장은 차탈회위크에서 찾아낸 증거와 일치하는 듯하다.[25] 그러나 어느 쪽의 주장을 선택하든 간에 정착한 농경민들의 경제적 삶에서 가정이 점점 중요한 위치를 차지하게 된 것은 분명한 듯하다. 이런 변화는 가정이 파멸할 위험 요인을 미리 해결해야 한다는 것을 의미했다. 여하튼 이전과는 달리, 고대 신석기 사회는 일관되게 미래를 생각하는 방법을 찾아내야 했다.

신석기 시대의 농부들에게는 이 문제를 해결하는 데 도움을 준 여러 혁신이 있었던 것으로 보인다. 그 가운데 하나가 이른바 '역사의 집history house이다.[26] 용어 자체에서 짐작되듯이, 가정이 과거에 대한 이야기를 전해주는 곳이라 생각되며, 다양하고 풍요로운 구체적인 문화의 저장소가 되었다는 뜻으로 받아들여진다. '역사의 집'으로 지정된 곳은 바닥에 묻힌 사람의 유해가 더 많았고, 벽에 그려진 그림이 더 많았으며, 회반죽으로 고정된 짐승의 머리와 뿔도 더 많았다는 점이 달랐다. 예컨대 차탈회위크에서 나는 인간의 유해가 집 바닥에서 연이어 발굴되는 현장을 여러 번 보았다. 다시 말하면, 그 집에서는 최초의 매장이 있은 뒤에도, 고인을 알 만한 사람들도 세상을 떠난 뒤에 대부분 혹은 모두가 그곳에 묻혔다는 증거가 된다. 이렇게 하면, 과거에 대해 한층 더 정교한 이야기를 만들어냄으로써 사람들은 자신이 태어나기 전부터 존재했고 죽은 뒤에도 계속

될 역사, 즉 장구하게 펼쳐질 역사의 일부로 자신을 인식하기 때문에 미래 지향적인 세계관을 고취하기가 쉬웠을 것이다.

고고학에서 얻은 직접적인 증거만을 사용해서는 역사 이야기가 고루한 사고방식legacy thinking에 미친 영향을 입증하기 어렵다. 하지만 차탈회위크에서 가정의례의 빈도가 높아졌다는 증거도 그럴듯한 지표다. 7장에서 살펴보겠지만, 우리가 일상화된 의례에 참여할 때 즉각적인 보상에 따른 만족감을 뒤로 미루는 데 큰 도움이 된다는 점이 실험적으로 입증되었다. 달리 말하면, 일상화된 의례가 우리를 더 미래 지향적으로 만들어준다는 뜻이다. 따라서 신석기 시대에 의례화된 생활의 빈도가 증가하고, 의례가 표준화되며 미래를 대비하고 계획해야 한다는 관심도 커졌을 것이라 추론된다.

그러나 역사의 집과 일상화된 의례가 더 자주 미래를 내다보라고 사람들을 독려했겠지만, 예컨대 채집에 의존하던 선조들보다 미래에 대비해 더 많은 식량을 비축하는 데 우선순위를 두라고 독려했겠지만, 잉여 농작물을 취약한 가정과 실질적으로 공유하는 메커니즘까지 만들어내지는 못했다. 구체적으로 말하면, 그럭저럭 살아갈 만큼 충분한 식량을 생산하지 못하는 노약자나 출산 가정을 위해서는 무엇을 해야 했을까? 여기에서 또 하나의 중요한 혁신이 탄생했다. 집단 의례와 공동체 전체의 의무에 더 집중하는 것이었다. 고고학자들의 주장이 맞다면, 신석기 시대에는 공동체 생활에 기여해야 한다는 유인책이 경쟁적으로 도입되며 가정이 원자화되는 경향이 완화되었을 것이다. 예컨대 차탈회위크에서 멀리 떨어지지 않은 또 다른 신석기 유적지를 방문했을 때, 가정이 핵심적인 경제 단위로 등장했더라도 다른 여러 활동이 더 높은 수준에서 작동하고 있었다는 강력한 증거가 있다는 것을 알게 되었다. 그곳에서 나는 야외 의식, 육류의 공유, 채집과 농경을 위한 협력, 집단 의례, 춤과 잔치 등과 같은 대규모 집단 활동이 있었다는 증거를 발견했다.[27] 이런 의례적 활동을 통해 잉여 농산물을 공동체 전체에 분배해야 한다는 의무감이 키워졌을 것이고, 가정이 개별적으로 분리되려는 경향이 그로 인해 완화되었을 것이다.

어떤 경우에는 이런 활동들은 정교하게 짜인 선물 증정 의례에 뿌리를 두었던 것으로 보인다. 그런 의례를 통해, 많은 가정이 잉여물을 다른 사람에게 선물로 주어야 한다는 사회적 강박을 느꼈을 것이 분명하다. 실제로 살린스의 이론에 따르면, 고대사회는 여러 가정의 모임[28]부터 큰 가문 집단[29]에 이르는 개별 생산 단위 수준을 넘어 기능하는 협력이라는 상위 개념을 통해 가정의 독립성과 가내 생산 방식 문제를 주로 해결했고, 그런 여러 형태의 협력 중에서도 서로 선물을 주고받는 행위에 역점을 두었다.[30] 신석기 사회에서 선물 교환이 있었다는 구체적인 증거는 현재의 고고학에서 제한적이지만, 가정 간의 상호 의무가 잉여 생산과 재화의 분배를 이끈 여러 요인 중 하나였을 가능성은 충분하다.

지금 우리는 미래 지향적인 생각과 공동체 수준의 조직이 너무도 당연하게 여겨지는 세계에 살고 있어, 신석기 시대에 이런 변화가 얼마나 큰 의미를 띠었는지 이해하기 어렵다. 그러나 두 세계 사이에서 구성원을 결집해주는 혁신적 요인들, 예컨대 역사의 집, 더 일상화된 의례, 공동체 전체로 확대된 상호 의무 등은 초기 농경 공동체가 직면한 가장 큰 문제, 즉 더 높은 수준의 협력과 미래를 대비한 계획이 없다면 순전히 가정에 기반한 경제로는 생존할 수 없다는 사실을 극복하는 데 도움을 준 것으로 보인다. 역사의 집은 미래를 대비하는 마음을 길러주었고, 공동체의 전통과 의무는 잉여 식량을 굶주리는 가족들과 나누는 메커니즘을 만들어냈다. 한편 일상화된 의례는 최초의 농업 공동체가 규모를 키우는 데 도움을 주었을 뿐 아니라, 과거 어느 때보다 더 효과적으로 미래를 대비하도록 도와주었다.

나는 오랜 연구 끝에야 인류 역사에서 의례의 긍정적인 역할을 인정하게 되었다. 나와 의례의 관계가 개인적으로 원만하지 않았던 것도 적잖은 이유였다. 그렇다고 나의 경우가 특별하지는 않다. 내 동료 교수 중에도 개인적으로 숙달하거나 이해하기 유난히 어렵다고 생각하는 분야를 연구하는 경우가 많다. 게다가 정치학자인데도 학과 정치에서 전략가가 되지 못하고, 인류학자라면서도 자신이 속한 집단의 분위기를 제대로 파악하지 못하며, 지리학자인데도 캠퍼스에서 방향을 가늠하기가 가장 어렵다고 하소연하는 경우가 많다. 내 직업은 의례를 연구하는 것이지만, 나는 지금도 의례를 약간 혐오하는 편이다. 특히 집회와 예배의 형태로 학교에서 우리 모두가 의무적으로 참가해야 하는 일상화된 의식은 더더욱 혐오한다. 의례를 연구하기 시작한 초기에는 이런 활동이 무의미하고 따분할 뿐 아니라, 때로는 무서울 정도로 억압적이고 권위주의적으로 보였다. 물론 나만 이렇게 생각하지는 않는다. 이 책의 마지막 부분에서 보겠지만, 많은 사회가 의례와 관련된 전통을 빠른 속도로 잃어가고 있다. 그 이유에는 세속화도 있겠지만 학교 교육, 전문화된 조직, 정부 기관, 일상적인 가정생활 등에서 예부터 내려오는 의례를 무의미하거나 억압적이라고 폄훼한 탓도 크다.

하지만 집단 의례에 자주 참여할 때 나타나는 영향에 대해 많은 것을 알게 되자, 대대적인 결속력과 협동심, 미래를 대비하는 마음 자세를 키우는 데 일상화된 의례가 얼마나 중요한지 더욱더 깊이 인식하게 되었다. 나는 의례의 일상화가 초기 농경민들이 정착하고 점점 더 큰 규모의 문화 집단을 만들어가는 데 도움을 주었다고 줄곧 주장해왔다. 그러나 의례의 일상화는 훨씬 더 복잡한 과정의 시작에 불과했다. 이제 신석기 시대의 전환에 대한 이야기를 마무리하고, 새로운 장에서 훨씬 더 흥미진진한 이야기를 시작해보려 한다. 의례의 일상화가 더 큰 집단을 형성하고 안정화하는 데 도움이 되었을 뿐 아니라 이전에는 상상할 수 없던 권력을 휘두르는 지도자의 등장에도 큰 역할을 했다는 이야기다. 이런 새로운 지도자 중 일부는 신으로 추앙받았지만, 다수는 노예제도와 인간 제물을 바탕으로 무척 억압적인 정권을 수립했다. 이제 신석기 시대를 뒤로하고, 두려운 마음으로 청동기 시대에 발을 들여보자.

# 5

# 종교와 사회
신의 이름으로 만들어진 거대 사회

내가 지금까지 본 것 중 가장 큰 저장용 항아리는 크레타섬의 크노소스에서 발견된 것이다. 약 4000년 전에 지어진 웅장한 궁전 단지의 한복판에 엎어져 있던 이 거대한 용기들은 엄청난 양의 곡물이나 포도주 또는 기름을 저장할 수 있도록 고안되었다. 궁전 저장실을 차지했던 항아리들에는 7만 5700리터에 가까운 무언가가 보관되었을 것으로 추정된다.[1] 이 거대한 항아리는 물론이고 주변 건물과 공공장소, 예술품을 만들어낸 사람들은 무척 정교한 문명의 주인이었다. 그 문명을 이끌어간 미노스인들은 전문성에 따라 노동을 분할했을 뿐 아니라, 무척 정교하게 체계화된 신앙과 의례, 장엄한 건축물, 예술 작품을 남겼고, 교역과 공물을 통해 고대 이집트만큼이나 멀리 떨어진 다른 복합 사회들과도 관계를 맺었다.

이때는 세계의 역사에서 주목할 만한 시기였다. 미노스 궁전들이 건설되고 있던 때를 전후로 지중해와 중동과 북아프리카에서만이 아니라 인도와 중국과 페루 등 세계 전역에서 다른 주요 문명의 중심지들도 꽃을 피우고 있었다. 그 문명들은 작은 도시국가로 시작해서 더 넓은 지역을 다스리는 지배 체제로 발전했다. 이런 기본적인 양상은 고대 이집트와 메소포타미아, 남아시아의 인더스계곡, 극동의 황하계곡, 아메리카 대륙에서는 콜럼버스 이전 문명들에서 동일하게 전개되었다. 요컨대 각 지역에서, 놀랍도록 선진화된 사회가 4장에서 언급한 초기 신석기 시대의 농경 공동체로부터 진화되어 나왔다.

이 이야기에서는 농경과 잉여 생산이 중심적인 역할을 했다. 1만여 년 전부터 시작된 농업은 사람들이 정착한 지역에 처음으로 등장했고, 특히 괴베클리 테페와 차탈회위크에 형성된 정착지가 확산되며 레반트, 메소포타미아, 이집트의 대부분을 집어삼키기에 이르렀다. 현재 파키스탄 발루치스탄Balochistan에 위치한 메르가르Mehrgarh를 비롯해 중요한 고고학 유적지들에서 입증되듯이, 약 8000년 전쯤에 농경이 동쪽으로도 확산되었고, 작물 재배 및 동물의 가축화와 관련된 관습들도 거의 비슷한 형태로 유입되었다.

차탈회위크 사람들이 그랬듯이, 메르가르에 정착한 사람들도 진흙 벽돌로 집을 지었고, 밭에서 밀과 보리를 경작했으며 양과 염소와 소를 키웠다. 또한 흑요석 칼날, 화살촉, 거울, 장신구 등을 만드는 데도 비범한 솜씨를 다듬어 나아갔다. 이런 창의력은 농업을 채택한 문명의 특징이 되었다. 인구가 증가함에 따라 기술혁신 속도도 빨라졌다. 그렇게 탄생한 발명품 중에는 소와 말, 노새와 당나귀, 물소를 멍에에 씌우는 장치도 있었다. 이렇게 마구를 씌워 힘센 가축을 농경에 이용하자, 농업 생산성이 꾸준히 증가했다. 그 결과로 사회가 점차 부유해졌고, 교역망도 확대되었다. 그러고는 중추 집단이 형성되며 계급화가 시작되었다.

남아시아에서는 약 5000년 전부터 인더스계곡을 중심으로 농경 사회가 거대한 도시로 발전했다. 중국에서도 비슷한 과정이 전개되었고, 작물 재배와 가축화에서 일어난 중요한 혁신이 궁극적으로는 동남아시아로 전해졌으며, 그곳에서 인도양을 건너서는 아프리카로, 반대 방향으로는 태평양 건너편까지 확산되었다. 농경 방식이 사방팔방으로 전해지며, 마다가스카르의 왕국들로부터 폴리네시아의 최상위 군장 사회들에 이르기까지 세계 곳곳에서 주목할 만한 문명들이 탄생하는 마중물이 되었다. 게다가 아시아, 아프리카, 오세아니아에서 일어난 이런 변화와는 관계없이, 약 2000년 전부터는 현재 미국 동부에 해당하는 여러 지역과 멕시코, 남아메리카의 북서부 해안 등에서 비슷한 진화 과정이 전개되었다. 이 모든 지역에서 미시시피의 카호키아 Cahokia 문화부터 중앙아메리카의 메소아메리카 도시들까지 선진 사회가 출현했다. 현재 우리에게 페루, 에콰도르, 볼리비아, 아르헨티나, 콜롬비아, 칠레로 알려진 국가의 일부를 포함해, 남아메리카 서부 해안의 대부분을 아우르던 거대한 잉카 제국도 여기에 속한다.

그러나 사회가 이런 식으로 성장하려면 새로운 형태의 사회 통제, 즉 조직화된 종교가 필요했다. 4장에서 다루었듯이, 의례의 일상화는 더 복잡한 사회의 탄생을 위한 필요조건이었을지 모르지만, 대형화된 사회를 지탱하기에 충분하지는 않았다. 고대 이집트의 왕조들부터 폴리네시아의 최상위 군장 사회에 이르기까지 대형화된 사회는 부의 착취와 정치적 지배에서 상의하달식 체제에 의존했다.

이런 체제를 구축하기는 쉽지는 않았다. 첫째로 공유된 규범 및 믿음과 관습을 광범위하게 채택하며, 불평등한 사회체제가 필요하고 도덕적으로도 옳다는 것을 사람들에게 설득해야 했다. 또 다른 한편으로는 저항하려는 반항심을 억누르기 위한 무력의 집행기관이 필요했다. 설득과 강압의 적절한 조화는 종교적 신앙과 의례의 영역에서 주로 이루어졌다.

4장에서 보았듯이 인구가 증가하고 밀도가 높아지자, 순응주의의 영향이 약해져 이런 변화는 필요했다. 우리가 상대적으로 낯선 사람들과 교류하는 시간이 점점 더 많아지면 일탈로 인한 평판 비용이 낮아지기 때문에 자연스레 순응주의의 영향력이 약화된다. 잘 알지 못하는 사람이 우리가 그릇된 행동을 한다고 해서 우리에게 어떻게 행동해야 한다고 지적하며 질책할 가능성은 낮다. 따라서 사람들이 원칙에서 고의로 일탈하는 것을 적극적으로 억제할 방법이 필요해진다. 이런 이유에서, 대규모 사회에서는 순응주의를 단속하는 다양한 새로운 방법이 개발되었다. 그 모든 방법에는 하나의 공통점이 있다. 초자연적인 힘의 행사와 밀접한 관계가 있고, 인간의 본능적인 종교적 성향과 감성을 이용한다는 것이다.

고대 크레타에서 권력이 정확히 어떻게 행사되었는지는 지금도 여전히 오리무중이다. 미노스 궁전에 비축된 엄청난 양의 곡물과 식료품은 재분배 시스템의 일환이었다고 주장하는 학자들이 있지만, 나는 크노소스의 유적지를 돌아다니면서 그런 해석에 의문을 품었다. 궁전 저장고를 채운 커다란 항아리들을 물끄러미 바라보면서 나는 무언가 불길한 사태가 진행되고 있었을 것이라는 의심이 들기 시작했다. 미노스 문명은 강력한 왕족과 부유한 상류층이 지배한 사회였다. 정교하게 장식된 단검부터 남성의 공격성을 묘사한 조각과 벽화까지, 또 권투 경기부터 서로 상대의 목을 찌르는 남성의 형상까지, 미노스 문명의 예술품에서는 고도로 통제된 폭력에 대한 찬사가 읽혀졌다.[2] 나에게는 거대한 항아리가 재분배보다 징발을 위한 도구처럼 보였다.

미노스 궁전에 대해 알아가는 것이 많아질수록 정교한 보드게임 판부터 호화로운 연회에나 어울렸을 법한 거대한 접시까지 어디에서나 확인되는 우아한 취향과 세련된 생활 방식 뒤에는 어두운 면이 분명히 있었을 것이라는 의심이 더욱더 굳어졌다. 고대 세계에서는 이런 종류의 부에는 대체로 대가가 따랐다. 그 사회가 얼마나 불평등하고 억압적이었는지는 아무도 모르지만, 크노소스의 엄청난 부와 예술품, 비축된 식량을 생각해보면 크노소스가 고도로 계층화된 사회였을 것이라고 쉽게 상상된다. 요컨대 상대적으로 소수이던 지배계급이 다수의 노동력을 착취하는 사회였을 것이다. 노예제도가 없었다면, 적어도 어떤 형태로든 노동력의 대규모 착취가 없었다면 고대 크레타 문명의 웅장한 궁전들이 지어질 수 있었을까? 크레타 문명, 즉 미노스 문명의 고대 문자가 언젠가 해독되면 더 명확한 그림이 그려지겠지만 극단적인 불평등이 있었을 것이라 생각해볼 만한 다른 직접적인 흔적들이 있다. 예컨대 크노소스에 인접한 유적지에서는 인간을 제물로 삼았다는 폭력적인 죽음의 증거가 발견되었다.[3] 신을 즐겁게 하거나 달래려고 인간을 제물로 바치는 의례는 지금까지 인류가 고안해낸 가장 확실한 하향식 억압의 흔적이다. 신에게 호소한다는 이유로 정당화되는 불평등한 사회 질서를 내가 보고 있었던 것은 아닐까?

이 장에서 다루려는 주된 쟁점은 '계급화된 중앙집권적인 대규모 사회의 탄생과 확산에서 조직화된 종교가 어떤 역할을 했는가'다. 2장에서 살펴보았듯이, 초자연적인 존재와 우리의 관계는 소수의 형태를 띠지만 그 형태가 극단적으로 널리 확산된 특징이 있다. 예컨대 초자연적인 존재나 초자연적인 힘이 우리를 돕거나 해칠 수 있다고 상상하거나, 우리는 죽은 후에도 어떤 형태로든 계속 살아있다고 가정하거나, 자연계에 지적 설계 능력을 부여하거나, 우리의 직관과 모순되는 개념을 매혹적이고 유혹적인 방식으로 기억해 후손에 전한다. 하지만 사회가 점점 더 커지고 복잡해지면서, 힘센 짐승에게 멍에를 씌워 쟁기를 끌게 했듯이 야생 종교의 이런 특징들도 길들고 이용되었다. 우리 행동을 통제하는 데 인간의 종교 편향성이 활용된 것이었다. 결국 초자연적인 것에 대한 우리의 믿음이 우리로 하여금 통치자에게 복종하고, 통치자를 숭상하며 통치자를 위해 전쟁에 참여하도록 만들었다.

시간이 지남에 따라 크게 세 가지 유형의 종교적 특징이 나타났다. 각 특징은 저마다 고유한 방식으로 인간의 종교적 본능을 활용한 것이었다. 첫째, 사후 세계를 믿는 인간의 본능적 성향은 변덕스럽고 종종 괴팍스럽기도 한 조상신들에게 순종하는 이유가 되었다. 둘째, 초자연적 존재가 사회적으로 지배적인 존재임이 분명하다는 우리 예상은 새로운 형태의 정치적 지배를 정당화하는 수단이 되었다. 그리고 끝으로는 특성과 민족의 차이로 인해 분할되어 내부적으로 다양하던 제국들이 점점 세계화된 세계에서 협력하고 경쟁하게 만드는 데는 우리의 도덕적 본능이 이용되었다. 하지만 이 이야기를 이렇게 간단히 끝낼 수 없다. 이 세 가지 유형의 종교적 특징이 위에서 언급한 순서로 진화되었지만, 서로 배척하지 않고 중첩되고 뒤섞이는 경우가 많다. 그럼에도 세 진화 단계는 지금 우리가 알고 있는 형태의 종교에 헤아릴 수 없는 기여했을 뿐 아니라, 오늘날 세계 전역에 분포된 전통적인 형태의 신앙들을 이어주는 역할까지 해냈다.

## 조상님을 화나게 하면 안 되는 이유

파푸아뉴기니에서 키붕의 추종자들은 특별히 지어진 사원에 음식을 제물로 바칠 때, 그들이 선물을 만들어 바치려고 공들인 노력과 선의에 조상들이 기뻐하기를 바랐다. 제물을 바치는 목적은 조상들에게 후손들과 재결합해야 한다는 의무감과 갈망을 불러일으킴으로써 키붕의 모든 추종자가 간절히 바라는 망자들의 기적적인 귀환을 앞당기는 것이었다. 하지만 앞에서 보았듯이, 조상을 즐겁게 하고 달래기 위해 제물을 준비하고 바치는 과정은 힘들고 고된 일이었다. 키붕 공동체는 매달, 매년 하루도 빠지지 않고 마을의 공동묘지 사원에서 조상에게 제물을 바쳤다. 그러나 그들은 다른 종류의 사원에도 제물을 바쳤다. 그런 사원 중 하나는 키붕 운동을 창시한 저명한 사람의 이름을 딴 것으로 일주일에 두 번씩 제물이 바쳐졌다. 다른 하나는 개별 가족들 및 그들의 조상과 관련된 곳으로, 그곳에도 역시 정기적으로 제물이 바쳐져야 했다. 게다가 키붕의 모든 회원은 특별히 지어진 마을 회관에서 열리는 교회 예배와 비슷한 형태의 지루한 모임에 일주일 두 번씩 참석해야 했다. 새삼스레 말할 필요도 없겠지만, 개인적으로 매일 수행해야 하는 다른 의례도 많았고, 특별한 축일(일주일에 두 번)이나 (마을에서 언제든 일부 여성에게는 찾아오는) 월경 상태와 관련해 강요되는 절제도 있었다. 요컨대 끊임없이 관심을 보이고 헌신적으로 보살핌으로써 조상의 끝없는 요구를 채워줘야 한다는 의무감이 키붕에서 고도로 일상화된 형태의 의례로 발전했다.

이런 형태의 모든 믿음은 죽음 이후의 삶에 대한 범인류적인 종교적 직관에 근거한 것이었다. 키붕에게 '조상$_{ancestor}$'이라는 개념은 육신이 '껍질'이 땅에 묻혀 썩어 없어진 뒤에도 정신은 육신과 분리되어 계속 살아있을 수 있다는 신념에 기반을 두고 있다. 앞에서도 설명했듯이, 이런 신념은 우리가 정신 상태, 특히 기억과 믿음과 욕망 같은 고차원적인 인지 기능을 자연스레 추론하는 방법을 표현한 것일 수 있다. 그러나 키붕은 조상에 대한 의무감에 동기를 부여하는 방향으로 그 직관을 이용했고, 그 결과는 의례에 대한 철저한 순응으로 발전했다. 조상숭배의 심리에서 가장 두드러진 특징은 살아있는 사람에게 세심한 존경과 배려와 관심을 요구한다는 것이었다. 따라서 후손은 세세한 부분까지 주의를 기울이며 의무를 수행해야 했고, 조상은 자신은 그렇게 했는지 살펴보고, 그렇지 못했다면 어떤 부분에서 부족했는지를 깨닫고 기억해야 했다.

게다가 조상들에게는 약간 반직관적인 속성이 부여되었다. 따라서 물리학적 직관intuitive physics을 무시하며 벽을 통과하는 능력과 심리학적 직관intuitive psychology을 위배하며 상대의 마음과 생각을 꿰뚫어 보는 능력을 조상에게 부여했다. 하지만 이런 능력은 오래전부터 전해온 반직관적 속성이었을 뿐 아니라 사회적 영향력도 대단했다. 그런 초월적 능력에는 조상은 후손들이 의례적인 의무를 성실히 수행하기를 기대할 뿐 아니라, 마음대로 돌아다니며 누가 자신의 의무를 소홀하고 회피하는지를 확인할 수 있다는 뜻이 감춰져 있었다. 요컨대 조상이 공동체 전체를 지속적으로 감시하며 후손들의 행실을 지켜본다는 뜻이었다. 따라서 조상에 대한 믿음은 키붕 조직 전체에 의례의 일상화를 강제하는 강력한 수단이 되었다.

조상을 기쁘게 하고 달래려는 욕망이 키붕 추종자들을 순응주의자로 바꿔놓고, 키붕의 신념과 관습이 그대로 유지되는 데도 큰 역할을 했다. 그러나 키붕 추종자들이 믿음과 관습을 강제하는 이런 방법을 처음으로 찾아낸 것은 아니었다. 조상은 전 세계의 많은 지역에서 전통의 수호자다. 조상을 숭배하는 사회에서는 노인도 존중한다. 노인이 과거에 어떤 일을 어떻게 처리했는지를 가장 많이 알기 때문이다. 노인들이 소중히 여기는 전통을 우리가 따를 때 노인들은 기뻐하지만, 우리가 그렇게 행동하지 않으면 노인들은 개인적으로 불쾌해하며 우리를 벌주려 한다. 조상도 엄연한 노인이라 할 수 있다. 따라서 노인들이 그렇듯이, 조상도 우리가 의례적 의무를 충실히 수행하고 집단의 전통을 정확히 준수하기를 바란다. 그러나 우리가 의무를 다하지 않을 때 조상은 노인들보다 더 크게 화를 내고, 더 강력한 힘을 휘두르며 우리 중에서 나태하고 무례한 사람을 심하게 벌준다.

그러나 조상숭배가 도덕적인 형태를 띤 종교라고 할 수 없는 이유는, 우리가 살아있는 사람을 어떻게 대하느냐를 망자가 크게 신경 쓰지 않는 경우가 많기 때문이다. 우리끼리는 얼마든지 서로 속이고 음해하며, 이기적이고 공격적으로 행동하더라도 망자를 존중하며 망자에 대한 의무를 다하면 그만일 수 있다. 도덕심을 강조하는 신은 전지하고 전능하며 항상 옳다고 생각되지만, 조상은 대체로 변덕스럽고 일관성도 없으며 실수도 범하는 존재로 여겨진다. 따라서 조상이 오늘은 의례에서 중대한 실수를 관대하게 넘어가지만, 내일은 극히 작은 실수조차 가볍게 넘기지 않고 욕과 징벌을 퍼부을 수 있다.

이런 생각들이 직관적으로나 사회적으로 상당히 유용하다는 점에서, 세계 역사의 초기에 등장한 이유가 설명되는 듯하다. 신석기 시대에 집단 정체성이 확립되는 과정에서, 조상에 대한 이런 생각이 점점 더 중요한 역할을 했다고 추측할 수 있다. 그 증거는 농경 사회의 규모가 커짐에 따라 이차적인 매장 관습이 점차 증가했다는 고고학적 자료에서 찾아볼 수 있다. 조상에게 속죄하며 조상을 달래야겠다는 집착이 증가했다는 증거로 받아들여진다. 일차 매장이 일반적으로 사망 직후 시신을 땅에 묻는 의식이라면, 이차 매장은 훨씬 나중에, 대체로 수년 뒤에 행해지며 의례적인 목적을 위해 유해를 수습하는 과정이 뒤따랐다. 고대 선사시대에 유해를 수습하는 방법은 문화권에 따라 크게 달랐다. 예리한 날을 사용해 유골에서 부드러운 조직을 벗겨내는 방법부터, 뼈에서 살이 저절로 떨어지도록 시신을 서서히 부패시키는 방법까지 무척 다양했다. 어떤 경우에는 유골이 아니라, 시체가 소각되고 남은 재나 망자와 관련된 내구성을 띤 물건이 숭배의 대상이 되기도 했다. 하지만 시신의 수습이 어떤 형태로 이루어지더라도 유해에서 보존되는 부분을 통해 망자와의 사회적 관계가 지속되고, 영원불멸한 영혼과의 연결이 생긴다고 여겨졌다.

이차 매장 관습은 인류의 역사에서 예부터 놀라울 정도로 널리 퍼져 있다. 팔레스타인에서 발견된 초기 신석기 유적지에서부터 아일랜드의 고대 무덤까지, 또 북이스라엘의 일차 매장터부터 고대 중국의 공동묘지까지, 세계 어디에서나 초기 농경민들은 망자와의 관계를 유지하려고 애썼던 것이 분명하다.[4] 이런 고대사회에서 지금까지 전해지는 것은 뼈와 돌이 전부인 경우가 많다. 그러나 뼈에서는 시신을 거의 무한에 가까운 방법으로 처리한 흔적이 찾아진다. 예컨대 뼈에서 살을 벗겨냈다가 다시 붙였고, 머리나 턱뼈 등 신체 부위를 잘라낸 뒤에 다른 중요한 위치에 조심스레 배치했으며, 유골에 옷을 입혔다가 벗겼고, 시신에 제물을 바치거나 시신 전체에 황토를 칠했으며, 눈구멍에 조개껍데기가 놓여졌다. 4장에서 언급한 차탈회위크의 집들, 특히 여러 세대에 걸쳐 망자를 묻고 또 묻기를 반복했던 역사의 집을 생각해보면 된다.

조상, 심지어 뼈를 다루는 사람이 태어나기도 전에 사망한 조상과 연결되려는 이런 열망은 집단의 기원에 대한 관심이 높아졌다는 의미다. 요컨대 초기 농경민은 조상에 대해 강렬한 의무감을 느꼈을 것이다. 따라서 이런 의무감이 의례를 충실히 수행하고 중요한 전통을 유지하도록 강제하는 메커니즘으로 작용했을 가능성은 충분하다.[5] 그러나 무엇보다 궁금한 점은, 이런 변화가 농업으로의 전환과 어느 정도까지 관련되어 있느냐는 것이다. 조상숭배가 어떻게 수행되고 어떻게 개념화되었는지에 대한 자세한 내용은 여전히 오리무중이지만, 오늘날까지 살아남은 전통 사회의 행동을 분석해보면 고대사회에서 망자의 역할이 증가한 현상은 농경의 탄생과 밀접한 관계가 있어 보인다. 연구자들은 현대 사회에 대한 대규모 민족지학적 자료를 이용해 신석기 시대 동안 농업과 조상숭배의 관계를 추론해보고, 정교한 통계 기법을 활용해 고대사회의 진화 궤적을 재구성한 결과, 조상숭배가 농경이 강화되면서 실질적으로 시작되었다고 주장한다.[6] 조상숭배와 농업의 관련성은 민족지학적 기록에서도 관찰할 수 있다. 예컨대 114개 사회를 비교한 한 연구에 따르면, 수렵채집인이 조상을 숭배할 가능성이 가장 낮고, 자급자족 농경민은 그보다 높으며, 선진화된 농경민이 가장 높다.[7]

이런 연구 결과는 법적인 문제를 해결하는 데 조상의 존재가 유용하게 쓰인다는 사실에서 부분적으로 설명될 수 있다. 어쨌든 농경지를 비롯한 여러 자원의 소유권은 추적 가능한 혈통이나 물리적 증거를 통해 입증된 이전 소유자나 사용자를 근거로 일반적으로 주장된다. 세계 어디에서나 전통적인 토지 분쟁의 경우, 상대편은 혈통과 상속의 원칙을 근거로 내세운다. 따라서 망자와 밀접한 관계를 유지하는 것이 중요하고, 그 관계를 보여주는 가장 좋은 방법은 의례적 의무를 준수하는 것이다. 그러나 그 이외에도 까다로운 조상에 대한 믿음이 사람들에게 생존해 있는 친척과 인척에 대한 의무도 이행하도록 동기를 부여했을 가능성이 크다. 살아있는 친인척을 돌봐야 한다는 의무는 농업으로 전환한 이후에는 특히 중요했을 것이다. 4장에서 보았듯이, 가족에 기초한 경제에서 생존을 위해서는 잉여 작물의 생산이 필수적이었기 때문이다.

하지만 조상숭배에는 경제와 법의 영역을 훨씬 뛰어넘는 파급력이 있었다. 조상숭배는 집단에게 의례와 규범을 준수하도록 초자연적으로 징벌하는 승인된 방법을 사용함으로써 한 사회의 문화적 전통을 표준화하고 보존하는 데 도움을 주었고, 궁극적으로는 그 사회가 안정되고 성장할 수 있게 해주었다. 그러나 시간이 지나면서 조상숭배는 예상치 못한 결과로 이어졌다. 처음에는 조상숭배를 기초로 비교적 평등한 사회 제도가 번성할 수 있었을 것이다. 농경이 발명된 이후로 수천 년 동안 공동체는 더욱 커지고 밀도도 높아졌지만 더 치밀하게 계급화되지는 않았다. 그러나 농경이 심화되고 잉여 작물이 더 풍부해지자, 조상숭배는 훨씬 더 음울한 모습으로 변했다. 모두가 인정하며 받아들였고 또래 집단의 압력을 통해 시행되던 규칙을 묵묵히 따르는 대신, 조상을 달랜다는 개념이 점점 억압적으로 변해가는 상의하달식 강제와 관련되었다.

그렇지만 이런 변화가 시도되기 전에 사람들이 리더십에 대해 생각하는 방식에 근본적인 변화가 일어나야 했다. 뛰어난 업적을 이루었다는 이유만으로 누군가를 존중하는 자세에서부터, 태어날 때부터 물려받는다고 여겨지는 초자연적인 자질과 힘 때문에 고개를 숙이는 것으로 급격히 변해야 했다. 이렇게 생각하는 방식이 궁극적으로는 지배계급의 신성화와 통치자의 신격화로 이어졌다.

## 신이 내린 지도자의 등장

세계의 역사에서 지도자는 조상이나 신 혹은 무수히 많은 초자연적 존재를 대신해 말한다고 주장되는 경우가 비일비재했다. 얼핏 생각하면 그런 주장은 특이한 현상으로 여겨진다. 한 개인이 벌떡 일어서서 초자연적인 존재의 후원을 받고 있다고 주장할 때 곧바로 비웃음을 받거나 콧대가 꺾이지 않는다고 상상하기 힘들지 않은가. 그렇다면 군장, 왕, 황제는 어떻게 스스로를 초월적 존재를 위한 도구로 자리매김할 수 있었을까?

인류학자들은 태평양의 섬 사회들에서 확인된 이런 변화를 설명할 때 '빅맨big man' 체제와 군장 사회를 구분했다.[8] 빅맨은 개인적인 역량과 노력을 통해 권력과 영향력을 행사하는 지위를 얻어 추종자 집단을 자기편으로 끌어들이고, 지원과 노동을 제공한 대가로 그들을 보호한다. 예컨대 빅맨이라는 용어는 멜라네시아 사회에서 흔히 볼 수 있는 리더십의 형태를 가리키는 데 사용된다. 그 사회에서도 많은 사람에게 칭찬을 받는 자질, 즉 용기와 근면, 관대함과 웅변 능력, 마법적인 힘, 재물을 축적하는 능력 등을 보여주는 사람이 영향력을 발휘하고 존경을 받는다.[9] 그러나 빅맨이 죽거나 능력을 상실하면 그에게 부여된 권위도 사라진다. 반면에 군장의 지위와 권력 및 자산은 대체로 생득권에 귀속된다. 따라서 군장이라는 지위는 혈통을 통해 전해지는 신비로운 면을 띠는 경우가 많다.

군장이라는 세습 지위는 훨씬 더 혁명적인 사건의 토대가 되었다. 즉 국가와 제국에서 신에게 승인을 받은 왕권이 출현했다. 이런 사회체제에서 군장의 지배력은 점차 확대되었고, 통치자들은 더욱더 막강한 권력을 가졌다. 남아메리카와 아프리카와 아시아처럼 서로 멀리 떨어진 지역에서도 왕과 황제가 마침내 신격화되거나, 적어도 초자연적인 힘을 행사한다고 여겨졌다. 캐나다의 고고학자 브루스 트리거Bruce Trigger는 초기 문명들에 대한 방대한 비교 연구에서 남북아메리카(아즈텍, 잉카, 마야), 아프리카(이집트, 요루바Yoruba), 메소포타미아(아카드Akkadian 제국), 북중국(상나라)처럼 서로 멀리 떨어진 지역들에서 신성한 왕권이 출현하게 된 과정을 추적했다.[10] 트리거의 설명에 따르면, 이런 사회들에서 왕권은 초자연적인 힘에 의해 뒷받침되었다. 또 표면적으로 그 힘은 자연재해로부터 모두를 보호한다는 명목으로 행사되었지만, 지극한 공경심을 보이지 않는 개인을 처벌하기 위한 정당화 수단으로도 사용되었고, 그 처벌은 거의 언제나 사형으로 귀결되었다. 하와이처럼 왕이 신처럼 군림하던 국가에서 신하는 군주 앞에서 고개를 숙이고 엎드려야 했고, 베냉 같은 국가에서는 왕에게도 먹고 잠을 자고 싶은 인간적인 욕구가 있다고 여겨졌다. 예컨대 아즈텍 왕국에서 왕은 신은 아니었지만 즉위식을 할 때 신을 상징하는 예복을 입었다. 메소포타미아의 초기 왕조 통치자들도 마찬가지여서 신이 내린 것으로 여겨지는 예복을 입었고, 왕권 제도도 신이 선물했다고 생각되었다.[11]

왕권 제도는 확립된 이후로 심리적으로 큰 호소력을 가졌다. 그 이유는 리더십에 대한 우리의 가장 기본적인 직관에 의해 왕권 제도가 뒷받침되기 때문이 아닐까 싶다. 2장에서 보았듯이, 아기들은 말을 하기 전에도 초자연적인 존재가 사회적으로 지배적일 것이라 생각한다. 이런 실험 결과는 지역을 불문하고, 마법을 부리거나 미래를 예견하고, 죽은 사람과 교감하거나 불행의 원인을 알아내는 능력, 즉 반직관적인 힘을 조금이라도 보여주는 사람은 그에 미치지 못하는 사람들에게 존경받아 마땅하다고 우리가 자연스레 생각한다는 증거로 받아들여질 수 있다. 고대 채집 사회에서 그런 능력을 가진 사람이 샤먼이나 주술사, 입문 의식의 주관자였을지 모른다. 그러나 빅맨 사회에서 더 대형화되고 중앙집권화된 제도 체제로 전환하는 과정에서, 지도자들은 훨씬 더 강력한 형태의 초자연적 힘을 휘두를 수 있는 존재로 점차 상상되었다.

물론 그런 지도자가 위상을 굳히고, 강력한 군대와 위압적인 요새로 둘러싸인 뒤에 사람들이 결국 그를 어떻게 받아들였을지는 쉽게 짐작되지만, 그렇다고 그런 체제가 처음에 어떻게 시작되었는지에 대해 많은 것을 말해주지는 않는다. 자수성가한 지도자가 처음에 세습 체제로 전환된 과정을 자세히 재구성하기는 어렵지만, 다양한 사회에서 세습 체제가 처음으로 일어난 때는 어느 정도 자신 있게 말할 수 있다. 고대 이집트에서는 수천 년 전에 이런 비약적 전환이 일어났지만, 사하라 이남의 아프리카에서는 훨씬 나중에야 진행되었다. 일부 지역에 대해서는 조심스럽지만, 그 시점이 언제였는지를 짚어낼 수 있을 듯하다. 예컨대 기원전 2254년부터 기원전 2218년까지 아카드 제국을 통치한 나람신Naram-Sin은 메소포타미아에서 신적 지위를 부여받았다고 알려진 최초의 통치자였다.[12] 나람신은 자신이 살아있는 신일 뿐 아니라, 자신의 신적인 본질이 자식에게도 전해질 수 있다는 점을 받아들이도록 아카드 사람들을 설득하는 데 성공했다. 그 때문에 그의 딸은 아카드 문명에서 왕이 되지는 못했지만 여성으로 신격화된 유일한 사례로 알려졌다.

'빅맨'에서 세습 군장으로의 변화는 초기 사회들에서 간헐적으로 일어났을 가능성이 크다. 그 문턱을 넘었지만 다시 붕괴된 사회들에 대한 사례는, 탐험가와 선교사 혹은 침략자들에 의해 기록된 그 사회들의 운명에서 살펴볼 수 있다. 따라서 그런 변화가 한 번에 그치지 않고, 여러 차례 일어난 것으로 밝혀진 사회도 적지 않다. 예컨대 미얀마(옛 버마) 고원 지대의 고산족들 중에서 예외적으로 많은 수확을 거둔 혈연 집단이 자신들이 강력한 정령의 후손이라고 이웃들을 설득해, 계급 상속을 정당화하는 경우가 간혹 있었다. 그러나 샨족Shan의 계급화된 국가 체제를 모방하려던 그들의 노력은 항상 실패로 끝났고, 따라서 군장 사회도 붕괴되었다. 이런 양상은 꺼친족Kachin, 나가족Naga, 와족Wa, 친족Chin 등과 같은 부족 집단에서 몇 번이고 반복되었다는 주장도 있다.[13]

따라서 '빅맨'에서 세습 군주로의 전환은 쉽지 않다. 그러나 민족지학적 기록을 살펴보면, 지도자들이 그런 전환을 어떤 경우에는 실패하지만 어떤 경우에는 성공하는지를 어렴풋이 엿볼 수 있다. 첫째로는 모든 유형의 초자연적 리더십이 똑같지 않다는 점을 인정해야 한다. 초자연적인 힘을 행사하는 리더십의 유형은 가장 낮은 단계부터 가장 높은 단계까지 일종의 연속선에 놓일 수 있다.[14] 가장 낮은 단계에는 외적인 존재의 뜻밖의 침입에 몸을 빼앗기고 영혼이 빙의된 지도자가 있다. 그는 무력하게 심신을 점령당한 데다 저항하지 못한다. 그는 그렇게 빙의된 상태에서도 자신의 공동체에 영향력을 행사할 수 있지만, 자신의 행동을 통제할 여력이 거의 없다고 여겨지기 때문에 지도자로서 그에 걸맞은 존경이나 권위를 부여받지 못한다. 반면에 영매는 상황을 통제할 수 있는 힘이 더 크다고 여겨진다. 영매는 일반적으로 영혼의 출입을 통제하는 힘을 지녔다고 생각되기 때문에, 영혼과 그 영혼과 관련된 인간을 지배하는 권한을 어느 정도까지 부여받는다.

이런 연속체를 따라 더 멀리 가면, 통제력을 행사할 뿐 아니라 '저편the other side'에서 전해지는 힘을 해석하는 역할을 하는 선지자가 있다. 선지자는 그 자체로 더 큰 권한을 휘두르며 영적인 세계와 교통할 뿐 아니라, 영적인 세계가 이 세상에 미치는 영향까지도 좌우할 수 있다. 끝으로 연속체에서 가장 높은 쪽에는 신성한 왕권과 신격화가 위치한다. 이 땅에서 절대적인 권력은 영의 세계를 흡수하는 데 있으며, 이 땅에서 지도자는 덧없는 일시적인 껍데기가 아니라 신성神性이 담긴 영원불멸한 것, 즉 초자연적 것의 순수한 화신이 된다. 그런 권위체는 황제의 모습을 하든 메시아의 모습을 하든 무오류의 존재로 여겨지고, 그의 말은 쉽게 법이 될 수 있다.

이런 설명에서 초자연적 힘에 의존한다는 리더십이 수천 년에 걸쳐 진화해온 방식의 주요한 특징들이 적잖게 찾아진다. 그러나 인류학자들이 이런 전환의 역학 관계를 실시간으로 관찰할 수 있었던 드문 순간들도 있었다. 나는 파푸아뉴기니에서 베이닝족과 함께 생활하며 현장 연구를 하는 동안, 그런 극적인 전환 과정을 운 좋게도 목격할 수 있었다. 전통적으로 베이닝족에게는 세습 군장이 없었다. 그들의 공동체에서 지도자라는 위치에 오르려면 공동체의 기둥으로서 명성을 얻어야 했다. 남성의 경우에는 전사, 웅변가, 주술사, 의례 전문가로서 위대한 업적을 쌓아야 한다는 뜻이었다. 여성의 경우에는 많은 자녀를 낳아 기르거나, 소녀들의 은밀한 입문 의식이나 공동 축제를 조직하는 데 주도적인 역할을 맡아야 한다는 뜻이었다. 그러나 신에게 부여받은 권위를 내세우며 다른 사람들을 지배할 권리를 주장하는 사람은 아무도 없었다. 지도자들에게는 세습된 지위에서 오는 영적인 우월성이 없었고, 신을 자처거나 신을 대신해 일한다고 주장하는 군장이나 왕도 없었다. 그러나 나는 그곳에서 현장 연구를 진행하는 동안, 그 모든 것을 바꾸려는 시도를 운 좋게도 목격하는 극히 드문 기회를 가질 수 있었다.

내가 머물던 마을에서, 20대 초반의 타노트카라는 청년이 섬망에 시달렸다. 당시 그 마을에서 흔하면서도 치명적인 질병이었던 뇌 말라리아가 원인으로 추정되었다.[15] 하지만 타노트카가 쏟아내는 이상한 헛소리에, 많은 사람이 그에게 조상의 영혼이 빙의했다고 결론지었다. 타노트카가 고열 상태에서 뱉어내는 (더 정확히는 조상이 그를 통해 말하는) 주장들 중 가장 화제가 된 것은 "나는 기둥이다"라는 말이었다. 그의 형이던 바닝게의 설명에 따르면, 그 말은 베이닝족의 전통적인 가옥에서 지붕을 지탱하는 데 사용되는 중앙 기둥을 가리키는 것이었다. 베이닝족의 전통적인 원형 집은 둥그렇게 세운 기둥들을 둘러싸는 형태로 지어져서 지붕이 원뿔 모양이었고, 서까래들이 한가운데 세워진 중앙 기둥으로 연결되었다. 바닝게의 해석에 따르면, 타노트카의 입을 빌려 말하는 조상은 마을 사람들이 죽은 친척들과 다시 하나가 되려고 노력할 때 (서까래들이 중앙 기둥에 의지하듯이) 자기를 의지할 수 있도록 (둥그렇게 세워진 기둥들로 상징되는) 공동체를 돕겠다고 말하는 것이었다. 타노트카의 섬망은 조상이 돌아오는 기적이 임박했다는 신호로 받아들여졌다.

이런 리더십 요소들을 위의 설명에 맞추어보면, 타노트카는 자신의 상태를 통제할 수 없는 빙의의 무력한 희생자에 불과했다고 말할 수 있다. 그러나 그의 형, 바닝게는 영매와 같은 리더십을 발휘하며 타노트카의 메시지를 전달했다. 하지만 바닝게는 영매의 역할을 넘어, 조상들의 뜻으로 마을 사람들을 인도하는 역할까지 해내고 싶어 했다. 타노트카는 병에서 회복된 뒤에 더 많은 환상을 보았고 수수께끼 같은 말을 계속 뱉어냈다. 그러고는 바닝게와 머리를 맞대고 그 뜻을 알아내려고 애썼다. 마침내 그 둘은 저편에서 전해주는 메시지를 해석하는 선지자의 역할을 떠맡았다. 타노트카는 공개된 삶을 점차 멀리하기 시작해 은둔자가 되었고, 주변 사람들은 그가 조상신, 즉 일종의 육신화된 신으로 변해가고 있다고 주장했다.

조금씩 타노트카는 신격화되었고, 우리가 예로 든 연속체에서 가장 끝에 위치한 존재, 즉 신성을 띤 영원불멸한 존재로서 베이닝족의 메시아로 곧 등장할 것 같았다. 권위가 죽으면 사라지는 빅맨과 달리, 타노트카는 살아있는 신으로 변해갔다. 살아있는 신으로 여겨지면서 타노트카는 더는 대중 앞에 나타나거나 사회적으로 중요한 일을 할 필요가 없었다. 그가 그 지위를 굳히고 아들을 낳았다면,

타노트카의 자식이 그의 신적 지위를 물려받을 것이라고 주장할 수 있는 그럴듯한 근거가 되었을 것이다.

타노트카는 개인적인 '빅맨'에서 세습 '군장'으로 전환되는 과정에서 확인되는 모든 특징을 보여주었다. 그러나 타노트카는 세습 군장이 되지 못했다. 영매에서 신으로의 전환은 계급화가 시작된 인간 사회에서 무수히 시도되었지만 성공적으로 끝낸 경우가 드물다. 타노트카도 나중에야 깨달았지만, 그 주된 이유는 신적 지위에 대한 주장이 의심과 비판을 불러일으키기 때문이다. 인간은 초자연적 지위에 대한 주장이 결국 자기 이익을 챙기고 사회적 지배를 정당화하려는 주장에 불과하다는 신호를 놓치지 않고 민감하게 반응한다. 이런 이유에서 타노트카는 살아있는 조상이라 직접 선언할 수 없었고, 바닝게의 개입을 통해서만 그 지위를 열망할 수밖에 없었다. 바닝게가 밀어준다면 타노트카는 권위의 자리에 오르기를 꺼리는 척하다가 어쩔 수 없다는 듯 그 고귀한 운명을 받아들일 계획이었을 것이다. 하지만 이런 마키아벨리적 술수에도 불구하고, 리더십을 열망하던 타노트카의 주장은 결국 무너지고 말았다. 그의 예언이 실패한 뒤로 그와 관련된 분파가 해체될 수밖에 없었던 것도 적잖은 이유였다. 요컨대 그의 예언을 믿고, 추종자들은 조상의 귀환을 축하하기 위해 모든 가축을 도살해 성대한 잔치를 벌였다. 그러나 조상들이 돌아오지 않았고, 그들은 굶주림의 위협에 직면하고 말았다. 따라서 그들은 분파와 지도자들에게 등을 돌리고 고단한 일상으로 돌아갈 수밖에 없었다.

초자연적인 힘을 지녔다는 주장을 근거로 군장이나 귀족적 지위를 획득하는 현상이 파푸아뉴기니의 전통 문화에서 널리 확산되거나 지속되지 못했다. 그러나 타노트카의 사례를 통해, 적절한 상황이 갖추어지고 적절한 주장을 내세우며 적절한 후원자들의 지원을 받는다면 한 개인이 초자연적인 권위를 어떻게 주장할 수 있는지 어렴풋이 짐작된다. 이런 현상이 고대 메소포타미아에서 잉카 제국에 이르는 선사 시대의 여러 문명에서도 일어났던 것이 분명하다. 그러나 파푸아뉴기니에서 멀리 갈 필요도 없이, 초자연적인 힘에 대한 권리를 주장해서 타노트카보다 운 좋게 성공한 지도자들의 사례를 얼마든지 찾을 수 있다.

고대인의 DNA 분석에 따르면, 타노트카의 조상들은 태평양의 여러 지역으로 이주했다. 그 지역들에서는 독자적으로든 다른 섬으로부터 전해진 관습을 통해서든 군장 사회가 실질적으로 발달했다. 뉴질랜드, 하와이, 이스터섬 사이의 폴리네시아 삼각 지대에 위치한 섬들이 대표적인 예다.[16] 그런 사회에서는 계급제도가 잘 정립되었고, '마나'라고 알려진 초자연적인 힘을 물려받는다는 이유로 권한을 인정받는 지도자가 있었다. 그런 지도자 중 일부는 군도 전체를 통치했고, 통치권을 아들이자 후계자에게 물려주었다. '마나'를 지닌 지도자는 단순히 권력을 장악하는 데 그치지 않고, 권력 자체를 상징하는 존재가 되었다.

그런 전환이 완성되면 그 영향은 어마어마하다. 단 몇 세대 만에 세습 리더십이 전통으로 확고히 뿌리내릴 수 있다. 게다가 그 체제는 폭넓게 확산될 수 있다. 지도자가 세속적 권한을 자식에게 물려줄 수 있다면, 그가 죽은 뒤에 여러 파벌로 분열되며 내부적으로 붕괴될 이유가 사라지고, 오히려 상속 제도를 통해 세습 리더십이 지속적으로 성장할 수 있다. 따라서 세습 리더십이라는 제도의 발명은 친족과 후손의 결속으로 형성된 집단 간의 세력 균형에 기초한 비교적 소규모이던 사회체제로부터, 지배계급을 정점에 둔 계급화된 대규모 사회로 전환하는 기원이 되었다.

선사시대의 초기 농경민들에게 이런 전환은 은총이자 저주였다. 초자연적인 것으로 인정된 권력의 상속 제도가 확립되자 정치 지형에 혁명적 변화가 일어나며, 막대한 부와 힘이 창출되었지만 모두를 위한 것이 아니었다. 초자연적인 힘을 휘두른 초기의 통치자들은 정치적 지배라는 개념을 극단까지 밀어붙이는 경향이 있었다. 이런 추정을 뒷받침하는 분명한 증거로는 광범위하게 퍼졌던 '인간 제물human sacrifice'이라는 관습이 있다.

## 제물로 바쳐진 인간

멕시코 중부의 아즈텍인들은 태양신이 약해져 하늘을 가로지르는 하루의 여정을 할 수 없게 될까 봐 수많은 인간 제물의 심장을 뜯어내 태양신의 탐욕스러운 식욕을 채워주었다. 그러나 아즈텍은 신전을 건축하는 계획을 끝냈을 때도 공동의 업적을 기념한다는 이유로 인간을 제물로 바쳤다. 심장이 뜯겨나갈 때도 상상할 수 없는 고통이 있었겠지만, 심장 적출이 최악의 죽음은 아니었다. 메소아메리카의 일부 지역에서는 인간 제물의 심장을 적출하기 전에 살가죽을 벗겨내고 다양한 방식으로 피를 뽑아내는 등 장시간의 학대가 수반되었다.[17] 잉카에서 가장 흔히 사용되던 인간 제물의 형태는 생매장이었다.

이런 관습들에 대해서는 스페인 연대기 작가들의 글을 통해 알려진 것이 적지 않아, 은근한 편견이나 과장의 위험을 최소화하며 올바르게 해석하려면 상당한 전문 지식이 필요하다. 그러나 제물로 바쳐진 희생자들의 시신이 철저하게 보존되어 있어 적잖은 증거가 현대까지도 전해졌다. 예컨대 1532년 스페인의 정복이 있기 전의 시대에 잉카 제국은 산꼭대기에 신전을 짓고, 제물로 바쳐진 희생자들의 시신을 그곳에서 얼게 내버려두었다. 덕분에 20세기에 발견되었을 때도 희생자들의 미라화된 시신은 놀라울 정도로 양호한 상태였다.[18]

연구자들은 문서 기록과 부검 결과를 근거로, 잉카에서는 황제의 건강한 삶을 경축하거나, 다산과 건강을 염원하기 위해서 혹은 자연재해에 대한 속죄를 구할 목적 등 무척 다양한 이유에서 많은 사람을 제물로 바쳐졌다고 확신하는 듯하다. 이렇게 죽음을 맞은 인간 제물 중에서 어린아이도 많았는데 모두가 네 살에서 열 살 사이였다. 반면에 여자아이의 경우에는 여성의 처녀성이 희생 제물로 중요하게 여겨졌기 때문에 사춘기까지 생존하는 경우가 많았다. 이런 학살이 자행된 규모는 상상을 초월할 정도였다. 한 황제의 대관식을 경축하는 행사에서는 약 200명의 어린아이가 제물로 바쳐졌다고 추정되기도 한다.

이런 사회에서 제물로 바쳐지는 희생자가 느꼈을 두려움과 고통을 오늘날의 우리가 어떻게 헤아릴 수 있겠는가. 그러나 그 희생 제물을 사랑하던 사람의 고통을 짐작하는 일도 괴롭기는 마찬가지다. 사랑하는 자식이 괴롭힘을 당하며 죽음을 맞는 모습을 묵묵히 지켜봐야 했던 부모의 마음이 어떠했겠는가? 통치자의 힘이 이보다 더 극단적으로 표현된 경우를 상상하기 힘들다. 오늘날에도 공개 처형이나 반대파에 대한 고문을 자행하는 지독히 폭압적인 정치체제가 세계 곳곳에 존재하지만, 인권 단체들이 과거에 행해지던 인간 제물보다 더 섬뜩한 형태의 국가 폭력을 찾아내기가 쉽지 않을 것이다. 지금은 인간 제물이 극히 드물지만 항상 그렇지는 않았다. 군장사회와 국가가 형성되던 초기에는 서西유라시아에서 사하라 사막 남쪽의 아프리카까지, 또 폴리네시아에서 남북 아메리카까지, 북유럽에서 동아시아까지 인간 제물은 놀라울 정도로 만연한 관습이었다. 왜 그랬을까?

인간이 제물로 바쳐진 이유가 무엇이고, 왜 그런 관습이 확산되었을까? 인간 제물이라는 관습을 채택한 집단이 더 커지고 더 부유해지고 더 잘 조직화되어, 세력을 확대하며 경쟁 집단들을 정복할 수 있었기 때문에 인간 제물이 성공적인 문화 적응cultural adaptation이었다고 설명할 수 있다. 그런 사회에서 태어난 사람은 자신이 많은 면에서 운이 좋다고 생각했을 수 있다. 그러나 그런 사회에서 태어났더라도 지배계급에 속하지 않았다면 그 체제가 상당히 불공평하다고 생각했을 수도 있다. 권력층은 일반인에게는 허용되지 않는 수준의 부와 사치를 누릴 수 있었다. 권력과 재물과 지위가 지배계급에 집중되었을 뿐 아니라, 그 계급에 속한 사람들은 다른 사람들이 힘쓴 노동의 결실로부터 혜택을 누리며 대체로 비교적 여유 있게 살았다. 그들은 신의 명령이라 주장하며 그런 사회 구조를 정당화했다. 결국 종교는 불평등을 정당화하는 근거가 되었다. 5000년 전에 수메르의 도시국가들은 제사장을 겸비한 통치자나 도시의 종교적 의례 및 수호신과 관련된 왕에게 지배를 받고 있었다. 그로부터 오랜 시간이 지나지 않아 이집트는 파라오가 다스리는 강력한 왕조 아래에 통일되었다. 파라오는 초자연적인 힘으로부터 권한을 인정받은 대가로, 그 존재의 요구대로 인간을 제물로 바치는 의례를 치렀다. 유사한 양상이 남아시아와 중국, 메소아메리카, 폴리네시아 등에서도 펼쳐졌다.

　이런 불평등한 정치체제는 인간의 평등주의적 충동에 많은 면에서 충돌한다. 그런데 집단의 이익에 별로 기여하는 것이 없는 지배계급이 그렇게 많은 특권을 누려야 한다는 주장을 일반 구성원들이 어떻게 받아들이게 되었을까? 그 답은 종교에 있었다. 신들은 우리에게 극단적인 형태의 불평등을 받아들이라고 요구했다. 이런 독선적 교리가 인간 제물이라는 제도보다 더 극명하게 표현된 곳은 없었다. 지배계급은 제도화된 폭력을 이용해 일반 대중에게 공포를 심어주며 극단적인 형태의 불평등을 더 잘 유지할 수 있었고, 야만적이고 폭압적인 힘을 행사함으로써 지배권을 확대할 수 있었다. 인간 제물은 제국 건설에 필요했던 하나의 조건에 불과했고, 그 밖에도 노예화부터 식민지 건설, 고문과 공개 처형까지 다른 잔혹하고 극단적인 형태의 지배가 제국 건설에 필요했다. 그러나 이런 모든 형태의 억압이 초자연적 존재의 심기를 달랬지만 그중에서 가장 섬뜩한 방식은 인간 제물이었다. 인간 제물은 신들로부터 사후 인정을 받았을 뿐 아니라 신들이 먼저 요구한 것이었다.

태평양의 섬 사회들이 경이로운 다양성을 보여주며, 우리 이론을 검증하는 자연 실험실 역할을 톡톡히 해낸 덕분에 우리 연구팀은 이런 현상을 여느 때보다 더 잘 이해하게 되었다.[19] 오스트로네시아 어족에 속한 언어를 사용하는 종족들은 현재의 대만에서 시작되었지만, 그들의 후손들은 태평양과 인도양의 광활한 지역 곳곳으로 뻗어나가 아득히 멀리 떨어진 폴리네시아 섬들과 마다가스카르까지 옮겨 갔다. 그들이 세운 많은 사회에서는 세습 권한이라는 문턱을 넘어 귀족과 왕족이 무척 다양한 형태로 형성되었고, 초자연적 힘과의 관련성을 근거로 통치권을 확보했다. 그 사회들의 문화적 신앙 체계는 서로 크게 달랐고, 그에 못지않게 인간 제물을 죽이는 방법도 몽둥이질, 짓밟기, 참수, 토막 내기부터 교살과 익사까지 다양했지만 인간 공양 자체는 그 지역에서 보편적으로 행해졌다. 이렇게 다양한 형태로 자행된 의례적 살인은 제사장, 군장, 왕 등 지배계급의 명령에 따라 시행된 반면에 제물로 바쳐진 희생자는 노예, 어린아이, 포로 등과 같이 신분이 낮은 계급에 속한 경우가 많았다.

사회적 불평등과 인간 제물 간의 관계를 조사하기 위해 연구자들은 오스트로네시아 어족에 속한 언어를 사용하는 93개의 집단을 표본으로 수집하는 작업부터 시작했다. 앞에서 언급한 빅맨 체제처럼 재산과 지위를 물려주는 메커니즘이 없는 집단은 '평등주의적'으로 분류되었다. 한편 상속 제도를 확립하는 문턱을 넘어서는 데는 성공했지만 한 세대 내에서 여전히 상향 이동이 가능한 집단은 '중간 정도로 계층화'된 것으로 분류되었다. 부와 지위를 물려주는 방법에는 차이가 있지만 한 세대 내에서 상향 이동의 기회가 거의 없는 집단은 '고도로 계층화'된 사회, 즉 사회적 계층에서의 지위가 거의 출생에 의해 결정되는 사회로 분류되었다. 이에 대한 연구 결과에 따르면, 인간 제물의 희생은 고도로 계층화된 사회에서 가장 만연했고, 평등주의적 사회에서는 극히 드물었다. 연구자들은 언어 나무language tree를 사용해서, 오스트로네시아 어족을 사용하는 많은 집단이 어떻게 진화해왔는지를 도식화했다. 그 결과 인간 제물을 채택한 집단은 향후에 고도로 계층화될 가능성이 높아지고, 계층화가 확립된 이후에는 계층화가 사라질 가능성이 줄어든다는 사실이 밝혀졌다. 다시 말하면 인간 제물과 사회적 불평등 사이에는 밀접한 관계가 있었다는 뜻이며, 인간 제물이 구성원들에게 공포감을 심어주며 복종을 강요하는 수단으로 사용되었다는 견해와 맞아떨어진다.

하지만 인간 제물이라는 제도는 야만적인 힘을 과시하는 수단만이 아니었다. 신성한 의무이자, 인간과 신이 맺은 성스러운 계약이기도 했다. 잉카 제국은 남아메리카에서도 지각판이 충돌하며 파멸적인 지진과 화산 폭발이 빈번하게 일어나는 지역에 걸쳐 있었다. 이런 자연재해를 일으키는 원흉으로 여겨지던 신들을 기쁘게 하고 달래기 위한 노력은 소중한 선물에 집중되었다. 그런데 사랑하는 자식보다 더 소중한 것이 있었겠는가? 잉카 제국의 백성들은 인간 제물이라는 제도에 순응하며, 그 제도의 부당함에 분노하기보다는 확정된 질서의 일부로 받아들이며 살았을 것이다. 물론 저항하고 싶은 유혹을 받았을 사람도 적지 않았겠지만 대부분은 침묵하며 견뎠을 것이다. 폴리네시아를 비롯해 인간 제물이 관습적으로 행해진 다른 많은 정치체제에서도 마찬가지였을 것이다. 예컨대 몽골족, 켈트족, 스키타이족, 초기 이집트인 등 다양한 문화 집단이 모두 한때 인간을 제물로 바쳤지만, 이런 사회에 속한 사람들이 인간 제물을 부정적인 억압의 한 형태로 여겼을 가능성은 거의 없다. 신을 즐겁게 하거나 달래려고 인간을 죽였던 모든 초기 문명에서 대부분의 구성원은 그런 관행을 필요악으로 여겼을 가능성이 높다.

이쯤에서 이런 의문이 제기된다. 사람들이 주변에서 벌어지는 극단적인 폭력 행위에 적극적으로 분노하지 않았다면 그 행위가 어떻게 사회를 통제하는 수단으로 사용될 수 있었을까? 어쩌면 그 답은 심리학자들이 흔히 TMT라고 일컫는 '공포 관리 이론terror management theory'에서 찾아질 수 있을 듯하다. 공포 관리 이론에 따르면, 인간 제물을 비롯해 죽음이나 죽음에 이르는 과정을 더 눈에 띄게 만드는 음습한 종교적 관행들은 사람들에게 죽음을 피할 수 없다는 공포심과 실존적인 불안감을 심어주며 순응적인 태도를 부추긴다. 따라서 그런 관행들은 사람들이 기존 질서에 순응하기를 바라는 지배계급에게 큰 도움을 되었을 것이다. 공포 관리 이론을 떠받치는 기본 개념을 정리하면, 인간이면 피할 수 없는 종말을 인정하는 능력, 즉 우리 모두가 언젠가는 죽는다는 명약관화한 지식이 생존하고 번식하려는 우리의 진화된 충동과 직접적으로 충돌한다는 것이다. 생명의 끈을 놓지 않으려는 욕망과 죽음은 피할 수 없다는 인식이 충돌하는 까닭에 우리는 모두 불안한 상태에서 살아갈 수밖에 없다.

공포 관리 이론을 지지하는 학자들의 주장에 따르면, 의식적으로든 무의식적으로든 죽음을 피할 수 없다는 사실이 더 두드러질 때 사람들은 부정적인 스트레스를 줄이기 위해 고안된 다양한 방어 전략을 채택한다.[20] 그중 하나가 영생이라는 환상을 만들어내는 것이다. 공포 관리 이론에서 영감을 받은 많은 연구에서 말하듯이, 전통적인 종교들에서 정교하게 만들어진 사후 세계에 대한 믿음은 죽음에 대한 불안감을 완화하는 역할을 한다. 죽음의 가능성이 더 구체화되거나 더 가까이 닥쳐올 때마다 사람들이 더 종교적으로 헌신한다는 것이다. 이런 연구 결과는 '여우굴에는 무신론자가 없다'라는 오랜 격언을 떠올려준다. 다른 식으로 말하면, 최전선에서 죽음의 위험과 싸우는 군인이 상대적으로 안전하고 덜 위협적인 환경에서 살아가는 사람보다 신과 사후 세계를 믿을 가능성이 더 높다는 뜻이다.

종교 체제가 죽음과 사후 세계에 초점을 맞춘다는 사실 자체가 사람들에게 죽음의 필연성을 생각하게 만들고, 그리하여 규범과 권위자를 따르게 만드는 방법이다. 인류학자들은 조상숭배가 여러 종류의 의례를 통해 시신을 처리하는 방법에 초점을 맞추고, 더 나아가 묘지와 무덤 등 매장지에도 관심을 기울임으로써 죽음이라는 문제를 더 크게 부각하는 효과를 거두었다고 꾸준히 주장해왔다.[21] 논란의 여지는 있겠지만, 이런 병적인 집착이 인간 제물이라는 관행에 의해 새로운 차원으로 끌어올려졌다. 신을 기쁘게 하고 달래야 한다며 많은 사람이 지켜보는 앞에서 인간을 제물로 바치고 섬뜩하게 죽이는 장면보다 종교가 죽음의 가능성에 대한 공포심을 심어줄 수 있는 더 극단적인 방법을 생각해내기는 어렵다. 실제로 죽음에 대한 근심은 인간 제물과 결합되어 나타나는 경우가 많았다. 잉카인들은 신에게 인간의 생명을 제물로 바친 것으로도 유명하지만, 망자와의 관계를 12대까지 거슬러 올라가는 족보의 깊이도 주목할 만하다.[22] 공포 관리 이론의 증거를 믿는다면, 인간 제물과 망자가 이렇게 폭넓게 강조된 까닭에 권위를 존중하고 규범에 순종하는 수준이 높아졌을 것이다.

이 모든 것에서, 인류의 선사시대에는 종교적 규범이 점점 강압적으로 집행되는 메커니즘으로 오랫동안 서서히 발전했다고 추정된다. 이 모든 것은 물론 어떤 악의도 없이 시작되었다. 초기의 농경사회는 어려운 시기를 견뎌내며, 특히 어려운 시기를 겪는 가정, 예컨대 일할 사람의 수에 비해 먹여야 할 입이 많은 경우를 지원하기에 충분한 잉여 작물을 생산함으로써 더 크게 성장할 수 있었다. 조상숭배는 무덤 너머에서도 끊임없이 요구하며 자신의 요구가 충족되기를 바라는 어른들에 대한 깊고 지속적인 존경심을 심어주어 구성원들이 생존을 위한 기본적인 욕구가 충족되었을 때 발을 뻗고 쉬는 데 만족하지 않고, 곤경에 빠진 친척에 대한 의무를 다하도록 유도하는 데도 도움이 되었다.

그러나 사회가 점점 더 커지면서 이런 메커니즘만으로는 열심히 헌신적으로 일하도록 동기를 부여하기에 충분하지 않았다. 게다가 계급제도와 지배 집단의 등장은 상대적으로 비생산적이지만 부양해야 할 집단이 더 늘어났다는 뜻이었다. 요컨대 어른의 짐을 짊어지기에는 너무 어린아이나 노동을 하기에는 너무 쇠약한 노인만이 아니라, 넘칠 정도로 모든 욕구가 채워지기를 기대하는 귀족과 통치자와 직업화된 성직자까지 부양해야 했다. 이런 유형의 순종에 동기를 부여하려면 사랑하는 가족에 대한 헌신을 넘어서는 그 이상의 것이 필요했다. 공포심을 조장해야 했다. 초기의 국가에서 많은 종교가 유혈이 낭자한 전쟁을 통한 노예 탈취부터 인간 제물이라는 관습까지, 공포심을 조장하는 데 열중한 이유가 여기에 있었다.

## 인간 제물의 종말

그럼에도 불구하고 인간 제물이 사회 통제를 위한 한 수단이었고, 고대사회가 점차 계급적이고 경제적으로 불평등하게 변해가면서 더욱더 만연하게 되었다면, 오늘날의 세계에서는 그렇지 않은 이유가 무엇일까? 이 질문에 답하려면 수천 년 전부터 세계 곳곳에 존재한 인간 사회들을 엄격하게 비교하는 방법이 필요하지만, 그런 작업이 쉽지는 않다. 세계사에서 일반적인 추세와 인과관계의 방향에 대한 의문에 답하기는 지독히 어렵다. 어쩌면 선택편향selection bias이 가장 큰 문제일 수 있다. 선택편향은 과거 사회로부터 우리 이론에 들어맞는 사례는 선택하고, 그렇지 않은 증거는 무시하는 위험을 초래할 수 있다. 우리에게 필요한 것은 인간 사회와 문화의 진화에서 나타나는 일정한 양상들을 더 객관적으로 찾아내고 설명하는 방법이다. 다시 말하면, 결과가 어떻게 나타날지 모르는 상태에서, 또 우리가 선호하는 설명에 유리하도록 결과에 영향을 미칠 수 없는 상태에서 그런 양상들을 정량화하고 인과관계를 검증할 수 있는 방법론이 필요하다.

이런 염려는 나를 피터 터친Peter Turchin에게로 이끌었다. 터친은 세계에서 가장 박식한 학자이자 많은 글을 발표하는 학자로, 우리 인간이 어떻게 여기까지 왔는지 설명하려는 내 열정에 공감해주었다. 우리는 세계 역사상 가장 큰 규모의 데이터뱅크를 구축하겠다는 계획을 세웠다. 우리는 내 연구 보조금 중 하나를 이용해 피터 프랑수아Pieter Francois라는 박사 후 연구원을 고용했다. 프랑수아의 도움으로 우리는 순조롭게 작업을 시작할 수 있었고, 우리는 머리를 맞대고 고심한 끝에 고대 이집트에서 언어와 기록을 담당하던 여신의 이름을 따서 프로젝트를 '세샤트'라 명명하기로 했다.[23] 세샤트의 목표, '세계사 데이터뱅크Global History Databank'는 세계사에 대한 방대한 양의 정보를 수집하고 통계적으로 분석함으로써 인간 사회가 진화해온 방식에 대한 이론들을 검증하는 것이었다. 특히 우리가 최우선 순위에 두었던 과제는 사회가 복잡하게 진화하는 과정에서 종교가 어떤 역할을 했는지를 규명하는 것이었다.

하지만 로마와 하와이처럼 서로 멀리 떨어져 존재하던 문명들의 역사에 대한 정보를 비교하려면 공통된 일련의 변수들이 필요하다. 안타깝게도 역사학자, 인류학자, 고고학자의 글에서는 이와 관련된 정보가 쉽게 접근해 분석할 수 있는 형태로 존재하지 않는다. 비교를 용이하게 하려고 우리는 모든 관심 변수variable of interest를 빠짐없이 나열한 일종의 코드북을 만들었고, 그 결과로 우리는 전문가들의 도움을 받아 그 특정한 변수가 각 과거 사회에 존재했는지 여부를 조사할 수 있었다. 우리 목표는 세계사를 가급적 다양한 관점에서 접근하는 동시에, 학술 자료를 바탕으로 최대 1만 년의 기간을 끊어지지 않는 연속적인 시계열로 나타내는 것이었다.

기왕에 발표된 자료를 이렇게 수집하고 정리하려면 많은 연구 보조원을 동원해 저서와 학술 논문을 체계적으로 살펴보며 필요한 정보를 끌어내야 했다. 뿐 아니라 연구 보조원의 작업을 점검하고 개선하는 데 도움을 주기 위해 해당 분야를 전공한 역사학자, 고고학자, 고전학자로부터 조언과 의견을 구해야만 했다. 우리 연구팀의 출발점은 세계의 어느 지역을 다룰지 결정하는 것이었다. 궁극적으로는 인간이 거주한 모든 지역을 빠짐없이 살피는 것이 세샤트의 목표이지만, 그 목표를 10년 남짓한 기간에 이루어내기는 불가능하다는 사실을 처음부터 잘 알았다. 프로젝트를 순조롭게 시작하고, 이 프로젝트로 무엇을 할 수 있는지 보여주기 위해서는 세계의 역사를 합리적으로 대표할 수 있는 부분부터 시작해야 했다. 우리의 주된 관심사는 사회와 정치를 복잡하게 만들어가는 요인들에 있었기 때문에, 우리가 확보한 자료를 고려할 때 관리할 수 있는 범위 내에서 이 세계의 정치체제들에서 사회·정치적 진화의 유형과 단계를 최대한 다양하게 담아낸 표본이 필요했다.

우리는 세계를 10개 지역으로 나눈 다음, 각 지역에서 약 100제곱킬로미터(40제곱마일)의 '자연 지리적 구역 natural geographic area, NGA'(일반적으로 강이 흐르는 골짜기나 고원지대 등 자연적으로 형성되어 수천 년 동안 고유한 특징을 유지하는 경향을 띠는 지역)을 세 곳씩 찾아내려 했다. 그 목적은 각 지역에 사회적 복잡성이 상대적으로 일찍이 출현한 NGA(239쪽 지도에서 큰 원으로 표시), 상대적으로 늦게 출현한

NGA(작은 원), 중간쯤의 어딘가에서 출현한 NGA(중간 크기의 원)가 적어도 하나씩 있다는 것을 입증함으로써 표본에서 다양성을 극대화했다.[24] 239쪽 지도에서 이 점들은 30개의 NGA 표본으로, 우리가 연구한 정치 조직체들은 여기에서 선택되었다.

우리는 세계 곳곳에서 골고루 30개의 NGA를 선정했다. 우리 목표는 자료가 허용하는 최초의 시기부터 산업화가 도래할 때까지 정치 조직체가 어떻게 진화했는가를 추적하는 것이었다. 이렇게 하면, 모든 인류가 소규모로 무리 지어 채집하며 살아가던 구석기 시대 말부터 대부분의 인류가 100만 명 이상의 중앙집권적 국가에서 살아가던 때까지, 세계사의 거대한 흐름에서 사회 복잡성이 어떻게 진화했는지도 추적할 수 있었다.

하지만 이 목표를 이루어내려면, 우리가 '사회적 복잡성'이라 칭하는 찾아내고 규정하기 어려운 차원의 규모를 측정할 방법을 설정해야 했다. 4장에서 설명했듯이, 사회적 복잡성은 부분적으로 집단의 규모와 관계가 있다. 그러나 사회적 복잡성은 우리가 협력하는 규모에 관한 것이기도 하므로 집단의 구조와 관련이 있다. 상대적으로 더 복잡한 사회의 계급 구조가 더 복잡한 경향을 띠기 마련이다. 또 정부 기관들은 수도에 집중되고, 강력한 통치자만이 아니라 행정가와 성직자, 군지휘관 등 고급 공직자에게 감독을 받는다. 오래전부터 학자들은 사회적 복잡성을 좌우하는 많은 요인 중에서 어떤 요인이 사회의 진화를 이해하는 데 중요한지에 대해 논쟁을 벌여왔다. 세샤트팀은 이런 논쟁에서 어느 한 편에 서지 않고, 학자들이 중요하다고 주장하는 두드러진 요인들을 취해 그 하나하나에 부

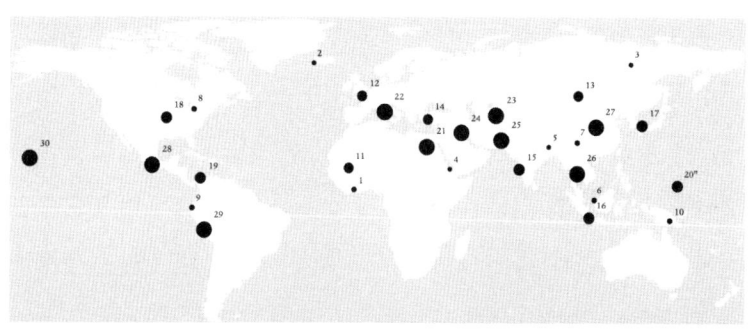

| 지역 | 복잡한 정치 조직체의 후기 출현 | 복잡한 정치 조직체의 중기 출현 | 복잡한 정치 조직체의 초기 출현 |
|---|---|---|---|
| 아프리카 | 1-가나 해안 | 11-니제르 내륙 삼각주 | 21-상이집트 |
| 유럽 | 2-아이슬란드 | 12-파리 분지 | 22-이탈리아 |
| 중앙유라시아 | 3-레나강 골짜기 | 13-오르홍강 골짜기 | 23-소그디아나 |
| 남서아시아 | 4-예멘 해안 평원 | 14-콘야 평원 | 24-수시아나 |
| 남아시아 | 5-가로 힐스 | 15-데칸 고원 | 25-카치 평원 |
| 동남아시아 | 6-카푸아스강 유역 | 16-자바섬 중부 | 26-캄보디아 분지 |
| 동아시아 | 7-남중국 구릉지 | 17-간사이 | 27-황하강 중류 골짜기 |
| 북아메리카 | 8-핑거 레이크스 | 18-카호키아 | 28-오악사카 골짜기 |
| 남아메리카 | 9-안데스 저지대 | 19-콜롬비아 북부 | 29-쿠스코 |
| 오세아니아-오스트레일리아 | 10-오로, 파퓨아뉴기니 | 20-추크 제도 | 30-하와이섬 |

• 출처: 세샤트팀

호를 붙였다. 그 결과로 주요 변수 51개를 목록화할 수 있었다.[25] 그러고는 사회적 복잡성을 결정짓는 51개 주요 요인들을 아홉 가지 범주 즉, 인구, 계급 구조, 정부, 영토, 기반 시설, 화폐제도, 문해력, 정보 체계, 자본 규모로 분류했다.[26]

5장 | 종교와 사회 **235**

세계의 역사를 수천 년까지 거슬러 올라가, 수백 개의 사회에서 이런 모든 변수를 부호화했고, 그 결과에서 우리는 무척 눈에 띄는 현상을 확인할 수 있었다. 변수들 간의 관계를 통계적으로 분석한 결과에 따르면, 변수들이 우리 예상보다 서로 훨씬 더 밀접하게 관련되어 있었다. 수십 년 전부터 학자들은 사회적 복잡성을 측정하는 데 영토 면적부터 계층화된 계급 구조까지 어떤 요소를 핵심 지표로 삼아야 하는지 논쟁을 벌여왔다. 우리 연구팀은 모든 요소를 고려해야 한다고 결론 내렸다. 달리 말하면, 어떤 학자가 틀렸다는 주장은 잘못된 것이라는 뜻이다. 사회적 복잡성이 증가할 때 51가지 요인이 모두 함께 움직인다.

이런 통찰을 얻고 나자, 우리는 인간 제물의 흥망성쇠에 대한 의문을 답하는 데 필요한 방향을 마침내 가늠할 수 있었다. 우리는 세샤트의 데이터베이스를 사용해, 권위체에 대한 극단적인 존중과 인간 제물이 사회적 복잡성의 증가와 어떤 관련이 있는지 추적하기 시작했다. 예상한 대로, 인간 제물이 사회·정치적인 복잡성의 탄생과 상관관계가 있다는 점이 세샤트의 자료에서 확인되었다. 그러나 궁극적으로는 상당히 놀랍게도 인간 제물이 우리가 조사한 모든 지역에서 사라졌다. 그 이유에 대해서는 사회적 복잡성이 진화하며 어떤 임계점을 넘어서면 극단적인 형태의 불평등과 독재가 더는 통용되지 않는다고 가정해볼 수 있다.

그 이유가 무엇일까? 단서는 인간이 제물로 바쳐진 국가의 문화 구조에서 인간 제물이 어떤 위치를 차지했느냐에 있는 듯하다. 이 섬뜩한 관행을 채택한 국가들의 문화 시스템에는 지배층과 평민 간의 관계가 노골적인 강압만이 아니라 호혜성을 띤다는 공통점이 있었다. 예컨대 잉카에서 명확히 확인되듯이, 그곳에서는 지배층이 지역 축제를 후원하는 대가로 공물과 노동력, 군사적 지원을 받았다.[27] 국가의 이런 개입을 통해, 부자와 빈민은 서로 도움을 주고받는 관계라는 인식이 강화되었을 뿐 아니라, 인간이 제물로 바쳐지는 우주론적 체계를 정당화하는 일련의 믿음과 관행을 공유하는 데도 도움이 되었다. 그 결과로, 인간 제물을 비롯해 공포심을 조장하는 통치 전략들은 대부분의 구성원이 서로에게, 더 나아가 사회 질서에 대한 충성심을 공유하는 지극히 동질적인 사회에서 가장 효과적이었다. 국가가 문화적으로 동질적일수록, 극단적인 권력 행사와 상의하달식 강압을 정당화하기가 더 쉬워진다.

반면에 문화적으로 다양한 인구로 구성된 다민족 제국에서는 극단적으로 불평등한 현상을 유지하기가 훨씬 더 어려웠다. 제국이 다른 종족과 종파, 전문가 집단과 계급 등 다양한 이익 집단을 통합하며 내부적으로 분화되자, 인간 제물과 집단 노예라는 형태를 띠는 극단적인 불평등을 유지하기가 점점 더 어려워졌다.[28] 다시 말하면, 지나치게 불평등한 사회는 시민의 구성이 다채로워질 때 불안정해지고, 내부의 저항이나 전쟁에서의 패배에 취약해질 수 있다는 뜻이다.

중국의 파란만장한 역사에서 이런 가정을 뒷받침하는 많은 증거를 찾아볼 수 있다. 예컨대 약 3000년 전 주나라가 상나라를 무너뜨렸을 때, 주나라 군대는 상나라의 노예들이 압제자들로부터 해방을 꾀한 덕분에 크게 증강되었다. 군대는 억압받는 계층에서 신병을 모집하는 경우가 많았고, 이런 현상은 문명의 흥망성쇠에서 착취적인 정권이 치러야 했던 대가 중 하나였다. 주나라가 건립되고 약 1000년이 지난 뒤, 중국은 진나라에 의해 훨씬 더 큰 규모로 통일되었다. 하지만 진나라는 책을 불태우고 학자를 처형하는 등 국가 정체성의 기반을 근본적으로 훼손하는 잘못을 저질렀다(학문에 종사하는 사람들에게는 이만저만한 교훈이 아닐 수 없다). 이런 억압적인 방법의 사용은 단기적으로 미약한 평화를 가져다주었을 뿐이다. 그리하여 진나라는 건국하고 수년이 지나지 않아 한나라로 교체되고 말았다.

  이런 가정을 뒷받침하는 또 하나의 고전적인 예는 초기 로마 공화국이 호전적인 볼스키족Volsci, 사비니족Sabines, 아이퀴족Aequi의 공격을 받으면서 평민 출신의 군인들이 반복적으로 이탈을 선언한 경우였다. 군대를 자기편에 두려면 양보를 반복해야 했고, 그런 양보가 궁극적으로는 사회적 평등 수준을 개선하는 데 큰 역할을 했다는 점이 입증된 셈이었다.[29]

  핵심은 내부적으로 다양한 제국이 강압적인 전술에 지나치게 의존하면 지속될 수 없다는 것이다. 폭압적인 통제만으로 사회를 유지하기 불가능해지는 임계점에 이르는 순간을 정확히 특정하기는 어렵다. 하지만 세샤트의 자료를 분석한 결과에 따르면, 전체 인구가 100만 명을 넘어선 단계에서의 어느 지점인 듯하다. 이 전환점을 넘어선 고대사회를 분석해보면, 순전히 출산율의 증가만으로는 그 지점에 이르지 못했다. 대개는 정복과 침략을 통해 다른 집단의 인구를 흡수하는 방식으로 규모를 키웠다. 하지만 여러 종족으로 이루어져서 통제하기 힘든 대제국은 정복당한 부족들이 부당한 대우와 역사적 반감으로 지역에서 일으키는 반란과 혁명에 취약할 수 있다.

위에서 언급한 것처럼 중국과 로마의 사례만 있지 않다. 이런 현상은 문명의 흥망성쇠에서 반복되는 것이 일반적인 특징이다. 내부 불만을 잠재우는 확실한 해결책 중 하나는 대규모 군대를 일으켜 잠재적 불안을 억누르는 것이었다. 그러나 이렇게 하려면, 권력의 중심에서 멀리 떨어진 집단들에게 충성심을 불러일으키는 다양한 방법이 필요했다. 결국 다민족으로 이루어진 제국에게는 점점 다각화되는 국민을 일련의 공통된 사상으로 통합하는 방법이 필요했다. 그러나 그 방법이 무엇이었을까?

이 의문의 답을 구하려고 고대의 많은 황제가 밤잠을 설쳤을 것이다. 하지만 몇몇 황제는 우여곡절 끝에 그 해결책을 결국 찾아냈고, 그 답은 정치적인 삶에서 종교의 역할이 다시 바뀌어야 한다는 것이었다. 그리하여 신들이 처음으로 양심이라는 것을 함양하기 시작했다.

## 정의와 공정을 외치는 종교의 등장

오늘날 우리가 알고 있는 세계 종교의 선구자, 즉 처음으로 도덕화된 대규모 종교는 종교적 계시라는 두 줄기의 도도한 강을 따라 흘러 내려갔다.[30] 그중 하나의 발원지는 이집트 여신, 마트$_{Ma'at}$까지 거슬러 올라갈 수 있을 듯하다. 논란의 여지는 있지만 마트 여신은 약

4500년 전의 이집트 고왕국Old Kingdom 중기로 거슬러 올라가며, 최초의 도덕적 신으로 섬겨졌기 때문이다. 마트는 정의와 관련된 중요한 원칙들, 예컨대 법과 질서와 균형을 주관하는 신이었다. 하지만 유대인들의 선지자주의는 부분적으로 이집트 통치자들에 대한 반발이었기 때문에 이런 전통에서 서구 평등주의 철학이 시작되었다고, 적어도 그 주요 지류 중 하나가 발원했다고 말할 수 있다.

한편 동쪽에서는 고타마 싯다르타가 인더스-갠지스 평원 지역을 방랑하며 전파한 일련의 계시가 있었다. 훗날 불교로 알려진 싯다르타의 가르침에서 강조한 절제와 친절은 전제적인 통치자와 군사 지도자가 지향하는 목표와는 충돌하는 개념이었다. 두 도도한 사상의 강이 합류되는 곳에서 기원전 첫 번째와 두 번째 천년시대에 조로아스터교, 유대교, 자이나교를 비롯해 많은 새로운 종교가 등장했다. 이렇게 도덕심을 강조한 새로운 종교들은 동쪽으로 쭉쭉 뻗어나갔다. 중국에 불교가 전해진 때는 한나라 시대였고, 그 이후에는 마니교가 전해졌다. 역사에서 이런 흐름은 때때로 '축의 시대Axial Age'라 일컬어졌다.

축의 시대라는 개념은 종교의 역사에 대한 18세기와 19세기의 연구까지 거슬러 올라간다.[31] 간단히 정리하면, 축은 세계 최대의 제국들에서 나타나 확산되기 시작한 일련의 새로운 종교적이고 철학적 가치들로 이루어졌고, 권력자들의 패권에 도전하며 더 원대한 사회 정의를 꿈꾸었다. 불교에서 측은지심을 강조하고, 기독교에서 온유한 사람을 높이 평가하며, 힌두교인들이 선업善業, good karma을 추구하며 행하는 자선 행위를 생각해보면 된다. 그러나 '축의 시대'라는 개념은 오래전부터 다수의 학자에 의해 받아들여지고 다듬어진 데다 각 학자가 그 현상의 다른 면들을 강조한 까닭에 축의 시대는 이해하기가 쉽지 않은 변화의 기간이고, 어떤 요소를 필수적으로 여겨야 하는지 결정하기도 어렵다.

이번에도 우리 연구팀은 세샤트의 데이터베이스를 활용할 수 있을 것이라 생각하며, 그 데이터베이스를 기초로 축의 시대가 사회적 복잡성에 어떤 영향을 미쳤는지 추적하기 시작했다. 일반적으로 세샤트팀은 정의definition의 문제를 가급적 포괄적으로 접근하려고 애썼다. 사회적 복잡성을 규정하는 방향에 대한 논쟁에서 어느 한쪽을 편드는 대신, 우리는 학자들이 관련 있다고 생각하는 모든 요소에 대한 세부 정보를 데이터베이스에 포함했다. 우리는 축을 이루는 핵심 요소를 포착하기 위해서도 똑같은 식으로 접근했다. 관련된 문헌을 전반적으로 분석한 끝에 우리는 12가지 원칙을 도출할 수 있었다. 간결하게 정리한 형태로 소개하면 다음과 같다.

1. 도덕적 처벌. 도덕을 위반하면 초자연적인 힘에 의해서나 초자연적인 힘을 물려받았다고 인정된 사람에게 처벌받아야 한다.
2. 도덕적 규범. 다양한 형태로 범해지는 도덕적 위법 행위를 명시적으로 허용하거나 금지하는 종교적 교리 등.
3. 친사회적 행동 및 타인을 도와야 하는 종교적 의무를 장려한다.
4. 도덕적인 신들은 우리가 어떻게 행동할지 알고 있어 그에 대해 염려하며 우리를 지켜본다.
5. 통치자는 신이 아니다. 지상의 권력자는 초자연적인 존재로 여

겨지지 않는다.
6. 지배층과 평민은 종교와 법의 관점에서 동등하다.
7. 통치자와 평민은 종교와 법의 관점에서 동등하다.
8. 공식적인 법전. 국법 및 그 법을 위반할 경우의 처벌이 언제나 일관되게 적용되도록 문서로 만든다.
9. 법의 일반적인 적용 가능성. 권력자나 지배층이 법적 절차에 영향을 미치는 힘을 제한하는 안전장치가 존재한다.
10. 행정 기관에 대한 제약. 권력 남용을 제한할 목적에서 제정된 역할 범위와 규범이 존재한다.
11. 상근 관료. 권력자를 대신해 정책과 법을 집행하는 책무를 맡은 직업 행정관.
12. 탄핵. 권력을 독단적으로 행사하는 통치자를 해임하거나 처벌할 수 있도록 국민에게 부여된 권한.

우리 연구팀에 앞서, 축의 시대에 대한 어떤 이론도 12가지 특징을 빠짐없이 제시한 적이 없었다. 오히려 축의 시대에 대한 이론들은 위에서 나열한 원칙 중 일부를 아예 배제하려고 할 것이 분명하다. 하지만 우리 제안이 축의 시대에 대한 한층 포괄적인 새로운 이론으로 기꺼이 받아들여진다면, 세샤트 데이터의 분석에서 두 가지 뚜렷한 현상이 눈에 띈다.[32] 첫째는 이런 특징들이 일반적으로 축의 시대와 관련된 사회들을 넘어 더 광범위한 지역에서 나타나고 확산되었다는 것이다. 둘째는 이런 특징들이 일부 지역에서는 일반적으로 구체화되었다고 추정되는 기원전 첫 번째 천년시대보다 훨씬 앞서 나타났다는 것이다. 다음 도표는 (축의 존재를 대신해서 나타내는 척도로 여겨지는) 12가지 원칙이 인류의 역사에서 지난 수천 년 동안 10개 지역에 어떻게 분포되었는가를 보여준다(축의 시대에 대한 연구에서는 주로 다섯 개 지역만이 고려된다). 도표에서 0은 과거에는 서력기원Anno Domini, AD이라고 불렸던 공통 기원共通 紀元, Common Era의 출발점을 뜻하며, 나사렛 예수의 탄생일과 대략적으로 일치한다.

도표의 중앙에 점선으로 둘러싸인 곳에서는 축의 시대와 전형적으로 관련된 지역, 즉 중국, 인도, 이란, 이스라엘-팔레스타인, 그

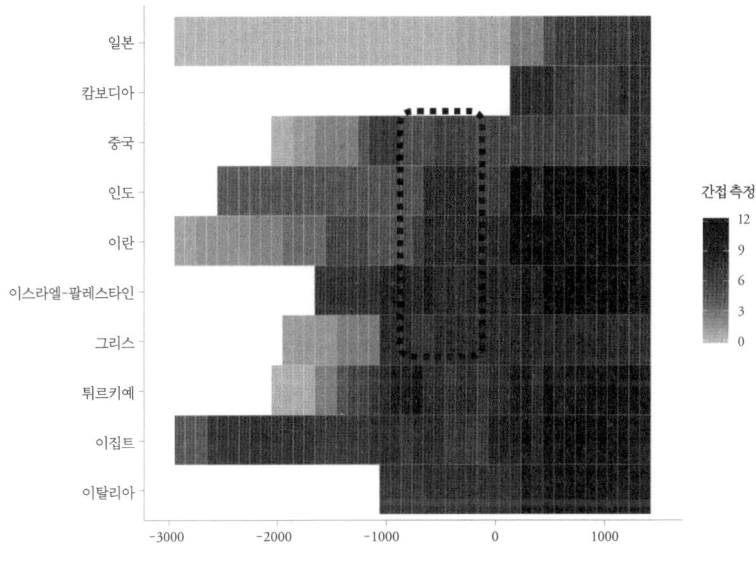

⟨축의 시대 12가지 원칙의 지역 분포⟩

Mullins, D. A., Hoyer, D., Collins, C., Currie, T., Feeney, K., François, P., Savage, P. E., Whitehouse, H., & Turchin, P., 'A Systematic Assessment of the Axial Age Thesis Using Global Comparative Historical Evidence', American Sociological Review, Vol. 83, No. 3, pp. 596–626 (2018)에서 변형 인용.

리스에 기원전 첫 번째 천년시대에 존재했던 축의 특징들이 집중적으로 나타난다. 문제의 지역에 존재했던 국가나 제국에 대해, 우리는 역사적 증거에 근거해 축의 12가지 원칙 중 어떤 것이 존재했는지 확인해보았다. 짙기의 차이가 있지만 어둡게 처리된 작은 직사각형들은 해당 지역의 어느 기간에 얼마나 많은 특징이 존재했는가를 보여준다. 음영이 진할수록 특징이 더 많았다는 의미고, 반대로 음영이 옅으면 특징이 적었다는 의미다. 여기에서 주목되는 것은, 우리가 선택한 지역에서 축의 12가지 원칙 중 일부가 그보다 훨씬 이전에 존재했으며, 어떤 경우에는 축이 활짝 꽃피운 시기가 기원전 첫 번째 천년시대보다 약간 늦었다고 추정된다. 그러나 훨씬 더 주목되는 현상은 전에는 축의 가설과 아무런 관련이 없던 지역에서도 부인할 수 없는 특징들이 보인다는 점이다. 게다가 이집트와 터키와 일본을 비롯한 일부 지역에서는 훨씬 더 일찍 나타났다고 보인다.

 도덕적인 종교로의 변화를 주도한 요인이 무엇이었을까? 내가 줄곧 주장했듯이, 통치자를 무조건 따라야 한다는 이데올로기는 동질적이던 초기 국가에서나 가능했다. 초기 국가의 획일성은 일상화된 의례의 메커니즘에 뿌리를 두고 있기 때문이었다. 앞에서도 말했듯이, 문화와 역사를 공유한 사람들로 이루어진 국가에서는 그런 정치체제가 상당히 잘 작동되는 듯했다. 하지만 청동기 시대가 끝나갈 때쯤(서유라시아에서는 약 3000년 전), 이런 고루한 정치체제는 기력을 다해가고 있었다. 영토에 굶주린 제국들이 너도나도 팽창주의적 야심을 노골적으로 드러낸 까닭에 점점 더 많은 사회가 형성되었고, 그로 인해 너무도 다양한 종족들로 이루어져 상의하달식 강압만으로는 제국을 일관된 방향으로 꾸려갈 수 없었다.

당연한 말이겠지만, 제국은 전에는 별개였던 정치체제들이 단일한 통치자나 정부 아래에 복합된 국가를 뜻하며, 그 과정은 주로 정복을 통해 이루어진다. 세계에서 가장 먼저 형성된 유명한 제국으로는 이집트에서 탄생한 고대 왕국들, 서남아시아에서 일어난 아카드Akkadian 제국, 아시리아Assyrian 제국, 히타이트Hittite 제국, 페니키아Phoenician 제국과 아케메네스Achaemenid 제국이 있었다. 남아시아에도 마우리아Mauryan 제국과 굽타Gupta 제국처럼 막강한 군사력을 자랑하던 제국이 있었다. 고대 중국에서는 주나라, 진나라, 한나라, 수나라, 당나라, 송나라가 군사적 우위를 통해 기존 작은 국가들을 정복하며 통일을 이루었다. 사방으로 팽창하며 광활한 정치체제가 형성되었고, 경쟁하던 문화 집단들이 한 지붕 아래에 모였지만 고유한 전통과 관습 및 언어를 그대로 간직했다. 그 때문에 통치자에게는 다양한 정체성을 가진 연합체가 혼란에 빠지는 일을 예방하기 위한 새로운 방법이 필요했다. 이 점에서 축의 12가지 원칙은 무척 유용했다고 밝혀졌다.

축이 내부적으로 다양한 집단이 모인 사회를 결집하고 안정된 체제로 만들어가는 데 어떻게 기여했는지 이해하려면, 다시 중국으로 돌아가는 것이 도움이 될 수 있다. 한나라가 기원전 202년부터 기원후 220년까지 400년 이상 중국을 지배하는 동안 유교에 기초한 축의 원칙들이 국가가 주도하는 우주론과 정치 철학과 도덕률로 변모하기 시작하며, 노골적인 강압과 상의하달식 지배보다 합리적 생각을 강조했다. 훗날의 중국 역사에도 비슷한 이야기가 적용될 수 있다. 내부 갈등과 혼란으로 인해 축을 떠받치던 가치들이 뒷전으로 밀려난 격동의 시기가 있은 뒤, 불교는 6세기 말에 더 널리 퍼지기 시작했고, 601년 수문제漢文帝는 깨달음과 카르마에 기초한 도덕 체계를 통해 중국을 통합하려는 의도적인 목적에서 부처의 유물을 전국의 사찰에 분배하도록 명령했다.³³ 대규모 다민족 사회에서는 종교적이고 문화적인 풍경에 항상 많은 차이가 있기 마련이지만, 당나라 시대(618~907년)에 안정된 기간이 오랫동안 지속되는 데는 불교 사상의 확산이 기여했다.

축의 원칙들이 다민족 제국에서 그토록 중요했던 이유를 이해하는 데 도움을 받으려면 2장에서 처음 언급한 일곱 가지 도덕 규칙으로 돌아가야 한다. 그 규칙들 자체는 우리의 진화한 직관에 뿌리를 두어 보편적이지만, 하나 이상의 규칙이 적용되며 어느 규칙이 더 중요한지를 결정해야 하는 상황이 제기되면 우리를 도덕적 딜레마에 밀어 넣는 경우가 비일비재하다. 예컨대 가장 권위주의적인 체제와 가장 자유민주적인 체제의 가치관이 얼마나 다른지 생각해보라. 다시 말하면, 정치체제에 따라 강조하는 도덕적 영역이 다를 수 있다는 뜻이다. 청동기 시대에 국가는 권위체, 특히 통치자와 지배층에 대한 순종과 재산, 특히 부유한 권력자의 재산에 대한 존중이라는 두 가지 원칙을 다른 원칙들에 비해 더 중요하게 여겼다. 게다가 신에 대한 그들의 신념이 이런 경향을 강력하게 뒷받침했다. 반면에 축의 원칙들에서는 호혜성과 공정성에 기초한 보편적인 원칙들이 크게 강조되었다. 내세를 추구하는 영적인 지도자와 고행자가 입이 닳게 가르치던 원칙들로, 다양한 종족들로 구성된 사회에서 설득력을 갖기에 충분했을 것이다.

따라서 축의 원칙들은 무척 복잡하고 내부적으로 분열된 사회를 하나로 묶어주는 강력한 형태의 사회적 접착제라 생각할 수 있다. 그렇다면 축의 원칙들은 인류 역사에서 옛날에 지나간 하나의 '시대age'가 아니라,[34] 인구가 약 100만 명을 넘어서서 사회가 이른바 '거대 사회megasociety'로 성장할 때 통과하는 '단계stage'가 된다. 그 문턱에 이를 때까지는 폭력적인 강압으로 사회를 하나로 묶을 수 있다. 그러나 그 문턱을 넘어서서도 상의하달식 지배 방식을 고수하면, 그 사회는 불안정하기 그지없어 생존하기 힘들다. 따라서 지배층에게는 질서를 유지하기 위한 다른 방법이 필요했다. 그들이 찾아낸 해결책은 신들이 요구하는 도덕률에 있었다. 그리하여 그들은 신의 명령이라는 구실을 앞세워, 내부적으로 다양한 시민 사회를 통합할 수 있는 보편적 가치를 독려하며 여러 종족이 어깨를 맞대고 편하게 살아갈 수 있는 방법을 모색했다.

아즈텍 문명에서 불뱀을 휘두르며 정기적으로 인간의 심장을 뜯어내라고 요구하던 태양신 우이칠로포치틀리Huitzilōpōchtli와 타인에게 친절하라고 가르치며 깨달음과 초월을 향한 명상의 길을 설파한 부처, 둘 중 하나를 선택해야 한다면 어느 영적 지도자를 따르겠는가? 물론 이런 선택의 기로에 맞닥뜨리는 사람은 거의 없다. 하지만 지금 우리가 결국 선택해 따르게 되는 종교는 한때 과거에 존재했던 사회를 형성하는 데 큰 영향을 미쳤고, 그 사회들이 발전해 오늘날 우리가 살아가는 사회가 되었다.

세계사에서 가장 억압적이던 사회들은 정복과 흡수로 인해 점점 더 다양해진 인구 구조에서 나타나는 문제에 부딪혔을 때 어떻게 대처했을까? 세샤트 데이터는 이 의문에 대한 답을 구할 수 있는 상세한 방향을 제시한다.[35] 인류의 역사에서 거대 사회라는 문턱을 넘어서도 높은 수준의 협력을 유지하는 데 성공한 집단은 대체로 정치적 지배와 경제적 착취를 축소한 경우가 많았다. 특히 문화적으로 이질적인 사회에서 이런 변화가 눈에 띄었다. 오늘날의 자유민주주의를 지배하는 기준에 비추면, 더 평등한 정치 철학을 추구한 이런 변화가 특별히 정의롭고 평등한 사회를 만들어냈다고 보이지는 않지만, 과거의 국가에 비교할 때 종교의 도덕화가 그 방향으로 나아가는 단계였던 것은 분명하다. 거대 사회는 종교와 법과 관료 조직에서 공정성과 호혜성을 강조하는 일은 내부적으로 통치하는 데는 물론이고 반란과 혁명을 억제하는 데도 더 효과적이었을 것이다. 게다가 다른 문명과 경쟁하고, 간혹 제국주의적인 본색을 드러내며 폭력적으로 영토를 확장하기 위해 자원을 동원하는 데도 한층 유리했을 것이다.

그 결과로 인간 세계에는 지상의 권력 구조를 멀리하고 비난하는 사상으로 넘쳐났다. 예언자, 구도자, 메시아가 평화와 사회적 평등, 내세의 영광을 전파하며 지상의 권력자들과 그들의 군사적 야망에 직접적으로 도전했다.[36] 도덕화된 종교는 그 이후에 등장한 강력한 제국들(중국에서 기원전 첫 번째 천년시대에 도교가 채택된 이후로, 기원후 두 번째 천년시대에 이슬람교를 국교로 받아들인 오스만 제국에 이르기까지)을 떠받치는 공식적인 신앙 체계가 되었다. 아브라함의 믿음과 동양의 카르마 전통을 비롯해 오늘날 우리가 알고 있는 모든 세계 종교는 도덕화된 종교가 찬양하던 정의와 공정과 호혜성에 대한 담론을 받아들였다. 다시 말하면, 인간을 제물로 바치고 통치자를 신격화하는 시대가 끝났다는 의미였다.

그러나 축의 혁명을 전적으로 온건하고 평화로운 변화라고 생각한다면 잘못일 수 있다. 제국에서 다민족을 통합하던 종교는 새로운 형태의 제국주의를 낳았다. 15세기에 들어서며 유럽에서는 세계 전역에 식민지를 건설하려는 프로젝트가 등장하며 포르투갈과 스페인의 탐험가들, 해적과 식민지 개척자, 노예 상인 등의 야심 찬 여정이 시작되었고, 대영제국에서 그 정점에 이르렀다. 식민 제국주의의 역사에서 이 단계에는 기독교가 도덕화된 종교로서 두드러진 역할을 했다. 선교의 열정이 식민지에 긍정적인 이점을 많이 안긴 점은 분명하지만, 권력자와 광물 산업에도 도움을 주었다. 따라서 종교의 도덕화로 인류 역사가 조금이나마 평등한 방향으로 변했지만 모든 계층에게 반가운 좋은 소식은 아니었다. 새로운 윤리 규범은 지배층과 신격화된 지배자의 극단적인 권력을 견제하며, 학대와 착취를 당하고 억압받는 사람들에게 사회 정의라는 새로운 희망을 주었을지 모르지만, 많은 사람에게 그 희망은 현세보다 내세에나 기대할 수 있는 것이었다. 이런 이유에서 사회과학자들은 세계 종교들을 '수동주의적$_{passivist}$'이라 표현하며, 내세의 보상을 기대하며 현재의 불의를 용납하라고 부추긴다고 비판한다.[37] 카를 마르크스의 유명한 '인민의 아편'이라는 발언은 종교의 이런 면을 지적했다. 다시 말하면, 종교가 사회 정의의 필요성을 강조하지만, 정의로운 사회를 만들어가는 데는 환상에 불과한 수단을 제공할 뿐이라는 지적이었다.

요컨대 도덕화된 종교가 지배 체제에 더 많은 공정성과 호혜성을 요구하며 어느 정도 목소리를 냈지만, 여성과 원주민, 농민과 계약제 노동자, 노예와 하인 등 상대적으로 불우하고 억압받는 계층을 위한 사회정의를 구현했다고는 말할 수 없다. 그러나 도덕화된 종교의 교리로 인해, 세상이 조금이나마 더 평화로워지지 않았을까? 안타깝게도 그렇지 않았다. 따라서 다음 장에서는 도덕화된 종교의 거대한 역설, 즉 인류의 역사에서 가장 많은 피를 흘린 분쟁들이 종교의 깃발 아래에서 벌어졌다는 사실에 대해 살펴볼 것이다. 가장 큰 의문은 역시 그 이유다.

# 6

# 부족과 전쟁
문명과 함께 진화하는 부족주의

두 줄 뒤에서는 북이 울리고 있었고, 내 주변 사람들은 하나가 되어 귀가 먹먹할 정도로 노래를 불렀다. 영국 국가를 듣고 있자니 등과 팔에 소름이 돋는 것 같았다. 갑자기 미네이랑경기장 곳곳에서 파도타기 응원이 펼쳐졌고, 나는 생각할 틈도 없이 벌떡 일어나 파도의 한 조각이 되었다. 나는 2014 FIFA 월드컵 경기가 열리던 브라질의 벨루오리존치Belo Horizonte에서, 수천 명의 잉글랜드 축구 팬들과 함께 경기를 관람하고 있었다. 하지만 나는 주변 사람들과는 확연히 다른 이유로 그곳에 있었다. 나는 잉글랜드의 승리를 염원해서가 아니라, 잉글랜드가 대회에서 탈락했을 때 함께 경험한 패배가 공동체에 어떤 영향을 미치는지 연구할 목적에서 그곳에 갔다. 과거의 연구에 따르면, 축구 경기에서는 승리했을 때보다 패배했을 때 응원단이 더 강력하게 결집하는 경향을 띠었다. 나는 동포들의 기대에 찬 표정을 바라보며, 우리가 패배를 인정하고 받아들이는 데 그치지 않고 함께 겪은 패배의 아픔을 해소한다면 모두가 얼마나 더 나아질 수 있을까 생각해보았다.

경기가 시작되기 전, 나는 좌석 통로를 옮겨 다니며 수십 명의 서 포터들과 인터뷰했다. 대부분은 경기 시작을 기다리기가 지루했던 지 내 인터뷰 요청에 응해주었다(하지만 옥스퍼드대학교 교수가 잉글랜 드 팬들이 패배의 고통을 어떻게 받아들이는지 알고 싶어 한다는 점을 재밌 게 생각한 사람도 분명 있었을 것이다). 간혹 FIFA 관리들이 인터뷰를 중단키며 나에게 불순한 의도가 있지는 않은지 의심했지만, 내가 대학 신분증을 보여주고 연구 목적을 설명하자 인터뷰를 계속 진행 하도록 허락해주었다. 하지만 경기가 시작된 이후에는 완전히 달라 졌다. 누구도 나와 더는 인터뷰하려고 하지 않았다. 설령 누군가 내 질문에 대답했더라도 그 대답을 듣기가 불가능했을 것이다.

내가 벨루오리존치에서 목격한 장면은 전 세계의 수많은 축구 팬 에게는 낯익은 모습이었을 것이다. 그러나 그들 중 대다수는 무리 와 함께 흥분하며 감정을 드러내고, 북소리를 들으며 주변 사람들 과 함께 하나가 되어 몸을 움직이는 행위가 수천 년 전의 우리 조상 들에게도 익숙했다는 사실을 알지 못할 것이다. 고대 이집트의 집 단 의례도 그랬겠지만 현대 중국의 국가 행사에서도 비슷한 장면이 펼쳐지지 않는가. 인류의 역사에서 이런 대규모 모임에는 강렬한 희열을 느끼는 순간만이 아니라, 밀물처럼 밀려드는 부정적인 감정 을 함께 공유하는 순간도 있었을 것이다. 예컨대 위대한 지도자를 잃은 집단적 슬픔, 공동체의 적을 향한 분노와 증오, 순교자와 인간 제물과 검투사의 참혹한 죽음에서 느끼는 두려움과 공포가 있었을 것이다.

대규모 군중이 공유하는 불쾌감은 집단을 결속시키는 강력한 원천으로 오래전부터 인식되었지만, 최근 들어서야 그 이유가 이해되기 시작했다. 3장에서 다양한 증거를 통해 보았듯이, 소수의 입문자나 병사로 이루어진 무리가 정서적으로 강렬한 경험을 함께할 때 개인의 정체성과 집단의 정체성을 하나로 융합하는 데 도움이 될 수 있다. 이렇게 융합된 구성원들은 소속 집단을 지키고 보호하기 위해 기꺼이 자기희생을 감수하는 특별한 행동을 한다. 여기에서 나는 소규모 집단에서 융합이 어떻게 진행되는지를 집중적으로 다루었다. 그러나 사회는 성장함에 따라 문제에 부딪치기 마련이다. 그렇다면 문명 전체를 포함해 규모가 훨씬 큰 집단에서 어떻게 해야 이런 형태의 융합이 가능할 수 있을까?

이제부터 그 과정에 대해 살펴보자. 사회의 규모가 커지면서 집단과 융합하는 능력도 향상되어, 개인적으로 안면이 있는 사람들로 구성된 소규모 관계망만이 아니라 방대한 인구에 적용되었다. 그 능력을 확대하는 방법 중 하나가 집단 의례에 참여하기다. 내가 브라질에서 열린 FIFA 월드컵 경기를 관람한 이유도 거기에 있었다.

내가 관람한 경기는 잉글랜드 동포들에게 고통스러운 경기일 수밖에 없었다. 심판이 경기 시작을 알리는 휘슬을 불기 전부터, 잉글랜드가 우루과이와 맞붙은 지난 경기에서 패한 까닭에 그 경기가 잉글랜드에게는 마지막 경기라는 사실을 모두가 알고 있었다. 그래도 많은 팬은 잉글랜드팀이 품위 있게 대회를 마무리하기를 바랐다. 그러나 경기 자체는 의례화된 패배감의 표현이었고, 승리를 향한 행진이라기보다는 장례식에 더 가까웠다. 그날의 상대, 코스타리카는 이미 이탈리아를 꺾고 잉글랜드의 운명을 결정 지으며 모두를 놀라게 한 터였다. 한때 코스타리카 서포터들이 잉글랜드 팬들을 향해 '엘리미나도eliminado(탈락)'를 외치면서 몸싸움이 벌어졌고, 결국 경찰이 개입해야 했다. 잉글랜드는 이미 조별 예선에서 탈락해서 이제 자존심이라도 지키려고 싸우고 있는 것이 사실이었다. 하지만 잉글랜드는 그런 바람마저 거부당하고 말았다. 그 경기는 0 대 0 무승부로 끝나며, 잉글랜드인들의 기억에서 월드컵 축구 경기 중 가장 실망스러운 경기가 되고 말았다. 많은 잉글랜드 팬들이 낙담했고, 눈물까지 흘리는 팬도 적지 않았다. 내 입장에서는 더할 나위 없이 좋은 결과였다.

요즘 축구 국가대표팀의 서포터들로부터 고대 제국의 다민족 군대에 이르기까지, 고통을 함께하는 경험은 오래전부터 사회를 하나로 묶는 데 사용된 메커니즘이다. 오늘날 축구 팬들의 세계에서 집단 유대감은 주로 환상과 재밋거리에 관한 것일 수 있지만, 전쟁터에서 서로 마주한 우리 조상들에게는 삶과 죽음의 문제였다. 결국 집단 유대감은 우리 사회가 진화한 방식에 극적인 영향을 미친 힘이었다.

## 전쟁이 이끈 문명의 진화

5장에서 나는 국가들이 새로운 형태로 응집되어 세계사에서 최초로 제국으로 커질 때 축의 원칙을 기반으로 한 종교의 전파를 통해 어느 정도 결속을 유지하는 경우가 많았다고 주장했다. 도덕화된 종교는 문화적 차이를 초월하는 정의와 공정이라는 원칙을 강조함으로써 자칫하면 극도로 분열될 수 있는 다양한 집단들을 하나로 묶을 수 있었다. 그러나 축의 원칙에 기초한 종교는 신흥 제국에만 영향을 미칠 수 있었다. 축의 종교에 힘입어 초기의 다민족 제국들은 시대에 뒤떨어진 상의하달식 억압에 길들여진 과거 국가들보다 더 크게 성장할 수 있었지만, 영적 깨달음이나 타인에 대한 친절에 초점을 맞춘 통치는 군사주의적 팽창에 적합한 공식이 아니었다. 하지만 현실에서 축의 종교는 제국주의적 프로젝트와 전쟁에 전례가 없는 규모로 뒤얽혔다. 왜 그랬을까?

그 답은 우리의 종교 편향성 자체에 있지 않고, 부족주의에 있다. 하지만 사회적 복잡성의 진화에 부족주의가 어떤 역할을 했는가를 규명하려면 몇몇 까다로운 문제를 풀어내야 한다. 예컨대 어떤 사회가 다른 사회에 비해 더 크게 성장하고 더 오랫동안 지속되었다는 데는 모두가 동의할 수 있지만, 승자를 돕고 패자를 나락으로 떨어뜨리는 것이 무엇인지 규명하기 쉽지 않다. 세샤트 같은 데이터뱅크가 필요한 이유가 바로 여기에 있다. 세샤트 자료를 적절히 활용하면, 유력한 이론들을 맞대어놓고 비교함으로써 어느 이론이 타당하고 어느 이론이 타당하지 않은지를 규명하려는 의문에 답할 수 있다. 이 과정에는 인간의 두뇌가 적절한 도움을 받지 않고는 계산해낼 수 없을 정도로 많은 변수가 있다.

5장에서 설명했듯이, 우리는 세계사와 관련해 세샤트 데이터뱅크를 구축할 때 이론마다 뚜렷하게 다른 요인들에 중점을 두기 때문에 사회적 복잡성을 구성하는 51가지 요인을 구분해야 한다고 판단했다. 설상가상으로 지난 수천 년 동안 세계사에서 출현했다가 붕괴한 사회의 수 엄청나게 많아, 30개의 대표적인 지역으로 줄이려는 노력에도 불구하고 수백 개의 다른 정치체제가 등장했다. 앞에서 이미 설명했듯이, 표본적인 경우를 나열하거나 구체적인 사례를 찾아내는 것만으로는 위의 의문을 해결할 수 없다. 따라서 모든 증거를 한꺼번에 통계적으로 분석할 때, 즉 훨씬 더 공정한 방법으로 접근할 때 어떤 결과를 얻을 수 있는지 살펴보자.

우리가 검증해야 할 이론들은 크게 두 부류로 나뉜다. 하나는 사회의 다양한 기관이 맡은 기능에 초점을 맞춘 이론들이다. 이 부류에 속한 이론들의 주장에 따르면, 사회적 기관은 다른 모든 기관이 원활하고 효과적으로 운영되도록 지원하기 때문에 지속된다. 달리 말하면, 그런 지원이 사회적 기관의 '기능'이다. 이런 기능주의 이론들은 다양한 형태를 취한다. 사회 규모가 커져감에 따라 상의하달식 지배 체제가 다양한 형태로 나타나는 조직 문제를 해결하는 데 어떤 식으로 도움을 주느냐에 집중하는 이론이 있는 반면에, 선물을 주고받는 방법이 다양한 집단을 어떻게 하나의 문화적 정치 집단으로 묶어주느냐에 집중하는 이론도 있다.

전자의 경우에는 예컨대 폴리네시아에서 다수의 작은 군장 사회가 결국에는 한 명의 최고 군장에게 지배를 받는 과정에서 계급 구조가 어떻게 다층적으로 진화했는가를 연구한다. 후자의 경우에는 자기들끼리는 절대 전쟁을 하지 않고, 누구 하나라도 공격을 받으면 동맹으로서 역할을 다해야 한다는 원칙에 어떻게 이르게 되었는지를 연구한다. 한편 공통 조상에 뿌리를 두었다는 근거하에서, 태아의 형성에 대한 믿음이 구성원들을 각각 다른 집단에 배치하는 데 어떻게 기능하고, 누군가 사망한 뒤에 그의 재산을 분배하는 방법과 관련된 규칙들에 초점을 맞춘 이론도 있다. 이런 이론들은 원천적으로 다른 것으로 들릴 수 있고, 실제로도 그렇다. 그러나 중요한 것은, 어떤 경우에나 기능주의 이론은 정부를 조직하는 방법이든 토지를 관개하는 방법이든 간에 사회적 혁신이 해당 사회의 특정한 요구에 어떻게 부합하느냐에 관심을 둔다는 점이다. 특히 기능주의 이론은 페루의 잉카, 고대 이집트, 무굴 제국처럼 다양한 사회의 발흥 과정을 설명하는 데 사용되었다.[1]

다른 하나는 더 크고 복잡한 사회로의 진화에서 갈등의 역할에 초점을 맞춘 이론들이다. 이에 대한 연구들은 사회적 불평등으로 인해 내부에서 발생하는 갈등[2] 및 전쟁과 정복의 영향을 주로 다루었다.[3] 갈등에 초점을 맞춘 이론들의 일반적인 주장에 따르면, 사회는 내분과 계급 갈등을 관리하거나 정복한 집단에 속한 사람들을 죽이거나 약탈하고, 노예로 만들거나 착취함으로써 더 커지고 부유해진다. 이렇게 폭력을 행사하는 과정에서 사회는 더 많은 자원을 빨아들이고, 더 큰 규모의 사회로 확대된다.

세샤트팀은 위의 모든 이론을 한꺼번에 검증하기 시작했다.[4] 기능주의 이론을 검증하기 위해서 과학기술과 경제 발전과 관련된 다양한 지표들, 예컨대 식량 저장, 도로와 다리, 운하와 항구, 급수 시설과 화폐 제도, 기록 관리 등과 관련된 지표를 데이터베이스에 포함했다. 사회적 복잡성의 진화에서 내부 갈등의 역할에 초점을 맞춘 이론을 검증하기 위해서는 사회적 긴장을 유발할 가능성이 가장 높은 유형의 사회적 불평등에 대한 정보를 수집하기 시작했다(예컨 대 계급제도의 존재 유무). 또한 외부 갈등이 사회에 미친 영향을 개략적이지만 유효하게 측정하기 위해서는 외집단의 위협에 크게 노출된 사회는 무기의 정교함을 개선하는 데 상대적으로 더 많이 투자한다는 논리에 따라, 군사기술 자료를 사용했다. 게다가 과거의 많은 연구에서 기마 부대와 금속 무기(예: 갑옷과 발사체)가 결합되며 전쟁의 강도가 높아진 경향이 있다고 주장했기 때문에 우리는 상당한 정도의 기마전도 자료에 포함했다.

이런 모든 변수 간의 관계를 컴퓨터를 통해 통계적으로 분석하면 인간의 지성만으로는 인식하거나 가지런히 정리할 수 없는 패턴을 찾아낼 수 있다는 장점이 있다. 예컨대 다수의 정치체제에서 두 변수가 오랫동안 어떤 관계에 있었는지를 순전히 지성으로만 추적하기는 무척 어렵다. 그러나 컴퓨터를 이용해서는 사회정치적인 복잡성과 잠재적으로 관련된 17가지 요인이 수천 년 동안 수백 개의 정치체제에서 어떻게 작용했는지 파악할 수 있었다. 피터 터친은 373개 사회를 망라한 많은 변수들에 대한 자료를 무기로 삼아, 변수들을 조합하는 방법에 따라 사회의 복잡성 수준이 어떻게 달라지는지에 대한 통계분석을 광범위하게 시행했다.

사회의 규모와 복잡성을 유발하는 여러 통계적 요인 중에서 농업이 주된 것으로 밝혀졌지만, 그 결과는 그다지 놀랍지 않다. 여하튼 식량 생산의 규모와 효율성에도 한계가 있어, 얼마나 많은 사람을 먹일 수 있고, 비생산적인 지배층의 호화로운 생활을 어느 정도까지 지원할 수 있느냐에 대해서도 제한을 둘 수밖에 없었다. 그러나 고대 문명의 규모와 복잡성이 꾸준히 증가한 데는 다른 힘이 작용했다는 결론은 나에게 충격으로 다가왔다. 바로 군사기술이었다.

인류의 역사에서 나타난 가장 큰 규모의 사회들은 한결같이 일련의 부문에서 급성장했으며, 그 부문은 모두 새로운 형태의 군사기술과 관련이 있었다. 가장 먼저 주목해야 할 급성장한 부문은 기원전 3000년경 메소포타미아와 이집트에 등장한 청동 무기의 확산과 관련이 있다. 다음으로는 전차의 등장으로 급성장한 부문이 있었다. 전차는 이동하며 활을 쏠 수 있는 강력한 복합 발사대와 다를 바가 없었다. 기원전 두 번째 천년시대에는 이런 대약진으로 중국의 상 제국, 아나톨리아의 히타이트, 이집트의 신왕국이 세계사에서 유례가 없는 규모로 영토와 조직을 확대했다. 그 이후에 유라시아의 여러 지역에서 일어난 유사한 도약도, 그곳에서 확립된 선진화된 형태의 방호구 및 기마전과 관련이 있었다. 그리고 화약을 발명하고 효과적으로 이용하는 방법까지 고안되자, 또 한 번의 도약이 뒤따랐다.

군사기술과 관련된 이런 혁신들은, 과거에 농업의 집약만으로 이루어졌던 그 어떤 혁신보다 더 빠른 속도로 사회적 복잡성에 영향을 미쳤다. 아프리카와 유라시아의 제국들에서만 군사기술이 정치 조직이 커지는 데 이처럼 놀라운 영향을 미치지는 않았다. 멕시코에서도 유사한 패턴이 확인되며, 활과 화살, 날이 넓은 돌칼이 등장한 뒤에 사회적 복잡성이 급격하게 증가했다. 하지만 대서양 건너편의 거대 제국들과는 달리, 아즈텍 왕국에는 짐을 싣는 짐승을 이용해 군대와 보급 물자를 실어 나르는 역량이 부족했다. 스페인 정복자들이 말을 전해주기 전까지, 아메리카 대륙에서 상대적으로 큰 규모로 성장한 제국은 토착 짐승인 라마를 운송 수단으로 활용한 잉카 제국이 유일했다.

그러나 농업을 제외하고 우리가 선택한 모든 변수는 어떤 것도 사회·정치적 복잡성의 진화에 중대한 영향을 미치지 못한 듯한 것이 무엇보다 놀랍게 여겨졌다. 따라서 기능주의 이론이나, 내부 갈등에 초점을 맞춘 이론은 우리 의문을 해결하는 데 도움이 되지 않았다. 이렇게 세계사에 정량적으로 접근하면, 효과가 없는 이론을 걸러내고 상대적으로 유망한 이론에 관심을 집중할 수 있게 해줄 수 있다는 점에서 우리 접근법은 역사 연구에 중대한 기여를 한 셈이다. 여하튼 우리가 통계적 분석을 통해 처음으로 찾아낸 엄격한 정량적 증거에 따르면, 농업의 확산을 제외한 다른 어떤 요인보다 폭력적인 군사 분쟁이 인간 사회를 성장시킨 주된 원동력이었다.

당혹스럽겠지만, 집단 간의 폭력처럼 유해한 것이 인류 문명의 진화에 무척 긍정적인 영향을 미쳤다는 사실은 인정하는 수밖에 없다. 흠 없는 예술품부터 눈부시게 아름다운 건축물에 이르기까지 우리가 자연스럽게 찬탄하는 많은 형태의 창의적 표현이 폭력적인 갈등으로부터 지원받았을 수 있다고 생각하면 놀랍다. 그러나 이런 생각에는 설득력 있는 근거가 있다. 터친이 그의 저서 《초협력사회》에서 펼친 주장에 따르면, 호전적인 부족이 전쟁을 통해 규모를 키워간 이유는 다른 모든 조건이 동등할 때 큰 집단이 작은 집단과의 경쟁에서 승리하기 때문이다.[5] 이 논리는 초기 국가 형성에 대한 많은 이론에서 명확히 드러난다. 초기 메소포타미아 문명, 고전 시대의 메소아메리카 문명, 성숙 단계의 하라파 문명, 전前왕조 시대의 이집트 문명을 예로 들며, 국지적인 군장 사회에서 조직화되고 영토적으로도 확대된 국가로 전환되는 과정은 멀리 떨어진 자원도 손에 넣으려는 지배층의 욕구로부터 비롯되었다는 주장이 예부터 꾸준히 제기되었다고 밝힌다. 이런 욕구를 충족하자면, 더 많은 땅을 식민지화하고 변방의 전초 기지를 통해 외국의 공예품과 생산물을 들여오는 시스템을 필연적으로 구축해야만 했다는 뜻이었다.[6]

하지만 멀리 떨어진 곳에서 더 많은 영토를 점령하고 계속 유지하며, 본국으로 재물을 옮겨오는 길을 확보하기 위해서도 군사적 혁신이 필요했다. 게다가 새로운 전초 기지도 지켜야 했다. 따라서 군대는 더 커졌고, 통치자의 폭력적인 욕망은 더 탐욕스러워졌다. 국가가 계속 몸집을 키우며 정복한 종족을 국민으로 통합했고, 그렇게 제국으로 성장했다. 결과적으로 제국은 전쟁의 전리품을 통해 더 부유해졌다. 그리하여 인구가 더더욱 증가했고, 방대한 관개시설과 화폐제도의 수립부터 전문화된 관료조직과 교육기관의 설립까지 행정과 경제를 관리하기 위한 조직도 훨씬 더 정교해졌다. 폭력적 갈등이 성장을 이끌고, 성장이 다시 폭력적 갈등을 유발하며, 사회는 눈덩이처럼 끝없이 복잡해졌다. 이 모든 것이 군사적 팽창주의에 의해 촉진되었다.

하지만 이 모든 것은 더 많은 의문을 제기할 뿐이었다. 내 생각에 가장 큰 수수께끼는 군인들의 행동이었다. 우리 연구에 폭력적인 분쟁이 지배층에게 어떻게 도움을 주었는지는 명백하게 드러났다. 여하튼 지배층이 정복으로 얻은 전리품의 대부분을 차지했다. 그러나 병사들은 어땠을까? 많은 경우에 수천 명의 병력으로 구성된 초기의 상비군들에게 먼 곳에 떨어진 통치자를 위해 싸우고 죽도록 동기를 부여한 것은 무엇이었을까?

어떤 대답이든 설득력이 있으려면 병사 개개인의 '집단 정체성'에 대해 언급해야 한다. 군대라면 마땅히 기꺼이 목숨을 걸어야 하고, 그렇게 하려면 집단을 위해 책무를 다하겠다는 헌신이 필요하다. 병사들이 포위되었을 때 반격하고, 제국의 변방을 차지한 흉포하고 결집력이 강한 소규모 집단에 맞서 꿋꿋하게 싸우도록 동기를 부여하려면, 내적인 차이를 초월해 충성심을 불러일으키는 여러 방법이 필요했을 것이다. 이런 충성심을 끌어내기 위해, 초기의 군대는 지금까지 인류에게 알려진 가장 강력한 형태의 부족주의, 즉 정체성 융합에 의지했을 것이다. 그러나 그 규모가 과거와는 전혀 달랐을 것이다.

## 집단을 위해 목숨을 바치는 이유

효율적인 대규모 전투 부대를 만들려고 할 때 누구나 어김없이 부딪치는 문제가 있다. 병사들에게 대의를 위해 싸우다 죽으라는 동기를 부여하려면 병사들의 정체성이 융합되기를 원하는 것이 최상이다. 정체성 융합은 지금까지 인류에게 알려진 가장 강력한 사회적 접착제로, 집단을 위해 자신을 희생하는 극단적인 형태까지 끌어낼 수 있다. 문제는 융합이 소규모 전사 집단에서 유대감을 형성하는 메커니즘으로 진화했다는 것이다. 다시 말하면, 규모가 큰 요즘의 군대에서는 정체성 융합을 기대하기가 어렵다. 따라서 세계사에서 초기에 형성된 국가와 제국에서 군사 지도자들이 직면한 문제는 융합의 규모를 확대할 수 있느냐는 것이었다.

3장에서 주장했듯이, 내가 파푸아뉴기니에서 첫 현장 연구를 수행했던 베이닝족 마을들처럼, 소규모지만 호전적 사회에서는 부족을 위해 싸우고 죽겠다는 의지가 청소년기에 고통스러운 입문 의식을 통해 전통적으로 키워졌다. 오늘날 작은 단위 부대에서 관찰되듯이, 고대 부족에서도 정체성 융합은 고통을 함께 공유했다는 강렬한 기억에 뿌리를 두는 경우가 많았을 것이다. 그렇게 공유하는 고통을 나는 정체성 융합을 위한 '이미지화 경로'라 칭하지만, 이런 식으로 정체성 융합이 형성되는 부족의 규모에는 한계가 있다. 예컨대 당신의 입문 의식에 참석하지 않은 사람을 그 기억에 추가할 수 없을 것이다. 반면에 당신이 함께 시련을 겪은 사람들을 완벽하게 기억한다면, 당신의 기억에서 누구도 배제할 수 없을 것이고, 그들이 현장에 없었다고 주장할 수도 없을 것이다. 따라서 융합을 향한 경로는 상당히 작지만 단단한 사회 집단을 만들어내고, 그 집단은 당신이 실제로 개인적으로 아는 사람들, 또 삶을 바꿀 만한 사건을 함께 겪은 일을 기억하는 사람들과의 관계에 뿌리를 둔 집단이다.

하지만 강력한 형태의 집단 유대가 훨씬 더 큰 상상의 공동체에도 존재한다. 실제로 나는 베이닝족과 함께 살며 현장 연구를 진행하는 동안 그런 상상의 공동체를 직접 목격하기도 했다. 감사하게

도 키붕 운동은 평화적인 조직이었지만, 구성원들은 조직을 지원하고 조상들의 허락을 받아내고, 총알이나 폭탄에 의지하지 않고 투표를 통해 적들로부터 조직을 지켜내기 위해 엄청난 양의 시간과 자원을 아끼지 않고 투자했다. 키붕의 구성원들은 호전적이지 않았지만, 정치 세력으로서 강력한 일체감을 과시해 결코 무시할 수 없는 존재였다. 바로 이런 이유에서 키붕 및 그와 유사한 운동 조직들은 멜라네시아의 많은 지역에서 전투적인 민족주의의 불온한 조짐으로 널리 해석되었고, 그로 말미암아 식민 정부들로부터 자주 탄압을 받았다.[7]

나는 내가 직접 기록한 현장 관찰과 다른 인류학자 프레드리크 바르트의 통찰력에 근거해서,[8] 집단 의례를 기억하고 전달하는 대조적인 방식에 뿌리를 두어 뚜렷하게 구분되는 두 가지 형태의 집단 정렬이 존재한다고 생각했다. 하나는 입문 의식이었다. 바르트와 나는 입문 의식을 독자적으로 연구했고, 입문 의식이 무척 드물게 행해졌지만 정서적으로 강렬한 기억을 남기는 경험이어서 삶을 바꾼 사건으로 기억된다는 똑같은 결론에 이르렀다. 다른 하나는 키붕 같은 운동 조직을 중심으로 무척 빈번하게 행해지며 고도로 일상화된 활동이었다. 4장에서 보았듯이, 이런 활동은 궁극적으로 표준화되고 문서화되었고, 그 결과로 구도자 같은 지도자들에 의해 더욱 효과적으로 훨씬 많은 사람에 전파될 수 있었다.

나중에 심리학적 방법론과 그 연구 결과에 더 깊이 몰두하게 된 뒤에야 나는 의례를 기억하는 두 방법을 특별히 지칭하는 용어가 있다는 사실을 알게 되었다. 전통적인 남성 중심의 의례에 입문한 사람들의 경험은 각자의 삶에서 뚜렷하게 결코 잊지 못한 사건으로 기억되며 '일화 기억episodic memory'으로 저장된다. 일화 기억은 우리가 특정한 사건을 '다시 체험'하려고 할 때 끌어오는 기억 유형이다. 예컨대 부족의 일원으로 입문했을 때, 결혼했을 때, 대학을 졸업했을 때의 기억이 여기에 해당한다. 반면에 키붕의 가르침과 관행은 특정한 사건과 관련이 없었다. 시간이 흐름에 따라 참여를 통한 경험들이 서로 뒤섞인 결과로, 공동묘지 사당에 제물을 바치는 등 사람들이 일상적인 의례를 머릿속에 어떻게 떠올리느냐는 행동의 일반적인 규범에 더 가까워졌다. 다시 말하면, 제물을 바쳤다는 특정한 사건을 기억하는 대신에 접시와 수저를 닦고 윤을 내며, 꽃으로 제단을 장식하는 등 의례와 관련된 다양한 의무와 관행을 수행하는 것처럼 일상적으로 행해야 하는 부분들을 기억하면 충분했다. 심리학자들은 이런 기억을 '의미 기억semantic memory'이라 칭하며, 여기에는 버스에서 어떻게 행동하고, 파리가 프랑스의 수도라는 사실 등 세상에 대한 우리의 일반적인 지식이 포함된다.[9]

　이 두 가지 유형의 기억이 우리가 속한 집단을 규정하는 공유된 경험에 적용되면, 집단 정체성에 대해 완전히 다른 방향으로 생각하는 두 가능성이 생겨나는 듯하다. 소규모 사회에서 입문 의식을 치른 전사들의 집단 정체성은 함께 겪은 의례들에 대한 구체적이고 일화적인 기억에 근거를 두었다. 3장에서 설명했듯이, 그런 집단 정체성은 집단 심리학에서 정체성 융합이라 칭하는 것과 같다. 하지만 키붕 구성원으로서 갖는 집단 정체성은 규칙적으로 반복되는 관습과 설교처럼 일상생활의 일부가 된 요소들에 대한 의미 기억에 주로 근거했다. 나는 이런 기억 방식이 '동일시identification'(사회심리학에서 집중적인 연구 대상으로 많은 연구 문헌을 낳은 집단 정렬의 한 형태)를 만들어냈다는 점에 주목했다.[10]

하지만 '동일시'에 관한 문헌들이 한 가지 핵심을 놓치고 있다는 느낌을 지울 수 없었다. 이런 집단 정체성은 의미 기억에 뿌리를 두고 있다는 것이었다. 우리가 '내집단ingroup'과 동일시할 때는 특정한 일화적 기억이 아니라 의미 기억에 저장되어 공유되는 일반적인 정체성 표지를 떠올릴 뿐이라는 생각이 들었다. 예컨대 당신이 속한 국가와 그 국가의 정체성을 나타내는 국기나 국가國歌, 특별한 형태의 전통 의상, 고유한 형태의 종교나 민족성 등에 대해 생각해보라. 그것들은 모두 당신의 정체성과 관계가 있지만, 그 정체성이 개인적인 삶의 역사에서 특정한 사건에 뿌리를 둔 것이 아닐 수 있다. 당신이 우리나라에도 고유한 국기나 국가가 있다는 사실을 처음 알게 된 때가 언제인지 기억하는가? 대체로 이에 대해 기억하는 사람은 거의 없다.[11]

우리가 어떤 집단과 강력하게 동일시하면 곧 그 집단을 편애하는 경향을 보인다. 요컨대 우리는 자신과 같은 '부족'의 구성원을 보살피고, 우리 집단에 속하지 않은 사람들에게 경쟁심을 내비치거나 심지어 적대적인 태도까지 취한다.[12] 예컨대 두 자매가 각각 다른 팀을 응원한다고 생각해보자. 한 명은 아스널 FC의 열렬한 팬이고, 다른 한 명은 토트넘 홋스퍼의 열렬한 팬이라고 해보자. 두 자매는 축구에 대해 이야기할 때마다 어느 팀이 더 나은지에 대해 끝없는 언쟁으로 치달을 것이 분명하다. 결국 그들은 의견이 다르다는 점을 인정하기로 한다. 여하튼 축구가 주제로 거론되지 않으면 그들은 말다툼하는 경우가 거의 없다. 따라서 두 자매는 개인적인 삶을 두고 대화하는 경우에는 더할 나위 없이 잘 지내지만, 집단 정체성이 부각되는 경우에만 사이가 틀어진다고 말할 수 있다.

이런 점에서 동일시는 융합과 근본적으로 다르다. 앞에서 보았듯이, 정체성 융합은 자신을 규정하는 무언가를 집단과 공유할 때 형성된다. 그 무엇은 입문 의식 같은 강렬한 기억일 수도 있고, 형제애 같은 생물학적 유대일 수도 있다. 따라서 정체성 융합은 자기 회고적 자아autobiographical self와 밀접한 관계가 있다. 반면에 동일시는 자신을 특별한 존재로 생각하는 자아감과 거의 관련이 없다. 동일시에 따른 정체성이 두드러지면 개인적으로 삶을 바꿔놓은 경험들을 기억하는 데 별다른 도움이 되지 않는다. 국기, 어깨띠, 팀 셔츠 등과 같은 일반적인 상징을 통해 우리 정체성을 떠올릴 뿐이다.

엄밀히 말해서, 동일시가 우리의 개인적인 정체성을 북돋지는 않는다.[13] 오히려 정반대다. 당신이 조국이나 축구팀 같은 집단과 강하게 동일시한다면, 국가 행사나 축구팀 경기에 대해 생각하는 빈도가 많아질수록 당신의 자아감은 점점 약해진다. 예컨대 내가 아스널 팬인 경우를 생각해보자. 당신이 토트넘 홋스퍼를 응원한다는 사실을 나에게 계속 떠올려주며 아스널의 팬이라는 내 정체성을 끊임없이 인식하게 만든다면, 나는 대체로 인자한 사람으로 비추어지고 싶은 기회를 포기할 가능성이 점점 커질 것이다. 그 때문에 당신은 경쟁 부족(아스널 FC)을 경멸하고, 그 부족에 대해 부정적인 고정관념을 성급히 소환하는 특정한 부족(토트넘 홋스퍼)의 구성원하고

만 이야기를 나누게 될 것이다.[14]

심리학자들은 이런 현상을 '탈개성화deindividuation'(개인적인 정체성과 동기를 상실하고, 사회적 신호에 맞추어 행동해야 한다고 강박을 느끼는 상황)라 부른다.[15] 예컨대 고도로 동일시된 사람은 규정에 따르고 명령을 준수할 가능성이 크다. 집단의 본보기라면 그렇게 행동해야만 한다고 생각하기 때문이다.[16] 이런 탈개성화를 유도하는 데 많은 것이 필요하지는 않다. 똑같은 옷을 입지 않는 사람들에게 똑같은 제복을 입게 하는 것만으로도 오랫동안 지속되는 강렬한 충격을 줄 수 있다. 그 복장이 폭력을 용인하는 규범과 관련된 경우에 특히 그럴 가능성이 크다. 예컨대 공격성을 자극하는 충격을 주려면, 간호사 복장보다 쿠 클럭스 클랜Ku Klux Klan, KKK 단복을 입는 것이 더 효과적이다.[17]

동일시는 구성원 모두가 낯선 사람들과 빈번하게 상호작용하는 대규모 복합 사회에서 특히 중요하다. 예컨대 도시의 북적거리는 시장에서 흥정할 때, 국가 공무원에게 항의할 때, 이발소에 가서 이발을 할 때와 같은 많은 상호작용에서 우리는 고객, 시민, 의뢰인 등으로서 이차원적인 정체성을 갖는다. 극단적인 경우에는 우리의 사회적 정체성이 개성을 완전히 잠식하는 것처럼 보일 수도 있다. 그때 우리는 그저 군중 속으로 사라질 뿐이다.

탈개성화, 외집단 경멸, 외집단에 대해 적대감을 품을 가능성 증대 등 이런 모든 요인은 군사 집단에게 잠재적 자산이 되어, 전투 의지를 불태우는 데 기여한다. 동일시는 우리에게 다른 집단의 구성원을 상대로 승리하고 싶은 욕구를 불러일으킨다. 하지만 동일시에는 어느 정도까지 한계가 있을 수 있다는 점이 문제다. 동일시가 사람들에게 외집단을 적극적으로 경멸하고 내집단을 편애하게 만들지만, 내집단을 위해 기꺼이 목숨까지 걸게 만들지는 못하는 듯하다.[18] 동일시가 강렬한 개인적 기억이나 깊은 자아감까지는 이용하지 않기 때문에, 동일시의 집단 중심적 요구는 개인의 자기중심적인 숙고에 의해 배제될 수 있다. 개인의 관점에서 보면, 상상할 수 있는 가장 강력한 명령은 우리 자신의 생존이다. 집단이 우리에게 바라는 것과 상충되는 경우에도 다를 바가 없다. 많은 사람에게 위험한 상황에서 예상되는 자연스러운 반응은 군중 속에 숨거나, 기회가 생길 때 도망치는 것이다.

이런 추론에 따르면, 동일시는 목숨을 걸어야 하는 위험이 수반되는 경우에 외집단에게 적대감을 갖고 폭력적으로 행동하도록 동기를 부여하기에 부족하다. 이에 대한 증거는 정체성 융합이나 동일시가 집단을 위한 희생 의지에 미치는 영향을 직접적으로 비교한 연구에서 발견된다.[19] 예를 하나 들어보면, 나는 동료들의 도움을 받아 영국과 벨기에에 거주하는 무슬림 200명 이상을 대상으로 설문조사를 실시해, 소수 종교에 속한 사람으로서 학대를 받은 적이 있느냐고 물었다. 조사 결과에 따르면, 동료 무슬림을 지키기 위해 목숨을 내놓겠다는 의지에서는 동일시가 정체성 융합보다 훨씬 더 약했다.[20]

그렇지만 무슬림 소수자를 대상으로 한 이 연구에서는 집단을 위해 자기희생적인 행동을 할 의향이 있는지에 대해 가상의 질문을 던졌을 뿐이다. 다른 연구에서는 동일시와 정체성 융합이 관념을 넘어, 현실에서 위험을 무릅쓰는 의지에 미치는 영향을 비교했다. 예컨대 시드니를 본거지로 두고 경쟁하는 두 축구팀을 응원하는 약 100명의 오스트레일리아 팬을 대상으로 한 연구에서는 동일시와 정체성 융합이 외집단에 대한 적대감을 유발하는 데 어떤 역할을 하는지 비교했다. 연구를 위한 표본에는 언론에서 해변에 폭죽을 쏘고, 경기장 좌석을 뜯어내며, 상대팀 팬들과 싸운다고 비난을 받은 팬클럽의 구성원들이 포함되었다. 그 연구에서도 축구팀과 자신을 동일시할 때 외집단에 대해 '편견'이 있다고 확인되었다. 다시 말하면, 우리 조사에 응한 피험자들은 상대팀을 응원하는 팬을 싫어한다고 대답할 가능성이 높았다. 하지만 정체성 융합은 상대팀 팬에게 실제로 폭력을 가할 가능성까지도 동일시보다 높았다. 다시 말하면, 단순히 편견을 갖는 수준을 넘어 개인적인 위험 수준이 훨씬 더 높아질 수도 있다는 뜻이다.[21]

따라서 성공적인 군대를 구축하려면 정체성 융합이 유용하다는 데는 의심할 여지가 없다. 병사가 군대와 융합되면 전투 계획이 위험하고 벅차기 이를 데 없더라도 개인적인 목표가 된다. 문제는 군대의 규모가 커지며 익명성도 높아졌다는 것이다. 그리하여 집단 유대감도 공유한 경험 자체보다, 공유한 정체성을 상징하는 것에 새겨졌다. 따라서 소규모 집단의 융합은 대규모 집단의 동일시에 가려지는 위험에 처해졌다.

하지만 군대는 어떻게든 이 문제를 극복할 방법을 이미 수천 년 전부터 찾아냈다. 폭력적인 이웃으로부터 자신을 방어한 고대의 초기 군대부터 시작해 군대는 대의를 위해 죽음을 무릅쓰라고 사람들을 어떻게든 설득해왔다. 어떻게 그럴 수 있었을까? 그 답은 동일시와 같은 규모에서도 일종의 정체성 융합이 작동되는 데 있었다. 우리는 이런 융합을 '확장 융합extended fusion'이라 칭하며, 확장 융합은 복합 사회가 지금까지 생각해낸 가장 위험한 발명품 중 하나다.

## 강력한 군대는 무엇으로 만들어지는가

2011년 아랍의 봄이 열렸던 해, 내가 리비아에서 만난 혁명가들은 소속 대대의 다른 병사들과 융합된 모습을 보여주었다. 물론 그들 중에는 개인적으로 알거나 치열한 전투를 함께 겪은 사람, 탱크에서 퍼붓는 포탄과 하늘에서 쏟아져 내리던 폭탄을 피해 함께 고생하던 사람들이 있었다. 우리가 오래전부터 알고 있던 강렬한 개인적 경험이 정체성 융합으로 이어지기 때문에 그들의 끈끈한 유대는 조금도 놀랍지 않았다. 그러나 그들은 개인적으로 알지 못하는 다른 대대원들, 즉 비슷한 시련을 겪었을 뿐 그 시련을 직접적으로 함께 공유하지는 않은 완전히 낯선 사람들과도 고도로 융합된 모습을 보여주었다. 여기에 '확장 융합', 즉 개인적으로 만난 적이 없는 사람들로 구성된 대규모 집단 간의 정체성 융합의 본질이 있다. 그러나 직접 만난 적도 없고 공유된 경험도 없는 상태에서, 확장 융합이 어떻게 형성될 수 있었을까?

처음에 우리 연구팀은 지역적 유대(예: 인접한 전투 부대)가 확장된 단위(예: 대대 전체)로 투영되는 데 확장 융합의 열쇠가 있다고 생각했다. 다시 말하면, 규모가 큰 집단과 융합되기 위해 구성원은 가족처럼 개인적으로 알고 지내는 사람들로 구성된 훨씬 작은 집단과 하나로 융합되었다는 느낌을 더 큰 공동체에 투영했을 것이라고 추정했다. 우리는 이런 추정을 뒷받침하는 몇 가지 증거를 찾아냈다. 예컨대 2013년, 지역적 유대와 확장 융합 간의 관계를 '투영' 과정으로 이론화하려는 우리의 첫 결실을 발표하고 1년이 지났을 때 보스턴에서 참혹한 사건이 일어났다. 보스턴에서 매년 열리는 마라톤 대회에 참가한 선수들이 테러리스트들의 표적이 되었다. 테러리스트들은 압력솥 장비를 이용해 직접 제작한 폭탄 두 개를 결승선 근처에서 터뜨렸다. 수백 명이 부상을 입었고, 17명이 팔이나 다리를 잃었으며, 세 명이 현장에서 입은 상처로 결국 목숨을 잃었다.

우연하게도, 우리 연구팀원 가운데 마이클 부어메스터Michael Buhrmester가 테러 공격이 있기 며칠 전부터, 보스턴 마라톤 대회 참가자들을 대상으로 동포와의 확장 융합에 대한 자료를 수집하기 시작하고 있었다. 폭탄 테러 소식이 전해지자 부어메스터는 지체 없이 연구 방향을 재설정해서, 이전의 대답에서 동료 미국인들과 더 융합된 사람들이 희생자들을 돕기 위해 더 관대하게 돈을 기부하며, 말을 행동으로도 보여주었는지 확인해보자고 제안했다.[22] 그 연구 결과에 따르면, 희생자들과 강한 심리적 유대감을 표명한 보스턴 시민들, 즉 동료 미국인들이 가족과 같다고 느낀 사람들이 '정체성 융합' 수준에서 더 높은 점수를 받았고, 구호 활동에 기부할 가능성이 훨씬 더 높았다. 우리는 이런 반응이 융합에 이르는 생물학적 경로에 뿌리를 두고 있다고 주장했다. 달리 말하면, 이전부터 존재하던 실제 가족과의 유대감이 훨씬 더 큰 '가족', 즉 국민 전체에게로 확장된 것이라 생각했다.

하지만 결국 우리는 그런 반응이 확장 융합에 이르는 유일한 경로가 아니라는 것을 알게 되었다. 지역적 융합이 그렇듯이, 확장 융합도 경험의 공유를 통해 형성되는 경우가 많다. 익명의 대규모 집단에서 경험하는 사건도 다를 바가 없다. 삶에 변화를 주는 사건에 대한 경험을 공유할 때 그 사건으로 영향을 받은 많은 사람으로 구성된 익명의 공동체에서도 융합의 수준이 올라갈 수 있다는 점이 이제는 다수의 연구에서 밝혀졌다.[23] 규모가 큰 사회에서 공유된 생물학적 특성이든 공유된 경험이든 간에 확장 융합이 인류의 역사에서 가장 강력한 형태의 부족주의 중 하나인 것은 분명하다. 개인적인 생각에, 확장 융합의 발명은 화약이나 동력 비행의 발견에 비견된다. 화약과 동력 비행은 겉보기에 무해한 혁신이어서 현란한 불꽃놀이와 고속 주행을 가능하게 해주지만, 능률적인 살상 기계로도 사용되지 않는가. 확장 융합도 긍정적인 측면에서는 월드컵 축구 경기나 라이브 에이드 콘서트Live Aid Concert(1985년 7월 13일 에티오피아 난민의 기아 문제를 해결하기 위한 자금 마련을 목적으로 열린 콘서트-옮긴이)처럼 마음이 따뜻해지는 행사에 동기를 부여하지만, 새로운 형태의 부족주의로서 인류 역사상 가장 파괴적인 전쟁에서 큰 역할을 했다는 어두운 면도 있다.

전쟁의 역사에서 확장 융합의 중요성이 점차 확대된 첫 징후는 고대 세계의 군대에서 이미 엿보였다. 예컨대 고대 그리스에서 가장 유능한 군대는 용기와 결의를 전쟁터에서 공유한 심리적 유대감으로부터 끌어냈다는 증거가 있다. 기원전 4세기 그리스 작가, 아이네이아스 탁티쿠스Aeneas Tacticus는 "가장 강한 군대는 자신들에게 가장 소중한 모든 것을 위해 싸우는 군대"라고 썼다. 탁티쿠스는 "군인들이 신전과 조국, 부모와 자녀 및 소유한 모든 것을 위해 싸울 때 적에게 성공적으로 강력하게 저항하면 적에게 두려움을 주고, 향후의 침략으로부터도 더 안전해질 것이다"라고도 말했다.[24] 다시 말하면, 가장 가공할 전투력은 패배를 인정하지 않고 완강히 거부하는 저항에서 비롯되는 강력한 응집력이다.[25] 확장 융합 이론이라는 관점에서 볼 때 유능한 군인은 가족뿐 아니라 국가와 종교도 보호하려는 열망에서 동기를 부여받는다는 이념을 탁티쿠스가 강조하고 있다는 점이 특히 흥미롭다. 하기야 신전과 조국도 넓은 의미의 친족이라는 관계망에 명백히 속하지 않는가.

고대 도시국가들에서 특히 공성전siege of warfare이 시작된 이후로는 전투 경험의 공유가 전투원들을 전우애로 결속시켰을 것이다. 탁티쿠스는 현재까지는 세계 최초의 군사학 논문으로 알려진《공성전에서 살아남는 법How to Survive Siege Warfare》이라는 적절한 제목이 붙여진 글에서, 군사적 성공의 열쇠는 강력한 결속력과 공유된 목적의식이라고 주장했다. 탁티쿠스는 수많은 도시국가가 존재하던 시대에 살았다(고대 그리스에는 1000개가 넘는 도시국가가 번성했던 것으로 추정된다). 아테네, 스파르타, 코린토스, 테베, 시라쿠사, 로도스 등 일부 도시국가가 다른 도시국가를 지배했지만, 사람들의 주된 충성 대상은 도시국가들의 연합이 아니라 각자가 속한 도시에 있는 경향을 띠었다. 그렇지만 고대에 이런 도시들은 모든 구성원이 서로 개인적으로 알기에는 여전히 너무 넓었다. 따라서 군대가 도시를 방어하기 위해 기꺼이 죽음을 무릅쓰고 싸우려면, 익명의 다른 구성원에게까지 확장되는 강력한 형태의 결속이 필요했을 것이다.

특정한 전투와 전쟁에서 확장 융합이 어떤 역할을 했는지는 고대 그리스 역사가 폴리비우스Polybius의 글에서도 나타난다. 폴리비우스의 주장에 따르면, 전투가 개개인의 이기적이고 자기중심적인 성향을 꺾어놓으며 확대된 집단을 향한 헌신에 동기를 부여할 수 있다. 폴리비우스는 로마에 맞서 싸운 수많은 군대가 패배한 이유는 용병에 의존했고, 가족과 영토를 지키는 민병대의 결속력이 부족했기 때문이라고 주장했다.[26] 반면에 고대 그리스에서 스파르타 군대와 아테네 민병대가 어떻게 전투를 벌였는지 묘사한 글에서는 고대 군사 전략가들이 확장 융합의 효과를 활용했다는 흔적이 발견된다. 스파르타 군대가 아테네 민병대보다 더 잘 훈련되고, 조직화되고, 지휘되었다는 데는 의심의 여지가 없다. 하지만 훈련과 지휘 체계 면에서 아테네인들에게 부족했던 부분은 과거에 함께한 전투 경험에서 비롯된 유대감 같은 집단 결속력으로 보완되었다. 이런 가능성은 과거의 전쟁에 참전해 군 지휘관을 지낸 크세노폰Xenophon 등 아테네 군사 이론가들이 언급한 것으로, 그들은 확장 융합의 힘을 활용해야 한다고 역설하며 스파르타식 군사 모델에 확장 융합을 접목해야 한다고 아테네 시민들을 설득하려고 애썼다.[27] 폴리비우스는 유명한 카르타고 공성전을 비롯해 오랫동안 지루하게 계속된 도시 공방전을 직접 경험한 역사가로,[28] 고통의 공유가 군사적 결속의 근간이라고 구체적으로 언급했다. 이 모든 역사 기록과 그 밖의 많은 기록에서 지적하듯이, 고대 군대의 확장 융합은 생물학적 특성의 공유와 간접적으로 공유된 경험에 의해 강화되었다.

## 신성한 가치와 제국주의의 발흥

우리가 집단과 하나로 융합될 때, 개개인의 집단 정체성은 기능적으로 동등해진다. 가령 당신이 그 집단에 속한 사람을 공격하면 집단의 분노를 촉발하는 것이 되고, 집단을 공격하더라도 구성원 개개인에 대한 공격으로 받아들여진다. 이런 이유에서 융합된 군대가 가공할 전투력을 발휘한다. 따라서 국가나 제국이 공격을 받았을 때, 확장 융합이 초기의 대규모 군대에게 온갖 악조건에도 불구하고 전쟁터로 향하도록 어떻게 동기를 부여했는지를 알아내는 일은 그다지 어렵지 않다. 무장한 군대가 진퇴유곡에 빠지면, 국지적이든 대규모이든 간에 융합이 진가를 발휘한다.

앞에서 보았듯이, 융합은 심리적 연대감을 활성화한다. 평화로운 시기라면, 가족을 사랑하는 사람들이 다른 가족을 말살하려고 하지 않고, 서로 상대의 차이를 인정하며 자기 방식대로 살아갈 것이다. 마찬가지로 융합이 극단적인 자기희생을 촉발하는 때는 사랑하는 집단이나 그 구성원들이 위협을 받는 경우로 국한된다. 내가 리비아에서 만나 이야기를 나눈 무장 혁명가들도 카다피의 군대가 민간인 여성을 강간하고 살해한다는 소식을 듣고, 그들의 아내와 어머니와 누이도 피해자가 될 수 있다는 점을 깨닫고 나서야 처음으로 무장하게 되었다고 이구동성으로 말했다. 그들이 보기에 반란은 근본적으로 방어 행위였다. 자유의 전사, 부족 전투원, 정규군, 테러 조직 등 무엇이라 표현되든 간에 자발적으로 전쟁터를 나선 이유를 들을 때마다 흔히 반복되는 말이기도 하다.

그러나 전쟁도 무릅쓰겠다는 의지를 촉발하는 또 다른 근원이 있는 듯하다. 그 근원은 표면적으로는 공격성이나 탐욕과 관계있는 것 같아, 국지적 융합이든 확장 융합이든 간에 융합의 결과로 설명하기 어렵다. 구체적으로 말하면, 제국이 정당한 이유도 없이 약탈과 정복에 나서는 보편적인 경향을 어떻게 설명할 수 있을까? 고대와 현대를 망라할 때 유라시아를 지배하던 대제국들부터 근대 이전에 사하라 이남의 아프리카와 메소아메리카에 군림하던 제국들을 거쳐, 그 이후로 유럽과 러시아, 미국과 일본에 이르기까지 그런 제국은 얼마든지 나열할 수 있다. 융합이 본질적으로 공격성보다 방어 본능으로부터 촉발된다면, 제국주의는 융합만으로는 설명될 수 없다. 그렇다면 그 이면에 어떤 심리가 있을까?

이 질문에 답하려는 최초의 시도는 14세기 아랍의 역사가 이븐 할둔Ibn Khaldun의 저작에서 찾아볼 수 있다. 할둔은 부족주의와 전쟁의 진화 과정을 설명해보려 했다.[29] 그는 내가 지금까지 설명한 장기적인 역사 과정의 많은 부분을 되짚어 언급했다. 즉 부족 집단 내에 형성된 국지적 유대부터 시작해서 도시국가 수준에서 공유되는 더 큰 규모의 정체성으로 이어졌고, 결국에는 훨씬 큰 국가나 제국 수준에서 긴밀하게 결속된 군대로 정점에 이르는 과정이었다. 특히 할둔은 '아사비야asabiyyah'(연대를 뜻하는 아랍어)를 형성하는 데 정서적으로 강렬한 의례가 중요한 역할을 한다고 강조했다. 특히 북을 두드리는 소리, 나팔과 뿔피리 소리 같은 군악軍樂의 역할과, 깃발과 현수막 같은 시각적 상징물의 유용성을 강조했다. 할둔이 아사비야를 개인 정체성과 집단 정체성의 융합으로 명시적으로 규정하지는 않았지만, 나처럼 사회적 결속이 강렬한 공유 경험을 통해 형성될 수 있다고 생각한 것은 분명하다.

    그러나 할둔은 여기에 또 하나의 요인을 덧붙였다. 제국에 존재하는 특유한 요인으로, 오늘날 우리가 알고 있는 군사 정복의 논리를 이해하는 데 반드시 필요한 요인이기도 하다. 할둔의 주장에 따르면, 제국의 정복 이면에는 도덕적 의무가 있었다. 할둔은 제국이 성공하려면 정복당한 부족과 국가가 하나의 포괄적이고 중앙집권적인 정치 구조와 통합되어야 한다고 말했다. 그 정치 구조는 더 높은 가치로 결속되고, 이사바야를 제국 전체로 확장할 수 있는 것이어야 했다. 할둔의 주장에 따르면, 그런 결속은 반드시 필요할 뿐 아니라 미덕이기도 했다. 이런 문명적 미덕이 확립된 후에야 군사적 확장이 '보편적 사명universal mission'이 되었다. 달리 말하면, 이교도와 불신자를 죽이는 것이 제국의 책무와 밀접한 관련이 있는 신성한 의무가 된다는 뜻이었다. 할둔은 한 무슬림 군사 지도자에 대한 이야기를 긍정적으로 묘사하며 그런 생각을 명확히 밝혔다. 한 인도 공동체가 무슬림 법에서 금지된 관습을 행하는 것을 알고는 대량 학살을 감행한 뒤에 지역 지도자들의 머리를 참수해 대중에게 공개했다는 군사 지도자에 대한 이야기였다.

    역사적으로 대제국들이 침략한 땅에 자신들의 법과 가치를 강요하려고 열렬히 활용한 선교도 세계사에서 중대한 발전이었고, 특별한 설명이 필요한 부분이다. 세상을 바라보는 영광스러운 시각(보편적으로 진실되고, 다른 어떤 시각보다 도덕적으로 우월한 시각)은 오직 하나뿐이라는 생각은 제국이 영토의 확장을 꾀하면서 잉태되었다. 제국의 영토 확장은 도덕화된 종교의 등장 및 확산과도 밀접한 관계가 있다. 메소포타미아나 크레타 같은 지역에서, 즉 가장 오래된 도시국가들에서 국지적 결속은 지역 신이나 그 신을 섬기는 도시에서만 볼 수 있는 독특한 신전과 긴밀한 관련이 있었다. 반면에 도덕화된 종교는 지역민들이 어떤 지역 종교를 섬기든 간에 누구에게나 똑같이 적용되는 원칙을 강조했다. 따라서 이런 일반적인 믿음에 직접적으로 배치되는 모든 지엽적 믿음은 비도덕적이고 파멸적으로 여겨져, 그런 지엽적 믿음을 옹호하는 사람들을 침묵시키거나 제거하는 것도 정당한 응징으로 간주되는 경우가 많았다.

  5장은 '이른바 축의 시대에 처음 등장하기 시작한 보편적이고 도덕화된 종교가 어떻게 폭력적 정복을 정당화하는 데 동원되었을까?'라는 질문으로 끝냈다. 할둔은 질문의 답을 구할 수 있는 실마리를 가장 먼저 제시한 역사가였다. 그런 종교의 중심에 놓인 도덕적 목적의식이 제국의 영토 확장을 정당화하는 데 사용될 수 있다는 것이었다. 이런 맥락에서 보면, 정복은 단순히 무언가를 획득하려는 탐욕한 행위이거나 지배력의 표현이 아니라, 신성한 의무가 된다. 이런 이유에서 제국의 영토 확장은 상대적으로 약한 집단의 자원을 약탈하는 물질적 목적을 위한 수단이었을 뿐 아니라, 신성한 제재를 구실로 수행된 도덕적 행위가 되었다.

진리와 빛을 전파하고 불신자를 제거하기 위한 제국주의자들의 정복은 흔히 '성전Holy War'으로 묘사된다. 이런 식으로 전쟁을 수행한 최초의 사례는 기원전 첫 번째 천년시대의 고대 이스라엘에서 있었으며, 세계사에서 이 시기는 이른바 축의 시대 및 5장에서 살펴본 도덕화된 종교의 확산과 관련이 있다.[30] 비슷한 시기에 중국에서는 한나라가 유교를 제국주의적 야망에 접목하기 시작했다. 앞에서도 보았듯이, 도덕화된 가치에 기초해 신학적 헤게모니를 확립하려는 노력은 부침이 있었다. 그럼에도 신성한 가치를 우선적으로 확립하려는 노력은 결국 세계의 많은 제국에서 전쟁을 도발하는 전형적인 이유가 되었다.

성전이라는 개념과 관련된 가장 유명한 전쟁으로는 아마도 기독교의 십자군 전쟁과 이슬람 지하드일 것이다. 하지만 정의로운 전쟁a just war이라는 개념은 지금도 힌두교와 시크교에 존재하며, 세계 전역의 많은 국가에서 종교의 기치 아래 벌어진 전쟁의 사례를 나열하기는 그다지 어렵지 않다. 그렇지만 성전을 본질적으로 종교 현상으로 보는 것은 잘못된 생각이다. 오히려 성전이라는 개념은 신앙보다 부족주의와 훨씬 더 밀접한 관련이 있다. 내가 종교적 믿음을 다룬 5장에서 성전을 다루지 않고 이번 장에서 다루는 이유도 여기에 있다. 논란의 여지가 있겠지만 20세기는 세속적인 형태의 성전, 즉 공산주의와 자본주의가 충돌한 시대였다. 공산주의와 자본주의는 겉보기에 비종교적인 면을 띠지만 상반된 가치관을 중심으로 형성된 두 세계관에 불과하며, 양측의 신봉자들은 자신들의 세계관을 신성하다고 생각한다는 점에서, 오래전의 십자군과 지하스트 같은 종교적 광신자들과 다를 바가 없다. 이런 모든 경우에서 '도덕성 회복 운동moral crusade'이라는 개념이 중요한 역할을 하는 듯 하다. 그러나 이 개념은 어디에서 생겨나고, 집단 간의 폭력에 어떤 영향을 미칠까?

이 질문에 대한 답은 이른바 '신성한 가치sacred values'라는 이론에서 찾을 수 있다. 신성한 가치는 성변화聖變化, transubstantiation에 대한 믿음처럼 추상적인 개념부터 국기나 성서처럼 절대로 함부로 다루어서는 안 되는 물리적인 대상에 이르기까지 결코 위배할 수 없는 원칙이다. 신성한 가치는 어떤 물질적, 금전적, 현실적인 고려 사항보다 우선하며 어떤 상황에서도 타협될 수 없다는 점이 특징이다. 인류학자 스콧 아트란Scott Atran의 주장에 따르면, 신성한 가치는 위배할 수 없는 것이기 때문에 집단 간의 갈등을 해결하거나 중재하려고 할 때 걸림돌이 되는 경우가 많다.[31] 아트란과 그의 동료들이 찾아낸 증거에 따르면, 집단 간의 분쟁을 협상으로 해결하려고 물질적 인센티브를 제공해 신성한 가치와 타협하도록 유도하면 오히려 역효과를 낼 수 있다. 그런 제안이 평화적인 합의를 끌어내기는커녕 오히려 도덕적 분노를 유발하고, 집단 간 증오를 더욱 부추기며 이전보다 더 격렬한 형태의 폭력으로 악화된다는 뜻이다. 요컨대 신성한 가치는 사고팔 수 있는 신념이 아니다.

강력하게 융합된 개인이 동료를 구하기 위해 수류탄에 몸을 던지는 것처럼, 자신의 신성한 가치를 지키기 위해 기꺼이 위험을 무릅쓰는 것처럼 보이는 사람이 적지 않다. 아트란은 오늘날 자유민주주의 국가에서는 이런 자기희생이 과소평가되는 경우가 많다고 주장한다.³² 예컨대 미국의 외교정책은 베트남, 이란, 이라크, 아프가니스탄에서 군사적으로 약한 적들의 전투 의지를 제대로 예측하지 못했다. 군사적 논리에 따르면, 초반부터 무력을 과시해 '두려움fear을 넘어 경외감awe'까지 심어주면 저항해도 소용없다는 것이 분명해져서 사기가 꺾여야 한다. 하지만 그런 현상이 일어나지 않은 상황이 한두 번이 아니다. 아트란은 과거에도 나폴레옹과 히틀러 등 다른 제국의 지도자들도 똑같은 실수를 저질렀다고 지적한다. 이런 경우에 실제로는, 수적으로 열세인 집단이 초기에 큰 손실을 본 뒤에 계속 항전하겠다는 결의를 배가해 전쟁터로 되돌아오는 경우가 많았다.

2011년 리비아를 방문하고 돌아온 뒤에 나는 아트란의 연구가 제국주의의 기원을 설명하는 데 도움이 될 수 있지 않을까 궁금했다. 정체성 융합과 신성한 가치가 밀접히 관련되거나 중첩되는 개념인 것 같았다. 집단에 깊이 헌신하려는 마음이 확장 융합의 형태로 어떤 가치에 어떻게든 더해지고, 더 나아가 기꺼이 목숨을 내던질 수 있을 정도로 그 가치가 '신성화'된다면 어떻게 될까?

솔직히 인정하면, 이 의문을 푸는 데는 꽤 복잡한 사고 과정과 약간의 분석이 필요했다. 내가 경험한 바에 따르면, 국지적 융합의 경우에는 개인적으로 아는 사람이 되고, 확장 융합의 경우에는 더 넓은 공동체에 속한 사람이 되겠지만 여하튼 융합에는 삶을 바꿔놓은 경험을 함께 공유한 사람들에게 헌신하려는 책임감이 수반되었다. 반면에 동일시의 근간에는 융합보다 가치와 믿음이 있다는 것이 내 판단이었다. 다시 말하면, 가치와 믿음은 개인적인 변화를 일으킨 사건으로 이어지지 않는 집단 정체성의 한 형태라는 뜻이다.

그러나 어떤 가치 자체가 개인적으로 융합된 집단과 어떤 이유로든 강력하게 관련돼 있다면 어떻게 될까? 게다가 사랑하는 집단과 그 집단이 추구하는 신성한 가치가 더는 구분되지 않을 정도로 그 관련성이 강력하다면 어떻게 될까? 내 기억이 맞다면, 어느 날 저녁 대학 회식을 끝내고 집으로 돌아오는 길에 걸음을 멈추고, 옥스퍼드대학교 한복판에 세워진 순교자의 탑을 물끄러미 바라보며 그 생각을 처음 떠올렸다. 순교자의 탑은 시시때때로 보던 것이었지만, 이상하게도 그날은 평소보다 더 열심히 그 탑을 바라보았다. 탑은 1555년 개신교 신앙을 포기하는 대신 화형을 택한 니컬러스 리들리Nicholas Ridley, 토머스 크랜머Thomas Cranmer, 휴 레티머Hugh Latimer의 영웅적인 행동을 기리는 기념물이다. 그들은 기꺼이 목숨을 바칠 정도로 신성한 가치를 지닌 개신교 신앙이 위기를 맞았다고 생각했다. 개신교 신앙과 그들이 융합된 집단이 본질적으로 같은 것이 되었기 때문에 순교를 택한 것일까?

이 쟁점들을 더 깊이 알고 싶은 욕심에 나는 정체성 융합의 구조를 처음으로 제시한 윌리엄 스완과 앙헬 고메스를 옥스퍼드에 초대했다. 나는 스콧 아트란과 함께 그들을 만나 흥미로운 토론을 벌였다. 우리는 토론에서 어떤 결론도 내리지 못했는데, 그 이유는 신성한 가치, 융합, 동일시 간의 관계에 대해 각자 견해가 달랐기 때문이었을 가능성이 크다. 하지만 세 요인이 어떻게 함께 작동하는가에 대해 내가 개인적으로 내린 결론을 소개하면 다음과 같다.

융합은 자신을 규정하는 경험의 공유에 기반하며, 우리에게 소속 집단을 지키도록 동기를 부여하지만 우리 집단이 공격받는 경우에 국한된다. 동일시는 정체성 표지의 공유에 기반하고, 우리가 속한 집단이 공격을 받든 그렇지 않든 간에 외집단에 대해 경쟁적으로 행동하도록 동기를 부여한다. 한편 신성한 가치는 두 가지 과정의 결합물이다. 물론, 공유된 정체성 표지(이 경우에는 우리가 어떤 집단에 속해 있는지를 세상에 선언하는 가치)이기도 하다. 로마 가톨릭교회와 관련된 많은 다른 신앙을 저버리고, 예수를 향한 믿음으로 구원을 얻을 수 있다고 말하는 개신교의 가치가 좋은 예다. 하지만 개신교의 가치를 신성하게 만드는 것은, 그 가치가 어떤 방식으로든 개인적으로 자신을 규정할 때다. 계시를 통하든, 깨달음이나 회개를 통하든, 사랑하는 집단의 구성원이 개신교 가치를 이유로 고통받았던 박해의 역사를 공유한 결과이든 우리가 어떤 가치와 융합되면, 그 가치는 신성한 지위로 격상하며 기꺼이 목숨을 바칠 정도로 소중한 것이 된다.

 이 생각이 맞다면, 다시 말해서 융합과 동일시가 해당 집단의 상징으로 여겨지는 일련의 가치들과 결합되어 신성한 가치가 생긴다면, 우리가 일종의 이중고를 겪어야 한다는 뜻이 된다. 요컨대 내집단을 향한 사랑과 외집단에 대한 경멸이 결합해 강력한 칵테일을 만드는 과정을 겪는다. 먼저 우리의 개인적 자아가 국가나 제국 같은 확장된 집단에 깊숙이 투자되면, 이때가 융합되는 과정이다. 다른 단계에서는 집단과 관련된 상징과 이념 등 고유한 정체성 표지와 가치, 즉 동일성 요소가 융합된 확장 집단에 필수적인 것으로 여겨진다. 이 단계에 들어서면, 우리는 집단을 지키기 위해 위험을 무릅쏠 각오가 되어 있을 뿐 아니라, 집단의 이데올로기를 전파하기 위해 무엇이든 할 수 있고, 필요하면 폭력도 기꺼이 사용할 수 있다. 가치의 이런 신성화가 제국주의와 폭력적 극단주의의 밑바탕에 깔려 있다.

아트란과 그의 동료들은 ISIS Islamic State of Iraq and Syria(이라크 시리아 이슬람국. 간략히는 이슬람국가)가 축출된 이후의 이라크 모술부터 과거에 폭탄 테러와 관련되었던 모로코의 도시 지역에 이르기까지 세계에서 가장 불안정한 지역에서 실시한 연구를 통해 입증했듯이, '성스러운' 폭력 행위는 신성한 가치에 대한 헌신으로 설명될 수 있다. 아트란 연구팀은 조사한 모든 모집단에서, 집단을 위해 기꺼이 싸우다 죽겠다는 의지는 '가공할 영적인 확신 spiritual formidability'과 관계가 있다는 점을 밝혀냈다. 그들의 정의에 따르면, 영적인 확신은 "개인이나 집단이 싸워서라도 목표를 달성하려는 신념과 비물질적인 자원(가치, 강인한 믿음, 평판)"을 가리킨다.[33] 이 조사를 통해 아트란 연구팀은 이 가공할 영적인 확신이 확장 융합과 결합될 때 폭력적 행위를 정확히 예측하는 지표가 된다는 사실을 알아냈다.

신성한 가치에 매몰되면, 우리는 외집단에 대한 폭력을 자기방어 행위일 뿐 아니라 이단자와 이교도를 이 땅에서 정화하는 도덕적 의무로 생각하게 된다. 역사적으로 많은 제국주의적 집단에서 공유된 상징은 절대론적인 것, 즉 한낱 자기집단의 정체성을 가리키는 표지가 아니라 보편적이고 위배할 수 없는 진리로 여겨졌다. 기독교 십자군부터 이슬람 지하디스트까지, 또 나치의 유럽 점령부터 러시아의 우크라이나 침공에 이르기까지 지금도 제국주의는 예부터 고안된 융합의 힘만이 아니라, 교리나 이데올로기와 동일시하는 과정까지 활용하는 듯하다. 제국주의가 집단에서 가장 소중히 여기는 가치를 신성화하는 이유가 여기에 있다. 신성화된 가치는 자살 테러와 성전부터 인종이나 종교를 이유로 행해지는 집단 학살에 이르기까지 다양한 형태의 약탈적 폭력을 일으키는 핵심 동력이다.

이 책에서 2부의 목적은 사회가 더 크고 복잡하게 진화하면서도 세 가지 편향(순응주의, 종교성, 부족주의)이 어떻게 형성되고 활용되었는지를 설명하는 것이었다. 이런 사회 중 일부는 의례적 입장과 도구적 입장을 최대한 활용함으로써 혁신과 전통 사이에서 적절한 중간 지점을 찾아냈다. 또한 그 사회들은 미래 지향적인 관점을 장려하는 제도와 철학을 만들었고, 교리를 근거로 한 종교, 즉 조상들의 '야생' 종교와는 확연히 다른 종교를 고안해냈으며, 새로운 형태의 상의하달식 통치 방식 및 개인 간의 관계를 구속하는 법을 집행할 수 있는 분위기를 조성했다. 폭력적인 부족 본능은 다민족 제국과 방대한 교역망의 탄생으로 점차 이어졌다.

인류의 역사에서 이런 혁신이 거듭되며 우리에게 전해지는 집단 유산이 늘어났고, 마침내 지금 우리가 살고 있는 지정학적 풍경에 이르렀다. 고대 이집트와 고대 페르시아가 벌인 전쟁부터 몽골의 침략과 로마의 약탈에 이르기까지 인류 역사에는 수많은 큰 분쟁이 있었다. 그런 분쟁 과정에서 군대는 권력에 굶주린 지도자들의 탐욕과 야망만이 아니라, 함께 고통을 나누는 전우들과의 확장 융합을 통해서도 동기를 부여받았다. 강력한 제국들은 확장 융합을 위한 도구의 일부로 종교를 채택하는 데 그치지 않고 신성한 가치를 도입해, 다양한 문화적 유산을 지닌 사람들을 하나로 결집하기 위한 수단으로 삼았다. 세계 종교들은 제국주의적 야망을 가진 군벌과 황제에게 민족과 계급과 지역에서 뿌리가 다른 사람들을 통합하고 자극하는 새로운 방법을 제시했다. 그 방법은 20세기를 수놓은 최악의 세계대전을 비롯해 현대에 일어난 모든 전쟁의 특징이 되었다. 이런 관점에서 볼 때, 최근에 눈에 띄는 이념적 극단주의(다양한 형태의 파시즘, 혁명적 공산주의, 전투적 민족주의, 지하디즘 등)의 부상은 확장 융합, 제국주의, 폭력적 자기희생을 향한 궤적의 자연스러운 연장일 뿐이다.

스파르타의 밀집 장창 보병대, 몽골의 대군大群, 사무라이 검객, 마오리족 전사, 구르카 용병, 가미카제 조종사 등 역사상 수많은 전사 집단은 극복할 수 없는 장애물을 직면한 때에도 항복하지 않았다. 폭력적인 자기희생이라는 행위는 역사 전반에 걸쳐 기록되어 있다. 하지만 현대 세계의 초국가적 종교와 이데올로기는 확장 융합과 신성한 가치의 불안정한 결합체를 만들어냈고, 그 신봉자들은 단순히 집단을 지키는 데 만족하지 않고 자신들의 신조는 결코 위배할 수 없고 타협할 수 없는 것이라고 옹호한다. 그 결과 지금 우리는 세계사에서 새로운 갈림길을 눈앞에 두고 있다. 이렇게 복잡하지만 치명적일 수도 있는 인간 심리를 어떻게 헤쳐나가야 할까? 3부에서는 이 의문을 차근차근 풀어보기로 하자.

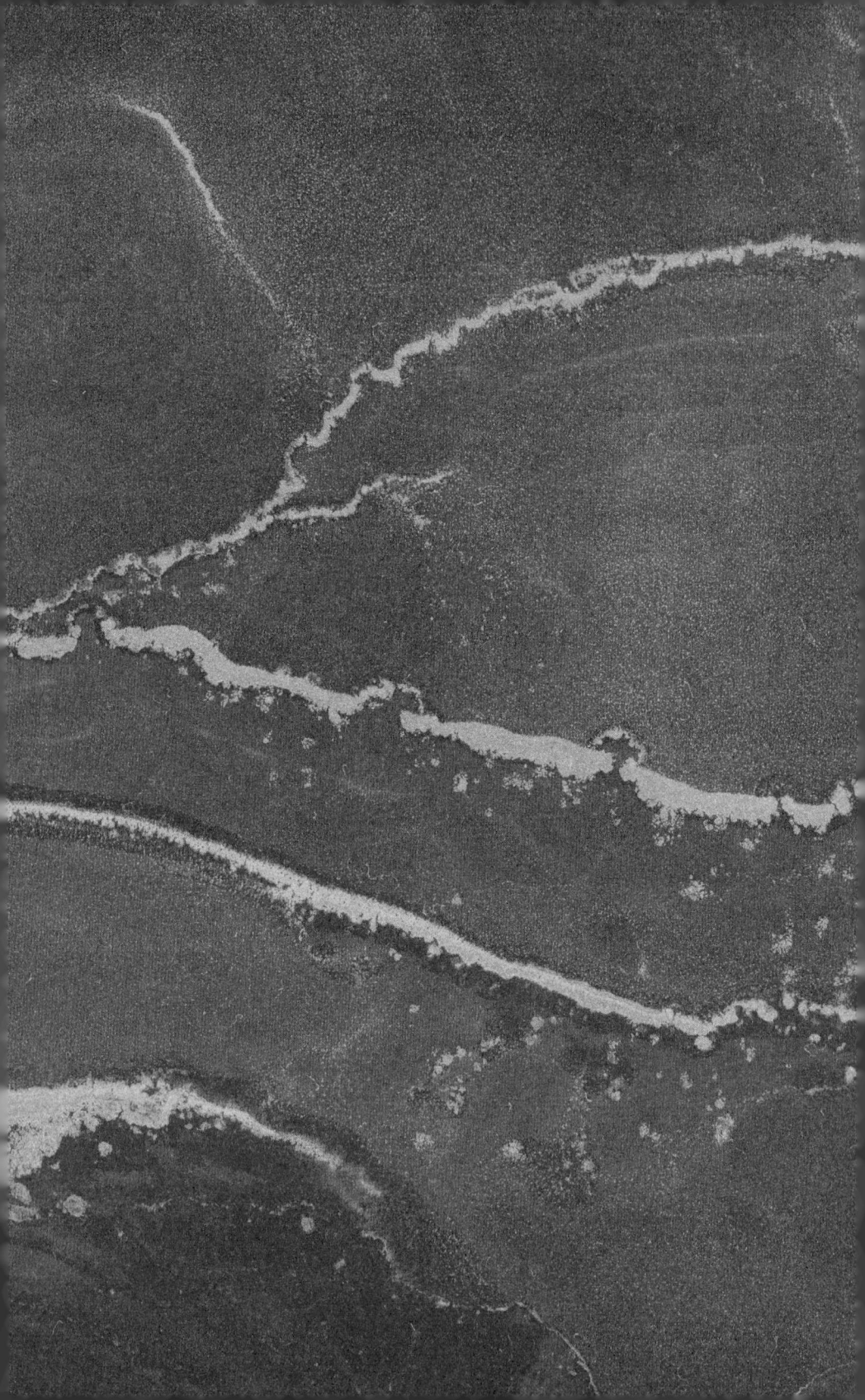

3부

# 본성에 새로운 해법이 있다

# 7

# 기후 위기에 대응하는
# 새로운 전략

2011년 여름, 차탈회위크에서는 발굴이 한창 진행되고 있었다. 휴식 시간에 동료들과 차를 마시고 있던 때 갑자기 밖에서 소란스러운 소리가 들렸다. 곳곳에서 '불이야!'라고 소리쳤다. 우리는 동시에 창문 쪽으로 얼굴을 돌렸고, 사람들이 동쪽 고분古墳의 정상을 향해 달려가는 모습이 보였다. 우리도 서둘러 그들을 따라갔다. 숨을 헐떡이며 발굴지에 도착한 우리 눈에는 하늘이 연기로 검게 변해가는 모습이 보일 뿐이었다. 산불이 바람을 타고 거세게 번지며 풍경을 찢어대고 있었다. 내 주변의 사람들은 모두 한결같은 마음으로 '불이 이쪽으로 향하고 있는 건가? 1만 년의 역사가 담긴 귀중한 고고학 유적이 단 한 번의 산불로 사라질까?'라는 불안에 떨었다.

농부들이 땅을 개간하는 비용을 절약하려고 의도적으로 지른 불이 산불의 원인일 거라고 중얼대는 사람이 적지 않았다. 설령 그렇더라도 농부들은 그 사실을 인정하지 않고, 자연적인 원인에서 산불이 시작되었다고 주장할 것이 분명했다. 실제로 차탈회위크 주변은 부싯깃 통으로 변한 지 오래여서, 부주의하게 버린 담배꽁초나

벼락 등 아주 작은 불씨에 불바다로 변하더라도 이상하지 않았다. 과거에 세계에서 가장 비옥한 문명의 요람 중 하나였던 콘야 평원이 사막으로 변해가고 있던 것은 사실이었다. 그 화재가 있고 수년 뒤, 튀르키예 정부는 2015년에 채택된 기후변화에 관한 파리협정에 따라 아나톨리아 지역에서 진행되던 사막화 문제를 해결하기로 합의했지만, 내가 그곳에서 만나 이야기를 나눈 고고학자 중에서 그 계획의 진행에 대해 낙관적인 사람은 거의 없었다.

나는 언덕 비탈에 서서, 바싹 말라 누른빛을 띤 들판이 사방으로 퍼지는 불길에 휩싸여 붉게 빛나고 검은 연기 기둥이 푸른 하늘로 피어오르는 모습을 지켜보며, 차탈회위크에 처음 정착한 신석기 시대 사람들과 우리 사이에 많은 공통점이 있다고 생각했다. 그들도 우리만큼이나 열렬한 순응주의자여서, 그들이 농사를 짓는 관습은 아무 의심 없이 받아들여지는 규범과 의례로 채워져 주변 환경을 활용하는 방법을 결정하는 데 영향을 미친 전통과 합쳐졌을 것이다. 하지만 바로 이런 성향이 그때 우리를 파멸로 끌어가고 있었다.

유엔이 2022년에 발표한 〈탄소 배출량 격차 보고서Emissions Gap Report〉에 따르면, 돌이킬 수 없는 환경 재앙을 피하려면 2030년까지 온실가스 배출량을 45퍼센트까지 줄여야 한다.[1] 안타깝게도 정반대로, 전 세계의 배출량은 줄어들기는커녕 오히려 증가할 가능성이 더 크다. 그 이유가 무엇일까? 화석연료를 친환경 연료로 대체하는 데 필요한 변화가 정치적으로 인기가 없고, 분열을 초래하기 때문이다. 경제학자들과 기후 전문가들은 결국 우리 모두가 고통을 겪게 될 것이라고 장담한다. 예상되는 인구 증가에 따르면, 생존을 위해서도 2050년쯤에는 50퍼센트가 더 많은 식량이 필요할 것으로 추정되지만, 기후변화가 농업에 미치는 영향으로 수확량은 증가하기보다 감소할 것으로 예상된다.[2]

물론 우리 모두는 그 이유를 어느 정도 알고 있다. 정치인은 단기적으로 선택받는 사람이기 때문에 계속 권력을 유지하려면 단기적인 성과를 달성하기 위해 지엽적인 문제에 돈을 쏟아부어야 한다. 기업 행위와 상거래도 마찬가지여서, 장기적인 편익보다 당장의 이익을 우선시하는 것이 규범이다. 기후 위기는 범세계적인 문제지만, 그런 문제를 다룰 만한 세계 정부가 우리에게는 없다. 오히려 200여 개의 국가가 제각각 주권을 행사하며 자국의 이익을 우선시하고 있다.

하지만 다른 차원에서 보면 우리는 아무것도 모른다. 인류학적 관점에서 기후변화를 바라보면, 기후 위기의 핵심에는 순응주의, 종교성, 부족주의라는 해묵은 편향성이 자리 잡고 있다는 생각이 든다. 일단 문명이 구축된 뒤에는 이 세 가지 충동적 성향이 문명 자체에 가장 심각한 위협이 된다. 그러나 우리가 지배 체계나 만연한 시장 규범을 하룻밤 사이에 바꿀 수 없더라도, 변화를 하루라도 빨리 시작할수록 더 낫다는 점은 분명하다. 우리는 지금 벼랑 끝에 흔들리며 서 있는 종$_{species}$이다. 본능적인 순응주의와 종교성과 부족주의를 당장이라도 더 효과적으로 관리하는 일을 시작하지 않으면 우리는 벼랑 너머로 내몰릴 것이다.

우리 조상들은 삶의 과정에서 어려운 선택을 해야 할 경우가 적지 않았지만 그 결과는 거의 언제나 분명하지 않았다. 나는 괴베클리의 거대한 돌기둥들이 수렵채집 세계의 전성기를 상징하는 유물이기는커녕 최후의 몸부림에 더 가까울 수 있다고 간혹 생각한다. 어쩌면 그 위압적인 돌기둥에 새겨진 야생동물의 모습은 신비로운 자연의 힘에 대한 믿음을 간직하려는 필사적인 시도이자, 의심을 받기 시작한 과거의 방식과 가치를 지키기 위한 필사적인 노력이었을지도 모른다. 여하튼 새로운 세대들이 농작물을 재배하고 가축을 기르는 새로운 방법을 계속해 점진적으로 받아들이는데도 채집하는 삶의 방식을 고수하던 사람들은 결국 사라지고 말았다. 이 과정에서 승자는 그 거대한 돌기둥을 세운 사람들이 아니라, 청동기 시대와 그 뒤를 이은 대제국 시대에 더 광범위하고 지속적인 문화 체계를 꾸준히 구축해나간 농경민들이었다. 지금 세계는 다시 한 번 갈림길에 서 있다. 그러나 이번에는 어떤 길이 생존을 위한 길이고, 어떤 길이 심연으로 빠져드는 길인지 구분하지 못할 여지가 거의 없다. 오염과 자원 과소비에서 지속 불가능한 수준의 방향으로 계속 나아간다면 우리는 머잖아 환경 재앙에 직면할 것이다.

    과거에는 지금보다 더 협력하는 문화, 더 미래지향적인 종교와 정치를 체계적으로 개발함으로써 대규모의 공동 행동이나 현재를 넘어 미래를 고려하는 사고가 필요한 문제들을 성공적으로 해결해왔다. 하지만 오늘날 인류가 벼랑 끝에서 벗어나는 길을 찾아내기 위해서는 우리 자신과 사회에 대한 가장 기본적인 가정들 대부분은 다시 생각해야 하고, 그 어느 때보다 빠른 속도로 해내야 한다. 누구나 알고 있듯이, 필요한 만큼의 속도와 규모로 인류의 방향을 필요한 만큼 바꾸려면 탄소세 도입, 농업을 비롯해 기본적인 기반 설비의 대대적인 효율성 제고, 교통 체제의 전기화 등 공공정책의 혁명적 변화가 뒤따라야 할 것이다. 우리 사회를 이처럼 근본적으로 변화시키는 데는 큰 비용이 들기 때문에 엄청난 장애물이 예상되는 것은 주지의 사실이다. 그러나 가장 강력한 장애물의 일부는 심리적인 것인데 이 부분은 거의 언제나 간과된다.

단기적으로 생각하는 인간의 편향성에 대해 생각해보자. 우리 대부분이 이미 알고 있듯이, 경제가 작동하는 방식에 큰 변화가 단행되지 않으면 기후 위기가 무척 빠르게 악화될 것이 뻔하다. 게다가 이런 악화를 막기 위한 조치가 지나치게 단편적이고 느리다는 것도 거의 모두가 알고 있다. 하지만 이런 성향이 진화심리학에 뿌리를 두고 있다는 점을 우리는 제대로 인식하지 못하는 듯하다. 진화심리학의 관점에서 볼 때, 우리는 불확실한 미래보다 지금 당장 직면한 문제를 우선시할 뿐 아니라 환경이 가혹해질수록 더 근시안적으로 변해 단기적인 문제에 집중하는 선천적인 성향을 물려받았다.

이런 문제에 대한 논의를 진전시키려면 이성적 판단과 증거만으로는 부족하다. 2023년 나는 옥스퍼드대학교의 내 컴퓨터 화면 앞에 앉아, 우리가 기후 위기에 대처하기 위해 하나로 똘똘 뭉쳐 행동해야 한다고 주장하는 일련의 강연을 영상으로 제작했다. 각 강연의 논조는 똑같았지만, 결론을 정당화하기 위해 중간쯤에서 사용한 논리가 약간 달랐다. 첫 강연에서는 언론을 통해 널리 알려진 과학계의 일반적인 주장을 사용했다. 그러나 나머지 강연에서는 우리의 진화된 편향성에 호소했다. 나는 영국에서 약 1000명을 초대해 내 짧은 강연 영상을 시청하도록 했고, 그들에게 환경단체에 돈을 기부할 기회를 부여했다. 이 연구에서 알아낸 핵심 결과 중 하나는, 기후 위기에 대해 강연할 때는 과학적 근거를 주장하는 것보다 공유하는 본질적 개념에 호소하는 편이 인류를 하나로 융합하고 행동을 촉구하는 데 훨씬 더 효과적이라는 것이었다.

후속 연구에서는 남반구의 한 저명한 정치인에게 똑같은 논조로 연설하도록 했다. 이 연구에서도 생물학적 공통점에 기초한 연설이 다른 어떤 형태의 연설보다 인류의 융합에 훨씬 더 강력한 영향을 미친다는 점이 확인되었다.[3] 활동가나 지도자는 과학적 증거와 합리적 논증에 근거한 추론만으로는 기후변화에 대처하는 데 필요한 전면적인 변화를 이끌어내기에 충분하지 않을 수 있다는 점을 인정해야 한다. 우리가 무엇을 왜 해야 하는지 안다고 해서, 군중이 방향을 전환하도록 유도하겠다는 충분한 동기가 부여되지는 않는다. 문화 체계의 변화도 더불어 필요하다. 다시 말하면, 우리의 선천적 편향성을 새로운 방식으로, 또 대규모로 활용해야 한다는 뜻이다.

내 생각에는 의례가 일상생활에 어떻게 영향을 미치고, 그에 따라 일상생활이 어떻게 달라질 수 있는지에 대한 깊은 이해가 있을 때만 기후 위기에 대응하는 데 필요한 문화의 혁명적 변화가 가능하다. 2부에서는 농경이 확산되며 의례가 일상화되었고, 그 결과로 대규모 집단 정체성이 확산되고 안정될 수 있었다고 말했다. 여기에서는 거의 1만 년 동안 의례가 반복된 결과로 우리가 지금쯤 어디에 위치하고 있는지 생각해보려 한다.

이런 식으로 시간을 훌쩍 뛰어넘어 이상하게 들릴지도 모르겠다. 그렇다고 의례가 신석기 시대 이후로 지금까지 변하지 않았다고 말하려는 것은 아니다. 물론 많은 형태의 일상화는 명백히 현대적인 현상이어서, 증폭기와 라디오 방송 등 비교적 새로운 과학 기계를 사용하고, 초기 농부는 상상조차 할 수 없었을 정도의 규모로 작동된다. 하지만 나는 초기 농경민들이 꾸렸을 상상의 공동체부터 우주 시대의 초강대국에 이르기까지 인류의 역사에서 줄곧 의례의 일상화는 기본적으로 동일한 영향을 지속해왔다고 생각한다. 예컨대 우리는 협력 여부를 결정할 때 어떤 편향성에 영향을 받는다. 그 편향성에 대해 우리는 1부에서 살펴보았고, 2부에서는 사회의 규모가 확대됨에 따라 그 편향성이 어떻게 변형되고 활용되었는지를 추적했다.

우리가 과거에 겪은 진화 과정의 산물, 즉 우리가 지금 물려받은 유산은 독이 든 성배와 같다. 세계 인구가 70억 명을 넘어섰고 현대 세계의 과학기술적 역량과 결합해 우리의 본능적 충동이 이제는 우리 종에게 실존적 위협을 가하고 있다. 논란의 여지가 있겠지만, 인류가 대규모로 떼를 지어 행동하며 우리를 환경 재앙 직전으로 몰아가는 현상이 가장 두드러진 예가 아닌가 싶다. 하지만 일상화가 우리를 파멸로 끌어갈 수 있듯이, 거꾸로 우리를 구원의 길로 인도할 수도 있다.

이 장에서는 현대 세계에서 우리가 자원을 추출해 재화와 서비스를 생산하고 상품의 형태로 사고팔며 수익을 창출하고 투자하는 방식에 일상화가 어떻게 영향을 미치는지를 집중적으로 살펴보려 한다. 이 시스템이 바로 '자본주의'다. 자본주의에서 파생된 사고방식과 행동양식이 어느덧 너무도 광범위해서, 자본주의가 인간 본성에 깊이 내재되었다고 오해하는 경우가 적지 않다. 하지만 인류학적 관점에서 보면, 자본주의는 대중 순응주의mass confirmism의 또 다른 사례에 불과하다. 우리가 결코 회복할 수 없을지도 모를 수준까지 기후 위기를 끝없이 몰아가는 현상도 대중 순응주의의 일례라 할 수 있다. 이런 문제를 인식하고 해결하려면 현재의 환경 문제를 훨씬 더 장기적인 관점에서 접근해야만 가능하다.

## 본성을 위배한 자본주의

19세기와 20세기에 파푸아뉴기니가 유럽 열강의 식민지로 전락하면서 원주민의 삶도 크게 달라졌다. 식민지화로 인해, 전에는 전쟁을 일삼던 부족들 사이에 상대적인 평화가 강요되었다. 병자를 치료하고 생명을 구하는 구호소가 들어서고 의약품도 제공되었다. 철제 도구가 도입된 덕분에, 전에는 돌도끼만 사용해 힘들게 작업해야 했던 일들이 한결 쉬워졌다. 또한 값싼 단백질 공급원(예: 생선 통조림)과 저장할 수 있는 탄수화물(예: 쌀)이 공급되었고, 짐승을 사냥하고 뿌리채소를 재배하는 고역을 대신하는 매력적인 대안이 되었다. 하지만 식민지화는 총구를 앞세운 법과 질서의 강요로 이어졌고, 원주민들을 가혹한 형태의 한시적 계약 노동자로 내몰았으며, 토착 신앙과 생활 방식을 사악하고 후진적이라고 낙인찍었다. 식민지화로 달갑지 않은 변화가 많이 있었지만, 가장 안타까웠던 현상은 도로 건설, 벌목 회사, 상업용 플랜테이션을 위해 열대우림이 파괴된 것이었다.

이 모든 변화를 이해하려고 노력하는 과정에서, 파푸아뉴기니에서 내가 함께 살았던 베이닝족은 자신들의 고유한 의례적인 전통들에 의문을 품기 시작했다. 그들이 나에게 언급한 사례 중에는 여기에서 언급하기 힘든 것도 적지 않았다. 예컨대 유럽인들이 도래하기 전까지 베이닝족은 자신들의 전통적인 복장을 더할 나위 없이 적절하다고 여겼다. 그러나 기독교 선교사들은 여성이 가슴을 가리지 않고 드러내는 행위는 죄를 짓는 것이라고 가르쳤다. 그때 그들은 자신들의 문화를 부끄러워하게 되었다. 따라서 그들의 토착 관습을 대거 포기했고, 적잖은 관습을 시대의 흐름에 맞게 수정했으며, 때로는 유럽식 복장을 포함해 완전히 새로운 관습을 받아들였다. 많은 사람이 그 과정을 구원의 길, 즉 조상의 과거와 구원의 미래 사이에 새로운 관계를 구축하는 방법으로 보았지만, 그 과정은 정신적 외상을 남길 정도로 힘든 시간이기도 했다. 그 공동체에서 나와 가깝게 지낸 한 친구의 표현을 빌리면,

> 우리는 백인들의 지식 세계에 빠져든 까닭에 과거를 되돌아봅니다. 우리는 아담과 이브라는 조상을 머릿속에 떠올리며, 낙원에서 살던 그들의 삶이 좋았을 거라고 생각합니다. 그러나 그들은 죄를 지었고, 그 때문에 지금 우리가 땀 흘려 일해야 하고, 고통받아야 한다고 합니다. 그래서 오늘도 우리는 혼란에 휩싸여 이렇게 묻습니다. '우리는 어디로 가야 하는가? 우리 고향은 어디인가?' 백인의 지식에 우리는 한때 소유했던 모든 것을 포기해버렸습니다. 오늘도 선교사는 예수가 우리 모

두, 더 정확히 말하면 살아있는 사람과 죽은 사람 모두에게 오실 것이라고 가르칩니다. 따라서 우리는 다시 이런 의문을 품습니다. '우리 조상은 누가 데려올까? 많은 사람이 지식을 구하지만 우리는 …… 그 지식을 얻고 싶지 않다. 그렇다면 누가 이 낡은 세상을 새로운 세상으로 바꾸게 될까?'[4]

내가 그 공동체에서 살아가는 동안, 이런 딜레마를 타개하기 위한 새로운 해법이 모색되었다. 그 해법은 20여 년 전에 키붕이 처음 제시한 비전을 넘어서는 것이었다. 하지만 그 해법이 초기 키붕의 급진적 정신과 일치한다고 주장하는 사람이 많았다. 해법은 유럽식 복장을 벗어던지고 전통적인 옷차림으로 되돌아감으로써 근대성과 세계화에 반대하고 저항하는 형식을 취하더라도 키붕에 주입된 가톨릭의 우주론은 그대로 고수하자는 것이었다. 전통 의상으로의 귀환을 지지한 사람들은 조상과 다시 연결하는 데 도움이 된다며 다수의 의례까지 실행하기에 이르렀다. 식민지 시대 이전부터 오랫동안 잊혔던 많은 전통이 부활했지만, 일부는 변화된 상황에 맞게 새롭게 변형되기도 했다. 이 모든 과정에는 고대와 현대의 의례, 즉 토착 의례와 유럽으로부터 전래된 의례의 본질과 중요성에 대한 깊은 성찰이 수반되었다.

그런 해법은 선교사들의 오만함과 자본주의의 삭막함을 효과적으로 거부하는 데 도움이 됐다. 그렇지만 다행히도 부족 전쟁이나 고통스러운 성인 남성 입문 의식 같은 지역 전통의 부활로 이어지지는 않았다. 사람들은 평화와 법치와 질서를 유지하고, 키붕의 독특한 철학을 발전시킬 수 있는 새로운 길을 선택했다. 키붕의 철학에는 두 가지 차원이 있었다. 하나는 코리암 유레킷Koriam Urekit(1960년대에 키붕 운동을 시작한 창시자이자 정신적 아버지로 보편적으로 알려진 구도자 같은 인물)이 본보기로 제시한, 토착 조상들과 신성한 관계에 뿌리를 두었다. 다른 하나는 착취적인 자본주의의 파괴적인 영향으로부터 키붕 회원들의 권리와 열대우림을 지키겠다는 각오로, 고학력 원주민 지도자들로 구성된 단호한 정치 집단에 근거를 둔 것이었다. 후자의 역할을 전형적으로 보여준 프랜시스 코이만레아Francis Koimanrea는 훗날 동뉴브리튼주(키붕이 설립된 지역)의 주지사가 되어 열대우림 보호에 앞장서며, 파푸아뉴기니가 환경 재앙에 적극적으로 대응하도록 이끌었다. 이런 지도자들의 도움을 받아 체계적으로 확립된 신앙과 관습 덕분에, 세계에서 가장 높은 폭력 범죄율로 신음하던 비극적인 국가 파푸아뉴기니에서는 무척 드물게도 평화롭고 법을 준수하는 상당한 규모의 공동체가 탄생할 수 있었다. 파푸아뉴기니의 이런 참담한 배경을 고려할 때 키붕의 업적은 더더욱 인상적이었다.

그렇다면 키붕을 추종하는 사람들은 놀라운 정도의 협력을 성과로 이루어내는 반면에 파푸아뉴기니의 다른 지역에서는 그렇지 못한 이유가 무엇일까? 이 질문에 대해서는 불완전하지만, 키붕의 추종자들이 자본주의의 기본적인 가정에 의문을 제기하며 자신들의 역사와 전통에 의지했기 때문이라 답할 수 있다. 그러나 그 답에서 더 주목할 만한 부분은 의례와 관련이 있다. 1960년대 키붕 운동이 시작되며, 환경을 보호하는 지속 가능한 방법을 확립하는 데 도움을 주었다. 키붕의 지도자들은 일상화를 통해, 조상들의 삶의 방식을 보존하는 동시에 상황에 맞게 수정하는 일련의 믿음과 관습을 널리 퍼뜨리며 안정시켰고, 벌목과 채굴이 환경에 미치는 파괴적 영향에 반대하는 사람들을 하나로 묶었다.

키붕의 사례에서 환경적으로 지속 가능한 믿음과 관습을 깊이 심어주는 방법을 어렴풋이 찾아볼 수 있다. 많은 사람이 자본주의의 세계화에 따른 파괴적인 영향에 주목하고 한탄하지만, 이에 대해 우리가 무엇을 할 수 있는지에 대해 고민하는 사람은 거의 없는 실정이다. 중앙집권적 정부와 자본주의 시장은 인류 전체를 위한 유일하거나 최선의 방식이 아니라 삶의 한 형태에 불과하지만, 이런 사실은 항상 명확하게 인식되지 않는다. 강대국은 물리력을 동원해 점령한 땅에 티셔츠, 교도소, 불도저, 제재소를 들여오지만, 그 땅에 살던 원주민들의 생각을 경청하며 그들에게 무엇을 배울 수 있을지 진지하게 고민하는 경우는 극히 드물다. 세계화되는 규범에 의문을 제기하기 어려운 이유는, 그 규범이 세계화를 통해 폭넓게 일상화되기 때문이다. 오늘날에는 세계 어느 나라에서나 경제적 삶에 대해 공유하는 일련의 의견이 일상생활의 중심을 차지하고, 그런 의견은 필연적으로 어디에나 존재하는 듯해서 이제는 경제에 대해 생각하지 않는 삶을 상상하기가 불가능할 지경이다. 이처럼 의례가 광범위하게 일상화되면 의례가 만들어내는 사고방식과 행동양식이 일상생활의 구석구석에 깊이 스며들어, 우리는 그렇게 생각하고 행동하는 방식이 이상하다는 점을 더는 의식하지 못한다.

'모든 것에는 가격이 있다', '시간은 곧 돈이다', '돈을 벌려면 돈이 필요하다' 등과 같은 문구를 생각해보자. 이런 문구는 진부하면서 친숙할 뿐 아니라, 그 뒤에 감추어진 개념도 의심할 여지가 없을 정도로 명백하다. 그렇지만 내가 파푸아뉴기니의 열대우림에서 함께 생활했던 사람들에게는 완전히 다른 이야기였다. 그곳에서는 어떤 용도가 있더라도 가격이 매겨진 물건은 거의 없었다. 집은 주변 숲에서 채집한 재료로 만들어졌다. 식량은 채마밭에서 재배되었고, 사냥과 낚시를 통해 얻었다. 커피와 코코아는 금전적 가치가 있지만 다른 용도로는 사용되지 않았다. 작물로 돈을 벌고 싶은 사람들은 커피나무와 코코아나무를 심고 그 열매를 중개인에게 팔았지만, 작물이 판매된 후에 어떻게 되는지 관심을 갖는 사람은 거의 없었다. 물론 커피와 코코아는 가공되지 않은 날것으로 먹을 수 없지만, 마을에서는 누구도 커피를 마시거나 초콜릿을 먹지 않았다. 따라서 제조 과정을 거친 최종 제품은 마을 사람들의 눈에 그저 신비하고 아무런 가치도 없는 것이었다.

환금 작물을 재배해 벌어들인 돈은 탐나는 물건, 예컨대 덤불칼과 도끼 같은 철제 도구나 생선 통조림과 쌀처럼 상온에서도 오랫동안 상하지 않는 수입 식품을 구매하는 데 사용되었다. 그러나 돈은 특별한 경우, 예컨대 칼날은 날카롭게 가는 행위가 반복되는 과정에서 점점 얇아질 수밖에 없어, 결국 칼이 부러졌을 때 새로운 칼을 구매하는 데 사용되었을 뿐이다. 부족민이 돈을 유일하게 자주 사용하는 때는 조상에게 선물로 주겠다며 돈을 그릇에 놓는 경우였다. 마을 사당의 특별한 그릇에는 동전이 차곡차곡 쌓였다. 그러나 그 돈은 어떤 이익을 기대하며 투자된 것이 아니었다. 내가 함께 살았던 사람들에게 투자라는 개념은 생소했다. 하지만 그렇게 쌓인 돈은 키붕 본부로 옮겨졌고, 궁극적으로는 공동체 전체를 위한 공공사업, 예컨대 구호소나 학교를 지원하는 데 사용되었다. 한번은 오스트레일리아를 덮친 사이클론 피해자들을 돕기 위한 자선 기부금으로 사용되기도 했다. 물론 그 기부금을 받은 사람들이 훨씬 더 부유하고, 대부분이 보험에 가입한 데다 국내 자선단체들과 정부로부터 광범위한 지원을 받았다.

인간이 수천 년 동안 영위한 물질적 삶을 돌이켜보면, 경제성장 자체를 궁극적인 목표로 추구하는 현상은 최근에야 나타날 뿐이다. 우리 인간은 결코 천성적인 자본주의자가 아니다. 우리는 열매를 따는 채집자에 가깝다. 인간은 어느 곳에서 살든 간에 덤불에서 열매를 따는 데 몰두할 수 있으면 행복을 느낄 것이다. 이런 성향은 당첨되려면 열매 모양을 맞춰야 하는 슬롯머신을 이용하는 도박 산업에서 악용되고 있다. 사냥 본능도 인간에게 깊이 내재해 있어, 엽총이나 낚시로 살아있는 동물을 잡는 사람들만이 아니라 그저 표적을 추적하며 만족하는 조류 관찰자나 기관차 번호 관찰자에게서도 종종 나타난다. 그러나 우리가 천성적으로 생산자이자 소비자이지만, 무언가를 비축하는 천성까지 지녔는지는 분명하지 않다. 식량이 쉽게 부패해서 저장하거나 운반할 수 없는 세계에서 우리의 채집 본능이 진화했기 때문에, 그런 환경에서 무언가를 모으고 축적하는 본능은 거의 무의미했을 것이다.

사회가 커지면서 인간과 사물의 관계도 더욱 복잡해졌다. 농경을 선택한 결과로 우리는 정착할 수밖에 없었고, 잉여 생산으로 말미암아 부를 저장하고 비축하는 가능성이 생겨났다. 그러나 이 모든 것이 필연적으로 현재와 같은 상황으로 이어지지는 않았다. 오늘날 경제학의 핵심에는 '인간은 효용을 극대화하는 존재'라는 완전히 낯선 개념이 자리 잡고 있기 때문이다.

19세기 영국의 두 철학자, 제러미 벤담과 존 스튜어트 밀이 주창한 공리주의 철학에서 비롯된 이 개념에 따르면, 좋은 행동이라면 복지에 대한 기여를 극대화해야 한다. 여기에서 복지는 그들의 개념에서는 '효용'이다. 또 경제학자 앨프리드 마셜이 빅토리아 시대 말과 에드워드 시대 초에 효용이라는 개념을 잉글랜드 경제학의 중심에 놓은 이후로, 효용은 대부분의 경제학자가 인간 행동에 대해 생각하는 방법에서 기본이 되었다. 이런 관점에서 생각하면, 우리는 더 많은 물질적 재화를 획득할수록 더 많은 효용(적어도 잠재적 효용)을 얻는다.

그러나 이 개념의 일반화 가능성과 일관성에 관련해서도 줄곧 논쟁이 있었다. 특히 화폐로 거래되는 시장이 없는 사회에서의 경제적 행동을 분석하려는 학자들 사이에서 논쟁이 그치지 않았다. 예컨대 내가 속한 사회인류학 분야에서는 자본주의 경제 이전에도 효용 극대화의 원칙이 존재했는지에 대한 논의가 1950년대부터 활발히 진행되어 왔다. 한쪽에서는 효용을 다양한 방향으로, 즉 이기적인 자산 축적일 뿐 아니라, 교환의 원칙이나 자선적 지원에서 비롯되는 도덕적 의무의 이행 같은 사회적 목표와 관련된다고 해석해, 효용의 극대화 원칙이 존재한다고 주장하는 '형식주의자 formalist'가 있다. 반대편에는 효용 극대화라는 개념 자체가 자기 민족 중심적이라며, 자본주의 시장경제에서 행해지는 의사결정 방식은 생계 생산이나 선물 교환, 혹은 재분배를 주로 지향하는 전통 사회에서는 맞아떨어지지 않는다고 주장하는 '실체주의자substantivist'가 있다.

하지만 나는 사회인류학계의 이런 논쟁이 잘못된 이분법일 수 있다는 의문을 오래전부터 품었다. 내 생각에는 결과 지향적이고 효용을 극대화하는 경향은 모든 사회에서 존재한다. 고도로 의례적이고 비실용적인 경향도 모든 사회에 존재한다. 그러나 우리 사회에서는 '효용의 극대화'가 너무도 오랫동안 지배적인 위치를 차지하며, 환경에 파괴적인 영향을 미쳤다고 추정된다. 따라서 해결책은 앞이 훤히 뚫린 장벽 뒤에 감춰져 있다. 다시 말하면, 식민지 개척자들이 식민지 주민들로부터 배우지 못했고, 현대 세계 전체가 역사로부터 배우지 못한 본보기에 있다. 한마디로, 등잔 밑에 어두운 셈이다.

## 경제적 삶에서 감추어진 의례

2023년 초, 나는 태평양 섬나라의 정치인들과 함께 작은 배를 타고, 바누아투공화국의 수도 인근의 해안에서 약간 떨어진 작은 섬 이리리키로 향했다. 당시는 두 차례의 대형 사이클론이 바누아투를 강타해 기반 시설에 막대한 피해를 입혔고, 많은 집이 지붕이 날아간 데다 식량과 수돗물의 공급이 끊긴 상황이었다. 우리가 참석했던 행사는 바누아투의 기후변화부 장관, 랄프 레젠바누Ralph Regenvanu가

주최한 것으로, 그는 태평양 섬나라들이 얼마나 빨리 화석연료를 단계적으로 줄여 나갈 수 있는가를 보여주기 위한 선구적인 노력을 이끌고 있었다. 그 결과로, 기후 위기가 '착취적인 산업과 그 조력자들의 탐욕에 의해 촉진'되고 있으며 화석연료를 사용하지 않는 태평양으로의 정의로운 전환just transition을 촉구하는 목소리가 커졌다.[5]

이리리키에서 내가 만난 정치인들과 활동가들은 세계화의 영향이 부유한 나라에서 가난한 나라로 일방적으로 전해지던 흐름이 마침내 바뀌고 있다는 희망을 갖게 해주었다. 그로부터 보름이 지나지 않아, 레젠바누 장관은 뉴욕의 유엔 본부 총회에 참석해 기후변화로 가장 크게 영향을 받는 사람들과 생태계를 보호하기 위해 국제사법재판소가 세계 각국에 법적 의무를 규정하는 기후 책임에 대한 견해를 밝혀야 하는지를 표결에 부쳐달라고 요청했다. 역사적인 순간이었다. 이전에도 국제사법재판소에서 기후변화와 관련한 쟁점들을 다루게 하려는 시도가 있었지만, 그때마다 외교적 지원이 부족해 번번이 무시되었다. 그러나 이번에는 마침내 그 노력이 성공을 거두었다. 그 결의안은 132개국의 공동 후원을 받아 총의總意로 채택되었다. 바누아투공화국을 구성하는 섬들은 많은 토착어군의 고향이고, 놀라운 우연의 일치로 모든 어군의 조상이 내가 오래전에 파푸아뉴기니에서 함께 살았던 베이닝족까지 거슬러 올라간다.[6] 베이닝족이 자본주의의 파괴적인 침략으로부터 고향 열대우림을 지키는 방법을 고안해내는 데 도움을 주었던 것처럼,[7] 이제는 바누아투의 사촌들이 힘을 모아, 국제 무대에서 기후변화에 맞서 싸우는 범세계적인 투쟁을 끌어가고 있다.

상업적 이익 집단과 원주민 집단 간의 문화 충돌은 경제적 삶에 대한 대조적인 이론으로 설명된다. 식민지 개척자와 기업은 인류학에서 시장 경제라는 렌즈를 통해 세상을 분석하는 형식주의자와 같다. 반면에 원주민 집단은 경제를 더 넓은 사회 시스템에 내재된 일부로 분석하는 실체주의자와 같다. 그러나 내가 1장에서 처음 설명한 의례적 자세와 도구적 자세의 중대한 차이를 여기에 적용하면 논쟁 전체가 완전히 재구성될 수 있다. 간단히 요약하면, 행동이 최종 목표에 합리적으로 어떻게 기여하는가에 초점을 맞출 때는 도구적 자세를 취하고, 행동에 근본적인 인과 구조가 없다고 가정하며 기존 관습을 되풀이하고 사회적 의무를 이행하는 데 초점을 맞출 때는 의례적 자세를 취한다. 전자는 물질적 결과를 얻고자 하는 욕구에서, 후자는 타인과 관계를 맺으려는 욕구에서 동기를 부여받는다.

인간의 사회적 삶에 상반된 두 가지 자세가 존재한다는 점을 인정하면, 형식주의자와 실체주의자의 의견이 더 쉽게 조율될 수 있다. 자본주의 사회만이 아니라 모든 인간 사회에서 도구적 추론이 효용의 극대화를 추구한다는 점에서는 형식주의자의 주장이 맞다. 그러나 합리적인 효용의 극대화가 모든 경제 행위의 목표는 아니라고 주장한다는 점에서 실체주의자의 주장이 맞다. 의례적 자세를 제대로 인식할 때 우리는 모든 행동이 무언가를 획득하려는 물질 지향적인 것은 아니며, 많은 행동이 집단과 함께하려는 욕구에서 비롯된다는 점을 깨닫게 된다.

그렇지만 의례적 추론과 도구적 추론이 모든 사회에서 경제와 관련한 의사 결정에 중요한 역할을 하는 듯하다면, 이 둘 사이의 균형

추가 크게 달라진다. 예컨대 많은 전통 사회에는 다양한 용도에 쓰인 통화나 상품 시장이 없기 때문에, 경제 활동에 대한 의례적 동기와 도구적 동기 사이의 균형이 전자에 더 유리할 수 있다. 다시 말하면, 상품을 생산해서 교환과 재분배 시스템에 참여하려는 동기가 순응주의와 전통 및 조상에 대한 존중에 강하게 영향을 받을 수 있는데 이는 근본적으로 장기적인 사회적 관계를 유지하는 방향과 관련된다. 반면에 슈퍼마켓에서 식량을 구매하거나 소비자와 고객으로부터 수익을 창출하는 등 현대 도시에서 행해지는 경제적 거래는 일시적으로 피상적일 수 있어, 사회적 관계를 심화하고 확대하거나 제도적 관습을 유지하려는 욕구보다는 도구적 추론에 근거하는 편이다.

경제체제를 하나의 연속선(한쪽 끝은 상대적으로 의례적인 전통주의적 경제체제, 반대편 끝은 상대적으로 도구적인 자본주의 경제체제)에 두고 싶은 유혹이 있지만, 현실은 그렇게 단순하지 않다. 모든 사회는 아니더라도 대부분이 가중치는 다르지만 물질적 가치와 사회적 가치를 동시에 추구하는 경제적인 삶을 중심으로 이루어진다고 주장할 수 있다. 이에 대한 간단한 예로는 사회인류학의 창시자 중 하나인 브로니스와프 말리노프스키 Bronisław Malinowski가 뉴기니의 트로브리안드 군도에서 관찰한 교환 시스템, 쿨라 링 Kula ring(쿨라 교환)이 있다. 쿨라용 귀중품들, 예컨대 조개껍데기로 만든 아름다운 팔찌와 목걸이는 전통적으로 태평양 섬들 사이에서 서로 반대 방향으로 거래되어, 목걸이는 시계 방향으로, 팔찌는 반시계 방향으로 이동하며 거대한 교환 고리 ring of exchange를 형성했다.

배들이 섬들 사이를 오가며 교환될 만한 쿨라용 귀중품뿐 아니라, 물물교환이 가능한 유용한 물건들도 가져왔다. 어떤 형태의 시장 교환에서나 예상할 수 있듯이, 물물교환도 가급적 최적의 가격에 유용한 물건을 조달하는 데 중점을 두었다. 생산자와 상인의 동기는 성향에서 대체로 도구적이어서, 투자한 노력에 비해 최고의 거래를 얻는 데 초점이 맞추어졌다. 반면에 항해할 때마다 상대적으로 널리 공개되고 의례적으로 정교한 형태를 띠는 쿨라용 귀중품의 교환은 사회적 관심사였다. 쿨라 교환의 동기는 자신의 가장 귀중한 물건을 더 가치 있는 물건의 소유자에게 전략적으로 선물하며, 그 대가로 후자에게 더 가치 있는 물건을 포기하도록 강요함으로써 사회적 지위를 획득하는 데 있었다. 개인은 가장 명망 있는 쿨라 귀중품의 소유자로 지역 전역에서 유명해지더라도 그 물건을 항구적으로 보유하기는 어려웠다. 쿨라 교환 제도는 의례적 관점, 즉 주는 사람과 받는 사람 사이의 관계를 형성한 뒤에는 보편적으로 받아들여지는 전통에 의해 규정된 규범들에 근거해 섬들 간의 동맹 관계 강화를 목표로 하는 의례적 관점에 지배되었다.

트로브리안드 군도 주민들의 경제적 삶에서 의례적 자세와 도구적 자세가 각각 차지한 가중치를 정확히 계량화하기 어려울 수 있다. 그러나 정도의 차이는 있었지만 두 관점은 교환 자체에 깊이 스며들었다는 특징이 있었다. 물물교환의 목표는 물질적으로 유용한 소비재를 확보하기 위한 것이었다는 점에서 무척 실리적이었다. 반면에 쿨라 교환의 목표는 훨씬 더 의례적이었다. 다시 말하면, 영광스러운 과거와의 연결을 유지하기 위해 명망 있는 물건을 손에 넣고, 가급적 오랫동안 보유하는 데 있었다. 그러나 강조하는 점에서도 차이가 있었다. 물물교환의 세계에서는 강력한 사회적 관계를 구축하기보다는 물질적 욕구를 충족하는 데 목표를 두고 상대적으로 순수한 도구적 사고에 중점을 두었다면, 쿨라 교환의 세계에서는 정교한 의례가 더 강조되며 단순한 상품 소비보다는 제휴, 동맹, 정치적 통합에 방점을 두었다.

여기에 자본주의 체제에서의 경제적 행동을 이해하는 데 필요한 열쇠가 숨겨져 있다. 물론 오늘날에는 트로브리안드 섬사람들을 포함해 대부분이 자본주의 체제에서 살아간다. 기업 활동이라는 관점에서 볼 때, 시장에서의 행동은 본질적으로 물질적이고, 도구적 자세에 주로 영향을 받는다. 그러나 이런 해석은 인간 행동에 대한 일방적인 시각에 불과하다. 약간 옆으로 물러서서 인류학적 렌즈를 통해 경제적 삶의 세계를 들여다보면 상당히 다르게 보인다. 인류학적 관점에서 보면, 의례적 자세가 가장 자본주의적인 체제에서도 이상하게 흔히 눈에 띈다. 예컨대 잉글랜드의 계급제도를 무심코 들여다본 사람이라도 그 중심에 쿨라 교환과 무척 유사한 이치가 있다는 점을 파악할 수 있을 것이다.[8]

잉글랜드 귀족들에게 쿨라 팔찌와 목걸이에 해당하는 것은 명망 있는 가계, 이상적이라면 왕실과 관련된 인연이나 혈통에 속한 토지와 예술품이다. 이런 모든 물건은 상속이나 착복 또는 정복이라는 메커니즘을 통해서만 소유주가 바뀔 수 있고, 실제로도 그렇다. 트로브리안드의 군장들이 가장 권위 있는 쿨라 귀중품과 그 물건의 전설적인 과거 보관자와 관련을 맺으려고 애썼던 것처럼, '벼락 부자'들도 어느 곳에 살든 간에 고귀한 조상의 기운으로 온몸을 치장하려 한다. 예컨대 내가 살고 있는 옥스퍼드셔에는 런던 출신으로 돈을 크게 번 신흥 금융업자들이 과거에 귀족이 소유했던 역사적으로 특별한 의미가 있는 주택을 매입하는 오랜 전통이 있다. 계산적으로 이익을 극대화하는 사람이라도 화려한 과거를 지닌 소유물이 가져다주는 지위에서 자유로울 수 없는 듯하다. 다국적 기업들도 마찬가지여서, 유명 예술가들의 작품으로 이사회실과 로비를 장식하려고 경쟁을 벌인다. 그리고 트로브리안드의 군장이 그랬던 것처럼, 권위를 기대하며 예술품을 수집하는 경제에서 자본가의 목표는 전통과의 연결 끈을 통해 지위와 정통성을 부여하는 물건을 획득한다.

경제학자들이 자본주의 사회에서 합리적 행위자를 이상화하는 현상이 주로 부의 창출에서 비롯된다는 점을 인정하더라도, 부의 창출이 전부는 아니다. 부의 축적이 기업가들이 가장 중요하게 생각하는 효용일 수 있지만, 그렇다고 해서 부의 축적이 유일한 동기는 아니다. 또한 부의 축적이 인간이 갖는 가장 본래적이고 직관적인 목표도 아니다. 따라서 가장 '도구적'인 자본주의 사회와 가장 '의례적'인 선물 경제 사이의 차이는 정도의 차이에 불과하다. 이런 역사적이고 민족지학적 배경을 염두에 두면, 물질을 생각하고 물질과 관계를 맺는 자본주의적 방식을 약간 다른 시각에서 볼 수 있게 된다. 내 생각에 이런 통찰에 담긴 가장 기본적인 함의는, 자본주의를 지탱하는 물질주의 문화의 지배는 자연스러운 것도 아니고 신이 내린 것이 아니라는 점이다. 사실, 덜 '도구적'인 존재 방식이 항상 바로 아래에 있다.

달리 말하면, 우리의 현재 생활 방식과 목표가 바뀔 수 있다는 의미다. 현재의 생활 방식을 상당히 다른 일련의 습관으로 교체할 수 있으며, 그 새로운 습관은 실천하려고 노력하면 금세 '뉴 노멀new normal'이 될 수 있다. 즉, 경제적 삶과 관련해서 현재의 생산과 소비, 마케팅과 교환 시스템을 지배하는 일상화된 의례만큼이나 일상생활에 깊이 스며드는 '새로운 표준'을 만들어낼 수 있다. 이런 변화는 내가 실제로 직접 목격한 것이기도 하다. 이에 대해 지금부터 자세히 살펴보자.

## 비행기 안에서 담배를 피울 수 있었다고?

자본주의의 유린으로부터 열대우림을 보호하는 문제를 해결하려고 키붕이 동원한 방법은 단순하면서도 기발했다. 키붕의 지도자들은 일상화된 금전적 기부 체제를 구축했다. 일면에서 이 체제의 목표는 순전히 도구적이었다. 키붕 회원들은 조직의 지도자들이 지방 정부와 중앙 정부의 직책에 선출되도록 지원하고, 조상의 땅을 지키려는 베이닝족의 열망에 맞추어 다양한 형태로 외국인 투자를 유치하는 등 일종의 조세 제도를 통해 큰돈을 구축해 집중적으로 관리하며, 키붕이 지향하는 환경 목표를 지원하는 데 사용했다. 하지만 다른 차원에서 이런 금전적 체제의 목표는 정교한 도덕적 틀이라는 관점에서 이해되며, 기부가 의례적 자세라는 렌즈를 통해 해석되었다. 모든 기부가 집단의 조상들을 위한 것이라는 점에서, 젯밥을 신전에 제물로 바치는 것과 크게 다르지 않았다.

또한 외국인 투자 유치라는 개념은 전체적으로 키붕 회원들에게 더 깊은 차원에서, 외국인의 기부가 조상의 복귀를 설득하는 데 도움이 될 것이라는 뜻으로 해석되었다. '외국인 투자자foreign investor' 라는 표현은 조상을 가리키는 암호명에 불과했다. '투자자'로 조상들이 돌아오면, 조상들이 자본주의의 착취에 따른 파괴적인 영향을 막는 데 필요한 정치적이고 경제적 영향력도 발휘할 것이라 믿었다. 그 새로운 지상 천국에서 충성스러운 키붕 신도들은 호화롭고 여유 있는 삶을 살아갈 것이고, 그 세계에는 고통도 없고 질병도 없으며 죽음이 없을 것이라고도 믿었다. 하지만 그들로부터 땅과 자원을 훔치려는 외부인들은 처벌받아야 마땅했다.

많은 외부인이 키붕을 미래에 대한 모든 희망을 결코 일어나지 않을 초자연적 개입에 두는 망상적 신앙 체계로 폄하하며, 키붕은 이미 실패한 것이나 다름없다는 일반적인 반응을 보였다. 하지만 이런 반응은 키붕에 깊이 내재한 중요한 진실을 간과한 것이었다. 키붕은 예부터 전해지는 열대우림을 보호하는 데 혼신을 다하려는 새로운 정치경제체제에 기여할 수 있는 강력한 동기를 일반 구성원들에게 제공했다. 전 세계는 이 사례를 통해 배울 수 있다. 어떤 천년왕국적인 비전을 전파하는 데 급급하지 않고, 조상의 귀환에 대한 키붕의 믿음을 넘어 키붕의 더 근본적인 목표에 초점을 맞추고, 그 목표를 시행하는 방법에 주목하면 된다. 키붕은 의례의 일상화와 도구적 사고를 결합해, 긴급한 환경 문제를 유효하게 해결할 수 있는 집단 실행 방안을 고안해냈다. 그렇지만 자본주의 시장만으로는 환경 문제를 해결하기는 쉽지 않다.

여하튼 자본주의 세계에는 더 나은 경제체제가 어떤 모습으로 보일 것인지에 대한 견해가 넘쳐흐를 지경이다. 예컨대 부의 창출 자체는 친사회적 목표가 처음부터 존재하는 과정이어야 한다고 주장하는 '깨어 있는 자본주의conscious capitalism'라는 개념을 생각해보라.[9] 또 내 옥스퍼드대학교 동료인 케이트 레이워스Kate Raworth의 제안을 필두로, 경제학을 다시 쓰자는 일련의 신박한 제안도 있다. 1950년대에 인류학계의 실체주의자들이 그랬듯이, 레이워스도 경제를 더 큰 사회체제에 내재한 것으로 이해해야 한다고 주장한다. 그러나 이런 주장은 전통적인 선물 경제에만 유효한 것이 아니다. 상품 시장에도 맞아떨어진다. 레이워스는 경제학이 시장 교환을 통한 국내총생산GDP, gross domestic product의 극대화와 정부 간섭의 최소화를 강조하는 데다, 기반 시설과 육아 같은 숨겨진 비용은 말할 것도 없고 우리 경제가 재생되지 않는 유한 자원에 의존하고 있다는 점을 도외시하기 때문에 편협하고 지속 가능하지 않다고 생각한다. 따라서 세계 경제를 한가운데 구멍이 뚫린 일종의 도넛으로 상상하는 것이 문제의 해결책이라고 주장한다.[10]

도넛의 안쪽 고리는 정의로운 사회, 즉 식량과 물, 주택과 에너지, 일자리와 공중 보건, 교육과 평화 등에 대한 사람들의 공급 요구를 충족하는 사회를 구축하는 데 필요한 최소한의 것이다. 한편 바깥쪽 고리는 안정적인 기후, 보호되는 오존층, 충분한 담수, 깨끗한 공기, 건강한 바다 등 경계치를 넘으면 삶의 근간을 위태롭게 하는 일련의 생태적 제약을 나타낸다. 경제체제는 쫀득쫀득한 반죽 속 어딘가에 있어야 이상적이다. 바다를 더럽히거나 오존층에 구멍을 내고, 기후변화를 유발하며 주변 공간을 무모하게 짓밟아서는 안 된다. 그러나 기본적인 욕구를 충족시키지 못해 가운데 구멍으로 떨어져서도 안 된다.

따라서 우리가 직면한 문제는 이론적으로 더 나은 경제가 어떤 모습일지에 대해 생각하는 비전의 부족이 아니라, 이런 고결한 이상을 현실에 반영할 방법과 관련된 더 까다로운 문제인 듯하다. 레이워스 같은 자유사상가들이 직면한 과제 중 하나는 오랫동안 행해진 시장 규범을 깨도록 기업가들을 설득하는 것이다. 자본주의도 내적으로는 무척 의례적이다. 자본주의의 주된 가치는 일상화된 의례에 뒷받침된다. 그 의례는 이사회실과 업무 회의에서 은밀하게 행해지지만, 발달 초기에, 심지어 학교에 입학하기 전에도 나타나는 조롱과 배제에 대한 두려움에 뿌리를 두고 있다. 우리 인간은 아주 어린 나이에도 집단에서 인정받기를 갈망하고 배제를 두려워한다는 사실을 기억할 필요가 있다. 기업인도 다르지 않다. 시장 점유율, 판매 수익, 투자 수익률 등 전통적인 성공의 척도가 아닌 다른 목표를 추구하기 시작하면 다른 사람들이 어떻게 생각할까?

그러나 일상화가 우리 문제의 근원이라면, 일상화도 당연히 해결책의 일부가 되어야 한다. 키붕의 추종자들이 새로운 의례를 채택함으로써 자신들의 집단행동에 변화를 줄 수 있었듯이, 우리도 그렇게 할 수 있다. 많은 사람이 불가능하다고 생각한 경우에도 집단행동의 변화를 주려는 노력이 역사적으로, 심지어 아직 살아있는 사람들의 기억에서도 성공한 사례가 얼마나 많은지 생각해보라. 나는 1980년대에 대학생이었다. 그때는 대학 강의실에서는 물론이고 버스와 기차, 비행기에서도 담배를 피우는 일이 자연스러웠다. 축구 경기장에서 인종차별적이고 파시스트적인 구호가 노골적으로 울려 퍼졌다. 동성혼의 가능성은 상상조차 할 수 없었다. 그런데 몇몇 경우에 놀라운 변화가 일어났다. 이곳 영국도 예외가 아니었다. 새로운 행동이 충분히 널리 퍼지고 일상화되자, 곧이어 그런 행동이 예전부터 존재했던 것처럼 확연히 느껴지기 시작했다. 오늘날 내가 일하는 옥스퍼드에서 누군가 강의실이나 버스에서 담배를 피우려고 한다면, 주변 사람들은 어안이 벙벙해질 것이다. 그렇지 않았던 때를 기억하려면 진정으로 머리를 짜내야 하는 노력이 필요할지도 모른다.

다르게 생각하는 데 필요한 노력의 대부분은 결국 새로운 의례와 규범을 채택하는 것으로 귀결된다. 이런 새로운 의례는 개별 기업이나 조직 내에서 유행 선도자들을 통해 확산될 수 있다. 예컨대 식당 메뉴에 칼로리값과 나란히 탄소 발자국 추정치가 당연한 듯이 쓰인다거나, 학교가 모든 어린이들에게 소비 선택이 기후변화에 미치는 영향을 의무적으로 가르친다고 상상해보라. 혹은 예컨대 종교적인 이유로 돼지고기의 섭취를 금기시하듯이, 지구에서 탄소 배출을 가장 심각하게 유발하는 소고기 섭취를 금지해 환경 문제를 중심으로 의례나 관습을 재설정하면 어떨까? 또 기후 위기의 긴급성과 기후 위기가 전 세계에 미칠 영향을 고려할 때, 세계 곳곳에서 벌어지는 주요 축제와 의례적 행사가 친환경적 요인을 포함하도록 재설계되면 어떨까?

의례의 일상화가 결코 종교적 현상에 한정되지 않는다는 점을 기억하는 것이 중요하다. 소련 공산주의도 혁명을 기념하는 축제, 추모제, 특별 휴일 등을 반복적으로 도입했고, 국가에 대한 충성도를 고취할 목적에서 일상적인 가정생활의 많은 면을 의례화했다.[11] 중국 공산당 역시 많은 새로운 의례를 제정해 예부터 전해지던 민속 전통을 대체했다. 표준화된 구호를 외치고, 군사 퍼레이드에서 대오를 맞춘 행진이 대표적인 예다. 2008년 중국을 여행할 때 들었던 구호들이 아직도 내 귓가에 맴돈다. 이슬람 국가를 방문했을 때는 모스크의 미너렛minaret에서 들려오는 으스스한 목소리, 확성기를 통해 들려오는 공공 방송 덕분에 매일 아침저녁으로 혁명이 듣기로 내 일과를 시작하고 끝낼 수 있었다. 이렇게 공산당은 민속 종교적 관습을 새로운 이데올로기적 틀의 일부로 체계화해, 일상생활에서 습관적으로 행해야 할 행동으로 내재화했다.[12]

현대 서구 사회도 이 유혹적인 논리에서 자유롭지 않았다. 그 효과는 더 감지하기 힘들 수 있지만, 쇼핑몰과 번화가에 들어선 의류 소매점이 음악을 틀어 놓고, 옷과 장신구를 선택해 새로 구매하려는 우리의 소비 행동에 어떻게 영향력을 행사하려고 노력하는지 생각해보라. 그러나 오늘날 그런 세속적 기관들이 집단 의례를 일상화하는 기법을 사용해 한층 더 지속 가능한 생활 방식을 만들어간다면 어떻게 될까? 자유민주주의 정부가 환경보호와 관련된 구호를 소련식으로 공공장소에 방송하는 것은 상상할 수 없더라도, 연예 산업계에서는 상상의 폭을 조금만 넓히면 메시지 전달 방법에 변화를 줄 수 있지 않을까 싶다.

유명인과 연예인은 순응주의에 상당한 영향을 미친다. 다른 사람의 행동을 기꺼이 따르려는 마음은, 그 행동에 내재한 도구적 이득 때문이 아니라 그와 비슷해지고 싶은 욕망 때문에 생긴다. 기후 위기라는 관점에서 보면, 이런 모방은 과학에서 비롯된 도구적 논증을 넘어, 우리가 모방하고 싶은 사람들에게 같은 정도의 관심을 기울인다는 점을 의미할 수 있다.

당신에게 종교가 있다면, 영적인 지도자가 모방의 대상이 될 수 있다. 어떤 축구팀의 서포터에게는 그 팀의 스타 선수가 모방의 대상이 될 수 있다. 물론 대중음악을 좋아하는 사람에게는 가수가 모방의 대상일 수 있다. 안타깝게도 현재 우리에게 역할 모델이 될 만한 유명인 중에서 환경 위기에 대해 걱정하며, 추종자와 모방자에게도 환경 문제를 함께 걱정하자고 독려하는 사람은 극히 드물다. 하지만 이런 유명인들은 도덕적이고 문화적인 배경이 매우 다양하더라도 우리가 공동의 목표를 위해 협력하도록 돕는 데는 탁월한 능력을 발휘할 수 있다. 우리 사회에서 이렇게 잠재적으로 영향력 있는 위치를 활용할 수 있도록 잘 확립된 제도적 공론장이 없는 이유가 무엇일까? 요컨대 기후 위기에 대한 행동을 주도하는 유명인에게 월드컵 우승컵이나 그래미상에 대응하는 상을 수여하지 못할 이유가 어디에 있는가? 선구적 사상가들과 미디어 제공자들이 우리가 가장 모방하고 싶은 사람들을 압박하거나 회유해서 그 책임을 진지하게 받아들이도록 지속적으로 노력하지 않는 이유는 또 무엇일까?

어쩌면 이런 생각은 다소 낙관적으로 들릴 수 있다. 하지만 이론적으로 보면 이런 생각은 얼마든지 신속하게 시행될 수 있다. 과거에 대규모 시민권 운동이나 라이브 에이드 콘서트를 끌어내며 영감을 주었던 리더십 같은 것이 있으면 얼마든지 가능하다. 현재로서는 그런 활동가들로 채워져야 할 공백이 있다. 기후 위기에 화급하게 대응해야 하고, 문제를 부분적으로라도 해결하려면 특히 부유한 국가들에서 대대적인 행동 변화가 있어야 한다는 광범위한 공감대가 현재 형성되어 있기는 하다. 따라서 싸움은 이미 거의 승리한 것이나 다름없다.

하지만 사회의 모든 수준에서, 특히 문화적 역할 모델이라는 특권을 누리는 사람들 중에서 용기 있는 리더가 앞장서서 우리 행동을 조율해 올바른 방향으로 끌어가며, 생각하고 행동하는 우리의 습관을 바꿔놓아야 한다. 우리에게 표를 구걸하는 정치인들은 여론을 선도하기는커녕 대체로 여론에 끌려가는 존재에 불과하더라도, 문화적 아이콘은 더 큰 위험을 감수할 수 있지 않겠는가. 게다가 그 위험이 겉보기보다 크지 않을 수 있다. 오늘날을 살아가는 우리 대부분이 세계 자본주의에 참여하고 있다는 점에서 우리는 무리 지어 함께 움직이고 있는 셈이다. 그러나 그 무리가 지금 겁먹고 불안에 떨고 있다. 이제는 방향 전환을 각오해야 한다.

## 지속 가능한 미래를 위한 습관 만들기

멜라네시아에 전통적인 군장 사회를 추적하는 파파라치가 있었다면, 그들의 카메라 플래시는 트로브리안드 섬사람들의 쿨라 교환을 위한 항해에서 최고의 순간, 즉 과시하듯이 팔찌와 목걸이가 공개적으로 교환되는 현장에서 번쩍였을 것이다. 그러나 뒤에서는 평범하면서도 일상적인 상거래가 진행되고 있었다. 멋진 예술품의 주인이 바뀌고, 연설이 행해지며 섬들 간의 동맹과 의무에 영향을 미치는 의식이 아니라, 섬 생활에 유용한 물건의 분배에 초점을 맞추어진 거래였다. 이런 세속적인 경제 활동은 물질적인 목표와 동기에서 대체로 도구적이었다. 따라서 그런 상거래는 단기적 사고에 기반을 두었다. 예컨대 당장의 필요에 따라 물건이 교환되며 장기적인 목적까지 생각하지 않았다. 하지만 쿨라용 귀중품의 교환에서는 상황이 정반대였다. 선물과 답례품은 미래에 보은을 받을 기회를 극대화하는 방향으로 항상 치밀하게 계산되었다. 때가 되면 이런 교환은 상대에게 가장 화려한 역사를 지닌 소중한 물건을 넘겨주도록 강요하며, 공간적으로 멀리 떨어진 섬들 사이에 견고하면서도 지속적인 상호 의무와 정치적 동맹을 형성하는 역할을 했다. 이런 미래 지향적인 자세는 군장 사회들의 평화로운 공존에 필수적이었다.

물물교환과 자본주의는 모두 미래 지향적이고 친사회적 관심사보다 상대적으로 단기적이고 이기적인 전략에 동기를 부여받는다는 점에서 부분적으로 유사하다. 물론 자본주의 경제에서 이익 추구는 미래에 대한 계획과 투자를 포함하고, 그 목적은 성장을 추진하는 데 있지만, 그에 따른 성장은 지속 불가능해서 미래의 번영에 거의 부응하지 못한다. 논란의 여지는 있지만, 집단 소속 및 친사회적 결과와 관련된 의례적인 사고방식보다 자기본위적인 도구적 사고방식을 채택할 때 우리 시야는 상대적으로 좁아진다.

이 점을 이해하면, 우리가 지구 환경을 관리하는 방식에 중대한 영향을 미칠 수 있을 것이다. 오늘 내린 결정으로 인해 수십 년이나 수 세기 뒤에 지구에 돌이킬 수 없는 피해가 발생할 것으로 예상되는 규모를 고려할 때, 각국 정부가 보여온 근시안적 대책과 망설임은 걱정스럽기 그지없다. 따라서 어떻게 해야 단기적인 이익만을 생각하는 사고방식을 줄이고, 새로운 생활 방식을 대대적으로, 더 나아가 범세계적인 규모로 채택하는 결의를 강화할 수 있느냐는 중대한 문제가 남는다. 여기에서도 일상화된 의례가 해법을 제시할 수 있을 듯하다. 4장에서 나는 과거 여러 문명에서 집단의 풍습과 믿음 및 관습이 빈번하게 반복되며 우리 조상이 미래 지향적으로 바뀌는 데 도움을 주었다고 주장했다. 우리가 차탈회위크에서 보았던 '역사의 집'을 예로 들면, 그 집을 통해 사람들은 지상에서 짧은 삶을 끝낸 뒤에 오랫동안 지속되는 깊고 깊은 전통의 일부로 자신을 인식했다. 또한 어떻게 하면 의례적인 삶의 속도를 높여, 더 미래 지향적인 세계관을 독려할 수 있을지에 대해서도 살펴보았다.

순전히 추측으로 그렇게 말한 것은 아니다. 정기적으로 의례적 관점에서 집단생활에 접근하면 자기 통제력이 향상되고, 자기만족의 추구를 뒤로 미루는 능력도 더 나아진다는 점을 입증해주는 확고한 경험적 증거도 있다. 우리 연구팀의 주된 목표는, 일상화된 의례에 참여하도록 요구하는 체제로 사회화되는 과정에서 사람들이 상대적으로 작은 단기적 보상보다 더 큰 장기적 보상을 우선시하는 방향으로 변하는가를 확인하는 것이었다. 현대화된 서구 국가와 의례적인 전통 사회에 사는 사람들을 비교하는 것이 중요하다는 점은 우리 연구팀도 인정했다. 따라서 실험을 위한 우리의 조작이 환경에 관계없이 작동하는지도 규명할 수 있기를 바랐다. 그리하여 우리는 여전히 많은 사람이 전통적인 생활 방식을 계속 고수하고 있는 바누아투로 향했다.

우리는 일상화된 의례를 시작하려면, 단순히 새로운 도구적 역량을 습득하는 경우보다 집중력과 자기 절제력이 더 많이 필요한지를 알아내는 일부터 시작했다. 어떤 역량을 키우려면 최종적인 목표에 초점을 맞추고, 그 목표에 도달하기 위해 필요한 단계들이 어떻게 도움이 되는지 알아내야 한다. 따라서 원하는 결과를 만들어내는 데 도움이 되는 것들만 모방하고, 나머지는 무시해도 크게 문제가 되지 않는다. 그러나 의례는 다르다. 우리가 어떤 행동에 대해 의례적 자세를 취하면, 우리가 모방하는 사람이 행하는 모든 것을 따라 해야 한다는 강박감을 느낀다. 특히 그 사람이 취하는 행동에 어떤 의도가 담긴 것처럼 보이는 경우에는 더더욱 그렇다. 이런 경우에는 훨씬 더 많은 집중력이 요구된다. 달리 말하면, 사소한 것도 놓치지 않고 모든 것에 면밀한 주의를 기울여야 한다는 뜻이다. 겉보기에 '무의미한' 것이라고 도외시해서는 안 된다. 힘들더라도 그 행동의 순서를 완벽하게 습득할 때까지 그 수준의 주의력을 유지해야 한다. 이런 이유에서 우리는 사람들이 의례를 습득하고, 그 뒤에는 오랫동안 반복하는 데 필요한 자기 절제력을 갖추면, 새로운 실리적 기량을 학습할 때보다 덜 충동적으로 변한다는 가설을 세웠다.

이렇게 되면, 일상화가 결국 미래 지향적인 자세의 확대로도 이어질 수 있다고도 가정했다.

우리 가정이 맞다면, 일상화된 의례에 참여할 때 실체적이고 지속적인 편익을 기대할 수 있다. 특히 어릴 때부터 일상화된 의례에 참여하기 시작해서, 여전히 형성 과정에 있는 마음의 발달에 영향을 미치려고 노력하면 가장 실체적이고 지속적인 편익을 기대할 수 있을 것 같았다. 그래서 내 제자, 베로니카 리반스카Veronika Rybanska는 태평양의 바누아투와 유럽의 슬로바키아에서 각각 일곱 살 어린이 100명을 모집해, 학교에 다니는 3개월 동안 우리 연구에 참여하도록 했다.[13]

실험을 본격적으로 시작하기 전, 우리는 어린이의 자기만족을 뒤로 미루는 자제력과 통제력을 여러 기준에서 측정했다. 처음에 시도한 방법은 어린이가 자신의 움직임을 의식적으로 통제할 수 있는 능력을 측정하기 위해 심리학자들이 흔히 사용하는 '머리부터 발끝까지head-to-toes'라는 과제를 약간 변형한 것이었다. 실험에 참가한 아이들에게는 다음과 일련의 지시가 빠른 속도로 주어졌다. '머리를 만져라!', '발가락을 만져라!', '어깨를 만져라!', '무릎을 만져라!'. 지시를 정확히 수행하는 능력을 습득한 것이 분명해지면, 다음 단계에서 아이들에게 지시와 어긋나는 방식으로 행동하라고 지시했다. 예컨대 무릎을 만지라는 지시를 받으면 어깨를 만지고, 머리를 만지라는 지시를 받으면 발가락을 만지라는 것이었다. 이렇게 합의된 규칙에 따라, 지시와 다르게 의도적으로 행동하는 능력이 실행 기능의 척도가 되었다. 한편 자기만족을 뒤로 미루는 능력을 시험하기 위해서는 아이들에게 사탕 하나를 주고는, 실험자가 돌아올 때까지 참을성 있게 기다리며 사탕을 만지지 않으면(반드시 그런 경우에만) 두 개를 받을 수 있다고 말했다. 그러고는 최대 15분까지 아이와 사탕만 남겨두었다. 아이가 사탕을 만지거나 냄새를 맡거나 맛을 보면 실험이 종료되었고, 아이가 어떻게든 유혹을 견뎌낸 시간이 분 단위로 기록되었다.

아이들은 적절한 검사를 받은 뒤에 그 이후로 3개월 동안 속하게 될 세 집단 중 하나에 배정되었다. 각각 의례적 조건, 도구적 조건, 통제 조건에 있는 집단이었다. 의례적 조건과 도구적 조건에 배정된 아이들은 일주일에 두 번씩 교실에 벗어나, 여덟 명에서 열 명씩 짝을 지어 이른바 '원형 게임circle game'에 참가했다. 이 게임은 원래 아이들의 자기 규제self-regulate 능력을 향상시킬 목적에서 설계되었다. 게임이 진행되는 동안 아이들은 여섯 종류의 게임에 참가했고, 전체적인 진행 시간은 30분에서 45분 사이였다.

의례적 조건에 속한 아이들에게는 게임에 참가하는 이유로 규칙을 준수해야 할 중요성만이 아니라 행동의 관습적 속성이 강조되었다. 예컨대 "옛날부터 쭉 이렇게 해왔다"라는 식으로 아이들에게 설명되었다. 반면에 도구적 조건에 속한 아이들에게는 게임에 참가하는 이유로 게임의 실질적인 유용성과 교육적인 목적이 강조되었다. 따라서 "이렇게 하면 다양한 동물에 대해 배울 수 있을 것"이라는 말이 아이들에게 반복되었다. 끝으로 통제 조건, 즉 대조군에 속한 아이들에게는 원형 게임에 참가하는 기회가 전혀 제공되지 않았다. 3개월 동안의 반복된 실험이 있은 뒤에 아이들의 자기만족을 뒤로 미루는 실행 기능과 능력이 다시 측정되었다.

실험실 실험은 현장에서 실행하기 어렵고 잘못되는 경우도 많지만, 우리 실험은 두 국가 모두에서 거의 맞아떨어지는 일련의 결과를 보여주었다. 예상대로, 대조군에 속한 아이들은 자기만족을 뒤로 미루는 실행 기능이나 능력에서 가장 적은 개선을 보인 반면, 도구적 조건에 속한 아이들은 그 능력이 크게 개선되었다. 그러나 인위적 개입으로부터 가장 크게 혜택을 누린 아이들은 의례적 조건에 속한 아이들이었다. 다시 말하면, 무엇을 새롭게 배울 수 있는지에 초점을 맞추지 않고 "옛날부터 쭉 이렇게 해왔다"라는 말을 귀에 딱지가 앉도록 들은 아이들이었다.

이런 결과는 무척 세속화된 유럽 아이들도 의례적 행위를 반복하면 자기 절제와 미래 지향적 태도가 향상된다는 점을 우리가 처음으로 명확히 확인한 실험적 증거였다. 또한 깜짝 놀랄 만한 함의가 있는 발견이기도 했다. 우리가 일상적으로 행하는 의례적 행위를 중단하면, 자기만족을 미루는 능력도 하락하고, 미래 지향적인 태도는 단기적 사고에 영향을 받을 것이다. 결국, 요즘 많은 사회가 의례와 전통을 빠르게 저버리고 있어 장기적으로 생각하는 능력도 덩달아 떨어지고 있다는 뜻이다.

이런 변화가 세속화 과정에서 무엇을 뜻하는지 잠시 생각해보자. 퓨리서치센터의 2104년 조사에 따르면, 1920년대 이후 태어난 미국인의 각 세대는 이전 세대보다 일상화된 종교 의례에 덜 참여했다. 2014년을 기준으로 할 때, 1945년 이전에 태어난 사람들이 매일 기도하고, 적어도 일주일에 한 번은 예배에 참석할 가능성이 가장 높았다. 베이비붐 세대는 두 유형의 의례에 덜 자주 참여했고, X세대는 그보다 더 적게, 밀레니엄 세대는 가장 적게 참여했다.[14] 이런 양상은 결국 미국에만 국한되지 않는다. 연구 조사에 확인되듯이, 많은 국가에서 젊은이들은 손윗사람들에 비해 조직화된 종교에 연루되는 비율이 낮다.[15] 의례의 쇠퇴가 젊은 세대에 만연한 단기적 사고방식의 유일한 원인은 아닐 수 있지만, 도움을 주지 못하는 것은 분명한 듯하다.

반면에 일상화된 의례로 돌아가면 우리가 다시 미래 지향적으로 변해가는 데 도움이 될까? 교회 예배에 규칙적으로 참석하는 의례적 행위가 노숙자에게 미치는 영향, 특히 약물 남용의 양상에 대한 연구에서 이 의문에 대한 답을 간접적으로 짐작해볼 수 있다.[16] 캐나다에서 380명의 노숙자들을 대상으로 실시한 한 연구가 있다. 노숙자라 하더라도 상대적으로 더 자주 교회 예배에 참석하는 사람이 그렇지 않은 사람보다 알코올, 아편, 코카인에 의존하는 비율이 유의미하게 낮은 것으로 나타났다. 그 이유에 대해서는 약물 의존자가 일상화된 의례에 참가할 때 약물에서 얻는 즉각적인 즐거움보다 미래를 염려하고, 더 나아가 장기적으로 약물 남용의 유해한 영향에 관심을 갖게 될 것이기 때문이라는 설명이 가능하다. 이런 설명은 교회 출석 빈도가 종교적이거나 세속적 목적을 띤 자선 기부 및 자원봉사와 관련 있다는 미국의 연구 결과와도 맞아떨어진다. 이번 세상에서든 다음 세상에서든 미래에 대한 염려가 높아졌다는 뜻으로도 받아들여진다.[17]

화석연료에 대한 의존과 과도한 육류 소비를 중독의 한 형태로 보는 것이 지나친 억지는 아니다. 그러나 약물 의존자가 그렇듯이, 우리의 의존성을 해결하는 방법은 일상화된 의례를 소비 행동에 재통합하는 데 있을 수 있다. 논란의 여지가 없는 해법은 아니다. 환경 운동가들 사이에서도 소비자가 세상을 바꿀 수 있다는 발상에 대해서는 의견이 극단적으로 갈린다. 한쪽에서는 기업과 정부보다 개인에게 책임을 전가하려는 시도로, 녹색 소비 습관을 위한 비용을 부담해야 할 주체들로부터 주의를 돌리려는 이기적인 책략이라고 주장한다.[18] 예컨대 화석연료로 인한 환경 파괴를, 소비자가 자동차를 더 책임감 있게 사용하거나 휴가객이 상대적으로 가까운 곳을 목적지로 선택함으로써 해결할 수 있는 문제로 재구성하면, 석유 회사와 항공사는 과소비를 부추기며 파괴적인 산업의 이익을 꾀하는 마케팅과 가격 전략을 계속 추진할 수 있다. 정치인들도 실질적으로 필요하지만 인기가 없거나 정치적 자살과 다를 바가 없는 공공정책에서 시민의 관심을 돌리기 위해, 개인별 탄소 발자국을 줄이는 책임을 시민에 전가하는 정책을 추구하고 싶을 수 있다.

그러나 내 생각은 다르다. 적어도 부분적으로 다르다. 구조적 변화는 분명히 필요하지만, 많은 부분에서 규범과 행동이 대대적으로 달라지지 않는다면 실질적인 변화는 일어나지 않을 것이다. 그린워싱greenwashing은 우리에게 자신들의 제품을 더 많이 소비하게 유도하려는 오염 유발 산업의 목표를 방해하지 않는 한, 전략으로서 유효하다. 오염 유발 산업은 소비자 개개인의 마음가짐이 변해서 실질적으로 행동의 대대적인 변화로 이어지지 않을까 두려워할 수밖에 없다. 석유 회사 BP 같은 기업들이 친환경적인 소비 행동을 지원하는 광고 캠페인에 자금을 쏟아붓는 이유는, 도구적 사고가 행동에 미치는 영향이 약하기 때문이다. 담배 포장지에 쓰인 건강 경고문을 생각해보면 된다. 하지만 기후변화에 가장 악영향을 미치는 산업의 주된 이해관계자들이 순응주의, 종교성, 부족주의에 뿌리를 둔 대규모 민중의 힘을 두려워해야 하는 것은 당연하다. 인간 본성에 속한 이런 요인들이 결국에는 오염 유발자들을 뒤엎어버릴 수 있기 때문이다.

게임의 판도를 바꿀 수 있는 출발점은 식습관을 바꾸는 것일 수 있다. '커맨셜리티commensality', 즉 함께 식사하는 단순한 행위는 수천 년 동안 가정의례의 핵심 요소였다. 현대에 들어 그 행위가 쇠락하기 시작한 첫 징후는 '티비 디너TV dinner'라고 일컬어진 인스턴트 식품의 등장과 함께 나타났고, 스마트폰과 태블릿 및 컴퓨터를 통해 제공되는 온라인 오락거리의 발흥으로 새로운 정점을 찍었다. 함께 식사하는 의례의 부활만큼 간단한 조치로 우리가 더 미래 지향적으로 바뀌고, 궁극적으로는 우리 행성의 미래에 더 집중할 수 있을까? 얼핏 생각해도, 함께 식사하는 행위는 새로운 형태의 일상화된 의례(전체적으로는 사회에 이익을 주고, 특별하게는 지구를 다시 건강하게 만드는 데 도움을 주는 의례적 형태)를 구축하는 무한한 기회를 제공할 수 있는 듯하다. 예컨대 학교 급식은 더 친환경적인 선택권을 제공하는 데 그치지 않고 함께 식사하는 습관을 일상화하는 데 도움을 줄 수 있는 가장 명확한 환경 중 하나다. 게다가 구내식당을 환경과 관련한 의제와 혁신을 효과적으로 지원하는 교실이자 신전으로 활용하면 소비 환경과 학습 환경을 통합하는 효과도 기대할 수 있다. 그러나 이런 시도가 학교에 국한될 필요는 없다. 우리 주변에는 동네 식당부터 직장 식당에 이르기까지 커맨셜리티가 가능한 장소가 넘치도록 많다.

새로운 과학기술도 우리 삶에 일상화된 의식을 다시 도입하는 데 활용될 수 있다. 예컨대 스마트폰 앱을 사용해 소비자들이 일상생활에서 한층 더 미래 지향적인 구매 결정을 내리도록 부드럽게 유도할 수 있다. 환경과 관련한 넛지 과학sicence of nudge은 우리가 환경에 미치는 해로운 영향을 줄이는 방향으로 행동을 바꿔갈 수 있는 수십 가지 방법을 찾아냈다. 실제로 최근에 발표된 한 메타분석에서는 친환경적 행동을 유도하는 반복적인 디지털 '넛지'가 참가자들에게 샤워 시간을 줄이고 난방 및 전기 소비를 최적화하도록 행동을 바꿔가게 만들었다며 '놀랍도록 성공적'이라고 결론 내렸다.[19]

하지만 이런 개입은 무척 다양한 형태를 띨 수 있다. 예를 들어 마이어스MyEarth라는 앱을 살펴보자. 마이어스는 개인의 탄소 발자국을 추적하고, 자신의 행동이 어떤 영향을 미치고 있는지를 매일 돌이켜보는 기회를 제공하는 앱이다. 이런 접근 방식은 무한히 확장될 수 있다. 예컨대 상대적으로 소비 수명이 짧은 값싼 제품이나 평생 보증을 제공하는 고품질 제품을 구매할 때 예상되는 상대적 이점을 즉시 계산해주는 앱이 있다고 상상해보자. 이 앱을 통해 소비자의 행동이 더 오래 지속되는 제품으로 전환되어 간다면, 현재의 일회용 소비문화도 생태적으로 지속 가능한 방향으로 조금씩 바뀔 것이다. 하지만 4장에서 주장했듯이, 넛지 효과가 지속되려면 넛지로 유발되는 행동이 일상화를 통해 뿌리내리는 것이 무엇보다 중요하다.

과학기술이 정교하게 발전함에 따라, 과학기술의 유익한 영향을 일상화하는 가능성도 점차 확대된다. 가령 당신이 일상적으로 지출한 식비 내역을 통해 당신의 구매 습관이 시간의 흐름에 따라 환경에 미치는 영향을 매주 혹은 매달 피드백해준다고 상상해보라. 또 당신이 사전에 설정한 소비 목표에 대해, 식비 내역으로 계산된 결과가 평가된다면 어떨까? 이런 자료를 활용하면, 당신의 소비 패턴이 수년 혹은 수십 년 동안 환경에 미치는 영향을 자동으로 예측할 수 있을 것이다. 당신의 소비 패턴이 당신이 속한 지역사회에서 일반적인 현상이라면, 혹은 전국이나 세계 전역의 소비 습관과 크게 다르지 않다면 그 영향이 어떻게 확대될지는 시뮬레이션을 통해 확인할 수 있을 것이다. 이렇게 과학기술의 활용 가능성은 무궁무진하다.

앞에서 보았듯이, 일상화된 의례를 구체화하는 데는 노력이 필요하다. 더구나 급속히 세속화되어가는 세계에서는 더더욱 그렇다. 따라서 지속 가능한 소비 습관을 사회화 과정의 일부로 일상화하는 데 교육자가 중요한 역할을 할 수 있다. 가격과 편의성에서 비롯되는 즉각적인 이익보다 품질과 내구성을 우선시하는 태도는 아무런 지원도 없이 쉽게 습득할 수 있는 역량이 아니다. 바로 이 부분에서 정책 입안자들의 독려가 필요하다. 정규 교육의 핵심 기능 중 하나가 광고의 유해한 영향에 대응하는 습관을 함양하는 것이라면, 당연한 말이겠지만 지속 가능한 소비 행동의 일상화는 균형 잡힌 교육 과정의 핵심으로 볼 수 있다.

소비 습관은 부분적으로는 관습이고, 부분적으로는 역량이다. 소비 습관은 모방과 과거 경험의 결합을 통해 습득된 집단의 행동 패턴이며, 역할 모델과 정보 제공자의 영향을 받는다. 역할 모델과 정보 제공자가 소비자의 이익과 배치되는 이해관계를 가진 산업과 광고주이기를 원하는 사람이 있을까? 오히려 우리의 소비 전략을 전달하는 책임이 적어도 일부는 보호자와 공동체, 학교와 정부에 있어야 하지 않을까? 후자라면 소비 습관과 소비 역량이 크게 다르게 보이기 시작할 수 있을 것이다.

파푸아뉴기니를 식민지화하는 과정에서 네덜란드와 독일, 영국과 호주의 정부 관리들과 선교사들은 원주민들을 원시적이라 생각하며 계몽하는 작업에 착수했다. 원주민 집단들로부터 유익한 지혜를 배울 수 있다고는 전혀 생각하지 않았다. 하지만 내가 키붕 추종자들로부터 배운 교훈들은 상대적으로 가난한 국가에서 약탈한 자원으로 이익을 얻은 부유하고 풍요로운 국가들에게는 물론이고 인류 전체에게도 적용되는 무한히 소중한 것이다.

이 장의 대부분은 이런 교훈을 전달하는 데 할애되었다. 예컨대 나는 키붕을 통해 대규모로 행동을 변화시키고, 집단이 한층 더 미래 지향적으로 행동하도록 유도하는 수단으로 일상화를 중요하게 사용할 수 있다는 점을 처음 알게 되었다. 그러나 내가 키붕을 통해 터득한 가장 중요한 통찰은, 우리 위에 군림하는 패권적 규범과 권력 구조에 집단으로 도전할 수 있다는 것이다.

키붕이 처음 조직화되었을 때, 사람들은 자신들이 갈림길에 서 있다는 사실을 이미 알고 있었다. 사람들은 원하면 식민지 정착민들의 방식을 따라 유럽식 옷을 입고 교회에 참석하며, 코프라copra나 커피, 코코아를 대규모 재배하는 플랜테이션이나 벌목 회사 같은 기업을 설립할 수 있었다. 이 길에도 분명히 마음이 끌렸다. 바람직한 물건, 자녀를 위한 학교, 병자와 노인에게 의료 서비스가 약속된 길이었다. 특히 유럽인들과 손잡고 기업과 정부, 공공 서비스 분야에서 함께 일할 가능성이 있어, 일부에게는 더더욱 매력적이었다. 그러나 그 길에는 명백한 부정적인 면도 적지 않았다. 현실적으로 설립할 수 있는 기업의 유형은 원주민이 예부터 삶의 근간으로 삼았던 열대우림에 대체로 파괴적이었다. 벌목 회사와 상업적 플랜테이션이 환경에 가한 피해는 이미 고통스러울 정도로 명백해서, 같은 유형의 기업체를 더 설립하면 문제가 더 악화될 것이 명약관화했다. 게다가 식민지 개척자들과 선교사들의 모임에 가입하더라도 원주민에게는 마땅히 누려야 할 평등이 전혀 보장되지 않았다.

따라서 키붕 추종자들은 더 나은 계획을 찾아내기 위해 의견을 모았고, 그 과정은 철저히 민주적으로 진행되었다. 많은 공동체가 모여 다양한 정책의 장단점을 논의했다. 모임은 한두 번으로 그치지 않고 무척 규칙적으로 이루어졌다. 실제로 '키붕'kivung이라는 단어는 톡 피신Tok Pisin(파푸아뉴기니에서 가장 널리 사용되는 통상어)에서 '모임' 혹은 '모이다'를 뜻할 뿐이다. 키붕 추종자들은 키붕에 참여한 모든 마을에서 연간 100회 이상 모여 숙의를 거듭했고, 키붕 조직 전체로 보면 모임의 횟수가 수천 번에 달했다. 이 모임은 구약성경의 십계명에서 영감을 받은 준거틀에 따라 운영되었고, 어떤 마을에서나 주 2회 열린 모임에서 사람들은 그 10가지 법칙을 하나씩 차례로 논의했다. 따라서 5주의 주기가 끝나면 처음부터 다시 시작되었다.

이런 논의 과정을 거쳐, 사람들은 자신의 공동체가 직면한 여러 문제에 대해 각 법칙이 미치는 영향을 탐구할 수 있었고, 그 결과로 다수가 동의하고 무척 창의적인 해결책을 끌어낼 수 있었다. 나름 대로 이런 모임은 지금도 다수의 자유민주국가에서 눈에 띄는 '시민 의회citizens' assembly와 유사했다.[20] 시민 의회는 한 국가에서 일반 대중을 대표하는 사람들이 모여, 전문가의 조언을 바탕으로 문제를 논의하고 해결책을 도출하는 조직을 가리키며, 그 해결책은 국회의원들이 끌어낸 해결책보다 훨씬 나은 경우가 많다.

이런 숙의 과정을 통해 키붕 조직은 승리의 전략을 찾아냈다. 키붕 지지자들은 열대우림에서 살아가는 원주민들이 식민지 지배자들과 협력해야 하지만, 자신들의 방식을 버려서는 안 된다는 결론을 내렸다. 자본주의 체제에 참여하는 것이 환경 훼손을 의미했기 때문에, 환금 작물의 재배를 제한하고, 벌목 회사와 플랜테이션 소유주들에게 토지 판매를 전체적으로 금지하는 조치를 시행하기로 결정했다. 또한 식민지 순찰 경관의 방문을 친절하고 우호적으로 맞이하더라도, 범죄와 분쟁 문제는 내부적으로 사사로이 처리해 국가 경찰이 개입할 여지를 남기지 않아야 한다는 결정도 내렸다. 식민지 정부와 적정한 거리를 유지할 때 원주민 공동체가 가장 악랄한 형태의 억압과 착취로부터 자신을 보호할 수 있다는 결정도 있었다. 끝으로, 키붕 회원들의 선거권을 압력 수단으로 활용해 키붕

지도자들을 국회나 지방 의회에서 중요한 지위에 선출되게 함으로써 정부 고위직에 침투하도록 노력한다는 결정도 내려졌다. 이런 접근 방식은 무척 성공적이어서, 키붕 운동에 참여한 공동체들은 법과 질서를 유지하며 상업적 이익을 노린 외부의 침입으로부터 땅을 더 효과적으로 지킬 수 있었고, 정부 내에서도 공동체의 이해관계를 대표할 수 있게 되었다.

키붕이 집단의 의사결정에 초점을 맞추었다고 해서 지도자들을 완전히 배제했다는 뜻은 아니다. 오히려 모든 마을에는 정기적인 공동체 모임에서 토론을 진행하는 지도자가 있었고, 키붕의 전반적인 구조는 계급적이고 중앙집권적이었다. 그러나 키붕은 개방적인 토론과 논의를 통해 공동으로 계획을 수립하는 방향을 독려하는 식으로 조직되고 운영되었다.

우리 미래도 우리가 선택하는 의사결정 시스템의 상호작용과 지도자의 유형에 달려 있다. 우리에게는 인과관계에 근거해 신뢰할 수 있는 정보를 유권자와 시민 의회에게 제공하는 과학적 지도자들이 필요하고, 이 문제는 도구적인 유형에 속하는 문제다. 그러나 우리가 인간관계 및 사회의 도덕적 구조와 관련된 문제를 해결하고, 해결책을 시행하는 데 도움을 주는 신뢰할 수 있는 지도자들도 필요하다. 키붕은 이런 두 유형의 지도자를 키워냈다. 하나는 조상들과 교감하며, 사람들이 10가지 법칙을 해석하는 데 도움을 주었던 코리암 유리켓처럼 전통의 수호자라는 유형의 지도자였고, 다른 하나는 프랜시스 코이만레아처럼 상대적으로 젊고 고등 교육을 받아, 자신들을 착취할 가능성이 있는 정치계와 정부 및 상업계를 헤쳐 나아간 지도자들이었다. 하지만 두 유형의 지도자들은 공동체의 이익을 위해 목소리를 내는 용기를 지녔다는 공통점이 있었다. 공동체의 이익을 위해 불편한 진실을 말하며, 공동체 구성원을 설득해야 하는 경우에도 마찬가지였다. 이때 필요한 신뢰와 존경은 합의 형성 과정과 일상화에서 비롯되었다. 궁극적으로는 추종자들의 용기도 필요했다. 추종자들도 때로는 도발적이고 뜻밖의 의견을 지지하고, 키붕에 참여하지 않은 사람들로부터의 배척과 조롱을 감수해야 했으며, 그저 새로운 방향이 옳다는 믿음만으로 그쪽으로 움직여야 했다. 기후 위기가 제기하는 위협을 극복하려고 한다면, 지금 우리에게 이런 종류의 용기가 필요한 것이 아닌가 싶다.

# 8

# 돈벌이로 전락한 종교성

나는 수천 명에게 둘러싸여 있었다. 그들 중 다수는 두 손을 치켜들고 음악에 맞춰 좌우로 부드럽게 흔들었다. 우리 모두의 눈길이 집중되고, 조명이 환히 비추어진 무대에서는 가수들이 마이크를 쥐고 한 몸처럼 움직이고 있었다. 무대의 오른쪽에는 드럼 연주자, 리듬 앤베이스 기타 연주자, 금관악기 연주자들로 구성된 대규모 밴드가 위치하고, 무대의 왼쪽에는 약 20명으로 구성된 합창단이 있었다. 나는 무대 뒤에서 기술자들이 장비와 소품을 옮기며 분주히 움직이는 모습에 가끔 눈길을 던졌다. 그러나 대부분의 관객은 무대 위의 거대한 스크린에서 시선을 떼지 못했다. 스크린에서는 마이크를 쥔 지도자들의 얼굴이 조명을 받은 탓에 땀구멍까지 보일 정도였고, 그 모습은 전 세계로 방송되었다. 그 집회는 록 콘서트가 아니었다. 싱가포르에서 어느 평범한 일요일, 한 기독교 교회의 예배 모습이었다.

뉴크리에이션교회New Creation Church의 웹사이트를 클릭하면, 곧바로 매력적이고 겉으로는 행복하고 부족한 것 없어 보이는 젊은이들이 당신에게, 또 서로 미소를 주고받는 영상들이 눈에 들어온다. 그 영상들에는 '우리 가족이 되신 것을 환영합니다', '우리는 당신을 위해 여기 있습니다'라는 구호가 어우러져 있다. 뉴크리에이션교회에서 만든 텔레비전 광고에는 '세상에 복음을 방송해, 모두가 예수님의 사랑과 예수님의 완벽한 사역을 경험할 수 있도록 하겠습니다'라는 내용도 있다. 나는 넓은 예배당을 둘러보며, 많은 신도가 웹사이트를 장식한 사람들처럼 젊고 매력적이라는 것에 주목했다. 그들은 유행하는 브랜드 표식을 드러낸 서구식 평상복을 입고, 그리스도의 피와 살을 상징하는 포도주를 홀짝이고 빵을 삼켰다. 그러나 여기에는 목사 앞에 질서정연하게 줄을 서서 차례를 기다리기에는 너무도 많은 사람이 있었다. 수만 명은 될 듯싶었다. 따라서 그들은 그대로 좌석에 앉아, 수많은 자원봉사자가 관객석을 돌아다니며 배포하는 작은 캡슐을 통해 제공되는 성체聖體를 기다렸다. 캡슐은 커피 머신에 사용되는 커피 캡슐과 비슷했지만, 덮개를 벗기면 윗부분에 성체 빵이, 아래쪽에는 포도주가 담긴 플라스틱 용기가 있었다. 대량으로 생산된 수천 개의 캡슐이 한 번의 손짓으로 신성한 성체로 축성되었다.

신도들이 모인 예배당은 방문객이 한 번의 방문으로 쇼핑과 예배를 할 수 있도록 특별히 설계된 거대한 쇼핑몰의 위층에 있었다. 번쩍이는 오락거리부터 회전문에 이르기까지, 심지어 우리를 좌석에 안내하는 안내원의 몸에도, 요컨대 모든 곳에 상업화를 상징하는 표식과 특징이 있었다. 많은 사람이 종교를 쇼핑몰과 거의 똑같은 방식으로 대하고 있다는 생각이 문득 들었다. 싱가포르의 경우,

국민의 약 4분의 3이 종족적으로 중국인이었고, 그들 중 대부분이 불교도였으며, 나머지는 주로 기독교도와 도교도였다. 남은 4분의 1의 국민은 거의 모두가 종족적으로 말레이계나 인도계여서, 싱가포르에는 힌두교와 무슬림의 숫자도 상당했다. 더구나 그 종교들이 제각각 다양한 형태로 유입되었기 때문에 그 종교적 쇼핑몰에 진열된 상품들도 놀라울 정도로 다양하고 많았다. 게다가 싱가포르 사람들은 쇼핑몰을 돌아다니며 구경하기를 좋아한다. 그 집회장에서 내 옆에 서서 노래하며 두 팔을 흔들던 사람들 중 다수는 조상숭배를 포함해 중국의 전통적인 믿음과 관습도 가족과 함께 따랐다. 일부는 불교 사원에도 정기적으로 다녔다.¹ 내가 만난 사람들 중에는 자신의 영어 능력을 향상시키거나 자녀의 영어 학습을 도우려고 기독교 교회 예배에 참석하는 사람도 적지 않았다.

싱가포르에서 나는 인파에 휩쓸려 그 대형 교회의 예배당을 빠져나올 때 선물 가게에 진열된 물건들에 자연스레 눈길이 갔다. 진열대에는 교회에서 이전에 진행된 설교들이 판매용으로 놓여 있었고, '죄책감과 비난을 이겨내라', '좌절을 돌파구로 전환하라' 등 모두에게 공통된 감정적이고 심리적인 문제를 다룬 제목이 붙은 설교가 많았다. 번영과 성공, 혹은 더 나은 건강과 안녕을 약속하는 설교도 있었고, 갈등을 해소하고 스트레스를 줄이는 방법을 안내하는 설교도 있었다. 하지만 뉴크리에이션교회는 기운을 북돋워주는 격려를 받고, 영감을 주는 설교를 듣는 곳만이 아니다. 예수에게 자신을 맡긴 사람들은 그 대가로 무척 다양한 형태의 실질적인 혜택을 받는다. 심리 치료사 상담, 병원 위문, 결혼식 장소, 육아, 사별 상담,

아기를 둔 엄마들의 모임, 사회적 지원망 등이 대표적인 예다. 카리스마적 기독교가 싱가포르에서 가장 빠르게 성장하는 종교가 되고, 기독교라는 브랜드가 지금껏 빠르게 세계화된 이유를 찾아내는 데 이런 혜택들의 장점이 도움이 될 수 있을 것 같다.[2]

뉴크리에이션교회의 상업화된 기독교는 인간의 맹신하는 경향을 악용한 못된 방법이라고 무시하고 싶을 수 있겠지만, 이런 일축은 복음주의 종교들이 수행하는 중요한 사회적, 심리적인 기능을 간과한다. 뉴크리에이션교회는 다른 형태의 많은 복음주의 종교와 마찬가지로, 다른 구조적 방법으로는 쉽게 충족되지 않거나 종교적 환경에서 더 편리하게 접근할 수 있는 다양한 형태를 띠는 인간의 기본적인 욕구에 부응한다. 판매되는 상품과 서비스는 심리적이고 사회적인 지원의 형태를 주로 띠어 이론적으로는 세속에서 구할 수 있는 것(상담사와 보모, 심리 치료사, 자기 계발서, 사교 모임 등)이지만, 카리스마적 기독교는 이 모든 것을 한 곳에서 제공한다.[3]

뉴크리에이션교회는 신도들이 정기적으로 납부하는 십일조라는 제도를 통해 어느 정도 수익을 올린다. 어떤 면에서 십일조는 종교 조직을 통해 받은 다양한 혜택에 대해 하느님에게 감사하는 표현으로 이해된다. 실제로 뉴크리에이션교회의 웹사이트는 '사랑하는 신도 여러분, 성경은 십일조와 헌금을 통해 하느님께 드리라고 말합니다. 우리는 헌금이 주님에게 예배하고 감사하는 행위이며, 주님이 우리에게 베푸신 모든 것에 대한 우리의 응답이라고 믿습니다'라고 말한다.[4] 한편으로 십일조와 헌금은 다양한 시설을 이용할 수 있는 동호회에 가입하기 위해 선불로 지불하는 회원권과 유사하다.[5] 특히 십일조는 교회의 믿음과 가치에 충실함으로써 협력할 만한 동반자라는 신뢰감을 주는 신도들과 교류할 기회를 제공한다.[6]

복음주의 교회들은 잠재적 직원이나 동업자를 만날 가능성이나 취업 기회를 제공하고, 심지어 미래의 배우자를 찾는 데 도움을 주는 결혼 소개소 역할도 한다. 십일조 제도는 고객의 주머니 사정과 재정적 능력에 맞추어 금액을 조절해 수익을 극대화할 수도 있다. 십일조 제도를 운용하는 교회에서 부유한 신도는 가난한 신도보다 더 많은 헌금을 내야 한다. 신도들에게 어려운 시기가 닥치면, 그런 교회는 신도들의 재정 능력에 맞추어 요구 사항을 조정할 수 있다.[7]

뉴크리에이션교회와 같은 조직들이 신도들에게 더할 나위 없이 매력적으로 보이는 부분적인 이유는 우리의 종교적 편향을 이용하기 때문이다. 그러나 그들은 이를 통해 카리스마 있는 지도자의 주머니만 채우려하지는 않으며 신도들에게 이로운 부분도 있다. 5장에서 말했듯이 '축의 시대'가 잉태하고 확산될 때 함께 나타나기 시작한 도덕화된 종교처럼, 요즘의 복음주의 기독교도 사람들이 중요하게 생각하는 사회적 기능을 다양한 형태로 수행한다. 복음주의 교회도 내 눈에는 키붕 운동과 유사하게 보인다. 많은 평론가가 키붕 운동을 일종의 사이비 종교 집단, 즉 초자연적 보상을 거짓으로 약속하는 종교 집단으로 보았다. 그러나 키붕은 파푸아뉴기니에서 정치적으로 억압받고 소외된 국가의 사람들을 하나로 결집시키고, 착취적이고 파괴적인 상업적 이익으로부터 보호하며, 농촌 지역에 절실히 필요한 기반 시설을 제공하는 수단을 제공했다. 뉴크리에이션교회도 마법적인 힘의 개입을 간혹 약속하지만, 사회적 문제를 무척 실질적인 방법으로 해결하는 수단을 제공한다는 점에서는 키붕과 다를 바가 없다.

뉴크리에이션교회는 완전히 새로운 형태의 종교나 사회조직을 대표한다는 점에서 의미 있는 것이 아니다. 많은 면에서 뉴크리에이션교회는 수천 년 전부터 신속히 확산되던 교회가 맡아온 기능을 그대로 수행하고 있다. 하지만 혁신적인 첨단 대중매체와 광고를 이용해, 우리 안에 깊이 내재한 종교 편향성에 호소하는 방법에 뿌리를 두고 있다는 점에서도 뉴크리에이션교회의 접근법은 주목할 만하다.

뉴크리에이션교회에 첫발을 들여놓는 사람에게는 종교가 광고와 번쩍이는 오락거리, 대중문화로 뒤범벅된 듯해서 불쾌하거나, 적어도 당혹스럽게 느껴질 수 있다. 그러나 정반대의 경우라면 어떻겠는가? 정말 충격적이겠지만, 대중매체와 온라인에서 제품이 판매되는 방식이 이제는 조직화된 종교의 지위를 은밀하게 차지했다는 것이 진실이라 말하면 어떻겠는가? 대중매체와 온라인 쇼핑몰이 순전히 돈을 벌겠다는 욕심에, 우리 영혼을 구원하기는커녕 우리에게 절실하게 필요한 사회적이고 심리적 지원을 제공하기보다는 중독적이고 기생적인 방식으로 우리의 종교 편향을 악용하고 있다면 어떻겠는가? 더 나아가, 싱가포르에서 가장 널리 알려진 대형 교회가 채택한 방법보다 더 마키아벨리적인 방식으로, 즉 거의 눈에 띄지 않아 저항조차 할 수 없게 종교 편향을 이용하면 어떻겠는가?

## 인간, 광고에 마음을 빼앗기다

상업 광고는 복음주의 기독교와 똑같은 종류의 편향을 이용한다. 물론 자세히 들여다보지 않으면 그런 면이 전혀 눈에 띄지 않을 수도 있다. 그러나 인류의 역사에서 대부분의 조직화된 종교가 사회를 결속하는 데 도움을 주었던 것과 달리, 광고 산업은 우리를 대량 소비의 길로 유도하며, 사회 전체의 이익을 희생시켜 극소수의 어마어마한 부자에게만 이익을 안겨줄 뿐이다. 이런 새로운 형태의 종교에서 대제사장은 교황이나 아야톨라ayatollah(이슬람 시아파의 최고 권위 성직자이자 정치 지도자-옮긴이), 신성한 황제가 아니라 광고 대행사다.

광고는 우리 영혼을 어린 시절부터 지배하기 시작한다. 어린아이들이 의례와 초자연적 존재가 주된 위치를 차지하는 신앙 체계에 사회화되는 과정을 연구할 때 나는 이런 사실을 처음 깨달았다. 이 과정을 연구하려고 유럽 연구위원회European Research Council, ERC에 보조금을 신청할 때, 나는 조직화된 종교가 수많은 사회의 기능과 세계 곳곳에서 진행되는 지정학적 긴장에 여전히 깊은 영향을 미치는 세계 속에서 어린아이들의 사회화 과정을 연구해야 할 필요성을 강조했다. 그러나 보조금을 받은 뒤에 나는 어른들도 슈퍼히어로, 반인반수인 괴물, 유령과 마녀, 외계인 등 초자연적 존재에 대한 각양각색의 생각을 어린아이들의 머릿속에 채운다는 사실에 더 큰 관심을 가졌다. 이런 생각들은 순전히 허구로 치부되기 때문에 덜 심각하게 여겨지지만, 훗날 어른이 된 이후의 우리를 착취하는 방법에도 강력한 영향을 미친다.

산타클로스를 예로 들어보자.[8] 어린아이들은 하얀 수염을 기르고 빨간 옷을 입은 유쾌한 할아버지를 초자연적인 존재로 상상한다. 이 할아버지는 모든 종교에서 언급되는 직관적 물리법칙을 초월해, 무수히 많은 어린아이의 집을 방문할 수 있기 때문이다. 산타클로스 이야기에서는 최소한의 반직관적 개념들이 어지러울 정도로 많이 등장한다. 직관적 중력 법칙의 위반(날아다니는 순록), (어린아이들의 집으로 들어가는 경이로운 방법들과 관련된) 물체의 일관성과 견고성, 마음을 읽어내는 능력(못된 아이와 착한 아이를 알아내는 능력) 등이 대표적인 예다. 이렇게 쉽게 이해되는 반직관적 현상 덕분에, 매년 나이를 불문하고 많은 사람이 산타클로스와 관련된 전통에 매료되고 즐거워하는 이유만이 아니라, 그 전통의 상업적 가치가 놀라울 정도로 큰 이유도 설명되는 듯하다. 예컨대 2016년에 실시된 한 조사에 따르면, 크리스마스 휴가 기간의 추정 매출은 1조 달러를 넘어, 대부분 국가의 연간 국내 총생산보다 많았다.[9]

크리스마스가 조직화된 종교와 민속 전통에 담긴 직관적인 원칙을 상업화하는 구실을 제공했다지만 유일무이한 사례는 아니다. 논란의 여지는 있겠지만 다른 공휴일들도 마찬가지로 비슷한 역할을 한다. 예컨대 핼러윈은 세계 어디에서나 야생의 종교에 팽배한 최소한의 반직관적인 직관을 상업적으로 이용한 경우로 해석할 수 있다. 산타클로스처럼 핼러윈의 전형적인 마녀도 중력을 거스르는 존재(썰매 대신 빗자루를 타고 날아다니는)로 상상된다. 뱀파이어도 마찬가지다(망토가 박쥐 날개 역할을 한다). 좀비도 핼러윈에서 흔히 등장한다.

좀비의 반직관적인 속성은 심리학적 관점에서 특히 흥미롭다. 좀비는 중력을 거스르는 특별한 능력이나 견고성과 일관성이 없어 일반 물리학을 준수하는 존재이지만, 대체로 자유의지가 없는 데다 대중 영화에서는 정상적인 인지 기능마저 없어 말하고 추론해 계획을 수립하지 못하는 존재, 즉 심리학의 일반적인 기준을 벗어나는 존재로 상상된다.[10] 하지만 좀비에게는 특이한 심리적 특성이 부여된다. 식인 풍습에 중독된 존재, 특히 뇌를 날로 먹는 습성이 있는 존재로 그려진다. 2022년 미국 전국소매협회National Retail Association는 미국에서만 핼러윈의 가치를 100억 달러 이상으로 추정했다. 유사한 형태의 '야생' 종교적 신앙은 미국의 추수감사절(조상숭배)과 중국의 춘절(불을 뿜는 용은 직관적인 생물학을 위배한다는 점에서 흥미로운 연구 사례다)에서도 찾아진다. 추수감사절에 미국인들은 칠면조를 구매하는 데만 연간 약 10억 달러를 지출한다. 한편 2019년 중국에서는 춘절 행사와 관련된 매출액이 약 1500억 달러에 달하는 것으로 추정되었다.[11]

종교 편향의 상업화는 많은 공휴일에서 명백히 드러나지만, 그런 상업화가 소비자에게 주는 이점은 훨씬 덜 명확하다. 계절별 광고에 의해 조작당하고 있다는 것을 인식하더라도, 악의가 없는 재밋거리로만 생각하고, 아이들을 위해 돈을 펑펑 쓰며 응석을 받아주는 핑계로 삼는다. 그러나 의례의 달력에서 이런 행사들을 통해 우리가 채우려는 많은 욕구는 해결책이 절실히 요구되는 실질적인 문제가 아니라, 영리 기업들이 인위적으로 만들어낸 것이다.

하지만 야생 종교를 악용하는 현상은 우리가 불필요한 물건을 구매하는 것으로 끝나지 않는다. 광고업자들은 우리에게 우리 자신과 환경에 해로운 제품을 구매하도록 유도하는 데 능숙하다(극단적인 예로는 담배 같은 중독성을 띤 상품이 있다). 우리를 유혹하는 데 사용되는 가장 흔한 기법 중 하나는 제품을 사람과 닮아 보이게 만드는 것이다. 어디에서나 야생 종교가 자연을 의인화하듯이(어디에나 사람과 유사한 형태를 띠거나 영향을 주는 게 있다), 광고업자들도 제품을 마케팅할 때 똑같은 방법을 사용한다.

인류학자 스튜어트 거스리Stewart Guthrie는 종교적으로 신성한 상징들에 의인화 심리anthropomorphic psychology를 이용하듯이 광고 산업이 그런 의인화 심리를 어떻게 이용하는지 오랫동안 연구해왔다. 거스리는 광고에서 인간과 유사한 모습의 물체를 사용한 무수히 많은 예를 찾아냈다.[12] 어떤 커피가 가장 좋은지 고민하는 얼굴처럼 버튼과 작은 손잡이가 배치된 커피 머신, 졸업식에서 착용하는 사각모를 제품 위에 배치해 로즈 장학생보다 더 힘든 시험을 통과했다는 자신감을 보여주는 전화기 등이 대표적인 예다. 또 다른 예로 스포츠를 즐기는 고객층을 겨냥한 무알코올 맥주 광고도 있는데 상표 이름이 쓰인 맥주병이 하얀 테니스복을 입은 장면을 보여준다. 나는 거스리의 강의에 여러 차례 직접 참석할 특별한 기회가 있었다. 그는 슬라이드를 이용해, 시간의 흐름에 따라 의인화된 광고가 어떻게 다각화되었는지를 인상적으로 보여주었다. 거스리의 강연에서 영상으로 소개된 부조와 조각, 벽화와 기념비적 건축물은 세계 전역의 전통적 종교에서 끌어온 것으로, 그 영상을 보는 것만으로도 깊은 인상을 남기는 경험이었다.

거스리는 사회학자 어빙 고프먼Erving Goffman의 저작을 주된 근거로 삼았다. 고프먼은 일찍이 1950년대부터 사회적이고 생물학적인 성과 생식력이라는 주제가 종교적 형상과 광고 모두에서 일종의 '미끼'로 사용되는 방법에 관심을 가졌다.[13] 그러나 물고기가 조심하지 않고 미끼가 달린 낚싯바늘을 삼키면 죽음이라는 낭패를 각오해야 하는 것과는 달리, 성적으로 장식된 광고는 호화롭게 장식된 신전처럼 우리를 서서히 끌어들여 가벼운 생리적 각성physiological arousal이라는 형태로 보상을 해준다. 시간에 따라, 이런 보상에 대한 우리의 욕구가 반복되면 중독이 된다. 또한 거스리도 지적했듯이, 이런 형태의 중독에서 흔히 비롯되는 결과 중 하나는 여성이 수동적이거나 순종적으로 묘사되는 성 고정관념의 고착화다.[14]

기업들은 이렇게 의인화된 광고가 상업적 성공에 미치는 영향을 점점 더 정확히 계량화할 수 있게 되었다. 이 주제에 대한 100여 편의 논문을 검토해 2022년에 발표된 한 연구에 따르면, 상품을 더 인간답게 묘사할 때 소비자가 그 상품을 좋아하고, 충성심을 보여주며, 기꺼이 더 높은 가격을 지불할 가능성이 높아진다.[15] 흥미롭게도 소비자의 기호에 가장 큰 영향을 미치는 요소는 상품이 정신을 지닌 주체로 개념화되는 정도다. 우리 조상들이 동물과 나무, 산에 주체성을 부여했던 것처럼, 지금 우리는 상표에 주체성을 부여한다.[16] 어떤 조직이 어느 정도까지 인간과 유사하게 인식되는지 등급을 매겨달라고 소비자에게 요청하는 데서 이런 현상을 추적할 수 있다.

이 분야의 연구에 따르면, 나이키, 마이크로소프트, 코카콜라 같은 상표들은 인간을 닮은 모습이 비교적 부족하다고 여겨지며, 차례로 나무, 실내용 화초, 미생물을 떠올리게 된다고 평가받는다.[17] 반면에 유니세프나 티치 포 아메리카Teach for America를 상징하는 상표는 훨씬 더 인간에 가깝고, 코끼리나 시체와 비슷한 점수를 받았다. 페이스북과 구글은 중간쯤 어딘가에 있으며, 점수가 차례로 개미와 물고기와 동등한 수준이다. 한편 디즈니 상표는 조류나 생쥐와 유사한 점수를 받아, 한층 더 긍정적이다. 이런 측정 결과에 따르면, 상표의 세계는 샤먼의 애니미즘적 우주와 무척 유사한 듯하다. 광신적 종교 집단의 지도자들이 충성스러운 추종자를 끌어들이는 것처럼 마케팅 연구 결과에서 얻은 증거에 따르면, 상표가 의인화될 때 선호하는 상표에 대한 충성심이 형성되고,[18] 소셜 미디어를 통해 상표와의 관계가 더 깊어지며,[19] 선호하는 제품과의 개인화된 관계가 함양되고,[20] 그 관계를 유지하기 위해 필요하면 과도한 비용도 기꺼이 지불한다.[21]

우리의 종교 편향을 이용한 광고의 결과로 나타나는 현상 중 하나는, 광고 대행사가 판매하려는 제품을 긍정적인 의인화 방식으로 홍보할 수도 있지만, 견제하려는 제품의 악마화를 유발할 수도 있다는 것이다. 종교 단체와 종교 전문가가 경쟁자에 대해 사람들을 미혹하고 파괴적이며 심지어 악하다고 비난하는 것처럼, 광고 세계에서도 유사한 전략이 사용된다. 이런 현상은 '상표의 역의인화reverse brand anthropomorphism'라 일컬어지며, 경쟁 상표의 비방도 여기에 포함된다. 종교 조직들이 전통적으로 경쟁자를 사악하고 불경하며 이단적이라고 비방하던 현상과 크게 다르지 않다.[22] 이와 관련된 특히 인상적인 예는 마가린에 대한 이상한 이야기다.[23]

마가린은 나폴레옹 전쟁 기간에 해상에서도 오랫동안 산패되지 않고, 빵에 발라 먹을 수 있는 지방을 해군에 제공하려고 프랑스에서 처음 개발되었다. 마가린은 당시 프랑스에서 별다른 인기를 얻지 못했지만, 훗날 미국에서 큰 시장을 확보했으며, 특히 제2차 세계대전 당시 군대의 급식과 전후에 배급 제도가 시행되던 기간에 널리 보급되었다. 미국의 낙농산업계는 마가린의 확산을 버터에 대한 심각한 위협으로 규정하고, 마가린을 비난하는 캠페인을 반복적으로 전개했다. 맛이 떨어지는 데 그치지 않고, 마법과의 관련성도 의심되는 유해하고 비정상적인 제품이라는 비난도 있었다. 19세기 공화당 하원의원 데이비드 브렘너 헨더슨David Bremner Henderson에 따르면, 버터는 성경 전체에서 언급되는 반면, 인류의 역사에서 마가린은 셰익스피어의 《맥베스》에 등장하는 마녀들의 입을 통해 처음 언급되었다.

결국 낙농산업계의 로비로, 1884년에는 버몬트에서, 1891년에는 뉴햄프셔와 웨스트버지니아에서 마가린의 맛을 떨어뜨리려고 마가린에 분홍색을 넣어야 하는 새로운 법안이 통과되었다.[24] 토스트에 무엇을 발라야 하는지에 대한 싸움은 어떤 면에서 대립 관계에 있는 산업 간의 경쟁 문제에 불과했지만, 경쟁 관계에 있는 종교들이 전통적으로 신도를 확보하려고 싸워온 방식과 다르지 않았다. 마가린은 맛이 떨어질 뿐 아니라 불순물이 섞여 더럽고 사악한 것으로도 매도되었다.

의인화된 광고가 폭넓게 사용되는 현상은 그저 별난 학문적 관심사가 아니라, 우리의 종교 편향을 이용해서 지금 당장 필요하지 않고 지구에 해를 주는 물건들을 판매하려 한다는 점에서 사회 전체에 대한 심각한 위협이기도 하다. 이에 대한 해결책이 있을까? 하나의 답은 우리 모두의 과거에 묻혀 있다. 수천 년 동안, 조직화된 종교들은 완전히 습득하는 데 오랜 훈련과 반복이 필요한 교리와 관행을 정교하게 개발함으로써 초자연적 존재와 초자연적인 힘을 믿는 인간의 성향을 억누르려 했다. 이런 노력의 일환으로, 기독교에서 잉태된 청교도파부터 자이나교에서 우상을 인정하지 않는 교파들에 이르기까지, 많은 조직화된 종교가 종교 미술과 건축에서 의인화 사용을 금지하거나 제한했다. 오늘날까지도 이슬람 세계의 많은 지역에서는 어떤 초월적인 힘을 묘사할 때 인간이나 신의 모습으로 형상화하기를 피하는 이유가 여기에 있다.

광고가 우리의 신체·정신·사회적 건강에 미치는 해악을 막으려 한다면, 이와 비슷한 조치를 생각해볼 수 있다. 조직화된 종교에서 전통적으로 채택한 원리는, 직관에 따른 신학의 잘못된 해석이나 신학적으로 올바른 것에 대해 최소한 반직관적인 것을 선호하는 성향을 체계적으로 바로잡는 수단을 제공하는 정규 교육 시스템을 수립하는 것이었다.[25] 하지만 오늘날 세속적인 교육 시스템은 광고 산업이 외부의 영향을 쉽게 받는 신세대들에게 전달하는 왜곡된 현실을 바로잡으려는 노력을 거의 기울이지 않는다. 학교에서 행동수정이나, 신체 이형 장애body dysmorphia, 화장품 산업의 거짓 약속에 대한 위험을 배우는 일은 필수가 아니다. 교사들은 옷을 재활용하고, 음식물 쓰레기를 줄이며, 탄소 발자국을 줄일 때 얻는 이익을 아이들에게 굳이 알려줘야 할 필요가 없다. 공립학교 교육 과정에서도 광고업자들이 제품 판매를 위해 사용하는 심리적 기법과 행동수정 알고리즘에 대해, 또 그 기법과 알고리즘을 관리하는 방법에 대해 가르치지 않는 것이 무엇보다 안타깝다.

공교육 개혁은 느리게 진행되더라도, 광고업자들의 과도한 행위로 인해 발생한 문제를 더 신속하게 해결할 수 있는 방법을 새로운 기술에서 기대할 수 있을 듯하다. 흥미로운 예가 '모랄라이프: 글로벌 컨슈머 데이터뱅크Moralife: Global Consumer Databank'로 알려진 스마트폰 앱이다. 모랄라이프는 식품과 관련한 정보를 축적하고 제공하는 서비스로 시작했지만, 이제는 대중적인 소비재까지 취급 범위를 크게 확장하고 있다.

모랄라이프가 운영되는 방식은 대략 다음과 같다. 데이터베이스에 포함된 각 품목은 도덕 수준의 높고 낮음(즉, 좋고 나쁨)을 투명하게 계량화한 점수에 따라 평가된다. 모랄라이프는 상위 50개 기본 식품과 이 식품들을 생산하고 공급하는 주요 다국적 기업에 대해 끊임없는 변화하는 사실을 담은 정보를 추적하는 방식으로 운영된다. 각 품목에 대해, 예컨대 식빵처럼 잘라 파는 빵의 경우, 전문분석가들이 얼마나 친환경적인가(예: 탄소 발자국), 얼마나 인도주의적인가(예: 영국 왕립동물학대방지협회Royal Society for the Prevention of Cruelty to Animals의 승인을 받았는가), 얼마나 착취적인가(예: 임금, 근무 조건) 등 다양한 윤리적 차원에서 주요 상품을 평가한다. 이렇게 각 윤리적 영역에서 주요 상품들은 점수를 받고, 매년 점검을 받은 뒤에 점수가 수정된다.

이 점수들을 합산하면, 소비자들은 예컨대 통밀 바게트의 전체적인 윤리 점수를 언제라도 확인할 수 있다. 이 정보는 대부분의 스마트폰과 태블릿과 컴퓨터에 설치되는 특별한 앱을 통해 수집되고 분석되기 때문에, 일주일 동안의 쇼핑을 당신이 선택한 도덕적 기준에 맞게 조정할 수 있다. 당신에게 더 중요한 문제, 이를테면 탄소 배출을 줄이거나 동물 복지를 개선하는 문제에는 당신이 선택한 윤리적 우선순위에 맞추어 가중치를 부여할 수 있다. 달리 말하면, 소비자로서 윤리적 기준을 어떻게 조정하는 것이 최선인가를 자주적으로 결정할 수 있다.

더 많은 소비자가 이런 앱을 통해 의사를 표시할 때, 더 많은 슈퍼마켓과 소매업체가 그 결과에 맞춰 운영될 것이다. 이런 진취적인 시도는 앞으로 더 많은 기업과 제품으로 확산될 것으로 예상된다. 신문 기사나 온라인의 고객 피드백을 빠짐없이 해석하거나 비교하기는 어렵지만 그런 것들과 달리, 모랄라이프는 일정한 기준에 따라 다양한 품목에 점수를 부여하기 때문에, 사과와 배를 실질적으로 비교할 수 있다.

모랄라이프 앱을 어디서 찾을 수 있을까? 안타깝지만 누구도 그 앱을 이용할 수 없다. 모랄라이프는 내가 상상으로 꾸며낸 것에 불과하다. 그러나 그런 앱은 상대적으로 쉽게 개발될 수 있다. 윤리적 기준에 미치지 못하는 제품에 대해 소비자가 도덕적 태도를 취할 수 있는 앱들이 이미 존재한다. 예컨대 보이콧Buycott은 바코드를 스캔해 해당 제품의 이력 뒤에 숨겨진 범죄적 비밀에 접근할 수 있는 방법을 소비자에게 제공한다고 주장한다. 그 주장이 맞다면, 소비자는 버튼 하나를 클릭해 해당 제품을 불매한다는 사실을 제조업체에 알릴 수 있다.[26] 돈굿DoneGood과 오렌지 하프Orange Harp 같은 앱에도 비슷한 생각이 뒤에 숨어 있다.[27] 이런 앱들이 대대적으로 출시될 수 있다면, 광고업체로부터 통제권을 빼앗아 소비자에게 돌려주는 데 큰 도움이 될 수 있을 것이다.

하지만 이런 종류의 앱이 더 널리 채택되려면 금전적이고 정신적인 충분한 지원이 필요하다. 인류의 역사를 크게 돌이켜보면, 일반 대중의 도덕화만으로는 야생 종교를 효과적으로 관리하고 통제하기에 충분하기 않았다. 정통성을 안정적으로 유지하기 위해서는 중앙집권적인 성직자 조직과 계층화된 치안 조직의 지속적인 노력에도 의존해야 했다. 세속 사회에서도 유사한 기능들이 여전히 충족되어야 하지만, 이를 위해서는 법률과 실질적인 규제 기관이 필요하다. 모랄라이프 같은 앱이 공식적으로 인정받고 공적으로 이용되기 위해서는 제조업체와 수입업체가 윤리적으로 필요하고 중요한 정보를 제공하도록 법적으로 의무화해야 한다. 지금도 여러 제품에 건강과 관련된 정보를 표시하도록 의무화한 법률에는 이미 익숙해졌다. 윤리적 차원에 대한 정보도 제품들에 포함되어야 한다는 제안은 현재의 아이디어를 조금 더 확장한 것에 불과하다.

## 자극적인 뉴스는 왜 계속 생산되는가

야생 종교가 상표화를 통해 상업화되었듯이, 조직화된 종교의 도덕적 역할이 이제는 고도로 세속화된 국가들에서 미디어에 의해 점차 대체되고 있다. 하지만 조직화된 종교와 달리, 도덕적으로 사고하는 흐름을 형성하고 강화하는 데 있어 미디어의 역할은 사회 전체의 요구가 아닌 소수의 기득권에만 맞추어진다. 근대 세계 형성에 영향을 주었던 도덕적 종교들은 우리의 도덕적 직관을 어떻게든 이용해서 협력의 이점을 확대하는 데 기여했지만, 뉴스 매체는 우리의 도덕적 직관을 교묘히 조정해 사회에 엄청나게 파괴적 영향을 미치며 정치 지도자와 민주적 기관에 대한 신뢰를 약화시키고 포퓰리즘과 분열을 조장하고 있다.

그렇게 함으로써 미디어도 우리 안에 깊이 내재한 직관적 편향에 호소하고 있다. 모두가 서로 알고 지내는 작은 공동체에서 살던 때, 뉴스는 누가 재산을 축적하고, 누가 거짓말을 하며, 누가 누구와 연애를 하고, 누가 도둑질을 하고, 누가 기생충처럼 살아가는지 등 사회적으로 전략적인 정보를 전했다. 이렇게 뉴스로서 가치가 있는 이야기의 대부분에는 가해자와 피해자가 있어, 뉴스 제공자와 소비자는 이런 정보의 평판에서 비롯되는 결과에 무척 민감했다. 이런 정보를 가리키는 일반적인 용어가 '험담gossip'이다.

현대 사회에서 우리가 '뉴스'라고 칭하는 것의 대부분은 정치와 시사 문제로 분류되는 경우에도 유사한 직관에 호소한다. 연구자들이 영국 언론이 한 달 동안 쏟아낸 1276개의 뉴스 기사를 분석한 뒤에 내린 결론에 따르면, 기자가 어떤 이야기를 '뉴스거리가 되는지' 결정하는 요소는 10가지 주요 고려 사항으로 귀결되며, 이 10가지가 이상적으로 합쳐질 때 설득력 있는 기사가 만들어진다.[28] 권력자나 막강한 영향력을 가진 조직이 관련되었는가? 유명인이 관련되었는가? 성관계, 극적인 사건, 추문 등 성적인 자극이나 인간의 관심을 끌 만한 사건인가? 독자를 깜짝 놀라게 할 만한 사건인가? 갈등이나 비극이 연루되어 독자의 마음을 뒤틀어놓을 만한가? 영웅적인 행동이나 새로운 치료법과 관련해 희망을 주는 소식인가? 상당한 중요성을 지닌 사건인가? 사람들이 우려하는 관심사와 관련이 있는가? 최근의 다른 기사들과 연결이 되는가? 신문의 지침과 일치하는가?

이런 고려 사항 중 대부분이 사람들의 입방아에서 공공의 중요성을 띤 사건들만큼이나 중요한 화젯거리다. 특히 이 모든 기준을 관통하는 공통 요소는 좋은 기사에는 도덕적으로 중요한 화젯거리를 포함해야 한다는 것이다. 누가 거짓말을 하는가? 누가 이기적으로 행동하는가? 누가 속이는가? 누가 고통받는가? 누가 비겁하게 행동하는가? 누가 괴롭히는가? 영웅, 혁신가, 구조자, 성인을 다룬 도덕적으로 긍정적인 이야기는 분명 이 기준에 맞아떨어지지만, 나쁜 사건이 좋은 사건보다 더 주목을 받기 때문에 대중의 관심을 더 많이 끌어내고, 그 때문에 더 자주 방송된다.

부정적인 사건이 긍정적인 사건보다 뉴스 가치가 높은 데는 진화론적 이유가 있다. 예컨대 위험을 과장하면 많은 생명을 구할 수 있어 감당할 만한 비용이다. 그렇다고 우리가 좋은 뉴스에 관심이 없다는 뜻은 아니다. 좋은 뉴스도 일반적인 신문 편집자가 기사를 승인하는 데 고려하는 상위 10가지 요소 중 하나다. 그러나 모든 기사는 어떤 점에서든 도덕적으로 중요하다는 공통점이 있지만, 가해자를 고발하고, 그의 범죄를 섬뜩할 정도로 자세히 언급하며 처벌 과정에도 주목한다는 점에서 부정적인 방향을 띤다는 공통점도 있다.

서로 얼굴 맞대고 살아가는 지역 공동체에서, 어떤 위반 행위에 대한 소문이 사회적으로 미치는 피해가 점점 커지면 단순한 험담을 넘어, 전형적으로 공공의 영역에서 다루어야 할 문제로 확대될 가능성도 높아진다. 어디에서나 공동체에는 비공식적으로든 합법적으로든 이런 유형의 문제를 다루는 토론장이 있으며, 이런 공간에서 다루어진 것은 기억될 수도 있지만 (문자가 있는 사회에서는) 체계적으로 기록되어, 훗날 유사한 상황을 처리할 때 선례로 사용될 수도 있다. 어떤 공동체에서 이런 모든 사건이 뉴스로서 가치가 있다면, 한때 이런 사건들이 다른 사람들의 삶에 잠재적 영향을 미쳤다는 사실에서 비롯되었을 수 있다. 공동체 구성원들은 위반 행위가 처리되는 방식이 자신이나 친족에게 제도적으로 해롭지 않도록 유도하려고 애쓰기 마련이다. 사람들은 직접 관찰을 통해서만이 아니라, 언어가 진화한 덕분에 간접 보고를 통해서도 누가 누구에게 무엇을 했는지 기억할 수 있다. 따라서 목격자 증언과 정황 증거, 여론은 모두 규범 집행과 처벌에서 필연적으로 핵심 요소가 된다. 그 결과로 이제는 효과적인 평판 관리가 생존과 번식에 반드시 필요해졌다.

세계 어디에서나 무작위로 뉴스에 채널을 맞추면, 뉴스에 담긴 도덕심(결국 뉴스 제공자의 이익을 창출하는 능력) 때문에 우리의 관심을 끌어당기는 이야기에 금세 빠져들게 된다. 그러나 이런 종류의 뉴스는 모두가 뉴스의 핵심 주인공을 개인적으로 알고 있는 소규모 사회에서는 소비자에게 잠재적으로 매우 중요할 수 있지만, 중앙집권화된 국가에서는 그런 뉴스의 실질적 가치가 떨어진다. 당신이 만난 적도 없고, 그의 개인적인 삶이 당신에게 직접적인 영향을 미치지 않는 공인의 도덕적 위반 행위가 흥미를 끄는 이유는, 우리가 그런 문제에 관심을 갖는 성향을 띠도록 진화했기 때문이다. 그렇지만 그의 도덕적 위반 행위는, 그가 자신에게 맡겨진 지극히 복잡한 관료적 기관을 효율적으로 관리하고 있는지, 또는 직관적으로는 이해되지 않지만 공적 자금을 현명하게 투자하고 있는지에 대한 의문보다 덜 중요할 수 있다.

하지만 이런 상황의 파괴적인 영향은 우리가 소문에 의해 주의를 딴 데로 돌리는 것에 그치지 않는다. 자극적으로 주목을 끄는 이야기를 끊임없이 우리에게 제공하는 뉴스 매체는 신뢰와 사회적 결속에도 악영향을 미친다. 5장에서 보았듯이, 사회의 규모가 커지면 공유된 정체성을 일상화하는 일은 규모가 큰 공동체에서도 신뢰가 유지될 수 있는 주된 방법 중 하나였다. 궁극적으로는 도덕화된 종교가 등장하며, 같은 사회에서 살아가는 다른 사람들, 특히 고위직에 있는 사람들의 진실한 도덕심에 대한 신뢰도를 높이는 방법도 다양해졌다. 지속적인 세속화로 인해 신뢰와 정통성을 축적해가는 메커니즘이 약화된 까닭에 협력과 신뢰를 촉진하는 제도의 필요성이 더욱더 절실해지고 있다. 하지만 안타깝게도 뉴스 산업은 이런 필요성을 채워주기는커녕 오히려 악화시키고 있다.

  대안이 있을까? 잠시 이렇게 상상해보자. 뉴스가 완전히 다른 목적을 지향한다면, 예컨대 시민들이 지금 살아가는 정치체제에 더 우호적이면서도 비판적으로 기민하게 기여하도록 정보와 교육을 제공한다면 어떻게 될까? 뉴스 보도가 명시적으로 그런 목표를 지향한다면, 뉴스를 생산하고 배포하는 방법이 근본적으로 달라질 것이다. 간단히 말하면, 어떤 사건이 뉴스 가치가 있는지 판단하는 기준이 재고될 것이다.

  뉴스 가치와 정보의 질에 대한 논쟁을 혼동해서는 안 된다. 사회의 많은 주요 기관이 정확성과 균형을 위해 정보의 질을 엄격히 제어해야 한다는 것은 이미 널리 알려진 사실이다. 예컨대 의학계에서는 어떤 치료법의 효능을 검증할 때 뉴스 웹사이트에서 가장 많은 클릭을 받은 의견보다, 대규모 표본을 대상으로 한 무작위 대조 시험에 더 많은 점수를 부여하는 편이다. 이와 마찬가지로 법조계에서도 전해 들은 말과 입증 가능한 사실을 구분하려고 애쓴다. 이런 접근 방식은 뉴스 보도에도 어느 정도 깃들어 있다. 예컨대 사실 확인fact-check이라는 형태로 숨어 있다. 그러나 어떤 뉴스 기사가 정확한지, 또는 이익 단체나 정당의 의견을 균형 있게 선택하며 국민 여론을 대변하는지에 대한 의문과 그 기사가 뉴스로서 정말 가치가 있는지에 대한 의문을 혼동해서는 안 된다.

  내 생각에 뉴스 가치가 있느냐 없느냐는 문제는 미디어 비평에서 가장 근본적이지만 가장 덜 연구된 주제인 듯하다. 가장 칭찬할 만한 언론사도 이 문제와 힘겹게 씨름하고 있다. 예컨대 1973년에 창간된 잡지 《뉴 인터내셔널리스트New Internationalist》는 미디어 재벌과 기업 광고주들의 영향력에서 벗어나 있다고 자부한다. 이 잡지는 인류 전체에게 중요한 주제를 다루려고 애쓴다. 요컨대 일반적인 대중매체처럼 피상적인 보도에 그치지 않고, 범세계적인 사건과 흐름의 근본 원인과 폭넓은 영향을 분석해보려 한다. 그럼에도 불구하고, 이 잡지도 자기소개에 기자와 편집자가 뉴스 가치를 어떻게 결정하는지에 대한 자세한 설명이 빠져 있다.

민주적 수단을 통해 우리가 최종 결정권자가 되어, 인류 전체의 이익을 위한 방향으로 모든 정책을 결정한다면, 이상적으로는 이런 경우에도 세계의 모든 시민이 우리 모두에게 직면한 협력 문제를 속속들이 알아야 한다. 또 이상적이라면, 세계 곳곳에서 일어나는 사건 중 주목해야 할 중요한 사건을 결정하는 우리의 직관도 뉴스 가치라는 문제에 더 엄격히 접근하는 방식에 의해 보완되고, 심지어 대체될 수 있다. 이런 현상은 야생 종교를 교화하는 과정, 더 구체적으로 이 경우에는 '야생의 도덕wild morality'을 교화하는 과정으로도 볼 수 있을 것이다. 야생에서 도덕은 상업적 이익에 사로잡혀 우리를 더 편협하고 적대적으로 만드는 뉴스 기사를 쏟아내는 집단에 쉽게 악용된다. 하지만 뉴스 매체가 민주적 과정의 기둥으로서 사회 문제의 건전성과 관리에 관련된 정보를 공유하는 데 존재 목적이 있다면, 어떤 사건의 뉴스 가치는 그 사건이 좋은 방향으로든 나쁜 방향으로든 대규모 복합 사회의 기능에 어떤 영향을 미치는지가 결정한다. 이때 우리는 도덕적 직관에 훨씬 더 세밀하고 미묘하게 호소하며, 복잡한 대안들이 공공정책에 미치는 영향을 고려해서 상충되는 충동들을 평가할 수 있게 된다. 더 간단히 말하면, 뉴스는 적어도 상당히 오랫동안 갱신된다는 점이 문제다.

이런 과정이 시장에서 주도될 가능성은 낮다. 언론의 궁극적인 목표는 뉴스를 판매하고 이익을 내는 것이기 때문이다. 뉴스 발행에서 이익 추구라는 보편성을 타개하려면, 공공 서비스 방송을 되살리고 개혁하는 것도 한 방법이다. 이 접근 방식의 주된 장점은 뉴스와 시사 프로그램이 납세자의 지원을 받기 때문에 상업적 이익을 추구하는 조직이나 광고주의 요구사항으로부터 비교적 독립할 수 있다는 것이다. 하지만 공공 방송이 이런 독립성의 장점을 누리려면 시청률보다 뉴스 가치를 더 우선시하는 방식으로 운영되어야 한다.

뉴스 가치를 판정하는 기준에는 다음과 같은 요소가 포함될 수 있다. 첫째, 해당 뉴스가 공공의 관심사가 되기에 충분한 정도의 문제를 지적하고 있는가? 이 기준에 따르면, 출처가 불분명한 '개가 사람을 물다'라는 사건은 개의 공격이 통제 불능 상태로 급증하고 있다는 새로운 통계적 증거보다 뉴스 가치가 낮을 것이다. 극히 드물어 결국에는 문제가 아니라고 밝혀지는 사건에서 비롯되는 두려움에 의해 공공정책이 수립되는 경우가 비일비재하다. 법조계에는 '어려운 사건이 나쁜 법을 만든다'(즉, 극단적인 사례는 일반적인 법의 근거로 부적합하다)라는 격언이 있다.

둘째, 해당 사건이 중요한 파문을 일으킬 가능성이 있는가? 예컨대 사회적으로나 지정학적으로 어떤 부분에 지속적으로 폭넓은 영향을 미칠 가능성이 있는가, 그렇다면 어떻게 영향을 미칠까? 이런 영향을 주요 기준으로 삼는다면, 뉴스는 의제를 단편적으로 전달하는 공정에서 벗어나, 변화하는 정치적 풍경이나 경제적 상황에 대해 일관되게 전개하는 서술로 탈바꿈될 것이다.

셋째, 확인된 문제가 해결될 수 있는 것인가, 그렇다면 어떻게 해야 하는가? 뉴스를 해결책에 초점을 맞추면 공개 토론의 질이 높아질 것이다. 특히 개별적인 위반 행위와 처벌 과정보다, 구조적 문제와 실질적인 해결책을 우선시하면 더더욱 그럴 것이다. 한 국가, 혹은 비슷한 생각을 가진 국가들의 연합이 원칙에 입각해서, 정말 가치가 있는 뉴스를 제공하는 데 앞장서고, 이 방법이 개념 증명proof of concept 역할을 해낼 수 있다면, 세계 전역에서 많은 정부가 법제화된 의무로서 이 방법을 차용해 수정하고 발전시켜 시민들에게 진정으로 가치 있는 뉴스를 제공할 수 있을 것이다. 어떤 사건이 뉴스로서 가치 있다고 판정 받기 위해서는 이런 기준 중 하나라도 충족하면 충분할 것이다.

뉴스 가치가 있는 뉴스를 전달받아, 올바른 정보로 무장한 세계 시민이 형성되더라도 현재 '뉴스'라 일컬어지는 것이 결코 대체되지는 않을 것이다. 상업적 미디어는 자극적인 소문과 분열을 초래하는 이야기를 널리 퍼뜨리며 광고 공간을 판매할 기회를 여전히 충분히 가질 것이기 때문이다. 그러나 시민들은 올바른 정보를 제공받을 때 그 모든 것이 실제로는 별것이 아니라는 사실을 점차 깨달을 수 있다. 교육 수준이 높을수록 텔레비전 뉴스 방송을 시청하는 시간이 줄어든다는 증거도 이미 적잖게 있지 않은가.[29] 우리가 진정으로 뉴스 가치가 있는 사건에 대해 더 많이 알게 될수록, 현재 우리 미디어를 지배하는 유형의 뉴스에 대한 관심은 줄어들 가능성이 크다. 적어도 시민으로서 더 신중하게 생각하고 행동하는 데 뉴스의 영향을 받을 가능성은 줄어들 것이다.

## 두려움을 이용하는 소셜 미디어

인간 협력은 제3자의 처벌에 영향을 받는다. 즉 자신이 아닌 다른 사람에게 가해진 범죄를 제재하는 행위에 의해 결정된다.[30] 굳이 말할 필요도 없겠지만 우리는 비도덕적으로 행동하는 사람들(예: 물건을 공정하게 나누지 않는 사람들)이 제3자에게 처벌받고, 도덕적인 행동이 보상받기를 기대한다는 강력한 증거가 있다.[31] 이 원칙은 수렵채집사회에서 위험한 사이코패스를 집단으로 처형하던 가장 단순한 형태부터 현대 법정에서 진행되는 가장 복잡한 재판에 이르기까지 모든 형사사법제도의 근간을 이룬다.[32]

이런 행동은 일반적으로 '이타적 처벌altruistic punishment'이라 일컬어진다. 이 맥락에서 '이타주의altruism'라는 표현은 처벌자에게 발생하는 비용이 이익으로 상쇄되지 않는다는 점을 뜻하기 위해 사용된다. 다시 말하면, 처벌 행위는 보복 행위가 아니라, 정의를 바로 세우고 모두를 보호할 목적에서 수행되는 공익적 행위다. 물론 처벌자는 실질적인 보상을 받지 않기 때문에, 그를 이타적이라고 표현하는 데는 다소 오해의 소지가 있을 수 있다. 예컨대 범법자가 응당한 벌을 받는 것을 목격할 때 우리 뇌의 보상 구조가 활성화된다.[33] 처벌과 관련된 신경 구조는 무척 발달되어 있다. 뇌 사진에서 확인

되듯이, 다양한 유형의 범죄에 대한 처벌의 강도를 판단하는 데 전전두엽 피질이 특별히 관여한다.[34]

나는 동료들과 함께 비슷한 기법을 사용해 경쟁 관계에 있는 축구팀을 응원하는 팬들의 응징 여부를 결정하려는 사람들을 측정한 결과에서, 융합 수준이 동일한 뇌 영역에 영향을 미친다는 점을 알아냈다.[35] 물론 처벌자들은 정의를 집행한 대가로 물질적 이득을 얻을 수도 있다. 경찰, 변호사, 판사, 교도관, 사형 집행인이 받는 급여가 명확한 증거일 수 있다. 그러나 처벌의 대가로 실질적인 보수를 받지 않는 경우에도 우리는 긍정적인 피드백이라는 평판을 통해 그에 따른 이익을 얻는다. 전통적이든 현대적이든 모든 인간 사회에서는 불한당, 거짓말쟁이, 사기꾼, 도둑에 맞서는 사람을 칭찬하고 존경한다. 그 이유가 무엇일까? 그런 행위에는 위험이 따르므로, 그렇게 행동하려면 용기가 필요하다는 사실을 우리 모두가 알고 있기 때문이다.

이제는 소셜 미디어 플랫폼들이 전례 없는 방식으로 이런 위험을 줄이고 있지만, 그럼에도 불구하고 평판 이익reputational benefit이 실질적으로 무료로 부여된다는 점이 문제다. 제3자 처벌의 비용과 이익이라는 관점에서 이 문제를 생각해본 적이 없는 사람이더라도, 소셜 미디어에서 상당한 시간을 보내는 사람에게는 내가 지금 언급하는 현상이 낯설지 않을 것이다. 2012년 마크 저커버그는 우리가 소셜 미디어를 통해 정보를 공유하고 소비하는 능력에서, 더 구체적으로 말하면 우리가 좋아하는 뉴스와 댓글을 지지하고 확산시키는 능력, 혹은 '싫어요'를 클릭하며 평판을 해치는 정보를 즉시 리트윗

하는 능력에서 맞이한 '티핑 포인트tipping point'를 발표했다. 그 이후로, 우리가 공개적인 보복이 활개를 치는 시대에 갑자기 살고 있다는 사실을 다룬 글들이 쏟아져 나왔다.

소셜 미디어로 인해 사람들이 서로 망신을 주고 조롱하며, 비난하기가 놀라울 정도로 쉬운 환경이 만들어졌다. 트위터(현 X)에서 리트윗 버튼을 고안해낸 크리스 웨더얼Chris Wetherell은 언젠가 리트윗 버튼을 '4세 아이에게 건넨 장전된 총'에 비교하기도 했다.[36] 인류학적 관점에서 보면, 리트윗 버튼은 이기적인 이유(혹은 개인적인 찬사)로 사용되는 제3자 처벌(이 경우에는 공개적인 망신주기)이라는 오래된 쟁점이다. 이런 식의 의견 표시가 진화되어 집단 내의 협력을 용이하게 해주었지만, 소셜 미디어에서의 이런 행동은 사회적으로 긍정적이지 않은 결과를 초래할 수 있다. 소셜 미디어가 사회에 미치는 악영향은 복합적이다.[37] 그러나 이 영향에서는 자본주의하에서 미디어가 변한 결과에서 비롯된 주된 딜레마가 읽힌다. 또한 이런 현상은 우리가 범법자를 처벌하려는 본능과 공개적으로 망신을 주려는 행위에서 협력이 강화되기는커녕 사회가 양극화되는 여러 방향과도 관계가 있다.

새로운 시대에 소셜 미디어로 인해 초래된 공개적인 망신주기가 파괴적인 이유 중 하나는, 공개적인 망신주기가 우리 내면에 깊이 내재한 직관, 즉 전염에 대한 두려움에 의존하기 때문이다. 나쁜 무리와 어울리는 일이 위험한 이유는, 범법자들을 같은 부류로 평가하는 경향이 전염에 대한 우리의 인식에 깊이 뿌리내려 있기 때문이다. 2장에서 설명했듯이, 야생 종교는 물리적 대상과 심신 이원론 및 사후 세계에 대한 범인류적인 직관만이 아니라, 전염에 대한 다양한 본질적인 믿음과 두려움에도 뿌리를 두고 있다. 온라인의 공유 메커니즘은 '도덕'의 전염에 대한 두려움을 이용한다.

어떤 태도가 온라인에서 유행하는가에 대한 우리 인식에 근거해서 어떤 의견이 폭넓게 금기시된 듯하면, 우리는 그 의견을 옹호하는 사람들, 더 나아가 그들을 공개적으로 지지하고 연대하는 사람들과도 자연스레 관계를 끊게 될 수 있다. 이런 도덕적 전염에 대한 두려움은 심리학적으로 우리가 살인자의 옷을 입는 것을 꺼리는 이유와 같다. 살인자의 옷에 배인 도덕적 얼룩이 우리 몸에 옮겨올 수 있다고 생각하기 때문이다. 소셜 미디어에서는 우리가 버튼을 한 번만 클릭해 입장을 결정할 수 있는 만큼 유용하게 논의될 수 있는 의견들이 토론할 만한 대상에서 성급히 배제되기보다 아예 기계적으로 금기시되는 경향을 띤다.

가령 어떤 행동(예컨대 포르노그래피의 사용)을 금기시하는 집단에 당신이 속해 있고, 그 집단에서 누군가가 포르노를 시청하며 그런 잘못을 저지른 것이 밝혀졌다고 해보자. 이때 그 위반자에게 무척 강한 충성심을 느끼지 않는다면 당신은 그 사람과 서둘러 거리를 둘 것이다. 또는 그 집단에서 포르노그래피가 금지된 이유가 당신이 그로부터 거리를 두려는 욕구에 크게 영향을 미치지 않을 수 있다. 또 포르노그래피가 착취적이고 강압적이며, 모멸적이고 중독적이라는 이유에서, 혹은 당신 자신이 성관계를 경원시하거나 종교적으로 신실하기 때문에 포르노그래피를 마뜩잖게 생각할 수도 있다. 한편 포르노그래피를 합법적인 산업으로 생각하거나, 당신도 포르노그래프를 은밀히 즐기기 때문에 위반자를 사적으로 동정할 수도 있다.

그러나 이 모든 경우에서 외적으로는 범법자와 거리를 두며 동일하게 행동할 수 있다. 소셜 미디어는 정확히 이 논리에 부합한다. 다수의 편에 서는 것이 훨씬 더 편하고, 반대편을 고수하면 고생한다. 스웨덴에서 페이스북 사용자를 대상으로 실시한 한 연구에 따르면, 익명 사용자가 게시한 글이 오직 한 명에게 지지를 받은 경우보다 세 명에게 지지를 받은 경우, 그 이후로 '좋아요'로 지지를 받을 가능성이 두 배 이상 높았다.[38] 이 연구를 진행한 학자들은 그런 행동이 순응주의를 통해 평판 이익(존경, 인기, 상호 존중)을 얻으려는 욕망에서 비롯된다는 결론을 내렸다. 이런 순응적 신호가 누적되면 '모두'가 믿는다는 증거가 되며, 우리 모두에게 도덕적 쟁점에 대해 합의가 이루어졌다는 피상적인 인상을 주며 반대 의견을 더욱더 억제한다.

소셜 미디어의 심판적 문화가 도덕적 기준에 따라 의견이 크게 갈라지는 쟁점과 충돌할 때 이런 현상은 우리의 공개적 대화에 심각한 문제를 제기한다. 우리가 도덕의 '전염'을 두려워하는 경향은 새삼스럽지 않다. 오래전부터 우리 인간은 자신이 혐오하는 정치적 의견을 가진 사람들을 멀리하거나 망신을 주었다. 따라서 현재의 상황을 인터넷이나 리트윗 버튼의 탓으로 돌릴 수 없다. 그러나 우리가 편드는 규모가 달라졌고, 그로 인해 그 현상이 우리의 공동 대화에 미칠 수 있는 영향도 크게 달라졌다.

폴란드의 경우를 예로 들어보자. 2020년 10월 폴란드의 헌법재판소는 태아가 기형인 경우에도 낙태를 금지해야 한다는 판결을 내렸다. 이 때문에 폴란드에서는 베를린 장벽 붕괴 이후로 전례가 없던 규모의 전국적인 시위가 벌어졌다. 시위가 있은 직후, 나는 폴란드에서 동료들과 함께 도덕적 직관이 토론의 찬반 양측에게 어떤 영향을 미치는지 조사하는 심층 질문을 설계해 500명 이상의 폴란드 시민을 표본으로 삼아 설문조사를 실시했다.[39] 우리는 일곱 가지 기본적인 도덕 규칙이 낙태를 찬성하거나 반대하는 사람들의 생각에 어떻게 영향을 미치는지를 집중적으로 조사했다. 2장에서 말했듯이, 우리 연구팀은 세계 전역에서 모든 사회가 도덕적으로 선하다고 여기는 일곱 가지 협력 형태(친족을 도우라, 소속 집단에 충성하라, 호의에 보답하라, 용감하라, 윗사람을 존중하라, 물건을 공정하게 나누라, 타인의 재산을 존중하라)를 이미 찾아낸 적이 있었다.[40] 이번에는 소셜 미디어 플랫폼이 이런 보편적인 직관을 어떻게 이용하는지, 더 나아가 역설적이게도 이런 직관을 이용해 논쟁을 어떻게 더욱더 양극화하는지도 연구하기 시작했다.

우리가 찾아낸 결과는 놀라웠다. 모두가 동일한 도덕적 직관을 공유하더라도 그 직관이 낙태 문제에 적용되는 방식은 극명하게 대조적이었다. 폴란드의 낙태 반대론자들은 권위에 대한 존중, 친족에 대한 배려, 용기 등을 우선시하는 경향이 뚜렷했다. 따라서 그들은 낙태를 지지하는 사람들이 종교의 가르침을 존중하지 않고, 이기적이고 개인주의적인 목표를 우선시하며 가족의 가치를 등한시하고, 특히 선천적 장애를 가진 아이를 키우는 데 따른 어려움과 책임에 과감하고 용감하게 맞서지 않고 회피하는 비겁한 모습을 보여준다는 점을 강조하는 뉴스 기사들에 분명 감동받았을 것이다. 반면에 낙태를 찬성하는 사람들은 반대 진영보다 집단에의 충성을 더 중요하게 여겼다. 따라서 그들은 자매애나 진보적 이데올로기 공동체의 단결을 역설하는 뉴스 기사에 감동받을 가능성이 더 높았다. 이 연구 결과에 확인되듯이, 우리 모두가 똑같은 기본적인 직관을 공유하더라도 도덕성에 대한 의견에는 차이가 있다는 점은 부인할 수 없는 사실이다.

여기에 소셜 미디어의 문제가 있다. 폭넓은 의견 일치와 진정한 도덕적 차이가 공존한다는 것은, 우리의 도덕적 직관이 쉽게 악용될 수 있다는 뜻이다. 어떤 웹사이트가 이런 도덕적 성향의 차이를 반향실에 격리할 수 있다면, 그 차이가 엄청난 파급 효과를 일으키며 정치적 분열이 더욱 심화되고, 대립하는 진영 간의 간극도 넓어질 것이다. 당시 폴란드에서 일어난 현상이 정확히 그랬다. 펜실베이니아대학교 연구진은 폴란드 트위터에서 약 100만 개의 트윗을 분석해, 양측의 인플루언서들이 서로 상대의 견해와 우려를 비판할 뿐 분열을 넘어 소통하는 경우가 거의 없었다는 점을 밝혀냈다.[41] 과거에는 어떤 형태로든 합의로 이어지는 토론이 있었을 법한 부분에서도 소셜 미디어가 조성하는 환경은 기존의 분열을 확고히 하는 데 기여할 뿐이었다.

어떻게 해야 할까? 7장에서 간략히 언급했듯이, 상충되는 관점들을 지지하는 사람들이 합심해서 함께 일하며 대체로 합의되고 정확한 정보에 입각한 정책을 끌어내는 데 효과적인 방법은 시민 의회를 설립하는 것일 수 있다. 아일랜드에서는 낙태 문제로 오랫동안

정치적 교착 상태가 지속되자, 99명으로 구성된 시민 의회가 공들여 제시한 일련의 권고안을 근거로, 아일랜드 국민 전체가 국민투표를 통해 해결책을 결정할 수 있었고, 낙태를 실질적으로 금지하는 법안을 폐지하는 성과를 거두었다.

그 과정을 통해, 전에는 해결할 수 없을 것처럼 보였던 문제에서 그처럼 명확한 합의를 이끌어낼 수 있었던 몇 가지 이유를 찾아볼 수 있다.[42] 그중 하나는 시민 의회가 심의를 통해 권력을 얻을 기회가 거의 없는 시민들로 구성되었다는 점이다. 그들은 일반 시민 중에서 선발되어 그들을 대표하지만 비슷한 분야에서 다시 종사할 가능성이나 욕심이 전혀 없었다. 전문가들의 의견을 광범위하게 수용함으로써 연구 결과와 그에 함축된 의미를 신중하고 체계적으로 선별하고 토론할 수 있었다는 것도 시민 의회가 성공한 핵심 요인이었다. 하지만 개방성과 존중, 협력 관계 등 엄격하게 시행된 원칙에 따라 토론이 진행되었다는 점도 빼놓을 수 없는 성공 요인이었다.

토론과 의사결정의 이런 바람직한 특징들이 시민 의회에서는 가능하지만 소셜 미디어에서는 구현되기 어려운 이유가 무엇일까? 시민 의회에서는 제3자 처벌의 비용이 실재하고, 비판하고 반대하는 사람을 직접 대면해야 하기 때문이다. 따라서 특정한 견해를 옹호하려면 진정한 용기가 필요하다. 자신의 논리에 잠재된 약점이 드러나고, 그 결과로 지지자들로부터 응원을 받지 못할 위험이 있기 때문이다. 따라서 대화에 참여하는 사람들은 개인적인 논증의 질을 높이고, 무분별한 수사적 표현을 피함으로써 '실력을 향상해야 한다'. 상충되는 관점을 따르는 사람이라도 마음에 들지 않은 의견이나 사람을 쉽게 묵살하거나 '싫어하고', 배제할 수 없다. 그 결과, 밀접한 관계가 있는 관점들이 교차하는 부분을 통합하며 합의가 상대적으로 온건한 관점을 중심으로 이루어지는 경향을 띤다. 이 과정에서 근원적인 도덕적 직관이 중첩되는 지점이 자연스레 찾아지고, 그 지점은 분열보다 함께하는 협력의 기초로 사용된다.

하지만 역사에서 증명되듯이, 대규모 집단행동 문제는 개인이나 소규모 집단만으로는 좀처럼 해결되지 않는다. 시민 의회가 소셜 미디어의 파괴적인 영향을 막는 데 잠재적으로 중요한 역할을 하더라도, 위에서부터 부과되는 효과적인 통치 메커니즘도 필요하다. 소셜 네트워크는 규모가 큰 경우에 효과적으로 자체 규제가 되지 않기 때문이다. 이런 한계는 소셜 미디어 플랫폼에도 적용된다. 일찍이 2011년, 리트윗 버튼을 없애자는 주장이 제기되기도 했다. 당시 사용자들이 우려한 것은, 적대적인 국가들이 분열을 조장하거나 온라인의 불한당들이 취약한 사람들을 부당하게 괴롭힐 가능성이 아니라, 공적 토론의 질이 눈에 띄게 저하되는 것이었다.[43] 하지만 트위터는 리트윗 버튼을 유지하기로 결정했고, 포퓰리즘과 양극화 확산에 기여한다는 광범위한 비난이 제기된 뒤에도 오랫동안 계속 유지했다.

온라인 활동은 유형이 다양해서 그에 대한 규제의 필요성 정도도 크게 다르다. 취미 사이트처럼 위험도가 낮은 공론장에는 최소한의 규제로도 충분하겠지만, 선거 결과에 영향을 미치거나 정치적 극단주의를 조장하는 공론장에는 분명한 규제가 필요하다. 논란의 여지가 있겠지만, 문제는 규제가 필요한가가 아니라, 규제가 어느 정도까지 필요하고, 규제 모형을 어디에서 찾아, 어떤 모형을 어떻게 실행할지를 결정하는 것이다. 첫 단계는 모든 플랫폼을 설계할 때 메시지가 더 큰 집단으로 전달되는 횟수를 제한하는 것처럼 간단할 수 있다. 왓츠앱WhatsApp은 때때로 이런 정책을 도입해왔고, 이 정책은 적어도 가짜 뉴스의 확산을 늦추는 데 효과적으로 보인다.[44]

세계사에서 줄곧 확인되듯이, 협력의 규모를 확대하기 위해서는 점점 더 복잡하고 정교한 통치 체제가 필요했다. 이 과정에는 수천 년이 걸렸으며, 성공적인 전략을 채택한 집단이 그렇지 않은 집단을 점차 압도했다. 그러나 이제는 과학기술이 엄청난 속도로 발전하고 있기 때문에, 시행착오를 겪으며 해로운 혁신을 걸러낼 여유가 없다. 그 어느 때보다 긴급히 우리에게 필요한 것은 연구에 근거해 제안되는 정책과 규제 기관 사이의 훨씬 더 견고한 연결 고리를 활용하는 통치 시스템이다. 다시 말하면, 가장 중요한 정책 결정권을 기득권 집단에서 빼앗아, 지식을 생산하는 신뢰할 수 있는 기관, 예컨대 잘 운영되는 대학이나 공영 방송국과 협력해 일하는 시민들에게 돌려줘야 한다는 뜻이다.

권위주의적인 신정神政 정부가 철권으로 지배하는 국가를 보면, 조직화된 종교는 낡은 법 원리, 사회학적이고 생물학적인 성에 대한 고루한 규범, 과학이 이미 오래전에 뒤집은 인간 기원에 대한 이론에 뿌리를 두어 시대에 뒤처졌다고 여겨진다. 그러나 2장과 5장에서 주장했듯이 종교가 앞으로도 여전히 우리 삶의 일부가 된다면, 인간 본성에서 종교성을 이용하고 규제하는 방법을 반드시 찾아야 한다. 인류의 역사에서 거의 언제나, 조직화된 종교는 사회 전반에서 도덕을 우선시하는 우리의 노력을 제도적으로나 이념적으로 지원했다. 유럽에서는 계몽주의 시대에 종교와 국가가 분리되며, 야생의 종교성을 억누르는 책임이 정부의 역할이 아닌 종교 기관과 개인의 사적인 문제가 되었다. 이런 변화가 이슬람 국가와 공산주의 체제에서는 완전히 맞아떨어지지는 않는다. 그러나 이제는 세계 대부분의 지역이 적어도 이론적으로는 의회 민주주의 원칙에 따라 조직되어, 특정한 종교 당국의 지시에 구속되지 않기 때문에, 우리 본성에 잠재된 종교적 성향과 감성의 규제에서 빈 공간이 남겨졌다. 그 공간을 광고업체, 미디어 그룹, 소셜 미디어 플랫폼이 파고들어 차지했다.

나는 현대 세계에서 야생 종교를 관리하는 방식의 이런 추세는 소비자와 시민 및 사회에게 대체로 나쁜 소식이었다고 주장해왔다. 과거에 조직화된 종교는 오랜 신학적 논쟁의 역사를 통해 사회의 도덕적 관심사를 형성하고 다듬으며, 사회의 변하는 요구에 지속적으로 적응했다. 그러나 오늘날에는 우리의 도덕적 감수성이 그저 물건을 파는 데 악용되고, 첨단 과학기술 플랫폼이 새로운 성전이 되어 숭배자들을 끌어들인다. 하지만 내가 줄곧 주장했듯이, 우리의 종교적이고 도덕적 성향과 감성은 상업적 이익 단체보다 시민 사회가 더 잘 관리할 것이다. 풀뿌리 민주주의와 상의하달식 규제를 결합하면, 그 관리가 가장 효과적으로 이루어지지 않을까 싶다.

이렇게 할 때, 우리 본성에 내재한 종교성은 대규모 협력을 위해 세속적 기관에 의해 관리될 수 있으며, 점점 더 부유해지는 엘리트 집단의 주머니를 채우는 데만 악용되지 않을 것이다. 이런 규제가 더 공정하고 더 포용적인 방향으로 도입되기를 바란다면, 우리는 광고와 미디어 및 첨단 과학기술 플랫폼의 파괴적인 영향에 더 직접적으로 단호히 맞서야 한다. 다음 장에서는 현대 세계에서 급속히 위기점crisis point을 향해 치닫고 있는 또 다른 일련의 문제들, 즉 부족주의와 전쟁과 배척이라는 문제에도 우리가 고심할 필요가 있다는 점을 입증해보려 한다.

# 9

# 결집하거나 증오하거나, 부족주의의 두 얼굴

1994년 7월 31일, 나는 쇼핑백을 잔뜩 든 채 벨파스트의 오르모 로드를 따라 집으로 돌아가고 있었다. 조금 전 슈퍼마켓 계산대에서 목격한 사건에 충격을 받아 마음이 편하지 않았다. 줄을 서서 기다리던 한 젊은 어머니가 칭얼대는 아기를 반복해 때리는 모습을 보았기 때문이었다. 그 작은 폭력 행위는 그 아이의 집에서는 평범한 사건일 수 있었지만, 내 머릿속을 좀처럼 떠나지 않았다. 그들에게 끼어들어 아이의 짜증에 대응하는 다른 방법을 제안하려는 충동에, 내 머릿속에서 이런저런 시나리오가 주마등처럼 지나갔다. 하지만 어떤 방법을 쓰더라도 결국에는 나쁘게 끝날 것임을 나는 알았다.

그때 조금 떨어진 곳에서 일련의 총소리가 들렸고, 나는 그 생각에서 깨어났다. 인도에 두 남자가 피투성이가 되어 누워 있었다. 그들은 널리 알려진 왕당파 준군사조직 지도자, 조 브래티Joe Bratty와 레이먼드 엘더Raymond Elder였다. 그날 이후로 며칠, 아니 몇 주 동안, 두 건의 폭력 사건(아기에게 가해진 구타와 두 남자에 행해진 살인 테러)은 내 머릿속에서 하나로 연결되어, 서로 감정적으로 영향을 미쳤다. 마치 두 사건이 동일한 사건의 여러 단면, 예컨대 뭔지는 모르지만 어떤 공통된 원인의 결과처럼 여겨졌다.

이제부터 그 공통된 원인을 찾아 나서보자. 테러와 전쟁부터 암흑가의 살인 사건이나 축구 팬의 폭력 행위까지, 현대 세계에서 관찰되는 폭력의 대부분은 유구한 역사를 지닌 내집단 사랑, 외집단 증오, 물리력의 사용이나 위협을 용인하는 규범이라는 세 가지 힘이 결합된 결과다. 이 세 요소의 결합이 그처럼 불안한 이유를 이해하는 것이 그 파괴적인 영향을 예방하는 데 필요한 첫걸음이다.

브래티와 엘더는 아일랜드 공화국군Irish Republican Army, IRA의 대원들에게 총격을 받았다. IRA는 주로 프로테스탄트가 거주하는 북부와 주로 가톨릭교도가 거주하는 남부가 하나가 되는 통일 아일랜드를 꿈꾸며 수세대 전부터 투쟁하던 무장 테러 단체였다. 그러나 1994년 여름쯤 변화의 바람이 마침내 불기 시작했고, 양측은 휴전을 앞두게 되었다(이 휴전이 결국 북아일랜드에서 역사적인 평화 협정으로 이어졌다). 브래티와 엘더가 살해되는 사건이 일어나기 수주 전까지도 왕당파 연합군 사령부Combined Loyalist Military Command(통일 아일랜드를 반대하는 여러 준군사조직들을 대표한 상부 조직)는 전투를 중단하라고 명령할 것처럼 보였다. 따라서 어떤 형태로든 평화 협상이 시작되기 전에 IRA가 해묵은 원한을 청산하기 위해 몇몇 왕당파 표적을 살해했다고 주장한 사람들이 있었다. 하지만 브래티와 엘더 같은 폭력적 극단주의자들이 지도자 위치를 계속 차지한다면 장기적인 평화는 불가능하다는 논리에 근거해, 그 살인 테러가 전술적이었고 미래를 내다본 행동이었다고 생각한 사람들도 있었다.

3장과 6장에서 나는 내집단이 위협을 받으면 정체성 융합이 싸우다 죽겠다는 의지를 복돋울 수 있다고 주장했다. 무장한 왕당파나 왕립 얼스터 경찰대Royal Ulster Constabulary, RUC에게 보복을 당할 위험이 무척 컸는데도 불구하고, IRA가 오르모 로드에서 살인 테러를 저지른 이유가 여기에서 설명되는 듯하다. IRA 대원들은 테러를 벌인 후 차량을 버리고, 몸을 숨길 곳을 찾아 달아날 때 지역민들에게 도움을 받았다. 지역민들이 RUC로부터 그들을 효과적으로 숨겨준 덕분에 탈출에 성공할 수 있었다. 많은 지역민이 정체성 융합을 이루고 있었다는 증거일 수 있다.

하지만 나는 북아일랜드에서 오래 거주하면서, 민족주의자와 왕당파 사이의 전쟁에서 기꺼이 싸우다 죽겠다는 동기가 증오만이 아니라 사랑, 특히 가족과 공동체에 대한 사랑에 뿌리를 두고 있다는 의심이 더 커졌다. 반목과 폭력의 역사로 가득하던 북아일랜드의 얼스터와 파푸아뉴니기에서 벌어진 '부족' 간의 전쟁이 무척 유사하다는 사실에 나는 놀라지 않을 수 없었다. 공격과 반격의 규모가 유사했을 뿐 아니라, 양측이 상대의 이름과 평판을 대체로 알고 있었다. 게다가 북아일랜드의 여러 준군사조직 지도자들은 파푸아뉴기니 고원 지역의 이른바 '빅맨'들을 떠올리게 했다.

또 양쪽은 전쟁터에서 싸우는 데 그치지 않고, 고도로 의례화된 다툼(파푸아뉴기니에서는 멜라네시아 축제, 얼스터에서는 오렌지단Orange Order의 행진)을 벌였다는 점에서도 유사했다. 무엇보다, 이런 형태로 드러난 집단 간의 적대감과 폭력은 역사에 깊은 뿌리를 두고 있었다. 뉴기니에서나 북아일랜드에서 사회적 기억을 거슬러 올라가면,

분쟁에 휩싸인 지역의 집단들은 공유된 고통에 대한 본능적인 감정, 집단에 대한 강렬한 충성심, 그로 인해 필연적으로 야기되는 복수심에 근거해 보복적 폭력, 습격, 게릴라식 전쟁으로 분쟁을 해결해왔다.

당시 나에게는 이 현상을 자세히 설명할 만한 지식이 없었다. 그러나 지금 되돌아보면, 내가 훗날 세계 곳곳에서 거의 언제나 훨씬 더 큰 규모로 벌어지는 많은 다른 분쟁을 보고 연구하게 될 현상을 그대로 목격했던 것 같다. 정체성 융합은 원래 작은 집단에서 회복과 협력을 지원하기 위해 진화한 힘이지만, 이제는 주로 미디어의 보도가 활성화된 덕분에 인류 역사상 그 어느 때보다 훨씬 더 큰 집단들을 하나로 묶어주고 있다. 요즘 뉴스 보도는 경험을 공유하는 느낌을 초국가적 공동체와 세계 종교의 차원까지 어렵지 않게 확산할 수 있다. 최근까지도 개인적인 변화를 겪을 만큼 강렬한 경험의 공유는 국가가 주도한 행사나 대규모 학살과 침략 같은 사건을 직접 현장에서 경험한 경우로 한정되었다. 그러나 통신 수단과 미디어 보도가 한층 정교한 형태로 발전함에 따라, 강렬한 경험은 거의 즉시 간접적으로 공유될 수 있어, 뉴스 화면부터 소셜 미디어 동영상에 이르기까지 모든 곳에서 시각적으로 볼 수 있다. 훨씬 더 큰 인구 집단 내에서 경험의 공유와 융합의 확장이 가능한 근본적으로 새로운 메커니즘이 생겨난 덕분이다.

그 결과로 군사 행동을 지지하는 세력이 광범위한 지역에서 매우 빠르게 형성될 수 있으며, 어떤 경우에는 정부군만이 아니라 비정부 무장 집단까지 폭력적 형태를 띠는 집단 간의 갈등에 휘말리게 된다. 이런 형태의 갈등은 이제 어느 쪽도 승리할 수 없는 경쟁이다. 6장에서 보았듯이, 강경한 정책을 지지하도록 국민을 결집하는 능력은 한때 저주이자 축복이었다. 과거에 폭력적 갈등은 끔찍한 공포감을 주었지만 사회의 복잡성을 증대시키는 주된 메커니즘으로 기능했다. 그러나 오늘날에는 전혀 그렇지 않다. 오늘날 무기의 파괴력이 점점 커진다는 것은, 부족 본능에 사로잡혀 전쟁을 벌이면 인류를 자멸의 길로 몰아갈 수밖에 없다는 뜻이다.

이렇게 최근에 확장된 형태의 부족주의에서 제기되는 문제는 우리가 적과 싸우는 방식에서만이 아니라, 집단 내에서 처벌하는 방법에서도 나타난다. 인류의 역사에서, 인구의 다수를 감금해 폭력을 예방하겠다는 발상은 전대미문의 생각이었다. 하지만 지난 두 세기 전부터, 이 생각이 지구상의 모든 국가에서 표준 관행이 되었다. 오늘날 대부분의 자유민주주의 국가에서 '부족'의 많은 영역을 감금하고 배제하며, 그들에게 외집단 구성원이라는 낙인을 찍어 사회로의 복귀를 방해한다. 그에 따른 사회적 비용은 극심하고 이익은 불분명함에도 불구하고 말이다. 이렇게 처벌의 사회적 기능을 방해하는 것은 외집단에 대해 온갖 형태로 나타나는 혐오를 조장하는 부족주의와 다르지 않다. 그러나 범법자에 대해 낙인찍기는 (적어도 반드시 명시적이거나 노골적이지는 않지만) 소속과 계급, 인종에 근거해서만이 아니라 도덕적인 이유로도 정당화된다.

이 장에서 나는 이런 기능장애를 해결할 대책으로 부족주의의 배제가 아니라 오히려 더 충실한 부족주의가 필요하다고 주장할 것이다. 우리가 조상으로부터 물려받은 융합과 동일시라는 메커니즘으로 인해 우리가 전쟁이나 집단 간의 갈등에 내몰릴 수 있다면, 그 메커니즘이 우리를 그 수렁으로부터 들어올려줄 수도 있다는 것이 내 생각이다. 부족주의를 그저 해결해야만 하는 문제로 보고, 억누르거나 제거하려고 하지 말고, 좋은 방향으로나 나쁜 방향으로 사용할 수 있는 자원으로 생각하는 편이 더 합리적이다. 부족주의는 우리에게 다수의 시민을 배제하도록 유도할 수 있지만, 거꾸로 그들을 보금자리로 복귀시키는 데도 활용할 수 있다. 부족주의는 전쟁을 격화시킬 수 있지만, 정반대의 결과를 끌어내기 위해, 즉 전쟁을 끝내기 위해 전술적으로 활용될 수도 있다.

슈퍼마켓에서 아기가 어머니에게 맞고, IRA가 브래티와 엘더를 테러한 사건이 있고 수십 년이 지난 뒤, 나는 부족주의를 새롭게 해석할 때 두 폭력 행위 사이의 잃어버린 고리 missing link가 설명된다고 믿었다. 폭력은 부족주의의 불가피한 결과가 아니다. 오히려 부족주의가 잘못된 방향으로 흘러갈 때 폭력이 전략적으로, 심지어 마지못해 사용되는 경우가 많다. 어쩌면 IRA도 국지적인 단발성 공격이 더 큰 규모로 벌어지는 폭력의 악순환을 장기적으로 종식하는 데 도움이 된다고 믿었을지 모른다. 계산대 앞에 줄을 서서 기다리던 어머니도 폭력이 일상화된 세계에서 아기를 성공적으로 사회화하려면 아기를 때려 키우는 것이 낫다고 믿었을 수 있다. 그렇다고 IRA나 어머니가 올바로 분석했다거나 그들의 행동이 정당하다는 뜻은 아니다. 정체성 융합과 내집단의 폭력적 행위가 자동적으로 연결되지는 않는다는 점을 인정하려는 것일 뿐이다.

폭력이 적어도 이론적으로는 분쟁을 해결하는 수단으로 용인될 때는 물론이고, 평화로운 대안이 부족하거나 덜 효과적이라고 판단될 때도 정체성 융합은 폭력을 지향하게 된다. 이 과정을 이해하고, 개입할 방법을 찾아내는 것이 세계 곳곳에서 벌어지는 폭력을 줄이는 첫 번째 단계다.

## 소셜미디어가 키워낸 테러리스트들

북아일랜드를 떠난 지 약 10년 후, 나는 자카르타 한복판의 습한 사무실에서 나시르 아바스Nasir Abbas와 마주 앉아 있었다. 한때 인도네시아 테러 조직 제마 이슬라미야Jemaah Islamiyah의 고위 간부였던 아바스는 아프가니스탄에서 군사 훈련을 받았고, 그 이후에는 필리핀에 지하드(이슬람 성전)를 위한 전사를 키우는 훈련소를 설립하는 데 도움을 주었다. 나는 아바스가 인도네시아 경찰과 최고 수준의 보안 기관의 지원을 받아, 인도네시아 유치장에서 유죄 판결을 받은 테러리스트들과 함께한 작업에 대해 그의 이야기를 직접 들을 기회가 생겼다.

물론 이렇게 의문을 품을 사람도 있을 것이다. 유죄 판결을 받은 테러리스트들이 그와 협력하려는 이유가 무엇일까? 더 나아가, 인도네시아의 법 집행기관과 반테러부서에 협력하려는 이유는 무엇일까? 이런 의문들이 내 머릿속을 계속 맴돌았지만, 나는 만남의 목적에 집중하며, 미디어에서 보도되는 폭력과 불공정이 폭력적 극단주의를 어떻게 부채질하는가를 알아내려 애썼다. 아바스는 페르사

다인도네시아대학교Persada Indonesia University의 동료들과 손잡고, 유죄 판결을 받은 테러리스트들이 처음에 어떻게 극단주의로 치닫게 되었는가를 연구하는 기법을 꾸준히 개발해오던 터였다.

많은 수감자가 그들의 설득을 받아들여, 각자의 삶을 흐르는 강에 비유해 살아온 과정에 대해 털어놓았다. 그 연구에 참여한 수감자들은 자신이 살아온 삶의 과정을 한 장의 종이에 그렸다. 강의 수원지를 태어난 날로 시작해서, 풍경을 따라 천천히 구불구불 흐르는 강줄기의 곳곳에 삶의 중요한 순간들을 기록했다. 그러나 일반적인 강에서 이런 순간들은 마을이나 농가, 논밭이나 황무지였을 수 있지만, 이 강둑의 지점들은 불법 행위, 도덕적 자기 성찰, 폭행과 체포, 감금 등과 관련된 영혼의 어두운 밤을 상징했다.

나는 아바스와 대화하는 동안, 아바스 자체에 대한 궁금증으로 우리 대화 주제에 집중할 수 없었다. 아바스는 상냥하고 똑똑했으며 말투도 부드러웠다. 신을 사랑한다면서도 전쟁을 벌이는 모순에 대해 언급할 때 번뜩이는 위트를 발휘하기도 했다. 나로서는 그가 테러 공격을 계획했다는 사실을 상상하기 어려웠다. 그래서 그의 삶을 관통해 흐르는 강에 대해, 그가 극단주의에 빠지게 된 학창 시절부터 시작해서 텔레비전에서 방영된 동료 무슬림들에 가해진 잔혹한 장면들이 그에게 미친 영향, 아프가니스탄에 가서 군사 훈련을 받기 위해 아버지를 설득한 과정, 휴가 기간을 전선에서 보내며 소형 무기를 다루고 미사일을 조작하는 방법을 배우게 된 과정에 대한 이야기를 듣고 싶었다.

또 필리핀에서는 어떤 일을 했고, 빈 라덴에게 협력하며 정보를 제공하는 조직망에는 어떻게 휘말리게 되었으며, 발리 폭탄 테러를 비롯한 잔혹 행위들에 대해 어떻게 생각하는지도 듣고 싶었다. 또 인도네시아에서 결국 체포되었을 때 무장 경호원들에게 자신을 죽이라고 주먹질과 발길질로 그들을 자극하며 발포하도록 유도했던 용기가 어디에서 왔는지도 묻고 싶었다. 과거에 공개된 인터뷰에서 아바스는 경호원들이 자극을 받으면 발포하도록 훈련받았는데도 자신을 죽이지 않은 이유에 대해 오랫동안 고민했다고 밝힌 적이 있었다. 결국 그 사건이 그의 삶이라는 강에서 중대한 전환점이 되었다. 그는 삶의 방향을 틀어, 지하드 훈련장으로 돌아가지 말고 급진주의를 해체하려는 인도네시아 정부의 노력을 도우라는 신의 뜻이라는 결론을 내렸다.[1]

그 사건은 더없이 큰 전환점이었다. 폭력적 극단주의로 치달은 삶의 행로는 30년 전, 아바스가 십 대였을 때 시작되었다. 그때 아바스는 아프가니스탄에서 동료 무슬림들이 러시아 군대에게 당하는 고통을 생생하게 묘사한 신문 기사들을 읽었고, 그 경험이 결국 그를 테러의 세계로 끌어갈 격랑에 내던진 계기가 되었다. 아바스는 1980년대 초 십 대 소년이던 자신에게 그 신문 기사들이 가한 충격과 영향을 지금도 기억하지만, 이런 현상은 이미 급진주의로 빠져드는 구식대적 경로가 되었다.

뉴스에서 보도된 멀리 떨어진 곳에서 일어난 잔혹한 사건으로 피해를 입은 사람들의 경험을 공유하는 수단으로, 동영상이 문자를 빠르게 대체하고 있었다. 미국의 개인 급진화 개요Profiles of Individual Radicalization in the United States 프로젝트가 시행한 연구에 따르면, 유죄 판결을 받은 수감자 중에서 급진주의로의 여정이 텔레비전 뉴스 보도로 시작된 폭력적 극단주의자 수가 20세기 후반에 급격히 증가했다.[2] 21세기에 들어 소셜 미디어가 등장한 뒤로는 이 문제가 더욱 악화되었다. 2005년과 2010년 사이에는 미국에서 극단화된 사람들의 27퍼센트가 소셜 미디어로부터 영향을 받았지만, 2011년과 2016년 사이에는 73퍼센트로 증가했다.[3]

6장에서 우리는 대규모 집단에서 확장된 융합이 감정적으로 강렬한 경험을 공유하는 경우에서 주로 비롯되며, 그런 공유가 개인적 정체성을 결정하는 데도 절대적으로 필요하다는 점을 보았다. 정체성 융합에 필요한 '이미지화 경로'인 셈이다. 새로운 형태의 미디어가 등장하면서 이 과정이 전례 없는 규모로 가능해졌다. 오늘날 우리는 발칸반도나 중동 같은 지역에서 종교 집단이나 민족 집단에 가해지는 폭력 행위가 온라인이나 텔레비전 화면을 통해 간접적으로 경험되는 세계에 살고 있다. 폭력 장면은 전선에서 활동하는 기자들의 뉴스 보도만이 아니라, 전쟁 지역에서 살아가는 보통 사람들이 스마트폰과 비디오 카메라로 촬영해 소셜 미디어에 올린 영상을 통해서도 전 세계에 알려진다. 이런 변화를 보여준 대표적인 사례가, 아랍의 봄 기간에 일어난 사건들이 동남아시아에서 수백만 명에 의해 공유되고, 모바일 기기와 텔레비전을 통해 공유된 고통을 중심으로 세계 전역의 무슬림을 하나로 묶어준 방법이다.

우리가 인도네시아 사례를 조사한 결과에 따르면, 이런 경험의 간접 공유도 대규모 집단의 결속에 깊은 영향을 미칠 수 있다. 나와 동료들은 이 주제에 대한 초기 연구 중 하나에서 자카르타의 무슬림 1320명을 대상으로 자료를 수집해, 인도네시아 무슬림들이 간접적으로 공유한 경험이 어떻게 융합의 확장으로 이어질 수 있었는지를 추적했다.[4] 특히, 온건하고 평화로운 집단에서부터 강경하고 호전적인 집단까지 다양한 범위의 종교 집단에서 그 과정이 어떻게 진행되었는지를 비교하고 싶었다. 이 목적에 맞추어 우리는 세 인구 집단을 대상으로 자료를 수집했다.

하나는 모스크에 다니지만 어떤 종류의 활동 조직과도 관련되지 않은 무슬림이고, 다른 하나는 온건한 무슬림 조직인 니흐다툴 울라마 Nahdlatul Ulama (울라마의 부활)의 회원, 마지막 하나는 이집트의 무슬림 형제단 및 초국가적 무슬림 조직과 연계되고 한층 강경한 근본주의 집단인 번영정의당 Partai Keadilan Sejahtera 의 당원이었다. 우리는 조사에 응한 참가자들에게 자신에게는 물론이고 자신이 속한 무슬림 집단, 더 나아가 '인도네시아의 모든 무슬림'에게 가장 결정적이었던 경험에 관해 써 달라고 요청했다.

조사 대상자들은 그 경험을 자유롭게 선택할 수 있었기 때문에 응답이 무척 다양했다. 그럼에도 우리는 참가 집단 사이에 명확한 차이가 있다는 점을 확인할 수 있었다. 일반 무슬림들은 자카르타 주지사가 선거운동 과정에서 쿠란의 한 구절을 인용하며 이슬람을 모욕했다는 혐의로 기소된 뒤에 신성모독죄로 유죄 판결을 받은 사건을 가장 많이 언급했다. 다수의 온건한 국민이 아혹 Ahok 주지사에게 내려진 2년 징역형이 지나치게 가혹하다고 생각했고, 많은 사람이 그 판결에 반대하며 거리로 쏟아져 나왔다. 반면에 인도네시아의 강경파는 처벌이 너무 관대하다고 주장하며 시위를 벌였다. 하나의 쟁점을 두고 나타난 양극화 현상은 일반 대중의 경우에는 종교적 불관용과 신성모독죄로 인해 발생하고, 강경파의 경우에는 이슬람에 대한 모욕에서 비롯된 공유된 고통을 무분별하게 강조한 언론의 보도로 인해 더욱 심화되었다.

고통의 경험이 실제로 공유되었고 변화를 일으킨다고 느낀 정도를 통해 동료 인도네시아들로 이루어진 확장된 집단과의 융합 수준이 예측되었고, 그 융합은 직접적으로 공유된 경험과 관계있는 집단들이 밀접하게 융합하는 방법과 대체로 똑같았다. 그러나 우리는 대규모로 간접적으로 공유된 경험에 초점을 맞추었고, 그 결과로 미디어에 보도된 사건이 어떻게 사람들에게 삶 자체를 바꿀 만큼 영향을 미칠 수 있는지를 파악할 수 있었다. 다시 말하면, 뉴스 보도가 어떻게 개인적 정체성에 영향을 주고, 더 나아가 광범위한 상상의 공동체와의 관계에도 영향을 줄 수 있는지를 알아낼 수 있었다. 가령 당신이 번영정의당처럼 강경한 정강 정책을 지지하는 집단에 속한다면, 극단적인 신념이 당신의 신성한 가치가 된다. 반면에 당신이 나흐다툴 울라마 같은 온건한 조직에 속하거나 어떤 조직에도 가입하지 않은 일반 시민이라면, 한층 관용적인 믿음이 당신의 신성한 가치가 된다. 집단행동에 대한 지지는 우리에게 중요한 집단의 규범과 가치를 편드는 언론에 의해 부추겨진다.

전쟁 지역의 소식이 점점 더 실감나게 보도됨에 따라, 포탄과 총탄이 지상에 미치는 파괴적인 영향만이 아니라 병원에 입원한 아이들과 카메라 앞에서 눈물을 흘리는 노인들의 고통까지 보도된다. 모든 장면이 슬픔과 상실의 경험을 이야기한다. 뉴스 피드news feed는 이제 우리에게 세계 곳곳에서 일어나는 사건을 단순히 알려주는 수준을 넘어, 그 사건을 점점 더 생생하게 경험해보라고 부추긴다. 텔레비전과 컴퓨터 화면, 스마트폰 화면에서는 실제 경험과 이야기로 전해지는 경험, 관련된 집단과 상상의 공동체 간의 경계가 모호하다. 게다가 전쟁의 끔찍한 참상이 점점 더 가까이에서 직접적으로 보도됨에 따라, 융합을 확장하고, 저항해 싸우려는 의지에 부채질하는 미디어의 역량이 훨씬 더 강해졌다.

전통적인 미디어만이 융합의 확장을 부추기며, 세계 전역에서 갈등을 효과적이고 빠른 속도로 고조시키지는 않는다. 우리는 이미 2011년 아랍의 봄에 휘말린 많은 국가에서 이런 현상을 목격하지 않았던가. 잘 알려져 있듯이, 튀니지에서 스물여섯 살의 노점상 무함마드 부아지지가 자살한 뒤에 스마트폰으로 촬영된 거리 시위 영상이 인터넷을 통해 급속히 확산되면서, 북아프리카와 중동 지역에서 혁명 운동이 연쇄적으로 시작되었다. 리비아 같이 상대적으로 부유한 국가에서는 시민들이 아마추어 기자로 활동하며, 페이스북과 유튜브, 트위터 같은 소셜 미디어 플랫폼에 분쟁 상황을 촬영한 영상을 실시간으로 업로드했다. 그 결과로 6장에서 만난 혁명가들 사이에 융합의 확장이 일어났다. 스마트폰과 태블릿을 통해 확산된 극적인 사건들은 그 지역 전체에서 대대적 단결과 거리 시위를 부추겼다. 그 이후, 테크놀로지 플랫폼은 정치적 목표를 위해 지지자를 대규모로 동원하는 핵심 도구로 더욱 성장했다.

아프가니스탄에서 호전적인 근본주의자들이 트위터를 활용한 사례가 대표적인 경우다. 2021년 4월, 나토의 철수 발표가 있는 뒤에 탈레반은 미국의 지원을 받던 아프가니스탄 정부를 공격하기 시작했다. 반군은 자신들의 해석에 따른 샤리아 법sharia law(쿠란을 바탕으로 한 이슬람법-옮긴이)을 시행하는 새로운 이슬람 국가를 세우고 싶어 했지만, 이론적으로 성공할 가능성은 무척 낮아 보였다. 반군에게는 전투기와 중화기가 부족했고, 전문적인 군사 훈련도 제대로 받지 않은 데다가 수적으로도 아프가니스탄 정부군에 턱없이 열세였다. 하지만 그들은 연이어 공격에 성공하며 정부를 전복하고 아프가니스탄 전체를 무력으로 장악했다. 그들의 공격 앞에 정부군은 속수무책으로 무너지는 듯했다. 어떻게 이런 극적인 반전이 가능했을까? 분쟁 연구 협력단의 2022년 보고서에 따르면, 탈레반이 성공한 결정적인 요인은 트위터를 무기화한 데 있었다.[5]

2011년 나와 함께 리비아의 미스라타를 방문했던 동료, 브라이언 맥퀸이 공동 저자로 참여한 이 보고서에서 확인되듯이, 탈레반의 지도자들과 지지자들은 트위터를 사용해 아프가니스탄 국민에게 고통을 공유하며 도덕적으로 잔혹 행위에 분노하는 강렬한 감정을 심어주었고, 정부군 병사들에게는 탈영하도록 유도했다. 연구자들은 탈레반이 운영했다고 주장하는 63개 계정의 활동을 분석한 끝에, 200만 명이 넘는 팔로워가 리트윗 버튼을 사용해 반정부 프로파간다를 퍼뜨렸다는 보고서를 작성했다. 탈레반이 작성한 트윗에는 미군의 드론 공격에 의한 잔혹한 현장을 생생하게 보여주는 영상, 아프가니스탄 정부군이 대규모로 탈영한다는 증거, 아프가니스탄 국민에게 가해진 것이라 추정되는 전쟁 범죄들에 대한 뉴스 보도 등이 있었다. 보고서가 주장하듯이, 트위터 사용은 탈레반이 정권을 장악하는 데 결정적인 역할을 했다. 트위터를 이용해 공유된 고통을 담은 영상을 널리 퍼뜨려 반군에 대한 지지를 강화한 반면, 정부에 대한 지지를 무너뜨린 덕분이었다.

통신 기술의 발달로 뉴스가 점점 더 실감나게 보도될 것이기 때문에, 미디어를 통해 변화를 자극하는 경험을 간접적으로 공유해 나타나는 다양한 형태의 확장 융합은 그 범위와 강도가 앞으로 더욱 커질 것이다. 뉴스 보도가 격정과 충동을 불러일으키는 인간 이야기보다 갈등에서 비롯되는 중요한 지정학적 영향과 평화적 해결을 위한 전략에 더 집중하기를 바라지만, 이야기를 팔게 만드는 요소는 후자다.

그렇다고 현재 상황이 절망적이라는 의미는 아니다. 두 가지 이유에서 낙관할 수 있다. 첫째는 확장된 융합이 평화적 협력에 긍정적인 영향을 미치는 경우와 파괴적이고 치명적인 결과로 이어지는 경우를 점차 유효하게 판단하는 방법론을 우리가 알아가고 있다는 것이다. 둘째는 확장된 융합 자체가 문제는 아니라는 것이다. 경험을 점점 더 큰 규모로 공유할 수 있게 하는 등 확장된 융합에서 기대할 수 있는 긍정적인 영향도 많다. 진짜 문제는 확장된 융합이 외집단의 위협이나 폭력을 용인하는 기준과 결합할 때다. 어떻게 해야 이런 기회를 우리 전체에게 이익이 되는 방향으로 활용할 수 있을까?

내집단의 심리를 깊이 이해하더라도 테러리스트들이 행동하기 전에 폭력적 극단주의를 탐지하기는 쉽지 않다. 극단적 신념을 드러내는 까닭에 폭력적 극단주의자로 발전할 듯하지만 실제로 위험을 초래하지 않는 수많은 사람이 있을 수 있다. 따라서 법집행 기관과 탈극단주의 프로그램은 정말 중요한 신호를 놓치고 있는 것일 수 있다. 그 결과로 그들은 엉뚱한 사람, 즉 외집단에 대해 극단적인 증오심을 드러내지만 실제로는 안전에 위협이 아닌 사람을 추적하게 될 수 있다. 영국을 포함해 적잖은 국가에서, 금지된 단체를 공개적으로 지지하는 발언은 중형에 해당하는 범죄이지만, 이런 접근 방식이 테러의 위험을 줄이는지에 대해서는 여전히 의문이다. 오히려 외집단을 위협하고 억압하며 박해한다는 인식을 악화시키는 역효과를 초래할 수 있다.

나는 더 효과적인 진단 도구를 개발하기 위해, 극단주의 단체에 대한 비밀 조사 전문가인 율리아 에브너Julia Ebner, 융합의 정도를 측정하는 방법을 사용해 그전부터 나와 함께 다양한 프로젝트를 설계하고 시행하는 작업을 진행했던 통계 전문가 크리스 캐배너Chris Kavanagh와 손잡고 연구팀을 꾸렸다. 사람들이 자신도 의식하지 못하는 사이에 드러내는 단서를 근거로, 위험하기 짝이 없는 사람을 군중 속에서 찾아내는 새로운 방법을 개발하는 과제였다. 우리 목표는 체포의 근거가 되는 증거를 제공하는 것이 아니었다. 너무 늦기 전에 효과적으로 개입할 수 있도록 위험의 전조를 가리키는 신호를 알아내는 데 집중했다.

첫 연구로, 우리는 표본으로 선별한 행동주의자들이 직접 작성한 15개의 선언문에서 사용한 어법을 분석했다.[6] 한쪽 끝에는 유럽과 미국에서 치명적인 공격을 계속 저질러 유죄 판결을 받은 테러리스트들과 폭력적이고 보수적인 이슬람 조직의 지도자들이 있었다. 반대편 끝으로 온건한 쪽에는 다양한 형태의 사회 정의를 주창하며 기후 위기에 대응해 행동을 촉구하는 개혁가들의 선언문을 놓았다. 중간에는 좌우 양측에서 이데올로기적으로 극단적인 주장을 옹호하지만 폭력적인 자기희생적 행위에는 관계하지 않는 사람들의 선언문을 놓았다.

우리 목표는 이 선언문들에서 폭력적 극단주의를 유도하는 치명적인 조합, 즉 3장에서 보았듯이 정체성 융합, 외집단 위협, 폭력을 용인하는 규범, 인간성을 부정하는 신념을 미묘하게 결합한 표현을 찾아내는 것이었다. 그들이 작성한 선언문을 보고 고도로 융합된 사람을 골라내려면, 융합과 관련된 명확한 징후를 찾아내는 방법이 필요했다. 우리는 친족 관계와 공유된 생물학적 특성을 언급하는 표현을 신뢰할 수 있는 지표로 삼기로 결정했다. 우리가 수집하는 증거의 양은 점차 늘어났고, 사람들이 융합될 때 집단 내의 사람들은 서로를 가족처럼 인식하며 자연스레 친족 언어를 사용해 그런 일체감을 표현한다는 점이 확인되었다.[7]

한편 증오하는 적이 내집단을 해치는 방식으로 행동할 가능성을 암시하는 모든 언어 표현은 외집단의 위협이 인지된 증거로 처리했다. 학생 24명을 선발해 선언문에 사용된 언어 분석을 맡겼는데, 융합과 위협의 징후를 해석하는 데 편견의 영향을 최소화하기 위해 우리가 예측하는 결과를 학생들에게 전혀 언급하지 않았다. 그 결과, 치명적인 예측 변수들의 명확한 결합을 보여주는 선언문의 89퍼센트가 폭력적 극단주의 행위를 반복해 저지른 사람들에 의해 작성된 것으로 나타났다. 반면에 이데올로기적으로 극단적인 선언문을 작성했지만 폭력적으로 행동하지 않는 사람들은 예측 변수들의 그런 결합을 보여주지 않았다.

물론 군중 속에서 잠재적 살인자를 찾아내려는 시도는 테러 방지 활동이 직면한 과제 중 한 단면에 불과하다. 사람들이 애당초 폭력적 극단주의자가 되는 것을 어떻게 방지하느냐는 문제도 있다. '융합 이후에 더해지는 위협'이라는 모형이 이 과정에서 중심을 차지한다면, 개입은 융합 자체의 근본 원인을 해결하는 데 집중되어야 한다. 우리 연구에 따르면, 융합으로 이어지는 두 가지 주요 경로는 공유된 경험에 대한 인식과 혈연적 유대감이다. 박해받거나 체포될까 두려워 많은 사람이 감추는 정치적이고 종교적 신념과는 달리, 개인적 경험과 가족 관계는 사람들이 자유롭게 개인적인 생각을 드러내고 길게 말할 수 있는 주제다. 이 주제와 전쟁 의지 사이의 관련성이 항상 명확하지는 않지만, 그 관련성이 외집단에 대한 폭력에 맞서는 이상적인 출발점이 될 수 있는 이유가 여기에 있는 듯하다.

이론적으로 보면, 사람들이 소속 집단에 헌신하는 근거가 되는 삶의 경험과 인간관계에 대해 기꺼이 털어놓을 때, 공유하는 집단 본질에 대한 자기 생각을 재구성할 수 있으며, 그렇게 재구성된 생각이 다양한 형태의 폭력적 극단주의로 나타난다. 여기서 핵심은, 사람들이 정기적으로 모여 각자의 경험을 논의하며 갈등의 영역에 대해 끝까지 이야기를 나눌 때, 내집단 구성원의 경험이 자신의 상상보다 더 다양하고 다른 집단이 겪는 경험과의 공통점이 과거에 생각하던 것보다 더 유사하다는 점을 알게 될 수 있다는 것이다.

우리가 자기 생각과 감정을 집단과 공유하는 정도에 대해 일반적으로 과대평가하는 이유 중 하나는 이른바 '허위 합의 편향false consensus bias'(내가 어떻게 생각하고 어떻게 행동하더라도 다른 사람도 똑같이 생각하고 행동할 것이라 가정하는 경향) 때문이다.[8] 예컨대 당신이 다른 집단에 속한 사람들을 부정적으로 생각한다면, 당신이 속한 집단의 구성원들도 대체로 그렇게 생각할 것이라 추정할 가능성이 높다. 반면에 당신이 외집단에 대해 긍정적인 견해를 갖고 있다면, 당신이 속한 집단의 구성원들도 대체로 같은 의견일 것이라 짐작할 가능성이 높다. 하지만 다른 구성원이 집단을 규정하는 본질에 대해 말하는 것을 주의 깊게 들어본다면, 외집단과의 공통된 부분만큼이나 내집단에서도 놀라운 차이가 있다는 점을 확인하고는 공동체 내외에서 당신의 관계를 조정하며 재정립하게 될 것이다. 이런 식으로 대화를 활성화하면, 자기집단 중심주의parochialism와 외집단 혐오증xenophobia의 강도를 낮추어, 집단 주변부가 폭력적 극단주의에 기대는 경향을 줄이는 동시에 집단 중심부는 더 온건한 방향으로 유도할 수 있을 것이다.

종파 간의 분쟁에서 평화 협정이 시행되며, 사람들이 자신의 의견을 공개적으로 말해도 처벌받을 위험이 줄어들면 대담하게 자신의 경험을 더 공개적으로 공유할 수 있다는 이유만으로도 이런 변화가 자연스레 일어날 수 있다. 1990년대 중엽, 북아일랜드에서는 코미디 클럽에서 특히 이 현상이 두드러졌다. 스탠드업 코미디언들이 분쟁 양측의 공유된 고통에 대해 전에는 말할 수 없었던 것을 공공연히 입에 올렸다. 나는 동료들과 함께, 치열한 폭력의 역사와 지루한 평화 회담이 있은 뒤 2019년 필리핀으로부터 자치권을 획득한 방사모로Bangsomoro에서 대화가 파벌의 분열을 넘어 융합에 미친 비교적 긍정적 효과를 기록한 적이 있었다. 무기를 내려놓으면 과거에 폭력적 극단주의를 부추기던 융합이라는 동일한 감정이 화해의 힘이 될 수 있다는 점을 우리는 확인했다.[9]

## 상호 확증 파괴 시대의 부족주의

역사적 기록을 보면, 세계 어디에서나 강력한 군대의 성공은 높은 수준의 군사적 결속에 있었다. 고대 그리스의 군대부터 중동의 지하디 전사와 십자군에 이르기까지 다를 바가 없었다. 현대 심리학 연구에서 밝혀졌듯이, 융합이 다른 어떤 사회적 접착제보다 전투 부대를 하나로 묶어 준다. 그러나 오늘날에는 이 융합이 우리 존재를 위협한다. 우리가 보유한 가장 파괴적인 무기가 여전히 칼과 긴 활, 포탄, 심지어 총알과 재래식 폭탄이라면, 더 강력한 결속력을 갖춘 군대, 특히 극단주의와 혁명적 이데올로기로 무장한 군대가 열정적으로 헌신하지 않는 상대에게 결국 승리한 것은 당연할 수 있다. 하지만 이제 우리는 군사과학기술의 진화에서 한계점에 도달했다. 그래서 군대 내부의 융합까지 확대되면, 핵무기의 확산과 점점 더 치명적인 형태를 띠는 생물학전의 불안으로 인해 상호 확증 파괴mutually assured destruction의 가능성이 더 높아질 수 있다.

이 문제는 우리 집단 심리의 뿌리 깊은 특성에서 비롯된다. 대규모 집단에서 살다 보면, '우리-그들'이라 단순화된 사고방식에 익숙해지기 십상이다. 민족이나 교리적 종교에 기초한 상상의 공동체와 하나가 될 때, 우리는 서로 상대를 고유한 특성이나 개인적 역사를 가진 원숙한 개인이 아니라 전체를 이루는 부속품으로 보는 경향이 짙어진다. 다른 사람을 이렇게 분류하면, 낯선 사람들이 서로 주고받는 상호작용에서 효율성 높아지겠지만, 지나치게 단순화된 고정관념과 '우리-그들'이라는 사고방식으로 이어질 수 있다. 설상가상으로, 집단 이데올로기와의 동일시와 확장 융합은 그렇지 않아도 부정적 고정관념과 관련해 다양한 형태로 나타나는 극심한 편견을 더욱 악화시킬 수 있다. 예컨대 이데올로기적 견해와 강력하게 하나가 되면, 반대 의견을 허용하기가 더 어려워진다. 또 우리 연구팀이 인도네시아의 종교 근본주의자들을 대상으로 실시한 연구에서 확인했듯이, 확장 융합도 이데올로기에 대한 맹신을 더욱더 강화함으로써 논증이나 증거에 근거한 반박에 저항하는 세력을 키울 수 있다.

이 문제는 불가피한 것으로 보일 수 있다. 대규모 사회에서는 익명의 상호작용이 빈번한 까닭에, 일시적인 상호작용에서는 단순한 고정관념을 택하는 것이 효율적인 경우가 많다. 고정관념은 다른 사람들의 행동을 예측하고 자신의 행동을 조정하기 위해 다른 사람들에 대해 추론하는 데 사용되는 경험 법칙 역할을 한다. 소규모 집단에서는 이런 경험 법칙에 지나치게 의존하는 것이 무의미하다. 다른 구성원들에 대해 훨씬 더 자세히 알고, 미묘한 정보까지 확보할 수 있어, 단순화된 고정관념으로 추정할 수 있는 정도보다 다양한 상황에서 그들의 가능한 반응을 더 정확히 예측할 수 있기 때문이다.

여기에서 우리가 자신의 고정관념과 개인적 경험을 일치시키기 어려운 이유가 설명되는 듯하다. 예컨대 누군가가 인종차별적인 발언을 한 뒤에 "물론, 그 사람을 말한 것은 아니다"라고 단서를 달고 싶은 충동을 황급히 느낄 수 있다(이때 '그 사람'은 문제의 종족 집단에 속한 친구나 이웃으로, 그가 공교롭게도 잘 알고 지내는 사람이므로 '명백히' 그런 사람일 가능성은 없다). 고정관념은 '그들 중 나머지 the rest of them', 즉 그들이 속한 집단을 더 대표하지만 우연의 일치처럼 우리가 제대로 모르는 사람들에게 가장 쉽게 적용된다. 누군가를 알아가기 위해 투자하는 시간과 노력이 많아질수록 그 개인에 대해 아는 것이 많아져서 고정관념에서 벗어나게 된다.

우리가 비슷하지 않는 사람들을 지나치게 단순하게 생각한다면, 이런 현상이 국제 관계까지 확대될 때 어떤 일이 벌어질까? 베트남 전쟁이 끝나고 오랜 시간이 지나지 않아, 연구자들은 '통합적 복잡성 integrative complexity, IC'이라는 개념을 고안해냈다.[10] 약어 IC는 '아이씨 I see'로 발음되며, 다른 사람들의 관점을 고려하고, 우리 주변 세계의 다면적인 특성을 인정할 수 있어야 한다는 뜻을 명료하게 전달해주었다.

통합적 복잡성은 사람이 특정한 문제에 대해 추론할 때 다양한 관점에서 바라보고, 각 관점에 따른 영향을 통합하는 능력을 측정하는 지표다. 예컨대 베르사유조약에서 두 조항 사이의 차이를 생각해보자.[11] 첫째로 베르사유조약 제231조는 다음과 같다.

연합국 및 관련된 정부는 독일과 그 동맹국의 침략에 의해 강요된 전쟁의 결과로 그들과 그들의 국민이 입은 모든 손실과 피해에 대한 책임이 독일과 그 동맹국에 있음을 확인하고 독일은 이를 인정한다.

하지만 독일과 연합국을 대표하는 외교관들 사이에 상당한 협상이 있은 뒤에 두 번째 조항(제233조)에서는 고려해야 할 만일의 사태가 훨씬 더 많다는 점을 인정했다.

위원회는 청구 사항들을 검토하고, 독일 정부에게 발언할 공정한 기회를 제공하여야 한다. …… 동시에 위원회는 1921년 5월 1일부터 30년 이내에 채무 전체를 확보하고 청구하기 위해, 시기와 방법을 규정하는 지급 일정을 수립해야 한다. 하지만 전술한 기간 내에 독일이 채무를 이행하지 않을 경우, 미지급된 잔액은 위원회의 재량으로 이후 연도로 결제가 연기되거나, 연합국 및 관련된 정부가 본 조약의 이 부분에 규정된 절차에 따라 행동하며 결정하는 방식으로 처리될 수 있다.

제233조는 다양한 가능한 결과와 그 결과를 처리할 방법을 다룬 반면(높은 IC), 제231조는 단순히 책임의 할당에 불과하다(낮은 IC). 분명히 말해두지만, 낮은 IC는 '나쁘다'를 뜻하고, 높은 IC가 '좋다'를 뜻하지는 않는다. 비상시에는 낮은 IC를 사용해 커뮤니케이션하는 것이 바람직할 수 있다. 평가와 실행 계획이 단순하고, 실행에 어떤 의문도 없어야 하기 때문이다. 하지만 실행 과정에 각자 다른 목표와 관점을 가진 여러 당사자가 참여하고, 그에 따른 영향을 되돌아볼 여유가 있다면, 높은 IC가 훨씬 더 나은 결과를 낳는 경우가

많다.

연구 결과에 따르면, 여러 국가가 동맹을 맺고 어떤 나라를 공격하려고 준비할 때 동맹 국가들의 커뮤니케이션에서 IC 수준이 낮아진다. 반면에 공격을 받을 처지에 있는 국가들의 커뮤니케이션에서는 IC 수준이 높아지는 경향을 띠지만, 전쟁이 발발한 뒤에는 공격하는 국가들과 같은 수준으로 떨어진다.[12] 극단주의자들도 마찬가지다. 테러 단체의 성명을 분석한 연구 결과에서 확인되듯이, 공격이 임박할수록 IC 수준이 크게 떨어진다. 다시 말하면, 폭력을 행사하려는 의지가 강해질수록 집단 간의 복잡한 갈등을 처리하는 능력이 줄어든다는 의미다.

IC가 낮으면 집단 간의 갈등이 유발될 수 있다. 독단의 경직성과 일차원적 사고만이 아니라, 잠재적으로 관련 있는 다양한 정보의 출처를 통합하기 어려운 경우에도 대립적인 상황에서 모두에게 유리한 결과를 찾아내기가 더 어려워지기 때문이다. 예컨대 적의 대응 능력을 고려하지 않고 성급하게 최후통첩을 내리면, 갈등 해결에 더 나은 길을 차단하는 결과를 초래할 수 있다. IC가 낮은 경우에도 우리는 자신의 의견과 판단에 대해 근거 없는 자신감에 사로잡혀, 다른 사람들의 실패를 그들이 책임질 수 없는 잠재적으로 해결 가능한 문제로 보기보다는 그들에게 내재한 본질적인 결함 탓으로 돌릴 수 있다. 이런 특성들은 결국 비생산적인 비난과 독선으로 이어지며, 생산적인 협상과 타협의 장애물로 작용한다.

낮은 IC가 독단과 외집단에 대한 적대감을 불러일으키는 까닭에, 핵 시대를 안전하게 넘어가기가 더 어려워질 수 있다. 하지만 다행히 정반대의 경우도 마찬가지다. IC 수준이 높으면 적대국 간의 협상에서 더 협력적인 해결책을 끌어낼 수 있다는 증거가 있다.[13] 게다가 IC를 상대적으로 쉽게 높일 수 있다는 증거도 있다. IC의 높낮이를 성격 특성이나 지능 수준과 동일시하는 것은 잘못이다. 성격 특성은 개인적인 심리를 구성하는 요소로 상대적으로 안정적인 특징을 띠어, 우리가 맞닥뜨리는 많은 상황에서도 평생 유지된다. 그러나 IC는 맥락에 따라 크게 달라지기 때문에 탄력적으로 변할 수 있다. 가령 나는 어떤 분야, 예컨대 인간관계에 실패하거나 돈벌이 기회를 상실한 친구가 좌절을 이겨내도록 돕는 역할에서는 복잡한 의견들을 통합하는 데 탁월한 능력을 보여주지만, 내가 확고한 의견을 가진 데다 부족 중심적 사고방식이 작동하는 분야에서는 느닷없이 독단적이고 완고해질 수 있다. 따라서 무척 지적이고 경험이 풍부한 리더도 집단 간의 갈등과 전쟁에 관해 생각할 때는 놀랍도록 경직된 모습을 보일 수 있다.

예를 들어 설명해보자. 토니 블레어가 영국 총리로서는 무척 성공한 인물이었다는 점을 부인하기는 어렵다. 그가 수상으로 재임하던 대부분의 기간 IC 수준을 측정하면, 무척 광범위한 분야에서 높은 점수를 받았을 것이 분명하기 때문이다. 하지만 이라크의 사담 후세인이 제기한 위협을 문제로 마주했을 때, 블레어는 자신의 경력을 포함해 모든 걸 내던지겠다는 각오로 미군과 함께 이라크를 침공했다. 정상적인 경우였다면 그처럼 중대한 결정을 내리는 데 현지에 대해 각별히 확실한 정보가 필요했겠지만, 블레어의 결정은 후세인이 대량 살상 무기를 사용할지도 모른다는 상황 증거에 크게 흔들렸던 것으로 보인다. 2003년 침공 이후에야 이라크에 그런 무기가 없었고, 연합군도 침공 이후에 평화로운 정부를 수립하는 계획을 충분히 준비하지 못했던 것으로 밝혀졌다. 결국 직감이 다른 모든 고려 사항을 집어삼켜 버렸던 것으로 보인다.

정치 지도자라면 이런 함정에 빠지지 않고, 낮은 IC에서 유발되는 충동대로 행동하고 싶은 유혹을 이겨내기 위한 조치를 취할 수 있어야 한다. 구체적으로 말하면, 융합과 위협이 군사적 능력과 결합되어 침략과 군사 개입을 부추길 때 전쟁을 벌이고 싶은 의지를 꺾을 수 있어야 한다는 뜻이다. 부족 중심적 본능이 강하게 작용할 때일수록 육감보다 증거에, 프로파간다보다 정밀한 모형에 더 의지해야 한다. 우리에게 필요한 것은 외교정책이 나아갈 방향을 보여주는 정당하고 튼튼한 원칙이다. 예컨대 인도주의적 이익을 극대화하기 위해 간섭을 최소화한다는 원칙이 필요하다. 개입은 미래 지향적이어야 하고, 증상의 단기적인 완화에만 초점을 맞추어서는 안 된다. 전쟁이 국제분쟁의 해결책이라 과신하는 잘못을 관리하고, 현실주의적으로 접근하는 방법을 찾아야 한다.[14]

이런 유형의 연구가 분쟁의 예측과 예방이라는 문제를 해결하는 데 미치는 실질적인 영향은 특히 유망하다. 국제분쟁에서 IC의 역할에 대한 연구가 이미 입증했듯이, IC는 예측, 첩보, 외교와 관련된 국제 관계 분야와 관련이 있다.[15] IC가 악화된 정도를 측정하고, 그런 현상이 전쟁의 위험에 미치는 영향이 충분히 입증된다면, 외교 문제 전문가들과 외교관들은 IC를 더 체계적으로 활용해서 커뮤니케이션 전략을 수정하고, 평화 협상의 실패 가능성을 미리 예방할 수 있을 것이다.

테러 행위를 예측하고 예방하기 위한 노력의 일환으로, 내가 동료들과 함께 개발한 자연언어 처리 분석natural language-processing analysis 방법에서도 유사한 역할을 기대할 수 있다.[16] 이 장의 앞부분에서 설명했듯이, 우리의 방법은 훨씬 큰 이데올로기적 극단주의자 집단에서 폭력적 극단주의 행위를 저지를 가능성이 가장 높은 사람을 골라내는 데 사용될 수 있다. 하지만 이 접근 방법은 어떤 독재적 지도자가 냉철하게 현실적인 관점에서 보면 무모하거나 비이성적으로 보일 수 있는 공격이나 침략을 감행해 세상을 놀라게 할지를 알아내는 데 도움을 줄 수도 있다. 옥스퍼드대학교 모들린칼리지에서 나와 율리아 에브너는 독재 국가에서 제도화된 극단주의의 심리적 기반을 조사하고, 분쟁을 조기에 예방하려는 영국 외교정책의 노력을 지원할 목적에서 '독재자가 치명적이 될 때When Despots Become Deadly'라는 프로젝트를 시작했다.[17]

개별 국가 수준을 넘어 더 포괄적이고 엄격한 틀 안에 이런 접근법을 개발할 수 있는 명백한 공론장은 유엔일 것이다. 유엔이 국제 평화 유지와 예방 외교에서 기존의 역할에 기초해, 부족주의에 대한 새로운 연구, 특히 융합 이론과 IC에 대한 연구로 밝혀낸 결과를 활용하면, 대규모 유혈 사태가 터진 뒤에야 주로 대응하던 현재의 수준을 넘어, 분쟁이 확대되기 전에 조기에 개입해 더 많은 역할을 해낼 수 있을 것이다. 더 효과적인 예측 및 분쟁 관리 부서를 유엔 내에 설립하는 일은 상대적으로 쉽다. 하지만 그 부서가 자기 집단 중심적인 부족주의와 그런 부족주의에서 나타나는 낮은 수준의

IC를 극복하는 힘을 가지려면 유엔이 국제 문제에서 지금보다 훨씬 강력한 힘을 갖춰야 한다.

이런 접근 방식이 확대되면, 외교정책에서 과거 어느 때보다 더 엄격하고 경험적인 접근이 가능해질 것이다. 동시에 이 방식은 이 책의 앞부분에서 다루었던 조직화된 종교의 전통적인 역할을 되살리는 것이기도 하지만, 영적이거나 종교적 믿음의 영역이 아닌 국제 관계라는 세속적 영역에서만 적용되는 접근법이다. 이 새로운 영역에 적용되는 원칙은 종교적이고 신학적인 개념보다 세속적인 융합 이론에 기초하지만, 심리적인 설득력이나 사회적인 영향력은 덜하지 않을 것이다. 이 새로운 접근법은 '야생적$_{wild}$', 즉 직관적인 사고 틀에서 체계적으로 벗어나, 일관되고 한결같아 신뢰할 수 있는 사고 체계를 채택함으로써, 신앙에 근거한 기도의 힘에 의지하지 않고, 과학적 방법론의 예측력을 활용하게 될 것이다.

## 감옥이 범죄를 줄인다는 착각

2023년 초, 나는 바누아투의 수도 포트빌라의 해안가에 위치한 한 술집에서 정치인 앤드루 솔로몬 나푸아트Andrew Solomon Napuat을 만났다. 그가 도착하기를 기다리며 나는 야자나무 잎사귀 사이로 끝없이 펼쳐진 바다를 바라보았지만, 머릿속으로는 조금 전에 지나온 교도소의 비좁은 감방과 철조망이 얹힌 높은 울타리를 떠올렸다. 나푸아트가 도착하자, 웨이터들은 그를 즉시 알아보고는 예의를 표하며 부산스레 움직였다. 나는 그가 의자에 앉기 무섭게 중앙정부에서 내무장관으로 재직하던 때에 대해 묻기 시작했다. 그러나 오래지 않아 그가 나에게 질문을 퍼붓기 시작했고, 어느새 나는 교도소에 수감된 적이 있는 전과자를 대상으로 실시한 연구에 대해 그에게 설명하고 있었다. 불과 며칠 전 오스트레일리아의 한 교도소에서 범죄 예방이나 형사 개혁의 일환으로 감금의 유효성에 대해 고위 간부들로부터 들었던 개인적인 의혹들을 나푸아트에게 전해주었다. 내친김에 나는 퀸즐랜드의 재소자들에게 들었던 비극적인 이야기 중 일부가 오스트레일리아 원주민의 대우와 어떻게 관련되는지도 언급했다.

나푸아트는 고개를 끄덕이며 내 말에 동의했다. 그는 유럽의 형사사법체계가 공장 생산 라인과 약간 비슷하게 작동한다고 설명했다. 범죄가 발생했다고 의심되면, 경찰과 변호사가 그 사건과 관련된다고 판단한 증거를 수집하는 데 수개월이 걸린다. 이 과정에 엄청난 비용과 시간이 소모된다. 힘들게 수집한 모든 정보는 결국 법정에서 심리되고, 이 과정도 무척 길어질 수 있다. 그렇게 오랜 시간이 흐른 뒤에 마침내 판결이 내려진다. 피고가 유죄 판결을 받으면 대체로 금고형에 처해지고, 그 기간 재소자는 식사와 숙소를 무료로 제공받아 국고에 큰 비용을 안겨주지만 사회에 아무런 기여를 하지 않는다. 형기를 마치고 석방되더라도 재통합reintegration은 일반적으로 무척 어렵다. 전과자들은 집으로 돌아가지만, 가족들이 고통받고 자녀들이 방치된 사실을 확인할 뿐이다. 이런 모든 사회적 문제가 무고한 사람에게도 피해를 주며, 범죄의 악순환을 부추기고 있는 것이 현실이다.

나푸아트가 그려보인 현실은 암울하면서도 익숙한 모습이었다. 그렇다면 대안은 무엇일까? 그의 답은 식민지 모델을 거부하고 더 전통적인 멜라네시아 모델을 채택하는 것이었다. 과거의 관습에 따르면, 누군가가 범죄를 저지르면 공동체 사람들 모두가 지체 없이 나카말nakamal(전통적인 모임 공간)에 모여 발생한 사건을 논의했다. 가해자와 피해자, 목격자 등 누구에게나 발언할 기회가 주어졌다. 공동체는 관련자 모두의 발언을 주의 깊게 듣고 끼어들었다. 모두가 발언한 뒤에 군장이 판결을 내렸다. 처벌이나 보상금이 부과되었고, 그렇게 문제는 해결되었다. 용서가 어렵더라도 용서하려고 노력해야 했다. 이런 전통적 시스템의 목적은 가급적 신속하고 항구적으로 조화를 회복하는 데 있었다. 지루한 법적 절차가 필요하지 않은 데다 문제를 영속화할 뿐인 낭비적인 감금 제도도 없어, 전통적인 시스템에서는 죄를 입증하고 처벌을 부과하는 과정은 전체적으로 하루밖에 걸리지 않았다. 나푸아트는 나에게 어떤 시스템이 더 낫다고 생각하는지 물었다.

과거에 유럽의 식민지였던 까닭에, 이제는 세계 전역에서 거의 모든 사회가 경찰, 변호사, 법원, 교도소를 중심으로 구축되고, 시간과 비용을 낭비하는 시스템을 운영하고 있다. 교도소가 너무도 보편화되어, 사람들을 교화하고, 미래의 범죄를 억제하며, 전과자를 사회의 일원으로 다시 맞아들이는 것보다 범법자를 감금해 부족의 일부를 실질적으로 배제하는 것이 얼마나 역기능을 초래하는지를 누구도 인식하지 못하는 듯하다. 하지만 교도소 시스템이 예부터 결코 존재하지 않았다면, 우리가 처음부터 그런 제도를 만들어내는 쪽을 선택했을 것이라고는 상상하기 어렵다.

우선 여러 연구에서 반복적으로 확인되듯이, 사람을 감금한다고 장래에 범죄를 저지를 위험이 줄어들지는 않는다.[18] 하지만 통계 자료가 아니더라도 전과자의 재범 위험을 줄이는 가장 좋은 방법은 법을 준수하는 공동체와 긍정적인 관계를 수립하도록 해주는 것(예컨대 가족이나 직장 혹은 자원봉사 단체에서 책임을 맡는 방법)이라는 사실은 범죄학 연구에서 거듭해 확인된다. 교육과 의료 및 주거에서 혜택을 주는 것도 중요하다. 한 범죄학자가 재범 위험을 줄인다고 알려진 이런 요인들을 모두 열거한 뒤에, 교도소가 전과자의 재범을 예방하는 역할을 한다는 점을 입증한 연구는 단 한 건도 읽지 못했다고 나에게 털어놓았다.[19]

감금은 한 사람이 다시 사회에 받아들여질 가능성을 오히려 줄인다. 미래의 범죄를 예방하기 위해 필요하다는 주장과는 정반대의 결과를 초래하는 셈이다. 혐의자가 재판을 받고 유죄 판결을 받기 전에도 상당한 기간 감금되는 경우가 많다. 무죄이든 유죄이든 간에, 이런 감금은 수감자의 소득과 인간관계에 파괴적인 영향을 미칠 수 있으며, 그가 석방된 이후에도 자포자기해 다시 범죄를 저지를 가능성이 높아진다.[20] 관련자를 부족으로부터 격리해 범죄 행위나 범죄로 의심받는 행위를 해결하더라도 그를 기꺼이 도우려는 가족이 주변에 있다면, 그 해결 방법이 덜 해로울 수 있을 것이다. 그러나 교도소에 수감되는 사람들은 가장 기본적인 형태의 사회적 지원마저도 누리지 못하게 된다.

현재의 형사사법체계가 실패한 원인은 인간에게 내재한 부족적 정체성과 관련된 힘과 위험을 제대로 인식하지 못한 데 있다. 이 쟁점을 더 잘 이해하기 위해 나는 오스트레일리아 퀸즐랜드대학교의 범죄학자 로빈 피츠제럴드Robin Fitzgeral와 손잡고, 퀸즐랜드 브리즈번 주변의 전과자들이 법을 준수하는 조직과 얼마나 융합되었는지 측정했다. 그 결과에 따르면, 보호관찰 대상자들은 가족과의 융합 수준이 일반 대중의 수준보다 훨씬 낮았다.[21] 더구나 일반 대중의 전형적인 수준에 비해, 국가와의 융합 수준이 훨씬 낮다는 점도 눈에 띄었다. 인터뷰에서 보호관찰 대상자들은 부모에게 어떻게 폭행을 당했고, 길거리에서 오랫동안 노숙하며 힘겨운 삶을 어떻게 살았으며, 형제자매와 어떻게 멀어지게 되었는지를 하소연했다. 죗값을 치르고 출소한 사람들에게 교육과 주거 및 고용의 기회가 일반인에 비해 훨씬 열악하다는 사실을 고려할 때, 그들이 소외감을 느낀다는 사실은 조금도 놀랍지 않다. 우리 연구에 참가한 사람들은 거리에서 사람들이 습관적으로 자신들을 부적응자로 배척하며, 경멸하는 표정을 감추지 않고, 길을 건널 때는 피해 다닌다며 부족, 즉 집단으로 버림받은 기분이라고 말했다. 교도소에서 출소한 많은 전과자에게 아마도 가장 가까운 가족은 재소자, 즉 감방을 함께 사용하던 사람이었을 것이다. 하지만 주류 사회에 성공적으로 재통합되기 위해 가장 필요한 것은 그런 관련성이 아니다.

이렇게 외집단을 폄하하면 전과자의 재범 위험은 증가할 수밖에 없다. 전과자가 결국 범죄를 반복하는 악순환에 빠지면 몸을 기댈 새로운 부족을 찾기 힘들어질 수 있다. 설령 새로운 부족을 찾은 사람도 추가적인 문제에 부딪친다. 주류 사회로부터, 더 나아가 가족으로부터도 배척을 받는다면, 유일하게 남는 부족은 마약 거래, 매춘, 인터넷 사기, 절도, 폭력, 테러 등 불법 활동을 일삼는 집단일 수 있다. 이런 부족은 취업 박람회에 참여하지도 않고, 조직을 공개하는 날도 갖지 않는다. 구인 사이트나 신문에 구인 광고를 내지도 않는다. 관계망과 입소문을 통해서만 구인이 이루어진다.

교도소는 이런 부족들에게 인재를 공급해주는 강력한 텃밭이다. 결국, 주류 사회로부터 따돌림을 받아 배제된 사람들에게는 몸을 기댈 부족이 전혀 없는 것보다 '나쁜' 부족에 가입하는 편이 더 낫다. 범죄 기록이 있는 사람들에게 문을 열어주는 부족은 집단 결속력이 유난히 높은 경우가 많아, 가족이 없거나 결손 가정인 사람에게 절실히 필요한 대안이 되어 준다. 그들을 반기는 유일한 조직이 범죄 조직인 세상에서, 범죄 조직이 조직원을 쉽게 끌어들인다고 놀랄 것은 조금도 없다. 많은 갱단과 테러 조직이 버림받은 사람들을 설득해 끌어들이는 데 능숙하다.

사회의 주변부를 맴돌며 범죄 유혹을 받는 부족에 관심을 두고 연구하는 인류학자에게는 폭력적인 축구 팬들도 무척 흥미로운 연구 대상이다. 그들이 합법적으로 행동하지 않는 때도 있지만 조직 자체는 대체로 합법적이기 때문이다. 그러나 대부분의 테러 단체, 조직화된 범죄 단체, 또는 준군사조직보다 구성원들에게 접근하기가 더 쉬운 것도 적잖은 이유다. 게다가 축구가 전 세계적으로 인기인 점을 고려하면, 여러 국가에서 극단적인 팬 조직을 어렵지 않게 비교할 수 있다.

이런 이유에서 나는 동료들의 도움을 받아 네 대륙의 극단적 축구 팬들로부터 자료를 수집했고, 융합이 팬에 근거한 폭력 같은 불법적 행위를 자극하는 데 어떤 역할을 하는지 연구할 수 있었다. 예컨대 남아메리카에서는 주로 도시 빈민 지역에 기반을 둔 '토르시다 오르가니자다torcida organizada'(유럽 본토의 극단적인 축구 팬을 가리키는 울트라스Ultras, 영국의 훌리건 펌스hooligan firms와 유사한 조직)로 알려진 '열성 팬'들로 구성된 조직을 집중적으로 연구했다. 이 조직들은 표면적으로는 좋아하는 축구팀을 응원하는 데 초점을 맞추고 있지만, 마약 거래와 갈취, 돈세탁 등으로 브라질의 지하 범죄 세계와 관련된 경우가 많다. 따라서 경쟁 관계에 있는 축구팀을 응원하는 사람들을 위협하는 수단만이 아니라, 갱단 간의 전쟁에서 우위를 유지하는 수단으로도 폭력을 사용한다.

우리의 연구에서 무척 중요하고 놀라운 사실이 밝혀졌다. 열성 팬들로 구성된 조직의 범죄적 폭력 행위는 부적응의 결과가 아니라, 잘못된 부족주의가 원인이라는 것이다. 이런 폭력적인 훌리건 조직에 가입하는 팬은 언론에서 일탈한 아웃사이더deviant outsider로 흔히 묘사되지만, 극단적 팬 조직이 연루된 폭력은 집단에 대한 사랑과 훨씬 더 밀접한 관계가 있다는 것이 우리 연구의 결과였다.[22] 실제로 폭력을 행사한 이력만이 아니라 폭력을 행사하겠다는 의지의 표명까지 포함해 우리의 모든 기준에서, 열성 팬은 일반 팬보다 더 폭력적이었다. 그렇다고 더 적응하지 못한 것은 아니었다.

인간관계와 업무 환경을 관리하는 능력이나 가족 구성원과 사회적 활동과 여가를 함께하려는 적극성을 측정한 결과도 일반 팬의 경우와 다르지 않았다. 불법 활동을 일삼는 부족이더라도 부족에 더 강렬하게 결속될 때, 부족과의 관련성이 약한 경우나 몸을 기댈 부족이 전혀 없는 최악의 경우보다 사회적으로나 심리적으로 더 나은 보상을 얻는 듯하다. 안타깝게도 우리의 형사사법체계는 전과자가 가입할 수 있는 법을 준수하는 단체의 범위를 최소화하는 반면, 폭력적인 범죄 조직에 가입할 기회를 극대화하는 것처럼 보인다. 범죄율과 재범률을 높이는 데 현재의 형사사법체계보다 더 효과적인 방법을 상상하기 힘들 지경이다.

이런 의문에 우리는 결국 나푸아트가 제기한 질문으로 돌아간다. 우리에게 필요한 형사사법체계는 어떤 것일까? 국회의원으로서 나푸아트는 정부 정책을 변호사와 판사와 교도소에 의존하는 서구식 관료 체제로부터 탈피하도록 바꿔가고, 범죄가 공동체 내에서 처벌되며 사회적 화합이 신속히 회복되는 전통적인 접근 방식으로 전환하려고 노력했다. 그러나 나푸아트의 비전이 바누아투의 장래에 유리한 것은 분명했지만, 그 비전이 내 고향인 런던에 적용될 가능성은 전혀 상상되지 않았다.

과거의 접근 방식으로 돌아가려면, 각 지역에 '나카말'을 마련하고 높은 수준의 공동체 결속력, 협력, 합의를 끌어내기 위해 정교하게 짜인 일련의 의례와 교환 시스템만이 아니라 군장 체제가 수립되어야 한다는 뜻이었지만 그 어떤 것도 가능해 보이지 않았다. 그러나 이런 사고 실험은 어떤 면에서 유익했다. 요컨대 죗값을 치른 뒤에는 용서와 재통합이 뒤따라야 한다는 것이 원칙이라면, 멜라네시아의 전통적인 법적 제도가 영국에서 진화된 법적 제도보다 분명

우월하다는 생각을 개인적으로 떨칠 수 없었다.

일단 서구식 형사사법체계에 갇히면 벗어나기 어렵다. 범죄 기록이 평생 따라다니고, 죗값을 치른 뒤에 세상에 다시 나오더라도 전망이 밝지 않고 사회적 지원망도 부족하다. 따라서 많은 전과자가 교도소를 반복해 들락거리는 삶에 실질적으로 내몰리게 된다. 이 문제를 해결하려면, 그들에게 더 긍정적인 목적을 지닌 조직을 제공하는 일부터 시작해야 한다. 이 관점에서 보면, 해결해야 할 과제는 두 가지다. 첫째, 전과자들이 출소하자마자 법을 준수하는 조직에 가입하도록 독려하려면 어떻게 해야 할까? 둘째, 법을 준수하는 조직이 전과자들을 적극적으로 다시 받아들이도록 유도하려면 어떻게 해야 할까?

영국에는 사회적으로 버림받은 청년들이 사회에서 본연의 자리를 찾도록 지원하는 '어밴드오브브라더스A Band of Brothers'라는 조직이 있다. 이 조직은 도움을 받을 만한 사회적 지원망이 없고, 중독과 학대가 만연하고 정신적 충격에 시달리는 환경에서 자란 전과자들에게 성년이 되는 입문 과정을 제공한다. 그 입문 과정 자체는 그 과정을 완전히 통과한 사람에게만 알려져 있지만, 입문자들의 증언에서 짐작되듯이 그 과정을 거치고 나면 입문자들 사이에, 또 입문자와 멘토 사이에 강력한 유대가 형성되고, 더 나아가 많은 입문자가 전에는 경험하지 못한 더 큰 공동체의 일원이라는 소속감까지 형성되는 듯하다. 이 조직이 키워낸 공동체들은 영국 전역에 흩어져 있지만, 상호 방문과 정기적인 커뮤니케이션을 통해 서로 연결되어 있다. 각 커뮤니티에서 멘토는 다양한 배경을 지닌 사람들로 선발되지만, 그들 모두가 몸을 기댈 부족이 없는 사람들에게 협력하고 기여할 수 있는 조직을 찾도록 도움을 주고, 서로 힘을 실어주며, 한때 그들을 단념했던 사회에서 두 발로 우뚝 서서 자립하는 방법을 가르치려는 열정을 가졌다는 공통점이 있다.

어밴드오브브라더스의 최고경영자, 콘로이 해리스Conroy Harris가 옥스퍼드의 내 연구실에 방문했을 때, 내가 파푸아뉴기니에서 현장 연구를 진행하는 동안 선물로 받은 가면과 공예물에 곧바로 관심을 보였고, 내가 입문 의식에서 치른 행사들을 찍어 연구실 벽에 걸어둔 사진들을 흥미롭게 살펴보았다. 해리스는 자신이 앤티가 바부다에서 태어났지만 노팅엄에서 자랐으며, 열여섯 살에 영국 공군에 입대했다고 말했다. 그는 6년 동안 복무한 뒤에, 노숙자로 지낸 시간을 포함해 힘든 시기를 겪었다. 그러나 결국에는 정신건강 관리와 관련한 역량을 키우고 자격증을 땄으며, 그 과정에서 많은 서비스가 주로 남성보다 여성에게 제공된다는 점을 알게 되었다. 이런 빈틈을 메우려고, 그는 정신건강 문제를 겪는 흑인 남성들을 위한 선구적 조직을 설립하는 데 힘을 보탰다.

놀랍게도, 어밴드오브브라더스의 핵심 정신은 키붕의 원칙과 무척 유사했다. 청년들을 공동체에 끌어들이는 방법에서나, 포괄적인 토론 과정을 통해 집단적인 의사결정을 내리고, 서로 연결된 작은 집단들에서 합의를 도출하는 방법에서 크게 다르지 않았다. 키붕 조직이 지역 공동체로 긴밀히 구성되었듯이, 해리스는 고도로 융합된 지역 공동체들로 구성된 조직망을 구축했고, 그 결과로 그 공동체들에서는 폭력과 범죄가 최소화될 수 있었다. 어밴드오브브라더스가 성공한 결정적인 이유는, 전과자들에게 법을 준수하는 부족에 새로 가입하도록 동기를 부여했을 뿐 아니라, 그들이 장기적으로 지원을 받을 수 있는 공동체를 제공한 데도 있었다.

어밴드오브브라더스가 채택한 접근 방식은 3장에서 설명했던 지역적 집단의 결속, 즉 구석기 시대의 우리 조상들에게 익숙했을 법한 형태의 집단 결속을 떠올리게 했다. 하지만 나는 이런 유형의 조직이 일상화된 의례에 뿌리를 둔 훨씬 더 넓은 형태의 확장 융합을 지원할 수 있을지 궁금해졌다. 다시 말하면, 전과자들이 자기들끼리, 또 멘토와 교감할 뿐 아니라, 훨씬 더 큰 공동체와도 교감하는 것을 도와줄 수 있을까 궁금해졌다.

이런 공동체는 어떤 모습을 띠게 될까? 일부에게는 교리에 기초한 종교일 수 있다. 실제로 세계 전역에서 많은 사람이 교도소를 출소한 뒤에 재통합을 시도하며 교회, 모스크, 사원 그리고 이런 종교 조직을 지원하는 공동체에서 일시적이라도 안식처를 찾는다. 하지만 교도소를 출소한 많은 사람이 종교적이지 않고, 그들이 재통합되고자 하는 사회는 대부분 세속화되어 있다. 따라서 우리 연구팀은 이런 의문을 제기했다. 다른 종류의 진정한 대규모 '상상의 공동체', 즉 소속감과 충성심, 건강한 경쟁과 가족이라는 가치와 관련되고, 대체로 법을 준수하는 공동체를 생각해볼 수 있을까?

그 답은 우리의 의지에 달려 있다. 축구가 자신의 종교라고 말하는 사람이 적지 않지만, 그 말에는 비유 이상의 뜻이 담겨 있다. 축구는 많은 사람에게 국가에 대한 충성심을 느끼게 해주는 가장 가까운 것이다. 주기적으로 열리는 지역대회와 세계대회 기간, 국가 정체성을 드러내는 상징물들이 게시된다. 국기가 펄럭이고, 국가가 노래되며, 영웅들에게 찬사가 쏟아지고, 무엇보다 고통을 함께 경험한다.

이 모든 사회적 접착제는 훨씬 더 작은 집단(비가 오는 날 홈경기를 함께 관람하고, 적대적인 땅에서 열리는 어웨이 경기를 응원하려고 순례를 떠나는 등 축구라는 아름다운 경기에 대한 사랑을 공유하는 친구들과 가족들)에서 형성된 융합이 확장되며 만들어진다. 많은 사람에게 축구는 종교와 거의 똑같은 방식으로 부족을 제공하지만, 교리와 관념이 없다는 것만 다를 뿐이다. 비슷하게 옷을 입고 두 손을 흔들며 합창하는 모습은 동질감을 자아내기 때문에 다양한 배경과 믿음을 가진 사람들을 하나로 묶어주는 데는 종교보다 더 낫다. 따라서 축구는 전과자들을 사회 전체의 품으로 복귀시키는 하나의 방법을 제공할 수 있을 듯하다.

축구 세계에 깊이 빠진 뛰어난 경영자, 데이비드 데인David Dein은 이렇게 생각하는 데 그치지 않고 그 생각을 실천에 옮겼다. 데인은 1983년부터 2007년까지 아스널 축구단의 부회장을 역임했고, 세계에서 가장 성공한 축구 감독 중 한 명인 아르센 벵거Arsène Wenger를 아스널에 영입한 유명한 경영자다. 축구계의 인맥을 활용해 데인은 전과자들을 사회에 재통합하는 혁신적인 새로운 접근법을 고안하고, 그들이 다시는 교도소에 들어가지 않도록 돕는 데 큰 역할을 해냈다.

데인은 그 접근법을 '트위닝 프로젝트Twinning Project'라고 칭했다. 트위닝 프로젝트의 목표는 100곳이 훌쩍 넘는 잉글랜드와 웨일스의 모든 교도소를 해당 지역의 프로 축구팀과 짝지어twin, 전과자들에게 신체적으로나 정신적으로 더 건강해지는 코칭 기법을 가르치고, 교도소를 출소한 뒤에 일자리를 구하는 데 도움이 될 만한 자격증을 취득할 수 있도록 지원함으로써 그들의 사회 복귀를 돕는 것이었다. 더 나아가, 영국 전역에서 교도소 체육 담당관의 지원을 받아 프로 축구팀 코치들이 자매결연을 맺은 교도소를 방문해 재소자들이 형기를 마치고 바깥세상에서 살아갈 때 더 나은 삶을 준비할 수 있도록 돕는 것이 궁극적인 목표였다. 2018년 10월 31일, 데인은 웸블리 스타디움에 모인 안목 높은 관중 앞에서 '트위닝 프로젝트'의 출범을 발표했다.

나는 이 프로젝트에 대해 처음 들었을 때부터, 축구 팬에 대한 우리 연구가 어떻게 하면 이 프로젝트가 최대한의 효과를 발휘할 수 있도록 도움을 줄 수 있을까 생각했다. 따라서 프로젝트가 시작되고 몇 주가 지난 뒤에 데인이 나와 내 동료 마사 뉴슨Martha Newson을 만나려고 옥스퍼드까지 찾아왔을 때 무척 기뻤다. 당시 뉴슨과 나는 이미 우리 연구를 통해, 축구에서의 융합이 경쟁 관계에 있는 팬들 간에는 폭력을 유발할 수 있지만, 융합을 더 긍정적인 방향으로 사용하면 친사회적인 책임감을 구축하고 개인적으로 다른 사람들과의 관계에서 더 건강한 삶을 살아가도록 도움을 줄 수 있다는 점을 강력하게 입증한 뒤였다. 우리가 데인과 함께 탐구하기 시작한 의문은, 우리 연구 결과를 바탕으로 트위닝 프로젝트의 효과를 극대화할 수 있느냐는 것이었다. 우리 안에 내재한 부족주의를 이용하는 방향으로 프로젝트를 진행하면 전과자들이 사회 전반에 재통합되도록 도울 수 있을 것 같았다.

먼저 뉴슨과 나는 다섯 곳의 교도소에서 예비 연구를 실시했고, 재소자가 트위닝 프로젝트와 융합되는 정도가 높아질수록 건강 상태가 나아지고, 직업 교육 출석률도 향상되는 것으로 나타났다.[23] 게다가 범죄 단체와의 융합이 줄어든다는 증거도 발견되었다. 연구에 40명밖에 참가하지 않아 표본 크기는 작았지만, 이런 결과는 프로젝트와 관련된 연구를 지속하기에 충분한 초기 기반이 되었다. 우리는 트위닝 프로젝트의 어떤 특징이 가장 효과적으로 재소자가 교도소를 출소한 뒤에 사회에 재통합하는 것을 도와줄 수 있는지 찾아내는 연구를 시작했다. 다시 말하면, 프로젝트에 참여하는 것이 장기적으로 심리와 행동에 미치는 영향을 연구했다는 뜻이다. 융합은 느린 과정이며, '범죄 생활을 접고 올바로 살아가는 것은going strait'은 오랜 시간을 두고 사고방식과 생활 방식을 바꿔간다는 뜻이다.

특히 우리는 트위닝 프로젝트에 일상화된 의례를 도입하면 미래 지향적으로 생각하려는 마음에 긍정적인 영향을 미치고, 교도소를 출소한 전과자들의 충동성을 줄이는 데 도움이 된다고 가정했다. 또한 그 프로젝트에 참가한 사람들의 삶이 변하고, 코치들과의 유대가 강해지면, 트위닝 프로젝트에 참가한 다른 사람들과의 융합도 강해질 것이라고 예측했다. 모든 결과를 얻는 데는 앞으로도 수년이 걸리겠지만 지금까지 확보한 증거에 따르면, 교도소 재소자들이 이 프로젝트를 통해 개인적으로 변했다고 확신하는 정도가 강할수록, 트위닝 프로젝트를 자신에게 중요한 새로운 집단 정체성으로 받아들이며 그 프로젝트와 융합되는 정도도 더 강해졌다. 축구 코치와의 유대감을 통해서도 프로젝트와의 융합이 깊어졌다.[24] 하지만 트위닝 프로젝트에 참가한 사람들이 교도소에 갇혀 지내는데도 행동거지가 나아졌다는 점이 무엇보다 주목되는 결과였다.[25] 이런 결과들을 기반으로, 우리는 트위닝 프로젝트를 통해 얻은 교훈을 일반화해서 다른 프로젝트에도 적용할 수 있을 것이다. 또한 그 방법은 전 세계로 뻗어나가 더 많은 국가들에서 시행되고, 더 나아가 우리에게 내재한 부족주의적 편향을 자극하는 다른 종류의 팀 스포츠에도 사용될 수 있을 것이다.

하지만 이런 종류의 프로젝트가 결국 무척 성공적이었다고 판명되더라도 교도소에서 출소한 모든 전과자 혹은 대부분의 전과자에게 도움을 줄 수 없을 것이다. 범죄율을 줄이려면 처벌과 개혁에 대해 생각하는 방식에서 훨씬 더 근본적인 변화가 필요하다. 그런 변화를 위해서는 전과자에게만이 아니라, 전과자를 다시 맞아들이는 사회의 태도에도 큰 관심을 두어야 한다.

정체성 융합으로 어려운 문제를 풀 수 있는 최종적인 해법이 여기에 있을지 모르겠다. 예컨대 당신이 고용주이고 범죄 전과가 있는 구직자와 유사한 자격이 있지만 범죄 기록이 없는 구직자를 두고 선택해야 한다고 해보자. 당신이라면 어떤 사람을 고용하겠는가? 전과자를 거절하는 것이 자연스러워 보일 수 있고, 그 결정은 충분히 이해된다. 그러나 부족이 번영하려면, 길을 잃고 방황할 위험이 가장 큰 구성원을 붙들어두기 위해 특별히 노력해야 할 필요가 있다. 그를 잃을 때 감당해야 할 비용이, 그를 지키는 비용보다 더 크기 때문에라도 그렇다.

하지만 간단한 산수로 충분히 납득되지 않으면, 집단을 향한 사랑을 괜찮은 해결책으로 받아들일 수 있겠는가? 이 가능성을 조사하기 위해 나는 동료들과 함께 공유된 경험, 즉 정체성 융합을 유도하는 핵심 경로 중 하나가 전과자에게 또 한 번의 기회를 제공하도록 고용주들을 설득하는 데 충분한지 알아보려고 일련의 실험을 진행했다.[26] 우리는 개인적으로 삶의 방향을 바꾼 경험을 한 고용주들에게, 범죄 기록이 있지만 그런 변화를 이루어낸 가공의 구직자를 제시하며 고용할 의향이 있느냐고 물었다. 그 결과는 일관되고 인상적이었다. 공유된 경험이 있을 때 고용주의 고용 의향만이 아니라, 지역사회의 재통합 노력과 자금 지원에 협조하겠다는 의지도 높았다.

이런 연구 결과에서, 우리 사회를 괴롭히는 야만스러울 정도로 높은 재범률을 궁극적으로 해결할 수 있는 방안이 무엇인지 짐작할 수 있을 듯하다. 지금까지의 연구에서 확인된 바에 따르면, 인간 사회에서 부족주의를 유발하는 가장 강력한 힘 중 하나인 정체성 융합이 전과자들에게 부족에 되돌아가도록 동기를 부여하는 데 도움을 줄 수 있고, 전과자들을 열린 마음으로 받아들여 달라고 사회에서 더 안정적으로 자리를 잡은 구성원들을 설득하는 데도 기여할 수 있을 것이다.

트위닝 프로젝트는 "도와서 일으켜줄 것이 아니면 누구도 얕잡아 내려다보지 말라"라던 미국의 민권 운동가 제시 잭슨Jesse Jackson의 말을 자주 인용한다. 이 말은 세계의 모든 부족이 지침으로 삼아야 할 원칙일 수 있지만, 널리 받아들여지기에는 힘든 메시지다. 현재 미디어는 역겹기 그지없는 범죄의 추잡한 면을 자세히 보도하며 부족 간 갈등을 부추기고, 더 가혹한 처벌을 원하도록 대중의 욕망을 자극한다. 군중은 미디어의 이런 선정적인 보도에 휘둘리며 수감률이 더 높아져야 한다고 요구하기 때문에 정치인들은 범죄에 강경히 대처하겠다고 약속한다. 그러나 세계 어디에서든 교도소에 수감된 대부분의 재소자는 머리기사를 차지하는 극악무도한 행위로 유죄 판결을 받은 것이 아니다. 더 많은 범법자를 체포하고 더 많은 교도소를 짓는 대신, 전과자들을 구제하고, 범죄 행위를 조장하는 사회 조건을 개선하는 데 투자하는 편이 우리 모두에게 이익일 것이다. 예나 지금이나, 부족의 구성원을 배제하고 감금하는 행위는 사회 시스템이 실패했다는 징후다.

이 장에서 우리가 유전적으로 물려받은 부족주의라는 형태의 양면성에 대해 살펴보았다. 부족주의는 우리를 결집시켜줄 수도 있지만, 사회적 배제나 집단에 기초한 폭력을 부추김으로써 외집단을 극렬히 증오하고 잔혹하게 대하도록 유도할 수도 있다. 이런 상황이 지금은 더욱더 악화되고 있을 뿐이다. 역사적으로 전쟁과 군국화가 과거에는 사회가 몸집을 키우고 경쟁력을 강화하는 데 도움을 주었지만, 이제는 그렇지 않다. 그렇게 형성된 큰 연합체들이 이제는 너무 커지고 강력해진 까닭에 전쟁을 벌이면 우리 모두가 파멸할 수밖에 없는 실정이다.

그렇다면 큰 부족의 시대는 이제 끝났다는 뜻일까? 내 생각은 전혀 그렇지 않다. 오히려 훨씬 더 큰 부족을 형성할 수 있는 시대가

왔다. 우리를 이전과는 다른 식으로 결집시켜줄 수 있는 부족이지만 그런 부족을 형성하기가 쉽지는 않을 것이다. 이 과정에는 우리에게 내재한 세 가지 편향, 즉 순응주의, 종교성, 부족주의를 동시에 활용할 수 있어야 한다. 또한 처음으로 범세계적인 규모로 그렇게 할 수 있어야 한다. 마지막 장에서는 이 문제를 집중적으로 다루어 보기로 하자.

맺는말

# 테라 부족의 부상

사람들은 세계가 점점 더 작아지고 있다고 말하지만, 우리 집단은 점점 더 커지고 있다고도 말할 수 있다. 정보를 공유하는 과학기술이 발달하고, 인구가 증가하기 때문만이 아니라 우리 정신세계가 변하고 있기 때문이기도 하다.

2022년 3월, 멜버른대학교 심리학과 학생들은 '경외감'을 불러일으키려는 목적에서 직접 설계한 실험의 일환으로, 내가 실험실에서 가상현실 헤드셋virtual reality headset을 장착하는 일을 도와주었다. 그들이 시작 버튼을 누르자마자, 나는 다른 우주비행사들에게 둘러싸인 채 국제우주정거장의 창밖을 바라보며 지표면의 약 400킬로미터 상공에서 시속 약 2만 8000킬로미터의 속도로 이동하고 있었다. 그 속도로는 하루 만에 달까지 너끈히 다녀올 수 있었다. 대신 우리는 지구를 돌고 있었고, 나는 지구를 물끄러미 바라보았다. 그때 지구의 약간 구부러진 지평선 너머에서 하얀 다이아몬드처럼 태양이 갑자기 나타나며 빛을 쏟아냈다. 너무 놀라 나도 모르게 숨을 멈출 수밖에 없었다.

비록 가상현실 헤드셋의 도움을 받았지만 우주에서 지구를 바라보면 세상을 넓게 보게 된다. 멀리서 우리 행성을 바라보면, 지구가 무척 작고, 쉽게 파멸될 수 있다는 점을 깨닫게 된다. 또 인류가 표면적으로는 다양해 보이지만 무한히 많은 다른 종과 함께 지구를 공유하는 하나의 종에 불과하다는 것도 더 쉽게 인식하게 된다. 반면에 우리가 가상현실 헤드셋을 통해 우주에서 지구를 바라보는 것을 이해할 수 있는 지상의 유일한 종이기 때문에 인간의 특별함도 더 쉽게 이해하게 된다.

인간 정신은 지구를 멀리서 알아보는 데 그치지 않고, 세계와 그 주민들이 역사의 산물이라는 것도 인식할 수 있다. 판구조론이나 자연선택에 의한 진화의 기본 원리를 이해하기 전에도 인류는 기원에 대해 깊이 생각해왔다. 우리는 어떻게 여기 왔고, 이 모든 것이 어디로 향하고 있을까? 이제 우리는 인터넷에서 버튼 하나만 클릭하면, 방대한 양의 고고학적이고 역사적인 자료를 기초로 그 과정을 머릿속에 그려볼 수 있다. 예컨대 세계 문명이 발흥하고 쇠락하는 과정을 세계 지도에서 보려고 한다면, 정확히 말해서 20만 년이라는 기간, 특히 지난 수천 년을 1년 단위로 보고 싶다면, 유튜브에 대략 20분을 투자하는 것만으로도 충분할 수 있다.[1] 이런 과학기술은 놀랍기 그지없지만, 우리가 공통된 기원을 알아내는 능력, 특히 이런 깨달음을 공유된 정체성으로 바꿔가는 능력도 놀랍기는 마찬가지다.

과학기술의 혁신으로, 우리는 과거 어느 때보다도 더 감성적이고 동기부여가 되는 방식으로 우리에게 공통적으로 있는 인간성에 마음의 문을 열 수 있게 되었다. 이제 우리는 인류가 단 하나의 집을 공유하고 있을 뿐 아니라 범세계적인 문제가 우리 공동의 미래에 점점 큰 영향을 어떻게 미치고 있는지도 더 명확히 인식할 수 있다. 오늘날에는 많은 사람이 기후변화, 생물 다양성 감소, 산호 백화 현상, 해양 오염 등을 떠올리며 이런 문제를 이미 어렵지 않게 파악하고 있다. 그러나 분쟁과 이주, 질병과 빈곤 같은 다른 많은 문제를 관리하는 방식에도 우리의 운명은 밀접한 영향을 받는다. 우리 지도자들이 편협한 시야와 단기적 목표에 여전히 매몰되어 있더라도, 지구의 미래는 범세계적으로 더 지속 가능한 방식으로 넓게 생각하며 한마음으로 행동하는지에 달려 있다. 그러나 그렇게 생각하고 행동하려면 어떻게 해야 할까?

앞에서 나는 주로 지역적인 문제에 초점을 맞추어 이 질문에 구체적으로 답해보려 했다. 다시 말하면, 지역사회와 국가 수준에서 변화를 끌어내는 방법을 주로 다루었고, 국제적인 차원에서 필요한 변화에 대해서는 가끔씩만 언급했을 뿐이다. 하지만 이 마지막 장에서는 우리의 유전적 유산을 범세계적 규모에서 더 현명하게 이용한다는 것이 무엇을 뜻하는지를 더 집중적으로 살펴보려 한다. 짐작하겠지만 내 답은 우리의 지극히 부자연스러운 역사로부터 교훈을 얻는 동시에 우리의 천성적인 편향을 활용하는 것이다.

## 일상을 혁신하라

나는 파푸아뉴기니의 동뉴브리튼에서 키붕 운동을 시작한 사람들이 식민지 지배자들보다 서구 사회를 오히려 훨씬 더 잘 이해했다는 느낌을 종종 지울 수 없었다. 식민지 지배자들과 달리, 키붕 창시자들은 선교사와 대농장 소유주, 식민지 당국의 활동이 결국 환경 재앙을 초래할 것임을 알아차렸다. 식민 세력들은 울창한 열대우림을 멀리 떨어진 공장의 생산 라인 중 하나로 바꿔놓고, 원주민들의 오래된 전통과 생활 방식을 파괴하려 했다. 키붕 추종자들도 새롭게 도입된 사법 제도와 교도소가 사회적으로 많은 문제를 초래할 뿐, 범죄를 억제하거나 줄이는 데는 거의 도움이 되지 않는다는 점을 깨달았다. 게다가 기독교 교리에 대한 믿음이 지역적 자부심과 존엄성의 근원이던 집단 정체성을 약화시킨다는 것도 알게 되었다.

앞에서 설명했듯이, 키붕 접근법의 본질은 열대우림의 보호를 목표로 확립된 새로운 정체성과 생활 방식을 통해 농촌 인구를 하나로 결집시키고, 공동체 차원에서의 집단행동을 통해 범죄를 예방하며, 멜라네시아식 시민 의회를 통해 의사결정 권한을 분권화하고, 전통을 존중하면서도 추종자들의 현재 이익에 이바지하는 형태의 종교를 확립하는 데 있었다. 이 접근법은 벌써 반세기 이상 효과적으로 작동해왔다. 파푸아뉴기니의 지역 대부분이 자원 채굴로 인한 파괴적인 영향, 급증하는 범죄율, 정치적 정통성의 부족, 마법 혐의에서 비롯되는 젠더 폭력 등에 시달리지만, 키붕 추종자들은 이런 문제에서 상대적으로 자유롭다.

그러나 키붕 운동에서 가장 인상적인 면은 우리가 아직 언급하지 않은 것, 즉 새로운 의견에 대한 개방성이다. '키붕'이라는 명칭이 기원한 이런 공동 모임에서는 서구의 제도가 제기하는 위협만이 아니라 크고 작은 지역의 필요와 목표에 맞게 서구의 제도가 조정되는 경우에 생기는 기회까지도 구성원들이 머리를 맞대고 함께 평가하는 방법을 다루었다. 식민지 당국과 선교단이 제시한 방향에 결함이 있었지만, 수천 년 동안 실험한 결과의 산물이었고, 그중에는 그때까지 상상조차 할 수 없던 규모로 통합하고 조정하며 협력을 가능하게 해주는 도구로 살아남은 것도 적지 않았다.

이렇게 파푸아뉴기니인에게 전해진 가장 강력한 새로운 도구 중 하나는 일상화였다. 앞에서 보았듯이, 키붕은 일상화를 적극적으로 받아들였다. 예컨대 시간을 투자해야 하는 일련의 일일 의례를 치러야 할 때를 규칙적인 종소리로 알렸고, 내가 1980년대에 직접 보았듯이 이런 일상화는 키붕 공동체의 확산에 큰 역할을 해냈다. 인간 세계가 21세기에도 번영하려면, 이런 개방성이 열대우림으로부터 배워야 할 최종적인 교훈이다. 키붕 공동체는 가톨릭 선교사들의 가르침을 존중하며 경청할 만큼 개방적이었지만, 우리도 키붕의 지혜를 경청할 만큼 개방적일 수 있을지가 문제다. 보편적인 문제를 해결하기에 적합하고, 범세계적으로 공유한 일련의 믿음을 중심으로 결속하기 위해서는 키붕의 구성원들이 그랬듯이 우리도 일상화된 새로운 행동을 가족과 학교, 정부와 일터에 내재화할 수 있어야 한다.

그러나 범세계적으로 공유된 소비 습관을 더 나은 것으로 대체하려면 어떤 형태여야 할까? 일상생활의 필수품에 국한되어야 한다는 답도 크게 틀리지는 않다. 신석기 시대 초기에 작물 재배와 가축 사육 방법을 처음 개발한 이후로, 우리 조상들의 가정생활과 공동체 생활은 훨씬 더 규칙적으로 변했다. 오늘날 우리가 카펫을 청소하고 옷을 입는 것처럼, 서유라시아의 초기 농경민들은 주거지와 몸을 독특한 방식으로 꾸몄다. 농업의 발명으로 시작된 이런 가내 생산domestic production의 특징은 일반적인 생각보다 인류에게 훨씬 큰 영향을 미쳤다. 집을 꾸미는 데 열심인 이유는 집단과의 관련성을 유지하고, 험담으로 인한 배척의 위험을 피하려는 노력과 부분적인 관계가 있다. 많은 사람이 다른 어떤 때보다 손님이 오기 전에 진공청소기를 사용해 청소를 하고, 요리부터 청소까지 가사 노동을 다루는 텔레비전 프로그램이 꾸준히 인기를 얻는 이유가 여기에 있다. 가정의례에는 생각보다 강력한 힘이 있다. 예컨대 가정의례를 통해 우리는 기후에 영향을 주는 행동양식을 매우 빠르게 바꿔갈 수 있을 뿐 아니라, 그 과정에서 인간으로서 우리가 누구인가에 대한 집단의식에도 변화를 줄 수 있다.

 쇼핑 습관을 예로 들어 생각해보자. 많은 사람이 가까운 곳에서 더 자주 쇼핑하고, 포장을 절제하며 봉투를 재사용하고, 쓰레기를 줄이며 일상생활을 더 친환경적으로 영위하려고 애쓴다. 육류, 특히 쇠고기 섭취를 줄이면 탄소 발자국을 줄이는 데 도움이 된다는 것도 우리 모두가 알고 있다. 또 가족 휴가나 여가 활동을 위한 여행 횟수, 특히 비행기를 이용한 여행을 줄이는 일도 탄소 발자국을 줄이기 위해 필요하다고 알고는 있지만 제대로 실천하지 않는다. 그러나 동료의 압력이라는 메커니즘이 작용하면 이런 모든 행동이 극적으로 변할 수 있다. 우리가 무언가를 구매한 뒤에 받는 연료비 청구서가 담긴 영수증은, 우리 선택이 환경에 어떤 영향을 미치고 있는지, 우리가 남긴 탄소 발자국이 인정된 목표나 다른 소비자와 비교할 때 어느 정도인지에 대해 인쇄물 피드백으로 명확히 알려주는 기회가 된다. 이런 혁신이 소매업체에게는 달갑지 않을 수 있지만, 구매 행위가 있을 때마다 판매세 금액을 표시하는 정책이 현재 많은 국가에서 일상적으로 행해지는 것처럼 이런 방법도 강제로 시행할 수 있을 것이다.

규범의 강제 집행은 주로 가정에서 시작되며, 가치관이나 지식이 부모에게서 자식에게 전달되는 경우만이 아니라 반대 방향으로도 이루어진다. 예컨대 소방관들이 학교를 방문해 펼치는 활동은 가정 내 안전을 개선하고 화재 위험을 줄이는 데 매우 효과적이다. 아이들이 가정에 그런 정보를 전달하는 데 뛰어난 매개체 역할을 하기 때문이다. 달리 말하면, 가정생활에 더 친환경적인 습관을 퍼뜨리는 매개체로 학교와 어린아이를 활용할 수 있다. 가령 '기후를 위한 결석 시위 School Strike for Climate'처럼 교외 활동이나 저항을 위한 동원이 필요한 초국가적 활동 대신, 전 세계의 학교가 정규 교육 체제 내에서 더 긴밀하게 협력하며, 가정에서 시작되는 더 친환경적인 생활 방식을 뒷받침하는 아이디어와 실천 방법을 널리 확산한다고 생각해보라. 이런 진취적인 계획은 국가적 차원에서 교육부의 주도로 무수히 많은 방법으로 독려되고, 세계적인 차원에서는 학교 교육 과정의 핵심으로 교육되며, 청소년들에게 범세계적인 공동체 의식을 더 강력히 심어줄 수 있다.

마찬가지로 정부도 성인들이 가정생활에 내재한 일상화된 의례를 통해 탄소 발자국을 줄이는 데 훨씬 더 큰 리더십을 발휘할 수 있다. 예컨대 정부와 행정의 중심부에서 소비 양식에 변화를 주며, 공공 기관에서 새로운 습관을 모범적으로 시행할 수도 있다. 또 다른 예로는 공적으로 운영하는 모든 식당에서 육류를 배제하는 첫 단계로 영국과 미국의 국회의사당 메뉴에서 육류를 없애는 방법을 생각해볼 수 있다. 아니면 향후 20년 동안 탄소 발자국을 3분의 2만큼 줄이겠다는 목표로, 가스와 전기 사용 및 불필요한 출장을 줄이는 등 다양한 정책을 도입한 스코틀랜드 의회의 예를 따를 수도 있다.[2]

역사적으로 보면, 대규모 전환은 느린 과정일 수 있다. 세계에서 사회·정치적 복잡성이 독자적으로 나타난 일부 지역에서는 의례 공동체의 규모가 확대되기 시작한 때와, 강제로 집행되는 법체계와 통치 체제가 수립된 시점 사이에는 수천 년의 시간차가 있었다. 하지만 지금은 그렇게 오래 기다릴 여유가 없다. 오늘날 지구가 직면한 문제를 해결하려면, 가족과 국가 차원에서 인류 전체 차원으로 의례 공동체의 규모를 훨씬 더 신속히 확대해야 한다. 우리 조상에게는 없었지만, 다행히 지금 우리는 과학적 근거를 바탕으로 어떻게 해야 효과적으로 협력할 수 있는지를 알고, 그 지식을 활용하는 데 필요한 통신 기반도 갖추고 있다. 예컨대 우리의 과거를 분석하면, 대규모 협력을 가능하게 해준 규범들이 가정생활과 공동체 생활의 일상화에서 비롯되었음을 알 수 있다. 따라서 지금 우리가 처해 있는 세계에 필요한 방향으로 그 규범들을 조정하는 것도 대규모 전환에 도움이 될 수 있다.

집단 습관을 일상화하려면 헌신적인 노력과 규범의 집행 면에서 위로부터의 변화만이 아니라 아래로부터의 변화도 필요하다. 하지만 그 방향이 항상 명확히 구분되지는 않는다. 우리는 권위주의 체제에서 살든 양극화된 자유민주주의 체제에서 살든 간에 정책이 위에서 우리에게로 내려오는 것을 당연하게 받아들이는 듯하다. 그러나 그 반대가 가능하면 어떻게 될까? 모든 정책 결정이 계급 구조의 바닥에서 내려진다면 어떻게 될까? 의사 결정은 수많은 시민 의회(모집단 전체를 대표하는 표본 집단들로, 각 집단은 철저하고 상세한 전문가 조언을 참작하고, 다른 유사한 결정을 내리는 조직들과 긴밀하게 연락하며 할당된 쟁점들에 대해 중대한 결정을 내리는 책임을 떠안은 조직)의 과제일 수 있다. 이런 시스템은 배심원 제도와 무척 유사하게 운영될 수 있다. 달리 말하면, 당신에게 해당하는 번호가 뽑히면 반드시 시민 의회에 참석해야 하는 것으로 운영될 수 있다. 이런 시민 의회가 이상적으로 운영된다면, 참석자들 간의 상호작용과 토론을 통해 결론을 끌어내고, 통합적 복잡성(IC)과 상호이해를 위한 공간도 마련할 수 있을 것이다. 이런 운영 방법은 뉴스 보도의 부정적인 영향과 소셜 미디어의 분열적 영향으로부터 보호받을 수 있다. 배심원이 이런 것들로부터 격리될 수 있듯이, 우리를 대신해 정책 결정을 내리는 시민 의회도 유사하게 격리할 수 있을 것이다. 예컨대 시민 의회에 참석하는 구성원들이 의사결정을 위한 신성한 공간에 들어갈 때 스마트폰과 노트북을 제출하는 방식이 되겠지만, 그들의 논의 자체는 더 폭넓고 면밀한 검토를 위해 기록되어야 한다.

이런 시스템에서는 정치인과 정부의 역할이 무척 달라 보일 것이다. 물론 여전히 중요하지만 새로운 기능을 맡게 될 것이다. 의회 지도자들은 더 이상 정책 기획자가 아닌, 정책을 시행하는 선출자로서만 기능할 것이다. 따라서 정책을 수립하고 옹호하는 데 더는 힘을 쓰지 않고, 충분한 정보에 근거한 토론을 통해 결정된 국민의 의지를 떠받드는 충직한 종복으로서 자신이 성취하려는 목적을 이행하는 능력과 진실성을 입증하는 데 노력을 집중할 것이다. 이런 시스템은 여전히 민주주의이지만, 완전히 새로운 원칙에 따라 우리 삶의 일부로 일상화될 것이다. 또한 자본주의와 유사하지만 자본주의의 파괴적 영향을 제거한 까닭에 이런 시스템은 널리 확산되고 세계화될 수도 있을 것이다. 그렇게 되면 의사결정을 책임지는 의회들이 각자의 지혜를 모아, 공공정책에 관련된 문제와 적용할 수 있는 해결책을 집결해 세계 어디에서나 접근할 수 있는 지식 기반을 구축할 수 있을 것이다.

## 세계 종교를 다시 생각한다

2023년 6월, 나는 런던 캠던타운에 있는 한 유명한 카페에서 앨런 코비Alan Covey(세샤트 글로벌 역사 데이터뱅크 프로젝트에 참가한 공동 연구자 중 한 명)를 만나, 잉카 사회에 대해 이야기를 나누었다. 코비는 잉카에 대한 세계 최고 전문가로 손꼽히는 학자다. 그는 평소에는 텍사스대학교의 고고학과에서 학생들에게 둘러싸여 지냈지만 당시는 그가 연례행사처럼 런던으로 휴가를 온 때여서, 잉카 제국에서의 인간 제물과 사회적 불평등이라는 주제에 대해 그에게 묻기에 안성맞춤인 기회였다. 코비는 의례의 일환으로 어린아이를 살해하는 행위가 지금의 우리에게는 끔찍하기 이를 데 없이 보이지만, 잉카의 우주관이라는 관점, 특히 신과 인간 간의 상호 관계라는 관점에서 그 행위를 이해하려고 노력할 필요가 있다고 주장하며, 코비는 나에게도 그렇게 접근해주기를 바랐다.

이런 논점을 명확히 주장하려고, 코비는 과거의 지배자들에게는 오늘날의 우리 사회가 경제적으로 훨씬 더 불평등하게 보일 수 있다고 지적했다. 코비는 현재의 인건비를 기준으로 할 때 일론 머스크가 몇 개의 피라미드를 지을 수 있을지 나에게 추측해보라고 했다. 나는 잠시 생각했지만 전혀 모르겠다고 대답했다. 코비는 머스크의 순자산이 약 2000억 달러로 추정되고, 고대 이집트의 대피라미드를 짓는 데는 4000명에서 5000명의 노동자가 20~40년 동안 일해야 한다고 계산했다. 2023년을 기준으로 이집트 육체노동자의 한 달 수입이 대략 2700이집트파운드이므로, 대피라미드를 짓는 데는 노동 비용만 현재 화폐 가치로 최대 2억 달러가 소요될 것이다. 따라서 머스크가 2000억 달러의 재산을 몽땅 투자하면 1000개의 대피라미드를 건설할 수 있을 것이다.

파라오가 통치한 이집트 사회는 오늘날 우리가 살고 있는 사회보다 훨씬 더 불평등했다고 생각하기 쉽다. 민중의 상상에서는 고대 시대에 존재하던 부유한 사람과 가난한 사람 사이의 격차가 민주주의의 등장으로 해소되었다고 여겨진다. 그렇지만 옥스팜Oxfam International에 따르면, 오늘날 가장 부유한 1퍼센트가 나머지 모든 사람의 재산을 합친 것보다 두 배나 많은 재산을 소유하고 있다.[3] 따라서 머스크 혼자만의 재산과 오늘날 살아있는 대부분의 사람들이 보유한 저축액 사이의 격차가, 고대 이집트에서 가장 강력하던 파라오와 가장 계급이 낮은 노예가 각각 보유한 재물 간의 격차보다 훨씬 더 크다. 이런 불평등은 경제적인 면에서만 존재하지 않는다. 현재 우리가 견뎌야 하는 불평등은 사회 전체의 이익을 희생시켜 노골적으로 소수에게 몰아주는 형국이다. 예컨대 잉카 제국의 통치자들은 잘못 판단한 결과이지만, 재앙적인 자연재해로부터 환경을 보호할 목적에서 인간을 제물로 바치라고 요구했다. 머스크가 재산의 절반을 오늘날의 기후 위기를 해결하는 데 바친다면, 범세계적인 인간 부족으로서 우리의 삶이 얼마나 좋아질지 상상해보라.

논란의 여지는 있지만, 슈퍼 리치super-rich에게 범세계적인 문제를 해결하기 위해 재산의 상당 부분을 포기하라고 국제법으로 요구하는 일을 상상하기 어려운 이유는 실현이 불가능하기 때문이 아니라, 우리의 일상화된 사고 습관이 그런 의견을 거의 상상조차 하기 힘들게 만들기 때문이다. 슈퍼 리치를 규제하는 생각이 헛된 공상처럼 들린다면, 신석기 시대의 농민들에게 세계 종교에 대해 설명해보겠다는 생각도 마찬가지일 것이다.

하지만 그런 상상이 그 생각을 구체적으로 실현하기 위한 첫걸음이다. 키붕이 과거에 서로 전쟁을 벌이던 부족들을 다민족 원형 국가proto nation로 통합할 수 있었던 데는, 예지력을 가진 지도자들이 조직화된 종교와 중앙집권적 정부 체제라는 개념에서 영감을 받았지만 그런 식민 체제를 초월하겠다는 목표를 세운 덕분이었다. 따라서 내가 제안하려는 방향으로 전환하기 위한 징검돌로 세계 종교를 상상한다면, 범세계적인 차원에서 우리가 조직화되는 방법을 바꿔가는 것이 덜 위협적으로 느껴질 수 있다.

이런 목표를 이루어낼 수 있는 한 가지 방법은, 범세계적인 협력을 더 효과적으로 끌어내기 위한 촉매로 기존 종교 조직을 바꿔가는 것이다. 기독교와 이슬람교, 유대교, 불교와 힌두교 및 여기에서 파생된 수많은 종파를 비롯해, 초국가적으로 조직된 모든 종교의 경전에는 창조주의 피조물을 돌보라는 명령이 있다. 그러나 이런 신학적 근거가 있는데도 전 세계의 독실한 신자들은 현재의 기후 위기에 맞서 행동하지 않았고, 그 근거가 지금까지 실질적으로 활용되지 않았다.

이제부터는 달라질 수 있다. 이 종교들이 우리가 집에서 습관적으로 하는 행동에 변화를 요구할 수 없을 정도로 무력하지는 않다. 식사할 때 종교적으로 선호하는 것과 금지하는 것이 우리가 먹는 것에 오래전부터 영향을 미쳤다. 한편 세계 어디에서나 독실한 신자의 가정은 가족 사당, 신성한 성상聖像, 제물을 바치고 기도할 만한 공간으로 꾸며진다. 이런 것들은 신앙심이 우리가 가정에서 하는 행동에 영향을 미쳤다는 구체적인 증거로, 우리에게 가치관과 목표를 형성하는 기회를 제공한다.

종교는 수천 년 전부터 이런 역할을 해왔다. 약 8000년 전, 차탈회위크의 신석기 시대 거주지에서 발견된 깨끗한 공간은 신성하고 상징적인 곳으로 거의 확실히 여겨졌으며, 즉 어떤 면에서는 거주

공간을 단순한 주거지가 아니라 신전에 더 가깝게 만들었다.[4] 실제로 그 깨끗한 공간은 가톨릭 가정이 가족 제단이나, 인도네시아 발리의 가정집에 세워진 신전, 더 나아가 키붕 회원이 조상에게 제물을 바치는 가족 사원과 유사했다. 그 공간은 의례가 일상생활에 융합된 곳이다. 자신이 어떤 세계 종교의 일원이라 생각하는 사람들, 즉 오늘날 지상에서 살아가는 대부분의 사람에게 가정생활은 양육 방식부터 일일 기도와 예배 행위까지 종교에 영향을 받은 것으로 가득하다.

종교 생활의 이런 측면이 환경 문제를 해결하기 위한 투쟁에 더 체계적으로 활용되지 않는다는 사실은 그야말로 기회의 상실이 아닐 수 없다. 교리에 바탕을 둔 세계 종교들은 기후변화와 생물 다양성 감소를 비롯해 지구에 가해지는 그 밖의 주요한 위협을 해소하기 위한 행동 계획을 실행하는 데 필요한 리더십 구조와 잠재적 동기부여 기반을 갖추고 있다. 이런 가능성은 시크교도들이 창시자의 탄생 550주년을 맞아 전개한 100만 그루의 나무 심는 행사 등 몇몇 주목할 만한 프로젝트를 통해 입증되었다.[5] 그러나 이런 진취적인 계획은 규모와 영향에서 훨씬 더 크고 강력하게 전개될 수 있는데도 현실에서는 그렇지 않다.

종교 조직들은 가정생활에는 이런저런 제약을 일상적으로 부과하지만, 이런 제약에 대한 경전에 기초한 근거는 명확하지 않다. 예컨대 피임, 예스러운 음식 금기, 예의 바른 옷차림 등에 대한 제약이 그렇다. 그러나 지구를 깨끗하게 관리해야 한다는 가르침은 각 세계 종교에서 가장 신성하게 여기는 경전에서 광범위하게 언급되지만 놀라울 정도로 간과된다. 이런 자가당착적 현상을 해결하기 위해 종교 지도자와 신자 모두가 더 많은 노력을 기울여야 한다. 또한 우리 식단을 독단적으로 규제하는 종교적 규범들도 충분한 의지만 있다면 상당히 쉽게 더 보충할 수 있고, 적어도 이론적으로는 가능하다. 예컨대 일부 가톨릭 공동체에서 금요일에 생선을 먹는 규범이 행해지듯이, 월요일에는 육류를 먹지 않는다는 규범이 만들어지지 못할 이유가 어디에 있겠는가?

도덕적 종교들이 우리의 직관적 믿음을 효과적으로 활용하지 못하는 것처럼, 세속적인 환경 운동도 비슷한 이유로 실패하고 있다. 언젠가 나는 동료들과 함께 야생 생물 보존에 관한 학술 문헌을 분석해, 직관적 도덕에 대한 논쟁이 국제적으로 어느 정도까지 연구되고 논의되고 있는지를 살펴보았다. 문헌을 통계적으로 분석한 결과에 따르면, 세계 전역에서 모든 사회가 도덕적으로 선하다고 여기는 일곱 가지 협력 형태 중 하나만이 보존 지원을 받으며 정기적으로 언급되고 있었다.[6] 우리가 환경에 접근하는 방식이 범인류적 도덕률, 즉 친족을 도우라, 소속 집단에 충성하라, 호의에 보답하라, 용감하라, 윗사람을 존중하라, 물건을 공정하게 나누라, 타인의 재산을 존중하라에 뿌리를 두었다면 환경에 어떻게 도움이 되었을지는 쉽게 상상된다. 하지만 보존에 대한 학술 문헌에서 폭넓게 언급되는 협력의 유일한 특징은 상호성reciprocity으로, 강제성을 띠는 상호적 국제 협정을 통해 자연자원의 일방적인 약탈을 줄이기 위해 가장 절실하게 필요한 특징이다. 도덕적이라고 인정되는 다른 여섯 가지 형태의 협력도 보존 문제와 명백히 관련이 있는데도 거의 완전히 도외시되었다. 이런 현상도 역시 기회의 상실이 아닐 수 없다.

종교 지도자와 국회의원, 압력 단체와 대중매체는 우리 안에 보편적으로 내재한 본능에 호소하기 위해 더욱더 협력할 수 있어야 한다. 우리 자녀와 손자녀의 미래를 지켜야 할 필요성을 강조하며, 친족을 돌보려는 욕망에 호소할 수 있다. 비재생 분야의 강력한 이해관계자들에게 맞서야 할 필요성을 강조하며, 영웅적인 행위에 호소할 수 있다. 우리가 수백만의 다른 종과 지구를 공유하고 지낸다는 점에서 공정성의 원칙도 중요하다. 또 인간은 비교적 최근에야 지상에 도래했고, 다른 종들은 지구를 먼저 소유하고 있었기 때문에 타인의 재산에 대한 존중도 고려해야 한다.

끝으로, 더 범세계적인 관점에서 정보를 공유하는 방식에 대해 다시 생각해보아도 얻을 것이 많다. 8장에서 주장했듯이, 우리 안에 내재한 종교적 성향과 감성을 과거에는 종교가 관리했다면 이제는 다국적 기업과 대중매체와 테크놀로지 플랫폼이 그 역할을 인계받았다. 하지만 대다수 개인이나 그들이 살아가는 사회의 이익보다 기득권층의 이익을 대변하는 데 몰두할 뿐이다. 하지만 이런 현상은 한 국가의 차원에서 해결할 수 있는 국내 정책의 문제가 아니다. 안타깝게도 우리는 기생적인 종교성이 세계 전역으로 확산되는 것을 방치해온 까닭에 이런 현상을 해소하려면 이제라도 범세계적인 대응이 필요하다.

행동 수정을 위해 광고주와 미디어로부터 주도권을 빼앗고, 새로운 형태의 세속 종교를 만들어내는 것은 범세계적인 도전 과제다. 다시 말하면, 전 세계가 협력한다는 목표하에 보편적 도덕 원칙을 중심으로 구축된 규제 메커니즘을 통해서만 적절히 해결될 수 있다. 구체적인 형태로는 유엔이나 G20을 통해 자금을 지원받는 글로벌 뉴스 허브global news hub를 생각해볼 수 있다. 범세계적인 공공 방송사로, 각국에서 가장 신뢰 받는 국영 방송사와 경쟁하게 될 것이다. 뉴스로서의 가치를 규정하는 이론이 그 중심을 차지할 것이고, 그 이론에서는 우리 모두가 책임 있는 세계 시민이 되기 위해 반드시 알아야 할 세계정세에 대한 정보를 우선시할 것이다. 험담하고, 공포를 조장하며 추문을 퍼뜨리고, 역겹고 자극적이며 광고가 끊이지 않는 흥밋거리 뉴스가 아니라, 하루도 빠짐없이 전개되며 우리 모두에게 제기되는 중요한 문제들을 이해하는 데 진정으로 유익한 뉴스여야 한다.

## 세계 부족

2015년 7월 1일 어둠이 내린 뒤, 미국인 치과의사 월터 파머Walter Palmer가 긴 활에 걸어 발사한 화살 한 발에 세실이 부상을 입었고, 그 때문에 세실은 약 12시간 뒤에 사망했다. 짐바브웨에서 야생으로 살아가던 열세 살의 사자, 세실의 사망 소식이 언론에 보도되고 급속히 퍼져나가자, 세계 곳곳의 화면에 세실의 모습이 비추어졌다. 세실이 죽음을 맞았을 당시, 옥스퍼드대학교의 내 친구들과 동료들이 세실을 연구하고 추적하고 있었다. 따라서 곧바로 옥스퍼드대학교에는 세실 같은 사자를 보호하기 위해 앞으로 무엇을 할 수 있는지 묻는 사람들의 전화가 폭주했다.

이렇게 대중의 관심을 한 몸에 받은 연구팀의 팀장은 데이비드 맥도널드David Macdonald였다. 나는 그에게 사자의 보존을 위해 기부하는 사람들 중 약 1000명을 표본으로 선택해 설문조사를 진행할 수 있는지 물었고, 그는 동의했다. 그 이후로 6개월 동안, 세실의 죽음에 대한 사람들의 반응이 어떻게 달라지는지를 추적했다. 우리가 찾아낸 결과에 따르면, 시간이 지나면서 사람들이 이 사건을 되돌아보며 이 비극을 개인적 서사에서 삶의 방향을 바꾼 사건으로 추가했다. 다시 말하면, 세실의 죽음은 야생 생물 보존에 대한 그들의 관점을 바꿔놓은 전환점이 되었다. 정체성의 이런 깊은 변화는 세실과 공유한 경험에 대한 감정에서 비롯되었으며, 결과적으로는 아프리카의 야생에서 살아가는 다른 사자들과의 융합으로 이어졌다.[7] 이 선구적인 연구는 정체성 융합이 종의 경계를 넘어서도 가능하다는 점을 입증해주었다. 우리가 사자와 융합할 수 있다면, 우리와 함께 지구를 공유하는 수많은 다른 피조물과도 융합하지 못할 이유가 있겠는가.

이 책에서 자료를 바탕으로 그런대로 자세히 언급했듯이, 인류의 역사가 진행되는 동안 부족의 규모는 크게 확장되었다. 그러나 그 확장 과정의 마지막 종착지는 모든 생명체로 이루어진 부족, 즉 인간만이 아니라 살아있는 모든 생명체를 포괄하는 부족이다. 고대 조상들이 입문 의식을 통해 우리에게 무리의 일원으로서 성인의 책임을 가르쳐주었듯이, 우리도 지구의 관리자로서 미래 세대를 위해 다양한 형태의 입문 의식을 구상할 수 있을 것이다. 이 과정에서 우리는 지구의 역사에 대한 지식과 그 안에서 우리가 차지하는 위치만이 아니라, 지구를 보살피는 방법, 더 나아가 지구와 우리가 서로에게 도움을 줄 수 있는 방법에 대해 점차 깨닫게 된 것까지 물려줄 수 있을 것이다.

이상적인 경우라면 이 과정은 진정으로 변화를 일으키는 통과의례라는 형태를 띨 것이고, 이때부터 성인의 많은 특권은 거저 주어지는 것이 아니라 통과의례를 거침으로써 성취되는 것이 된다. 예컨대 전 세계에서 열여덟 살은 자신이 속한 국가의 고유한 제도적 강점과 자연 자원에 맞추어 조정된 세계 시민으로서 행동해야만 각자의 사회에서 성인의 자격을 획득할 수 있다고 상상해보라. 이런 입문 의식은 지역 공동체에서 행해지고 끝나겠지만, 지금 우리가 텔레비전과 컴퓨터 화면을 통해 새해가 표준 시간대를 통과하며 도래하는 순간을 보며 기념하듯이, 그 의식이 전체적으로 지구에 기여한 정도를 매년 세계 전역에 널리 알리며 기념할 수 있을 것이다.

세실의 사례는 확장된 융합이 우리를 어디까지 끌어갈 수 있는지를 명확히 보여준다. 인간이 사자와 융합할 수 있다면, 다른 사람, 겉보기에 완전히 다른 사람과도 얼마든지 융합할 수 있다는 뜻이다. 이쯤에서 흥미로운 질문이 제기된다. 인류 전체가 스스로를 단일 부족으로 인식하기 시작할 수 있을까? 내가 학생들에게 세계에서 가장 소홀히 여겨지는 부족이 바로 인간이라 말하면, 학생들은 빙그레 미소를 짓고는 인간이 하나로 통합되기 위해서는 공동의 적이 필요할 것이라고 반박한다. 따라서 어느 순간 대화의 주제가 화성인 침공이나 공상과학 판타지로 필연적으로 넘어간다.

하지만 진짜 과학이 우리에게 가르쳐주는 것은 그렇지 않다. 6장에서 설명했듯이, 대규모 집단과의 '동일시'는 외집단에 대해 경쟁적 태도를 수반할 수 있다. 그러나 이 현상이 융합의 필연적인 특징은 아니다. 우리를 어떤 집단과 융합하게 해주는 것은 가족, 심지어 밤새 계속된 광란의 파티를 함께 낯선 사람에 대해 갖는 사랑의 감정과 더 비슷하다. 우리는 집단으로부터 힘을 얻고, 그 대가로 집단에 힘을 준다. 이런 상호작용은 무한히 확장될 수 있는 충성의 한 형태다. 외집단이나 적이 반드시 필요하지는 않다. 사랑하는 집단이 공격을 받는 경우에만 융합의 어두운 면, 즉 증오하는 적대 세력을 파멸하기 위해 기꺼이 싸우다 죽겠다는 의지가 드러난다. 하지만 외부의 위협이 없는 한, 융합된 집단의 기본적 태도는 다른 집단과 평화롭게 협력하는 것이다.

인류 전체의 융합 가능성을 조사하기 위해, 나는 쾰른대학교 경제학부의 박사 과정 학생으로 그 개념에 관심을 보인 루카스 라인하르트Lukas Reinhardt와 공동으로 연구를 진행했다. 우리는 위의 가설이 합리적이라는 데는 동의했지만, 검증에는 더 많은 증거가 필요하다고 생각했다. 따라서 앞에서 자세히 살펴본 융합의 두 가지 경로, 즉 공유된 생물학적 특성과 정체성 결정에 영향을 미치는 공유된 경험에 연구의 초점을 맞추기로 결정했다. 공유된 생물학적 특성의 영향을 연구하기 위해, 우리는 일반인 가운데 선발한 사람들에게 유튜브 영상 하나를 보여주었다. 인기 작가 아널드 스티븐 제이컵스Arnold Stephen Jacobs가 세계 전역의 사람들을 글로벌 패밀리 리유니언Global Family Reunion이라는 가족 모임에 초대한 영상이었다.[8] 이

영상에서 제이컵스는 우리 모두가 하나의 공통된 조상으로부터 유래했으므로 일반적인 인식보다 생물학적으로 더 가까이 연결되어 있다고 주장했다.

라인하르트와 나는 이 영상을 본 사람들이 나중에 인류와의 융합 정도에 어떤 점수를 매기는지, 특히 다른 국가 사람들에게 더 관대해졌는지를 알아보고 싶었다. 한편 공유된 경험이라는 경로에 의한 융합을 검증하기 위해서는 출산으로 삶이 가장 크게 변한 어머니들을 대상으로 한 대규모 표본에 초점을 맞추었다. 그런 어머니는 세상의 다른 어머니들과 더 잘 융합할까? 두 경우 모두에서 답은 단연코 '그렇다'였다. 개인적인 특성 중에서 다른 사람과 공유할 수 있는 부분을 떠올리는 것만으로도 우리는 더 잘 융합하고, 따라서 범세계적인 문제를 해결하는 데도 더 적극적으로 참여하게 된다.[9]

일반 대중에게 적용되는 원칙은 권력을 휘두르는 권력자, 예컨대 기업 총수, 정치인, 종교 지도자 등 여론 형성에 영향을 미치는 사람들에게도 적용되어야 마땅하다. 범세계적인 무대에서 가장 큰 존경을 받는 지도자들을 생각해보면, 그들이 반드시 가장 부유하거나 강력한 국가를 이끄는 사람들은 아니다. 넬슨 만델라가 대표적인 예다. 구체적으로 말하면, 만델라는 경제력이나 지정학적인 힘이 아니라 인류의 공통된 경험을 인식하는 능력에서 비롯된 영향력을 발휘한 사람이었다. 만델라의 영향력은 심지어 그를 개인적으로 해친 사람들, 더 나아가 그가 자란 남아프리카 공동체를 억압한 사람들과 공유한 경험의 힘을 정확히 인식하는 능력에서 비롯되었다. 이런 지도자들은 '장벽을 넘는 사람barrier crosser'이라 표현될 수 있다.[10]

장벽을 넘는 사람들은 외집단과 경쟁하며 내집단의 이익을 추구하면 모두에게 큰 비용을 초래하기 십상이라는 것을 알고 있다. 오히려 함께 협력할 때 모두에게 더 나은 결과를 얻을 수 있다. 물론 적과 협력하는 일은 어렵다. 신뢰 부족이 흔한 장애물이다. 안타깝게도 외집단이 번영하는 것을 보게 된다는 가능성도 마찬가지다. 내집단을 열정적으로 지지하는 사람들에게는 외집단을 해치려는 욕구가 내집단을 이롭게 하려는 욕구보다 훨씬 더 강할 수 있다. 이런 현상은 분명히 우려스러운 문제지만, 장벽을 넘는 리더십이 해결책을 제공할 수 있다.

한 연구에서,[11] 우리는 세 가지 유형의 문제에 시달리는 공동체에서 활동하는 60명의 지도자에게 도움을 청했다. 인종차별의 긴 역사를 가진 미국 도시들에서 활동하는 아프리카계 미국인 지도자들, 더블린에 거주하는 아일랜드유랑민Irish Travellers 집단의 지도자들, 런던에 거주하는 소수 집단인 무슬림 공동체의 지도자들이었다. 우리 연구 표본에서 33명의 지도자는 내집단 동료만이 아니라 외집단 구성원과도 오래전부터 깊은 관계를 맺으며 상호 관심사인 문제를 해결하는 데 도움을 주었기 때문에 연구가 있기 전부터 장벽을 넘는 지도자로 인정되었다. 나머지 27명은 주로 혹은 절대적으로 내집단 구성원과 함께 일하며 집단 이익을 추구했다는 점에서 장벽에 갇힌 지도자로 구분되었다.

우리 연구의 목표는 리더십이 이렇게 무척 다른 두 가지 형태로 존재할 수 있는 이유를 설명하는 데 도움을 줄 수 있는 근원적인 심리 성향을 살펴보는 데 있었다. 예컨대 장벽을 넘는 지도자들이 외집단과 협력하는 능력은 공감하는 능력으로 설명될 수 있다는 주장은 그럴듯하게 들리지만, 이 주장을 뒷받침할 증거는 아직 발견되지 않았다. 그래도 장벽을 넘는 지도자들이 우리를 가장 크게 바꿔놓는 경험, 특히 고통의 경험은 내집단에서만이 아니라 집단의 경계를 넘어서도 공유된다는 점을 인정한다는 사실은 확인되었다. 결국 특정한 종류의 경험과 기억은 집단의 경계를 초월한다는 것이 확인되고, 장벽을 넘는 지도자들에게는 융합이 내집단의 경계를 넘어 더 쉽게 확장될 수 있다는 것을 뜻하기 때문에 중요한 발견이 아닐 수 없다.

이런 결과는 이 책에서 지속적으로 제기했던 가장 근본적인 문제 중 하나, 즉 '무리를 새로운 방향으로 끌어가고, 민중의 본능을 조작적인 엘리트 계급에만 유리한 방향이 아니라 사회 전체에 유익한 방향으로 유도할 수 있는 리더십을 함양하려면 어떻게 해야 할까?'라는 문제로 귀결된다. 장벽을 넘는 리더십에서 이 문제의 잠재적 해법이 찾아진다. 정체성 융합이 집단 친화적 행동을 촉진하기 때문만이 아니라 저항과 반발에 직면해서도 두려움 없이 집단 친화적으로 행동하기 때문에, 사회적 변화를 이끌어가는 지도자들에게 정체성 융합은 중요한 자산이 된다. 정체성 융합은 우리에게 개인적으로 어떤 희생을 치르더라도 집단에게 가장 좋은 것이라 믿는 것을 행하도록 만든다. 장벽을 넘는 지도자들도 마찬가지이지만, 그들은 더 확장된 집단을 염두에 두고 그렇게 행동한다.

이런 유형의 리더십은 '용기 있는courageous' 리더십이라 표현할 수도 있다. 오늘날 우리가 살아가는 세계를 괴롭히는 환경 파괴와 사회 붕괴 및 폭력적 갈등이라는 문제를 해결하려면, 지능적이고 전략적인 지도자만이 아니라 용기 있는 대담한 지도자가 필요하다.

가상현실 헤드셋을 통해 멀리 떨어진 곳에서 지구를 보았을 때, 인류가 유한한 자원들을 가진 단일한 원천에 의존하는 단일 부족이라는 사실을 과거의 어느 때보다 실감나게 깨달았다. 하지만 우주에서 지구를 보는 것, 즉 외부에서 우리 자신을 관찰하는 것만으로는 충분하지 않다. 우리가 추구하는 미래를 만들어가려면, 인간 본성의 한계와 역사의 교훈을 더 깊이 이해해야 한다.

1만 년 전, 인간 부족은 개인적으로 아는 사람들로만 구성되었다. 국가가 처음으로 등장했을 쯤, 대부분의 인류는 기본적인 믿음과 관습을 똑같이 공유하지만 그 범위 밖에 있다고 여겨지는 사람들을 배제하고 인간으로 취급하지 않는 '킬로 부족kilotribe'으로 나뉘어졌다. 축의 시대에 구성원 수가 100만 명이라는 문턱을 넘으며 '메가 사회megasociety'로의 전환이 일어났다. 논란의 여지가 있지만 현재 인류는 '테라 부족teratribe', 즉 지금 지구에서 살아가는 수십억 명이 우리 모두에게 악영향을 주는 문젯거리를 해결하기 위해 마침내 하나로 단결하는 단계를 눈앞에 두고 있다. 물론 지금도 우리 자신을 국민 국가의 시민으로 보는 것이 더 자연스럽다고 생각할 수 있지만, 그 이유는 사고하는 습관 때문이지 극복할 수 없는 장애물이 있기 때문은 아니다.

규모를 확대하지 못한 대가는 명백하다. 지금 우리는 지구상의 모든 사람을 먹이기에 충분한 식량을 생산하고 있지만 여전히 수백만 명이 굶주리며 지내지 않는가! 전면적인 핵전쟁이 우리 모두를 파멸시킬 수 있다는 것을 알면서도 치명적인 무기를 계속 비축하고 있다. 지구가 나날이 뜨거워지고, 해수면이 상승하며, 유한한 자원이 고갈되고 있다는 것을 알면서도 여전히 지속 불가능한 속도로 온실가스를 배출하고 있다. 괴베클리 테페의 T자형 거대한 돌기둥이 당시 사라져 가던 구석기 시대 생활 방식의 마지막 허세였다고 해석될 수 있듯이, 우리 시대를 규정하는 과도한 소비주의와 포퓰리즘은 인류의 역사에서 새로운 형태의 세계 통합을 위한 문턱을 넘어선 시기의 마지막 발악으로 해석될지도 모른다. 그때에도 인류는 고유한 문화, 언어와 방언, 규범 등으로 규정되는 무수히 많은 문화 집단으로 나뉠 것이 분명하다. 그러나 진화의 역사에서 보면, 필요할 때 우리가 언제라도 더 높은 수준으로 긴밀하게 협력할 수 있는 단계에 마침내 들어서고 있을지도 모른다.

이 책은 인간 본성을 이루는 세 가지 측면을 세 가지 관점(수백만 년에 걸쳐 일어난 우리 심리의 생물학적 진화, 수천 년 동안 진행된 우리 정치·경제 시스템의 문화적 진화, 그 결과로 우리가 현재 직면하고 있는 문제들)에서 집중적으로 살펴보았다. 세 가지 편향을 이용하고 관리할 수 있는 역량 덕분에 우리는 과거에 협력의 범위를 확대할 수 있었지만, 우리가 물려받은 협력 방법들이 이제는 우리를 파멸로 몰아가고 있다는 것이 지금까지 내 논증의 핵심이었다. 그러나 문화적 진화가 과거에 인간 본성의 한계를 극복하는 데 어떻게 기여했는지 더 잘 이해한다면 그 지식을 활용해, 우리 공동체의 미래를 완전히 바꿔놓는 결정을 내릴 수 있을 것이다. 과거의 방법 중에는 일부만 유효하고, 전혀 유효하지 않은 것도 있다. 따라서 어떤 방법이 유효한지 알아내는 것이 중요하다. 따라서 무계획적이고 분열적인 방법이 아니라, 신중하고 합의를 끌어내는 방식으로 우리가 살아갈 세계를 만들어가고, 그 미래를 계획하도록 동기를 부여하는 일련의 조치를 취해야 한다.

무엇보다도, 지상의 모든 공동체가 서로에게 배우려는 마음가짐을 갖는 것이 중요하다. 세계화된 자본주의 병폐와 그 병폐를 해결할 수 있는 방법에 대해 우리는 풍부한 학술 연구를 통해서는 물론이고, 원주민 집단의 통찰로부터도 배울 수 있다. '발전development'에 대한 다양한 이론들이 부유한 서구에서 가난하고 교육받지 못한 지역으로 일방적으로 흘러가야 한다는 생각은 오만하고 경멸적일 뿐 아니라, 우리 모두를 경시하는 것이다. 우리에게 필요한 것은 서구에서 다른 지역으로 전해지는 설교가 아니라 범세계적인 토론이다. 키붕 조직에서 내 멘토들은 인간 기원에 대한 문제에 깊은 관심을 보였다. 내가 거주한 마을에서 대부분의 주민은 글을 읽고 쓰는 능력도 부족하고 책도 거의 없었지만, 나름대로 자기들만의 잠정적인 이론을 만들어갔다. 그러나 그 이론은 어떤 해석을 독단적으로 강요하는 형태가 아니라 궁금증을 조심스레 해소하려는 듯한 태도로 항상 나에게 제시되었다. 협력의 규모가 커지려면 바로 이런 태도가 필요하다.

지구 나이는 45억 살이다. 인간이 유발하는 재앙이 없다면, 앞으로도 10억 년 정도는 생명체가 살아갈 수 있을 듯하다. 이 장구한 시간의 깊이를 고려할 때, 인간종의 출현은 눈 깜짝할 사이의 순간에 불과하다. 하지만 과학기술의 발전이 우리의 사회적 본능을 앞지르면서, 우리 행성의 미래는 이제 불안정한 상태에 빠졌다. 대규모로 결속하고 협력하는 우리의 능력이 우리 안에 내재한 파괴적인 충동, 즉 약탈하고 말살하려는 충동을 따라잡을 수 있을까? 채집으로 살아가던 조상으로부터 물려받은 심리를 급변하는 세계에도 적응하며, 순응주의와 종교성과 부족주의가 우리에게 불리하지 않고 유리하게 작용하도록 만들어갈 수 있을까? 과거의 지혜만이 아니라 현재의 과학, 즉 우리가 살아온 부자연스러운 역사의 산물을 제대로 활용한다면, 우리와 세계의 미래를 안전하게 지킬 수 있을 것이다. 과거 어느 때보다 그 미래가 우리에게 주어진 공동의 유산을 얼마나 현명하게 사용하느냐에 달려 있기 때문이다.

**감사의 말**

이 책은 거의 40년에 걸친 연구와 협업의 결실로, 그 과정에서 나는 계산하기 힘들 정도로 많은 빚을 졌다. 30명 이상의 박사 과정 학생과 40명 이상의 박사 후 과정의 연구원을 지도하고, 세계 전역에서 여러 대학의 많은 동료와 공동으로 작업하는 과정에서, 내가 상상하던 것보다 훨씬 더 많은 것을 배웠다. 이에 대해 겸허한 마음으로 감사할 따름이다. 이 책은 많은 전문가의 전공 분야를 침범하기 때문에, 그들의 전문 분야와 관련된 부분들을 읽고 의견을 제시해준 동료들에게 진심으로 감사의 뜻을 전하고 싶다. 그럼에도 어떤 오류가 남아 있다면 그에 대한 책임은 전적에도 나에게 있다는 점을 밝혀두려 한다. 스콧 애트란, 파스칼 부아예, 마이클 버메스터, 에마 코언, 앨런 코비, 율리아 에브너, 케빈 포스터, 피터 프랑수아, 피터 프랑코판, 스튜워트 거스리, 콘로이 해리스, 이언 호더, 댄 호이어, 로버트 야기엘로, 크리스 캐버너, 잭 클라인, 이언 카이트, 제니퍼 라슨, 로버트 N. 맥컬리, 미할 미시아크, 마사 뉴슨, 케이트 로워스, 루카스 라인하르트, 랄프 슈뢰더, 폴 시브라이트, 앨런 스트래선, 피터 터친, 발레리 반 물루콤, 클레어 화이트, 피오나 화이트에 감사의 뜻을 전하고 싶다. 물론 많은 양의 인용된 자료의 사실을 확인해준 연구 보조원 대니엘 모랄레스에게도 감사한다.

1장과 3장과 4장에서 언급된 일부 내용은 잡지 《이온Aeon》에 게재된 Whitehouse, H. (2012), 'Human Rites'에 처음 발표된 것이다(https://aeon.co/essays/rituals-define-us-in-fathoming-them-we-might-shape-ourselves). 3장의 일부 내용은 잡지 《퍼시픽스탠다드Pacific Standard》에게 게재된 Whitehouse, H. (2016), 'What Motivates Extreme Self-sacrifice'에 처음 발표된 것이다(https://psmag.com/social-justice/what-motivates-extreme-self-sacrifice에서 확인할 수 있다).

펭귄 랜덤하우스의 내 편집자, 로언 보처스에게도 많은 도움을 받았다. 로언은 나에게 이 책을 써보라고 가장 먼저 권했고, 나는 1년쯤 지나서 초고를 건넸다. 로언은 그 초고를 발기발기 분해한 뒤에는 하버드대학교 출판부의 편집자, 레이첼 필드의 의견까지 더해서 어떻게 재구성하는 것이 최선인지를 나에게 알려주었다. 로언의 조언을 받아들여 괴롭게도 원고의 상당 부분을 잘라내야 했지만, 나는 이 과정을 통해 많은 것을 배웠고, 로언과 레이첼의 전문적인 통찰력과 역량에 대해 깊은 존경심을 갖게 되었다. 물론 펭귄 랜덤하우스의 교열 담당자 린지 데이비스를 비롯해 날카로운 지적을 아끼지 않은 편집팀에게도 깊은 감사를 드린다.

원고 전체를 읽고 의견을 제시해주었고, 내 의욕이 떨어지면 끝없는 정서적 지원을 아끼지 않았으며, 내가 귀를 닫고 내 생각에만 깊이 빠진 채 허우적대는 시간을 꾹 참고 용인해준 아내, 메리디에게 누구보다 고맙다는 말을 전하고 싶다. 또 내가 이 책을 쓰는 동안 내내 궁금한 것들을 끝없이 질문해주었던 아들 대니와 며느리 샐리, 어머니 퍼트리샤에게도 감사한다. 이 책을 그들 모두에게, 또 우리가 병든 문명을 얼마나 신속하게 치유하느냐에 따라 미래가 달라질 손녀 델릴라에게 바친다. 책을 쓰는 과정에서 내 가족들, 더 나아가 오스트레일리아로 확장된 가족의 응원은 내가 말로 표현할 수 없을 정도로 소중했다. 이 책의 핵심 주제 중 하나는, 과거에 친족의 유대가 인간 문명의 진화에 중심적 역할을 해왔듯이, 이제는 문명을 구하는 가장 강력한 수단 중 하나가 될 수 있다는 것이다. 이 책은 학문의 경계를 대수롭지 않게 생각하지만, 내 동료 학자들을 향한 깊은 존경과 사랑으로 쓰였다. 우리는 모두 공통된 조상의 후손이다. 이런 의미에서 우리는 모두 한 가족이다.

**옮긴이의 말**

# 더 나은 미래를 위하여

이 단어를 들을 때 가장 먼저 떠올려지는 것은 물리적인 기념물이다. 유럽을 중심으로 웅장한 성당과 정교하게 지어진 왕궁이 생각나고, 우리를 중심으로 말하면 경복궁, 창경궁이나 이른바 국보로 지정된 유물들이다. 요즘에는 언론에서도 이런 유산의 많고 적음에 따라 관광대국의 순서가 결정된다는 듯 말하는 것으로 보아, 물질적으로 속물화된 우리에게 유산이라는 단어에서 유형적 자산을 떠올리는 것은 자명하다. 하지만 지금의 우리를 만든 것은 무엇일까? 구체적으로 말하면, 왜 우리는 이렇게 생각하고 행동할까? 철학은 '책임 있는 개인'을 강조하며 우리에게 그런 시민이 되라고 가르치지만, '부화뇌동'이나 '순응주의'라는 단어가 더 힘을 발휘하는 이유는 무엇일까? 또 사회society, 집단group, 공동체community라는 단어가 존재하는 이유, 더 나아가 높은 빈도도 사용되는 이유는 또 무엇일까? 놀랍지만, society의 어원이라는 socius는 '다른 사람들과의 우호적인 연대'라는 뜻이다.

이 책은 이런 의문을 추적해 심리학적 관점에서 답을 구하려는 시도다. 따라서 저자가 생각하는 유산의 개념도 달라진다. 유형적 유산이 아니라, 진화라는 과정을 통해 우리에게 전해진 생물학적 유산에 관심을 기울이고, 그 유산은 우리 본성에 내재한 세 가지 편향, 즉 순응주의, 종교성, 부족주의라 규정한다. 이 세 가지 편향이 복합적으로 작용하며 우리 사회의 규모가 점점 확대되었고, 그 과정에서 통치자들이 이 세 가지 편향을 이용했다는 것이 저자의 주장이다. 그러나 우리 사회가 확대되는 과정에서 이 편향들이 부정적인 방향으로 사용되는 경우가 많아, 갈등과 폭력을 부추겼고, 때로는 잔인하고 불평등한 정치체제를 강화했다. 이 책은 전반부와 중반부에서 그 과정을 추적하고 있어, 이 책의 영문판 부제로 선택된 '진화론적 관점에서 본 현대 세계의 기원'은 적확하기 그지없다.

우리 본성에 내재한 세 가지 편향이 적어도 근대까지는 조직의 확대, 제국의 형성 등으로 인류에게 긍정적인 영향을 미쳤을지 모르지만, 현대에 들어서는 폭력과 갈등을 조장하는 데 큰 역할을 하는 부정적 효과를 낳았다. 저자는 이런 현상의 원인을 세 가지 편향의 결합에서 비롯되는 정체성 융합에서 찾는다. 그러나 저자는 우리 안에 내재한 자연적인 편향을 우리에게 유리하게 활용할 방법을 찾아야 한다고 주장하며, 현재 인류가 직면한 가능한 커다란 문제를 해결하는 데 그 방법을 적용할 수 있지 않겠느냐고 조심스레 제안한다. 다른 식으로 말하면, 온 인류가 하나의 부족이 될 가능성, 정체성 융합을 통한 '테라 부족'의 가능성을 모색한다.

현재 인류가 직면한 가장 큰 문제이자, 가장 화급하게 해결해야 할 문제는 무엇일까? 저자는 그 문제를 기후 위기라 말하며, 이를 해결하는 데 가장 큰 걸림돌이지만 소홀히 여겨지는 장애물이 심리적 요인에 있다고 주장한다. 예컨대 언론과 광고가 이제는 종교의 역할을 대신하며, 우리의 심리적 욕구를 충족시키는 대신 기업 이익을 대변할 뿐이다. 게다가 언론은 긴 안목으로 사건을 보고 분석하며 보도해야 하지만, 독자의 클릭을 끌어들이려고 사실이라는 허울을 내세우며 자극적인 소문과 분열적인 보도에 집중할 뿐이다. 하지만 '정체성 융합'을 통해 온 인류를 하나의 부족으로 만들어, 기후 위기에 효과적으로 대응하려면 언론의 도움이 절실히 필요하다.

이 책의 앞부분에서 저자는 우리 본성에 내재한 세 가지 편향이 현대 사회를 폭력과 갈등으로 물들이며 양극화하는 데 큰 역할을 했다고 주장하는데 상당히 설득력 있게 들린다. 이에 더해 저자가 세 가지 편향을 적절히 활용하면, 현재 인류가 직면한 가장 큰 문제, 더 나아가 인류가 함께 풀어야 할 숙제를 해결할 수 있을 것이라는 논리의 전개는 더더욱 설득력 있게 다가온다. 이런 점에서 '종의 기원'을 빗대 부제목, '현대 세계의 기원'도 결코 지나친 자만은 아니다.

충주에서<br>
강주헌

# 주

## 들어가는 말

1   1 McCauley, Robert N., *Why Religion Is Natural and Science Is Not*, Oxford University Press (2013).
2   Pinker, Steven, *The Blank Slate: The Modern Denial of Human Nature*, Penguin (2003). 한국어판은《빈 서판》, 김한영 역, 사이언스북스, 2004년.
3   Tooby, J. & Cosmides, L., 'The Psychological Foundations of Culture', in Barkow, J., Cosmides, L., & Tooby, J. (Eds.), *The Adapted Mind: Evolutionary Psychology and the Generation of Culture*, Oxford University Press (1992).
4   Singer, Peter, *A Darwinian Left: Politics, Evolution, and Cooperation*, Yale University Press (2000). 한국어판은《다윈주의 좌파》, 최정규 역, 이음, 2011년.
5   자연과 문화는 유전자 발현, 믿음의 성숙, 사회 시스템의 진화 등 여러 차원에서 뒤얽혀 있다. 내가 쓴 책, *The Ritual Animal: Imitation and Cohesion in the Evolution of Social Complexity*(Oxford University Press, 2021)의 5장을 참조하기 바란다.
6   Povinelli, Daniel, *Folk Physics for Apes: The Chimpanzee's Theory of How the World Works*, Oxford University Press (2003).
7   Meng, X., Nakawake, Y., Hashiya, K., Burdett, E., Jong, J., & White house, H., 'Preverbal Infants Expect Agents Exhibiting Counterintuitive Capacities to Gain Access to Contested Resources', *Scientific Reports*, Vol. 11, No. 10884 (May 2021). DOI: 10.1038/s41598-021-89821-0.
8   McKay, R., Herold, J., & Whitehouse, H., 'Catholic Guilt? Recall of Confession Promotes Prosocial Behavior', *Religion, Brain & Behavior*, Vol. 3, No. 3, pp. 201–9 (2013).
9   Atkinson, Q. D. & Whitehouse, H., 'The Cultural Morphospace of Ritual Form: Examining Modes of Religiosity Cross-culturally', *Evolution and Human Behavior*, Vol.

32, No. 1, pp. 50–62 (2011).

10 대표적인 예로 Kapitány, R., Kavanagh, C., & Whitehouse, H., 'Ritual Morphospace Revisited: The Form, Function and Factor Structure of Ritual Practice', *Philosophical Transactions of the Royal Society B*, Vol. 375, No. 1805 (2020). DOI: 10.1098/rstb.2019.0436을 참조하기 바란다.

11 Whitehouse, Harvey, *The Ritual Animal*.

## 1장 모방 문화: 스펀지처럼 빨아들이는 인간

1 Legare, C. H., Wen, N. J., Herrmann, P. A., & Whitehouse, H., 'Imitative Flexibility and the Development of Cultural Learning', *Cognition*, Vol. 142, pp. 351–61 (2015).

2 Whitehouse, Harvey, *The Ritual Animal: Imitation and Cohesion in the Evolution of Social Complexity*, Oxford University Press (2021).

3 이 다큐멘터리 시리즈와 관련된 영상은 BBC 웹사이트에서 찾아볼 수 있고, 이후의 설명은 이 단편적인 영상들에 근거한 것이다. www.bbc.co.uk/programmes/p06d1n2f/clips.

4 'Bhumi's Ultimate Test of Faith', *Extraordinary Rituals*, Series 1, Episode 3, 'Changing World', BBC2 (2018): www.bbc.co.uk/programmes/p06j1h6q

5 Whitehouse, H., 'The Coexistence Problem in Psychology, Anthropology, and Evolutionary Theory', *Human Development*, Vol. 54, pp. 191–9 (2011); Jagiello, R., Heyes, C., & Whitehouse, H., 'Tradition and Invention: The Bifocal Stance Theory of Cultural Evolution', *Behavioral and Brain Sciences*, Vol. 45 (2022). DOI: 10.1017/S0140525X22000383.

6 Gergely, G. & Csibra, G., 'Sylvia's Recipe: The Role of Imitation and Pedagogy in the Transmission of Cultural Knowledge', in Enfield, N. J. & Levenson, S. C. (Eds.), *Roots of Human Sociality: Culture, Cognition, and Human Interaction*, Berg Publishers (2006).

7 내가 인류학자가 되려고 훈련을 받던 1980년대에는 이런 관행이 일반적이었다. 그 이후로 수십 년 동안에는 인류학자가 자신이 성장하거나, 적어도 오랫동안 이런저런 관계를 맺고 있는 지역사회를 연구하는 경우가 점차 일반화되었다. 이런 연구 방향에는 많은 이점(예컨대 언어장벽, 연구하는 지역과의 강력한 관계)이 있을 수 있지만, 사람들이 말하는 것과 행동하는 것을 새로운 눈으로 보기가 어려워질 수 있다.

8 Wilson, D. S. & Whitehouse, H., 'Developing the Field Site Concept for the Study of Cultural Evolution (with Comment)', *Cliodynamics*, Vol. 7, No. 2, pp. 228–87 (2016).

9  Meltzoff, A. N., Waismeyer, A., & Gopnik, A., 'Learning About Causes from People: Observational Causal Learning in 24-Month-Old Infants', *Developmental Psychology*, Vol. 48, No. 5, pp. 1215 – 28 (2012).
10  Von Bayern, A. M. P., Heathcote, R. J. P., Rutz, C., & Kacelnik, A., 'The Role of Experience in Problem Solving and Innovative Tool Use in Crows', *Current Biology*, Vol. 19, No. 22, pp. 1965 – 8 (2009).
11  그렇다고 침팬지가 과잉 모방하지 않는다는 뜻은 아니다. Whiten, A., McGuigan, N., Marshall-Pescini, S., & Hopper, L. M., 'Emulation, Imitation, Over-imitation and the Scope of Culture for Child and Chimpanzee', *Philosophical Transactions of the Royal Society B*, Vol. 364, No. 1528, pp.2417 – 28 (2009)를 참조하기 바란다.
12  Nagell, K., Olguin, R. S., & Tomasello, M., 'Processes of Social Learn ing in the Tool Use of Chimpanzees (*Pan troglodytes*) and Human Children (*Homo sapiens*)', *Journal of Comparative Psychology*, Vol. 107, No. 2, pp. 174 – 86 (1993).
13  Lyons, D. E., Damrosch, D. H., Lin, J. K., Macris, D. M., & Keil, F. C., 'The Scope and Limits of Overimitation in the Transmission of Artifact Culture', *Philosophical Transactions of the Royal Society B, Biological Sciences*, Vol. 366, No. 1567, pp. 1158 – 67 (2011).
14  Lyons, D. E., Young, A. G., & Keil, F. C., 'The Hidden Structure of Overimitation', *Proceedings of the National Academy of Sciences USA (PNAS)*, Vol. 104, No. 50, pp. 19751 – 6 (2007).
15  Henrich, J. & Gil-White, F. J., 'The Evolution of Prestige: Freely Conferred Deference as a Mechanism for Enhancing the Benefits of Cultural Transmission', *Evolution and Human Behavior*, Vol. 22, No. 3, pp. 165 – 96 (2001).
16  Lyons, D. E., et al., 'The Hidden Structure of Overimitation'.
17  Gergely, G., Bekkering, H., & Király, I., 'Rational Imitation in Preverbal Infants', *Nature*, Vol. 415, No. 755 (2002). DOI: 10.1038/415755a.
18  Hoffer, Eric, *The Passionate State of Mind and Other Aphorisms*, Harper & Bros. (1955).
19  Herrmann, P. A., Legare, C. H., Harris, P. L., & Whitehouse, H., 'Stick to the Script: The Effect of Witnessing Multiple Actors on Children's Imitation', *Cognition*, Vol. 129, No. 3, pp. 536 – 43 (2013).
20  Watson-Jones, R. E., Legare, C. H., Whitehouse, H., & Clegg, J., 'Task-Specific Effects of Ostracism on Imitation of Social Convention in Early Childhood', *Evolution and*

*Human Behaviour*, Vol. 35, No. 3, pp. 204-10 (2014).

21 Watson-Jones, R. E., Whitehouse, H., & Legare, C. H., 'In-group Ostracism Increases High Fidelity Imitation in Early Childhood', *Psychological Science*, Vol. 27, No. 1 (2015). DOI: 10.1177/0956797615607205.

22 Williams, K. D. & Jarvis, B., 'Cyberball: A Program for Use in Research on Interpersonal Ostracism and Acceptance', *Behavior Research Methods*, Vol. 38, No. 1, pp. 174-80 (2006).

23 Milgram, Stanley, 'Behavioral Study of Obedience', *Journal of Abnormal and Social Psychology*, Vol. 67, No. 4, pp. 371-8 (1963).

## 2장 야생의 종교: 자연스럽게 확산되는 믿음과 협력의 이유

1 Whitehouse, Harvey, *Inside the Cult: Religious Innovation and Transmission in Papua New Guinea*, Oxford University Press (1995).
2 베이닝 어족에는 말리어를 포함해 여러 언어가 있었다. 그러나 내가 거주하던 마을의 사람들은 더 포괄적인 '베이닝'이라는 표현을 주로 사용해 자신들을 외부인에게 소개했다. 따라서 이 책에서도 포괄적인 개념인 '베이닝족'을 주로 사용하려 한다.
3 그 조직의 완전한 명칭은 '포미오 키붕Pomio Kivung'이다. 키붕이 '만남'을 뜻한다는 사실을 감안하면, 포미오 지역에서 다양한 언어를 사용하는 소수 종족들을 포괄하는 조직이라는 뜻을 인정하는 명칭이다. 키붕 조직의 본부는 포미오 지역에 설립되어, 베이닝족의 땅과는 상당한 거리가 떨어져 있다.
4 Whitehouse, Harvey, *Arguments and Icons: Divergent Modes of Religiosity*, Oxford University Press (2000).
5 Whitehouse, H., 'Apparitions, Orations, and Rings: Experience of Spirits in Dadul', in Mageo, J. M. & Howard, A. (Eds.), *Spirits in Culture, History, and Mind*, Routledge (1996).
6 Cohen, Emma, *The Mind Possessed: The Cognition of Spirit Possession in an Afro-Brazilian Religious Tradition*, Oxford University Press (2007).
7 Boyer, P., 'Informal Religious Activity Outside Hegemonic Religions: Wild Traditions and Their Relevance to Evolutionary Models', *Religion, Brain & Behavior*, Vol. 10, No. 4, pp. 459-72 (2019).
8 Whitehouse, Harvey, *Modes of Religiosity: A Cognitive Theory of Religious Transmission*, AltaMira Press (2004).

9   Heyes, Cecilia, *Cognitive Gadgets: The Cultural Evolution of Thinking*, Harvard University Press (2018).

10  Pascal Boyer와 나를 제외하고, 이 모임에 참석한 학자로는 E. Thomas Lawson, Robert N. McCauley, Justin Barrett, and Brian Malley가 있었다. White house, H., 'Twenty-Five Years of CSR: A Personal Retrospective', in Martin, Luther H. & Wiebe, Donald (Eds.), *Religion Explained? The Cognitive Science of Religion After Twenty-Five Years*, Bloomsbury Academic (2017)를 참조하기 바란다.

11  White, C., Barrett, J. L., Boyer, P., Lawson, E. T., McCauley, R. N., & Whitehouse, H., 'The Cognitive Science of Religion: Past, Present, and Possible Futures', *Religion, Brain & Behavior* (in press).

12  Baron-Cohen, S., 'How to Build a Baby That Can Read Minds: Cognitive Mechanisms in Mindreading', *Cahiers de Psychologie Cognitive/Current Psychology of Cognition*, Vol. 13, No. 5, pp. 513-52 (1994).

13  마음 이론을 검증하려고 초기에 사용된 방법 중 하나에서 밝혀졌듯이, 상대의 마음을 읽는 능력이 대부분의 아이에게는 어렵지 않게 찾아지지만 자폐아에게는 그런 능력이 크게 부족했다. Baron-Cohen, S., Leslie, A. M., & Frith, U., 'Does the Autistic Child Have a "Theory of Mind"?', *Cognition*, Vol. 21, No. 1, pp. 37-46 (1985)를 참조하기 바란다.

14  Bering, J. M., 'The Folk Psychology of Souls', *Behavioral and Brain Sciences*, Vol. 29, No. 5, pp. 453-98 (2006). http://cognitionandculture.net/wp-content/uploads/10.1.1.386.3734.pdf.

15  Bering, J. M. & Bjorklund, D. F., 'The Natural Emergence of Reasoning About the Afterlife as a Developmental Regularity', *Developmental Psychology*, Vol. 40, No. 2, pp. 217-33 (2004).

16  Boyer, P. & Liénard, P., 'Why Ritualized Behavior? Precaution Systems and Action Parsing in Developmental, Pathological and Cultural Rituals', *Behavioral and Brain Sciences*, Vol. 29, No. 6, pp. 595-613 (2006).

17  Fiske A. P. & Haslam, N., 'Is Obsessive-Compulsive Disorder a Pathology of the Human Disposition to Perform Socially Meaningful Rituals? Evidence of Similar Content', *Journal of Nervous and Mental Disease*, Vol. 185, No. 4, pp. 211-22 (1997).

18  Nemeroff, C. & Rozin, P., 'The Contagion Concept in Adult Thinking in the United States: Transmission of Germs and of Interpersonal Influence', *Ethos*, Vol. 2, No. 2, pp.

158-86 (1994).

19 Frazer, Sir James George, *The Golden Bough: A Study in Magic and Religion*, Oxford University Press (1890, this ed. 2009); Douglas, Mary, *Purity and Danger: An Analysis of Concepts of Pollution and Taboo*, Routledge (2002); Hood, Bruce, *Supersense: From Superstition to Religion – The Brain Science of Belief*, Constable (2009); Bastian, B., Bain, P., Buhrmester, M. D., et al., 'Moral Vitalism: Seeing Good and Evil as Real, Agentic Forces', *Personality and Social Psychology Bulletin*, Vol. 41, No. 8, pp. 1069 – 81 (2015).

20 Hood, Bruce, *Supersense: From Superstition to Religion*.

21 Bastian, B., Vauclair, C-M., Loughnan, S., et al., 'Explaining Illness with Evil: Pathogen Prevalence Fosters Moral Vitalism', *Proceedings of the Royal Society B*, Vol. 286, No. 1914 (2019). DOI: 10.1098/rspb.2019.1576.

22 Kundert, C. & Edman, L. R. O., 'Promiscuous Teleology: From Childhood Through Adulthood and From West to East', in Hornbeck, R., Barrett, J., & Kang, M. (Eds.), *Religious Cognition in China: New Approaches to the Scientific Study of Religion*, Vol. 2, Springer (2017).

23 Kelemen, D., 'Why Are Rocks Pointy? Children's Preference for Teleological Explanations of the Natural World', *Developmental Psychology*, Vol. 35, No. 6, pp. 1440 – 52 (1999).

24 Barrett, Justin L., *Why Would Anyone Believe in God?*, AltaMira Press (2004).

25 White, Claire, *An Introduction to the Cognitive Science of Religion: Connecting Evolution, Brain, Cognition and Culture*, Routledge (2021).

26 Boyer, Pascal, *Religion Explained: The Evolutionary Origins of Religious Thought*, Basic Books (2001).

27 Hespos, Susan, 'Physics for Infants: Characterizing the Origins of Knowledge About Objects, Substances, and Number', *Wiley Interdisciplinary Reviews: Cognitive Science*, Vol. 3, No. 1, pp. 19 – 27 (2012).

28 Stahl, A. E. & Feigenson, L., 'Observing the Unexpected Enhances Infants' Learning and Exploration', *Science*, Vol. 348, No. 6230, pp. 91 – 4 (2015); Köster, M., Langeloh, M., & Hoehl, S., 'Visually Entrained Theta Oscillations Increase for Unexpected Events in the Infant Brain', *Psychological Science*, Vol. 30, No. 11, pp. 1656 – 63 (2019).

29 Barrett, J. & Nyhof, M., 'Spreading Non-natural Concepts', *Journal of Cognition and Culture*, Vol. 1, No. 1, pp. 69–100 (2001); Boyer, P. & Ramble, C., 'Cognitive

Templates for Religious Concepts: Cross-cultural Evidence for Recall of Counterintuitive Representations', *Cognitive Science*, Vol. 25, No. 4, pp. 535 64 (2001).

30  Boyer, Pascal, *Religion Explained*.
31  Boyer, P. & Ramble, C., 'Cognitive Templates for Religious Concepts'.
32  Barrett, J. L., 'The (Modest) Utility of MCI Theory', *Religion, Brain & Behavior*, Vol. 6, No. 3, pp. 249 - 51 (2016). MCI 이론에 대한 처음 20년 동안의 연구를 비판적으로 개괄한 논문으로는 Purzycki, B. G. & Willard, A. K., 'MCI Theory: A Critical Discussion', *Religion, Brain & Behavior*, Vol. 6, No. 3, pp. 207 - 48 (2015)를 참조하기 바란다.
33  Kapitany, R., 'Why Children Really Believe in Santa: The Surprising Psychology Behind Tradition', *The Conversation* (2019). https://theconversation.com/why-children-really-believe-in-santa-the-surprising-psychology-behind-tradition-126783.
34  Meng, X., Nakawake, Y., Hashiya, K., Burdett, E., Jong, J., & White house, H., 'Preverbal Infants Expect Agents Exhibiting Counterintuitive Capacities to Gain Access to Contested Resources', *Scientific Reports*, Vol. 11, No. 10884 (2021). DOI: 10.1038/s41598-021-89821-0.
35  Pew Research Center, 'Pew Research Global Attitudes Project' (2007). www.pewglobal.org/2007/10/04/chapter-3-views-of-religion-and-morality/에서 확인할 수 있다.
36  McKay, R. & Whitehouse, H., 'Religion and Morality', *Psychological Bulletin*, Vol. 141, No. 2, pp. 447 - 73 (2015).
37  *Plato: Euthyphro, Apology, Crito, Phaedo*, Greek with translation by Chris Emlyn-Jones and William Preddy, Loeb Classical Library 36, Harvard University Press (2017).
38  Curry, O. S., 'Morality as Cooperation: A Problem-Centred Approach', in Shackelford, T. K. & Hansen, R. D. (Eds.), *The Evolution of Morality*, Springer International Publishing (2016); Curry, O. S., Jones Chesters, M., & Van Lissa, C. J., 'Mapping Morality with a Compass: Testing the Theory of "Morality-as-Cooperation" with a New Questionnaire', *Journal of Research in Personality*, Vol. 78, pp. 106 - 24 (2019).
39  De Waal, Frans, *Good Natured: The Origins of Right and Wrong in Humans and Other Animals*, Harvard University Press (1996); Dugatkin, Lee Alan, *Cooperation Among Animals: An Evolutionary Perspective*, Oxford University Press (1997).
40  Curry, O. S. (2016). 'Morality as Cooperation: A Problem-Centred Approach'. In Shackelford, T. K. & Hansen, R. D. (Eds.), *The Evolution of Morality*, Springer

International Publishing (2016), pp. 27 - 51. DOI: 10.1007.

41 Curry, O. S., Mullins, D. A., & Whitehouse, H., 'Is It Good to Cooperate? Testing the Theory of Morality-as-Cooperation in 60 Societies', *Current Anthropology*, Vol. 60, No.1 (2019). DOI: 10.1086/701478.

42 Lagacé, R. O., 'The HRAF Probability Sample: Retrospect and Prospect', *Cross-cultural Research*, Vol. 14, No. 3, pp. 211 - 29 (1979).

43 Evans-Pritchard, E. E., *Witchcraft and Oracles Among the Azande*, Oxford University Press (1937, this ed. 2002).

44 Boyer, P., 'Informal Religious Activity Outside Hegemonic Religions: Wild Traditions and Their Relevance to Evolutionary Models', *Religion, Brain & Behavior*, Vol. 10, No. 4, pp. 459-72 (2019).

## 3장 사회적 접착제: 피보다 진하게 흐르는 물

1 McQuinn, B., 'History's Warriors: The Emergence of Revolutionary Brigades in Misrata', in Cole, Peter & McQuinn, Brian (Eds.), *The Libyan Revolution and Its Aftermath*, Oxford University Press (2015).

2 Maynard Smith, J., 'Group Selection and Kin Selection', *Nature*, Vol. 201, No. 4924, pp. 1145 - 7 (1964).

3 Rowley, I., '"Rodent-Run" Distraction Display by a Passerine, the Superb Blue Wren Malurus Cyaneus (L.)', *Behaviour*, Vol. 19, No. 1 - 2, pp. 170 - 6 (1962).

4 Whitehouse, H., Jong, J., Buhrmester, M. D., Gómez, Á., Bastian, B., Kavanagh, C. M., Newson, M., Matthews, M., Lanman, J. A., McKay, R., & Gavrilets, S., 'The Evolution of Extreme Cooperation via Shared Dysphoric Experiences', *Scientific Reports*, Vol. 7, No. 44292 (2017). DOI: 10.1038/srep44292.

5 Whitehouse, H., Kahn, K., Hochberg, M. E., & Bryson, J. J., 'The Role for Simulations in Theory Construction for the Social Sciences: Case Studies Concerning Divergent Modes of Religiosity', *Religion, Brain & Behavior*, Vol. 2, No. 3, pp. 182 - 201 (2012).

6 *Extraordinary Rituals*, Series 1, 'Changing World', BBC2 (2018). www.bbc.co.uk/programmes/articles/1JmvdLwyr5vYH7nzjm mBhL7/why-would-you-do-this에서 확인할 수 있다.

7 Lewis, Gilbert, *Day of Shining Red: An Essay on Understanding Ritual*, Cambridge University Press (1980, this ed. 2008).

8   Whitehouse, H., 'Rites of Terror: Emotion, Metaphor and Memory in Melanesian Initiation Cults', *Journal of the Royal Anthropological Institute*, Vol. 2, No. 4, pp. 703 – 15 (1996); Xygalatas, Dimitris, *Ritual: How Seemingly Senseless Acts Make Life Worth Living*, Profile Books (2022).

9   Sosis, R., Kress, H. C., & Boster, J. S., 'Scars for War: Evaluating Alternative Signaling Explanations for Cross-cultural Variance in Ritual Costs', *Evolution and Human Behavior*, Vol. 28, No. 4, pp. 234 – 47 (2007).

10   Buhrmester, M., Zeitlyn, D., & Whitehouse, H., 'Ritual, Fusion, and Conflict: The Roots of Agro-pastoral Violence in Rural Cameroon', *Group Processes & Intergroup Relations*, Vol. 25, No. 1 (2020). DOI: 10.1177/1368430220959705.

11   더 자세히 알고 싶으면 Whitehouse, H. & McQuinn, B., 'Divergent Modes of Religiosity and Armed Struggle', in Juergensmeyer, M., Kitts, M., & Jerryson, M. (Eds.), *The Oxford Handbook of Religion and Violence*, Oxford University Press (2012)를 참조하기 바란다.

12   Maclure, R., ' "I Didn't Want to Die So I Joined Them": Structuration and the Process of Becoming Boy Soldiers in Sierra Leone', *Terrorism and Political Violence*, Vol. 18, No. 1, pp. 119 – 35 (2006).

13   'Road to Heaven, Taiwan', Extraordinary Rituals, Series 1, 'Changing World', BBC2 (2018). www.bbc.co.uk/programmes/p06j1h71에서 확인할 수 있다.

14   Swann, W. B., Jr. & Buhrmester, M., 'Identity Fusion', *Current Directions in Psychological Science*, Vol. 24, No. 1, pp. 52 – 7 (2015).

15   Swann, W. B., Jr., Gómez, Á., Dovidio, J., Hart, S., & Jetten, J., 'Dying and Killing for One's Group: Identity Fusion Moderates Responses to Intergroup Versions of the Trolley Problem', *Psychological Science*, Vol. 21, No. 8, pp. 1176 – 83 (2010).

16   Swann, W. B., Jr., Gómez, Á., Seyle, C., Morales, F., & Huici, C., 'Identity Fusion: The Interplay of Personal and Social Identities in Extreme Group Behaviour', *Journal of Personality and Social Psychology*, Vol. 96, No. 5, pp. 995 – 1011 (2009).

17   Whitehouse, Harvey, *Modes of Religiosity: A Cognitive Theory of Religious Transmission*, AltaMira Press (2004).

18   Whitehouse, H. & Lanman, J. A., 'The Ties That Bind Us', *Current Anthropology*, Vol. 55, No. 6, pp. 674 – 95 (2014).

19   Whitehouse, Harvey, *Inside the Cult: Religious Innovation and Transmission in Papua New*

*Guinea*, Oxford University Press (1995).

20 Richert, R. A., Whitehouse, H., & Stewart, E., 'Memory and Analogical Thinking in High-Arousal Rituals', in Whitehouse, H. & McCauley, R. N. (Eds.), *Mind and Religion: Psychological and Cognitive Foundations of Religiosity*, AltaMira Press (2005).

21 Pfeiffer, J. E., *The Creative Explosion: An Inquiry into the Origins of Art and Religion*, Cornell University Press (1985).

22 Sonic Arts Research Centre website, Queen's University Belfast. www.qub.ac.uk/sarc/ 에서 확인할 수 있다.

23 Jong, J., Whitehouse, H., Kavanagh, C., & Lane, J., 'Shared Negative Experiences Lead to Identity Fusion via Personal Reflection', *PLoS ONE*, Vol. 10, No. 12, e0145611 (2015). DOI: 10.1371/journal.pone.0145611.

24 Whitehouse, H., et al., 'The Evolution of Extreme Cooperation via Shared Dysphoric Experiences'.

25 Newson, M., Buhrmester, M., & Whitehouse, H., 'United in Defeat: Shared Suffering and Group Bonding Among Football Fans', *Managing Sport and Leisure*, Vol. 28, No. 2, pp. 164–81 (2021).

26 Kavanagh, C. M., Kapitány, R., Putra, I. E., & Whitehouse, H., 'Exploring the Pathways Between Transformative Group Experiences and Identity Fusion', *Frontiers in Psychology*, Vol. 11, No. 1172 (2020). DOI: 10.3389/fpsyg.2020.01172.

27 Buhrmester, M., Burnham, D., Johnson, D., Curry, O.S., Macdonald, D., & Whitehouse, H., 'How Moments Become Movements: Shared Outrage, Group Cohesion, and the Lion That Went Viral', *Frontiers*, Vol. 6 (2018). DOI: 10.3389/fevo.2018.00054.

28 Tasuji, T., Reese, E., van Mulukom, V., & Whitehouse, H., 'Band of Mothers: Childbirth as a Female Bonding Experience', *PLoS ONE*, Vol. 15, No. 10, e0240175 (2020). DOI: 10.1371/journal.pone.0240175.

29 Swann, W. B., Jr., et al., 'Identity Fusion: The Interplay of Personal and Social Identities in Extreme Group Behavior'.

30 Swann, W. B., Jr., Gómez, Á., Huici, C., Morales, J. F., & Hixon, J. G., 'Identity Fusion and Self-Sacrifice: Arousal as a Catalyst of Pro-group Fighting, Dying, and Helping Behavior', *Journal of Personality and Social Psychology*, Vol. 99, No. 5, pp. 824–41 (2010).

31 Swann, W. B., Jr., et al., 'Dying and Killing for One's Group'.

32 Whitehouse, H., McQuinn, B., Buhrmester, M. D., & Swann, W. B., Jr., 'Brothers in Arms: Warriors Bond Like Family', *Proceedings of the National Academy of Sciences USA (PNAS)*, Vol. 111, No. 50, pp. 17783 – 5 (2014).

33 Whitehouse, H., et al., 'The Evolution of Extreme Cooperation via Shared Dysphoric Experiences'; Buhrmester, M. D., Newson, M., Vázquez, A., Wallisen, T. H., & Whitehouse, H., 'Winning at Any Cost: Identity Fusion, Group Essence, and Maximizing Ingroup Advantage, *Self and Identity*, Vol. 17, No. 5, pp. 500 – 516 (2018).

34 Vázquez, A., Ordoñana, J. R., Whitehouse, H., & Gómez, Á., 'Why Die for My Sibling? The Positive Association Between Identity Fusion and Imagined Loss with Endorsement of Self-sacrifice / ¿Por qué morir por un hermano? La asociación positiva entre la fusión de identi dad y la pérdida imaginada con la disposición al autosacrificio', *Revista de Psicología Social*, Vol. 34, No. 3, pp. 413 – 38 (2019).

35 Gómez, Á., Bélanger, J. J., Chinchilla, J., et al., 'Admiration for Islamist Groups Encourages Self-sacrifice Through Identity Fusion', *Humanities and Social Sciences Communications*, Vol. 8, No. 54 (2021). DOI: 10.1057/s41599-021-00734-9.

36 https://en.wikipedia.org/wiki/John_R._Fox#cite_note-:12-6.

### 4장 관습과 의례: 집단을 확장하는 힘

1 Boyd, R., Schonmann, R. H., & Vicente, R., 'Hunter-Gatherer Population Structure and the Evolution of Contingent Cooperation', *Evolution and Human Behavior*, Vol. 35, No. 3, pp. 219 – 27 (2014).

2 Dietrich, O., Notroff, J., & Schmidt, K., 'Feasting, Social Complexity, and the Emergence of the Early Neolithic of Upper Mesopotamia: A View from Göbekli Tepe', in Chacon, R. & Mendoza, R. (Eds.), *Feast, Famine or Fighting? Studies in Human Ecology and Adaptation*, Vol. 8, Springer (2017).

3 Borrell, F. & Molist, M., 'Projectile Points, Sickle Blades and Glossed Points: Tools and Hafting Systems at Tell Halula (Syria) During the 8th Millennium cal. BC', in *Paléorient*, Vol. 33, No. 2, pp. 59 – 77 (2007).

4 Akkermans, Peter M. M. G. & Schwartz, Glenn M., *The Archaeology of Syria: From Complex Hunter-Gatherers to Early Urban Societies (c. 16,000–300BC)*, Cambridge University Press (2004).

5 Mithen, S., 'From Ohalo to Çatalhöyük: The Development of Religiosity During the

Early Prehistory of Western Asia, 20,000 – 7000 BC', in Whitehouse, H. & Martin, L. H. (Eds.), *Theorizing Religions Past: Historical and Archaeological Perspectives*, AltaMira Press (2004).

6 Whitehouse, Harvey, *Inside the Cult: Religious Innovation and Transmission in Papua New Guinea*, Oxford University Press (1995).

7 Whitehouse, Harvey, *Arguments and Icons: Divergent Modes of Religiosity*, Oxford University Press (2000).

8 Whitehouse, Harvey, 'Memorable Religions: Transmission, Codification, and Change in Divergent Melanesian Contexts', *Man* (New Series), Vol. 27, No. 4, pp. 777 – 97 (1992).

9 Barth, Fredrik, *Cosmologies in the Making: A Generative Approach to Cultural Variation in Inner New Guinea*, Cambridge University Press (1987).

10 이 부분과 관련한 심리에 대해 더 자세히 알고 싶으면 Whitehouse, Harvey, *Arguments and Icons: Divergent Modes of Religiosity*; Whitehouse, Harvey, *Modes of Religiosity: A Cognitive Theory of Religious Transmission*, AltaMira Press (2004); and Whitehouse, Harvey, *The Ritual Animal*, Oxford University Press (2021)을 참조하기 바란다.

11 Anderson, Benedict, *Imagined Communities: Reflections on the Origin and Spread of Nationalism*, Verso Books (1991).

12 Whitehouse, H., 'Appropriated and Monolithic Christianity in Melanesia', in Cannell, F. (Ed.), *The Anthropology of Christianity*, Duke University Press (2006).

13 Whitehouse, H. & Hodder, I., 'Modes of Religiosity at Çatalhöyük', in Hodder, I. (Ed.), *Religion in the Emergence of Civilization: Çatalhöyük as a Case Study*, Cambridge University Press (2010); Whitehouse, H., Maz zucato, C., Hodder, I., & Atkinson, Q. D., 'Modes of Religiosity and the Evolution of Social Complexity at Çatalhöyük', in Hodder, I. (Ed.), *Religion at Work in a Neolithic Society: Vital Matters*, Cambridge University Press (2014).

14 Hodder, Ian & Tsoraki, Christina (Eds.), *Communities at Work: The Making of Çatalhöyük*, Çatalhöyük Research Project Series 15, British Institute at Ankara (2022).

15 'The Story of God with Morgan Freeman: Interview with Harvey Whitehouse'에서 발췌. www.youtube.com/watch?v=IZhJicFWEu0에서 확인할 수 있음.

16 Atkinson, Q. D. & Whitehouse, H., 'The Cultural Morphospace of Ritual Form', *Evolution and Human Behaviour*, Vol. 32, No. 1, pp. 50 – 62 (2011).

**17** Ember, C. R. & Ember, M., 'Cross-cultural Research', in Bernard, H. R. (Ed.), *Handbook of Methods in Cultural Anthropology*, AltaMira (1998).

**18** Murdock, George Peter, *Ethnographic Atlas: A Summary*, University of Pittsburgh Press (1967).

**19** Gantley, M., Whitehouse, H., & Bogaard, A., 'Material Correlates Analysis (MCA): An Innovative Way of Examining Questions in Archaeology Using Ethnographic Data', *Advances in Archaeological Practice*, Vol. 6, No. 4, pp. 328-41 (2018).

**20** 앞의 책.

**21** Sahlins, Marshall, *Stone Age Economics*, Tavistock (1974). 한국어판은 《석기시대 경제학》, 박충환 역, 한울, 2013년.

**22** Byrd, B. F., 'Public and Private, Domestic and Corporate: The Emergence of the Southwest Asian Village', *American Antiquity*, Vol. 59, No. 4, pp. 639-66 (1994); Byrd, B. F., 'Reassessing the Emergence of Village Life in the Near East', *Journal of Archaeological Research*, Vol. 13, No. 3, pp. 231-89 (2005).

**23** Kuijt, I., Guerrero, E., Molist, M., & Anfruns, J., 'The Changing Neolithic Household: Household Autonomy and Social Segmentation, Tell Halula, Syria', *Journal of Anthropological Archaeology*, Vol. 30, No. 4, pp. 502-22 (2011).

**24** Düring, B. & Marciniak, A., 'Households and Communities in the Central Anatolian Neolithic', *Archaeological Dialogues*, Vol. 12, No. 2, pp. 165-87 (2006); Marciniak, A., 'Communities, Households and Animals: Convergent Developments in Central Anatolian and Central European Neolithic', *Documenta Praehistorica*, Vol. 35 pp. 93-109 (2008).

**25** Hodder, I., 'The Vitalities of Çatalhöyük', in Hodder, I. (Ed.), *Religion at Work in a Neolithic Society: Vital Matters*, Cambridge University Press (2014).

**26** Hodder, I. & Pels, P., 'History Houses: A New Interpretation of Architectural Elaboration at Çatalhöyük', in Hodder, I. (Ed.), *Religion in the Emergence of Civilization*, Cambridge University Press (2010).

**27** Baird, D., Fairbairn, A., & Martin, L., 'The Animate House, the Institutionalization of the Household in Neolithic Central Anatolia', *World Archaeology*, Vol. 49, No. 5, pp. 753-76 (2016).

**28** Kuijt, I., 'Material Geographies of House Societies: Reconsidering Neolithic Çatalhöyük, Turkey', *Cambridge Archaeological Journal*, Vol. 28, No. 4, pp. 565-90

(2018).

29 Meyer, Fortes, *The Dynamics of Clanship Among the Tallensi*, Oxford University Press (1945).

30 Malinowski, Bronislaw, *Argonauts of the Western Pacific*, Routledge (2014).

## 5장 종교와 사회: '신의 이름으로' 만들어진 거대 사회

1 Raddato, C., 'Minoan Storage Jars at the Palace of Knossos', *World History Encyclopedia* (2019). www.worldhistory.org/image/10598/minoan-storage-jars-at-the-palace-of-knossos/에서 확인할 수 있음.

2 Molloy, B. P. C., 'Martial Minoans? War as Social Process, Practice and Event in Bronze Age Crete', *The Annual of the British School at Athens*, Vol. 107, pp. 87–142 (2012). www.jstor.org/stable/41721880에서 확인할 수 있다.

3 Wall, S. M., Musgrave, J. H., & Warren, P. M., 'Human Bones from a Late Minoan IB House at Knossos', *The Annual of the British School at Athens*, Vol. 81, pp. 333–88 (1986).

4 Kuijt, Ian (Ed.), *Life in Neolithic Farming Communities*, Kluwer Academic/Plenum Publishers (2000).

5 Hertz, R., 'A Contribution to a Study of the Collective Representation of Death', in Mauss, M., Hubert, H., & Hertz, R. (Eds.), *Saints, Heroes, Myths, and Rites: Classical Durkheimian Studies of Religion and Society*, Routledge (2009).

6 Peoples, H. C., Duda, P., & Marlowe, F. W., 'Hunter-Gatherers and the Origins of Religion', *Human Nature*, Vol. 27, pp. 261–82 (2016).

7 Sheils, D., 'Toward a Unified Theory of Ancestor Worship: A Cross-cultural Study', *Social Forces*, Vol. 54, No. 2, pp. 427–40 (1975).

8 Sahlins, M., 'Poor Man, Rich Man, Big-Man, Chief: Political Types in Melanesia and Polynesia', *Comparative Studies in Society and History*, Vol. 5, No. 3, pp. 285–303 (1963).

9 Godelier, M. & Strathern, M. (Eds.), *Big Men and Great Men: Personifications of Power in Melanesia*, Cambridge University Press (1991).

10 Trigger, Bruce G., *Understanding Early Civilizations*, Cambridge University Press (2003).

11 Postgate, J. N., *Early Mesopotamia: Society and Economy at the Dawn of History*, Routledge (1992).

12 Steinkeller, Piotr, 'The Divine Rulers of Akkade and Ur: Toward a Definition of the Deification of Kings in Babylonia', in *History, Texts and Art in Early Babylonia: Three Essays*, De Gruyter (2017).

13 Friedman, J., 'Tribes, States, and Transformations', in Bloch, M. (Ed.), *Marxist Analyses and Social Anthropology*, Routledge (1984).

14 Firth, Raymond, *Rank and Religion in Tikopia: A Study in Polynesian Paganism and Conversion to Christianity*, Allen & Unwin (1970).

15 Whitehouse, H., 'From Possession to Apotheosis: Transformation and Disguise in the Leadership of a Cargo Movement', in Feinberg, R. & Watson-Gegeo, K. A. (Eds.), *Leadership and Change in the Western Pacific*, Athlone (1996).

16 Liu, Yue-Chen, Hunter-Anderson, R., Cheronet, O., et al., 'Ancient DNA Reveals Five Streams of Migration into Micronesia and Matrilocality in Early Pacific Seafarers', *Science*, Vol. 377, No. 6601, pp. 72–9 (2022).

17 Boone, E. H. (Ed.), *Ritual Human Sacrifice in Mesoamerica*, Dumbarton Oaks (1984).

18 Ceruti, M. C., 'Frozen Mummies from Andean Mountaintop Shrines: Bioarchaeology and Ethnohistory of Inca Human Sacrifice', *BioMed Research International*, Vol. 2015, No. 439428 (2015). DOI: 10.1155/2015/439428.

19 Watts, J., Sheehan, O., Atkinson, Q. D., et al., 'Ritual Human Sacrifice Promoted and Sustained the Evolution of Stratified Societies', *Nature*, Vol. 532, pp.228–31 (2016).

20 Burke, B. L., Martens, A., & Faucher, E. H., 'Two Decades of Terror Management Theory: A Meta-analysis of Mortality Salience Research', *Personality and Social Psychology Review*, Vol. 14, pp. 155–95 (2010); Green berg, J., Solomon, S., & Arndt, J., 'A Basic but Uniquely Human Motivation: Terror Management', in Shah, J. Y. & Gardner, W. L. (Eds.), *Handbook of Motivation Science*, The Guilford Press (2008).

21 Bloch, Maurice, *Placing the Dead: Tombs, Ancestral Villages and Kinship Organization in Madagascar* (Studies in Anthropology), Academic Press (1971).

22 Covey, R. Alan, *Inca Apocalypse: The Spanish Conquest and the Transformation of the Andean World*, Oxford University Press (2020).

23 Turchin, P., Whitehouse, H., François, P., et al., 'An Introduction to Seshat: Global History Databank', *Journal of Cognitive Historiography*, Vol. 5, No. 1–2, pp. 115–23 (2020).

24 http://seshatdatabank.info/methods/world-sample-30/.

25 많은 요인이 다시 세분화되었고, 훨씬 긴 목록이 만들어졌다. 예컨대 51개의 주요 변수 중에는 정보 저장 체계와 관련된 요인이 여섯 개나 있었지만, 사용된 문자의 유형에 관련해서 우리는 그 요인들을 더 세밀하게 분류했다. 요컨대 목록, 도표, 분류표 등의 형식으로 부호화하려는 사회와 시대에 달력, 경전, 종교 문헌, 실용 서적, 역사와 철학, 과학 서적과 픽션(시 포함) 등이 존재했느냐 존재하지 않았느냐 혹은 밝혀지지 않았느냐로 다시 세분화했다. 따라서 사회적 복잡성을 측정하는 척도가 51개에 불과했다고 말할 수도 있겠지만, 실제로는 그보다 훨씬 더 많은 척도가 있었다.

26 Turchin, P., Currie, T. E., Whitehouse, H., et al., 'Quantitative Historical Analysis Uncovers a Single Dimension of Complexity that Structures Global Variation in Human Social Organization', *Proceedings of the National Academy of Sciences USA (PNAS)*, Vol. 115, No. 2, E144 – E151 (2018). DOI: 10.1073/pnas.170880011

27 D'Altroy, Terence N., *The Incas: The Peoples of America* (Second Edition), Wiley Blackwell (2014).

28 Turchin, Peter, *Ultrasociety: How 10,000 Years of War Made Humans the Greatest Cooperators on Earth*, Beresta Books (2016).

29 앞의 책.

30 Turchin, P., 'The Evolution of Moralizing Supernatural Punishment: Empirical Patterns', in Larson, J., Reddish, J., & Turchin, P. (Eds.), *The Seshat History of Moralizing Religion*, Beresta Books (in press).

31 Jaspers, Karl, *The Origin and Goal of History* (trans. M. Bullock), Yale University Press (1953); Eisenstadt, S. N., *Japanese Civilization: A Comparative View*, University of Chicago Press (1996); Bellah, Robert N., *Religion in Human Evolution: From the Paleolithic to the Axial Age*, Harvard University Press (2011).

32 Mullins, D. A., Hoyer, D., Collins, C., Currie, T., Feeney, K., François, P., Savage, P. E., Whitehouse, H., & Turchin, P., 'A Systematic Assessment of the Axial Age Thesis Using Global Comparative Historical Evidence', *American Sociological Review*, Vol. 83, No. 3, pp. 596 – 626 (2018).

33 Ebrey, Patricia, Walthall, Ann, & Palais, James, *East Asia: A Cultural, Social, and Political History*, Houghton Mifflin Harcourt (2006).

34 Whitehouse, H., François, P., Cioni, E., Levine, J., Hoyer, D., Reddish, J., & Turchin, P., 'Conclusion: Was There Ever an Axial Age?', in Hoyer, D. & Reddish, J. (Eds.), *The Seshat History of the Axial Age*, Beresta Books (2019).

35 Turchin, P., Whitehouse, H., Gavrilets, S., et al., 'Disentangling the Evolutionary Drivers of Social Complexity: A Comprehensive Test of Hypotheses', *Science Advances*, Vol. 8, No. 25 (2022). DOI: 10.1126/sciadv.abn3517.

36 Alan Strathern은 이런 현상을 '초월주의적'(transcendentalist) 종교라 칭했다. 이에 대해서는 그의 책, *Unearthly Powers: Religious and Political Change in World History*, Cambridge University Press (2019)를 참조하기 바란다.

37 Worsley, Peter, *The Trumpet Shall Sound: A Study of 'Cargo' Cults in Melanesia*, Schocken Books (1968).

## 6장 부족과 전쟁: 문명과 함께 진화하는 부족주의

1 Wittfogel, Karl A., *Oriental Despotism: A Comparative Study of Total Power*, Oxford University Press (1957).

2 Fried, Morton H., *The Evolution of Political Society: An Essay in Political Anthropology*, Random House (1967).

3 Oppenheimer, Franz, *The State: Its History and Development Viewed Sociologically*, Free Life Editions (1975); Carneiro, R. L., 'A Theory of the Origin of the State', *Science*, Vol. 169, pp. 733-8 (1970).

4 Turchin, P., Whitehouse, H., Gavrilets, S., et al., 'Disentangling the Evolutionary Drivers of Social Complexity: A Comprehensive Test of Hypotheses', *Science Advances*, Vol. 8, No. 25 (2022). DOI: 10.1126/sciadv.abn3517.

5 Turchin, Peter, *Ultrasociety: How 10,000 Years of War Made Humans the Greatest Cooperators on Earth*, Beresta Books (2016). 한국어판은 《초협력사회》, 이경남 역, 생각의힘, 2018년.

6 Algaze, G., 'Expansionary Dynamics of Some Early Pristine States', *American Anthropologist*, Vol. 95, pp. 304-33 (1993).

7 Guiart, J., 'Forerunners of Melanesian Nationalism', *Oceania*, Vol. 22, No. 2, pp. 81-90 (1951). www.jstor.org/stable/40328310에서 확인할 수 있음.

8 Barth, F., *Ritual and Knowledge Among the Baktaman of New Guinea*, Yale University Press (1975).

9 Schacter, D. L., Gilbert, D. T., & Wegner, D. M., 'Semantic and Episodic Memory', in *Psychology* (Second Edition), Worth (2009).

10 Tajfel, H. & Turner, J. C., 'The Social Identity Theory of Intergroup Behaviour', in

Worchel, S. & Austin, W. G. (Eds.), *Psychology of Intergroup Relations*, Nelson-Hall (1986).

11 Whitehouse, H., 'Memorable Religions: Transmission, Codification, and Change in Divergent Melanesian Contexts', *Man* (New Series), Vol. 27, No. 4, pp. 777-97 (1992).

12 Turner, J. C. & Reynolds, K. J., 'The Story of Social Identity', in Postmes, T. & Branscombe, N. R. (Eds.), *Rediscovering Social Identity: Core Sources*, Psychology Press (2010).

13 Swann과 Buhrmester는 개인의 정체성과 집단 정체성이 융합되면 두 정체성 사이의 관계가 '상승작용적synergistic'이라고, 반면에 물과 기름처럼 서로 배척하는 경우, 즉 동일시되는 경우에는 '수력학적hydraulic'이라고 표현했다. Swann, W. B., Jr. & Buhrmester, M. D., 'Identity Fusion', *Current Directions in Psychological Science*, Vol. 24, No. 1, pp. 52-7 (2015)를 참조하기 바란다.

14 사사회심리학자 매릴린 브루어Marilyn Brewer는 동일시가 기계적으로 외집단을 폄하한다는 지배적인 견해에 의문을 제기하지만, 자신의 견해를 뒷받침하려고 인용하는 연구들에서는 융합이 확대되더라도 경쟁이나 위협이 없을 때 외집단에 대한 부정적인 태도를 줄일 수 있다는 예측이 언급되지 않는다. Brewer, M. B., 'The Psychology of Prejudice: Ingroup Love and Out group Hate?', *Journal of Social Issues*, Vol. 55, No. 3, pp. 429-44 (1999)를 참조하기 바란다.

15 Diener, E., Lusk, R., Defour, D., & Flax, R., 'Deindividuation: Effects of Group Size, Density, Number of Observers, and Group Member Similarity on Self-consciousness and Disinhibited Behavior', *Journal of Personality and Social Psychology*, Vol. 39, No. 3, pp. 449-59 (1980).

16 Swann, W. B., Jr., Gómez, Á., Seyle, C., & Morales, F., 'Identity Fusion: The Interplay of Personal and Social Identities in Extreme Group Behavior', *Journal of Personality and Social Psychology*, Vol. 96, No. 5, pp. 995-1011 (2009).

17 Johnson, R. D. & Downing, L. L., 'Deindividuation and Valence of Cues: Effects on Prosocial and Antisocial Behavior', *Journal of Personality and Social Psychology*, Vol. 37, No. 9, pp. 1532-8 (1979).

18 Besta, T., Gómez, Á., & Vázquez, A., 'Readiness to Deny Group's Wrongdoing and Willingness to Fight for Its Members: The Role of Poles' Identity Fusion with the Country and Religious Group', *Current Issues in Personality Psychology*, Vol. 2, No. 1, pp. 49-55 (2014); Fredman, L. A., Buhrmester, M. D., Gómez, Á., Fraser, W. T., Talaifar,

S., Bran non, S. M., & Swann, W. B., Jr., 'Identity Fusion, Extreme Progroup Behavior, and the Path to Defusion', *Social and Personality Psychology Compass*, Vol. 9, No. 9, pp. 468–80 (2015); Buhrmester, M. D. & Swann, W. B., Jr., 'Identity Fusion', in Scott, R. A. & Kosslyn, S. M. (Eds.), *Emerging Trends in the Social and Behavioral Sciences*, John Wiley (2015); Swann, W. B., Jr., et al., 'Identity Fusion: The Interplay of Personal and Social Identities in Extreme Group Behavior'.

19 Swann, W. B., Jr., Gómez, Á., Buhrmester, M. D., López-Rodri´ guez, L., Jiménez, J., & Vázquez, A., 'Contemplating the Ultimate Sacrifice: Identity Fusion Channels Pro-group Affect, Cognition, and Moral Decision-Making', *Journal of Personality and Social Psychology*, Vol. 106, No. 5, pp. 713–27 (2014); Swann, W. B., Jr., Gómez, Á., Dovidio, J. F., Hart, S., & Jetten, J., 'Dying and Killing for One's Group: Identity Fusion Moderates Responses to Intergroup Versions of the Trolley Problem', *Psychological Science*, Vol. 21, No. 8, pp. 1176–83 (2010).

20 Van Mulukom, V., Debeuf, K., Atalay, E. D., & Whitehouse, H., 'What Makes Muslim Minorities Willing to Fight and Die? Exploring the Role of Threat and Group Psychology' (submitted).

21 White, F. A., Newson, M., Verrelli, S., & Whitehouse, H., 'Pathways to Prejudice and Outgroup Hostility: Group Alignment and Intergroup Conflict Among Football Fans', *Journal of Applied Social Psychology*, Vol. 51, No. 7 (2021). DOI: 10.1111/jasp.12773.

22 Buhrmester, M. D., Fraser, W. T., Lanman, J. A., Whitehouse, H., & Swann, W. B., Jr., 'When Terror Hits Home: Identity Fused Americans Who Saw Boston Bombing Victims as "Family" Provided Aid', *Self & Identity*, Vol. 14, No. 3, pp. 253–70 (2015).

23 이 모든 연구의 요약을 보려면 Whitehouse, Harvey, *The Ritual Animal: Imitation and Cohesion in the Evolution of Social Complexity*, Oxford University Press (2021)를 참조하기 바란다.

24 Hunter, L. W. & Handford, S. A., *Aineiou Poliorketika: Aeneas on Siege craft*, Clarendon Press (1927).

25 Schofield, A., 'Keeping It Together: Aeneas Tacticus and Unit Cohesion in Ancient Greek Siege Warfare', in Hall, J. R., Rawlings, L., & Lee, G. (Eds.), *Unit Cohesion and Warfare in the Ancient World: Military and Social Approaches*, Routledge (2023).

26 Hall, J. R., 'Unit Cohesion in the Ancient World: An Introduction', in Hall, J. R., et al., *Unit Cohesion and Warfare in the Ancient World*.

27 Konijnendijk, R., 'The Eager Amateur: Unit Cohesion and the Athenian Hoplite Phalanx', in Hall, J. R., et al., *Unit Cohesion and Warfare in the Ancient World*.

28 Walbank, F. W., *A Historical Commentary on Polybius*, Vol. 1, Oxford University Press (1957).

29 Mufti, M., 'Jihad as Statecraft: Ibn Khaldun on the Conduct of War and Empire', *History of Political Thought*, Vol. 30, No. 3, pp. 385–410 (2009).

30 Barstad, Hans M., *History and the Hebrew Bible: Studies in Ancient Israelite and Ancient Near Eastern Historiography*, Mohr Siebeck (2008).

31 Atran, Scott, *Talking to the Enemy: Violent Extremism, Sacred Values, and What It Means to Be Human*, Penguin (2011).

32 Atran, Scott, 'The Will to Fight', *Aeon* (2022). https://aeon.co/essays/wars-are-won-by-people-willing-to-fight-for-comrade-and-cause에서 확인할 수 있다.

33 Tossell, C. C., Gómez, Á., Visser, E. J., Vázquez, A., Donadio, B. T., Metcalfe, A., Rogan, C., Davis, R., & Atran, S., 'Spiritual Over Physical Formidability Determines Willingness to Fight and Sacrifice Through Loyalty in Cross-cultural Populations', *Proceedings of the National Academy of Sciences USA (PNAS)*, Vol. 119, No. 6, e2113076119 (2022). DOI: 10.1073/pnas.2113076119.

## 7장 기후 위기를 이겨내는 새로운 전략

1 UN Environmental Programme, 'Emissions Gap Report' (27 October 2022). www.unep.org/resources/emissions-gap-report-2022에서 확인할 수 있다.

2 HDI Global, 'The Future of Food: What Will You Be Eating in 2050?' (14 October 2021). www.hdi.global/infocenter/insights/2021/future-of-food/에서 확인할 수 있다.

3 Reinhardt, L. & Whitehouse, H., 'What Kinds of Speeches Motivate Climate Action?' (in preparation).

4 Whitehouse, Harvey, *Inside the Cult: Religious Innovation and Transmission in Papua New Guinea*, Oxford University Press (1995). 인용된 자료는 1페이지를 참조했고, 자료의 원문은 저자가 번역한 것이다.

5 Ligaiula, P., 'Port Vila Call for a Just Transition to a Fossil Fuel Free Pacific', Pacific News Service (17 March 2023).

6 Liu, Yue-Chen, Hunter-Anderson, R., Cheronet, O., et al., 'Ancient DNA Reveals Five Streams of Migration into Micronesia and Matrilocality in Early Pacific Seafarers',

*Science*, Vol. 377, No. 6601, pp. 72–9 (2022).

7   Stebbins, T. N., 'Mali Baining Perspectives on Language and Culture Stress', *International Journal of the Sociology of Language*, Vol. 2004, No. 169, pp. 161–75 (2004).

8   Weiner, Annette B., *Women of Value, Men of Renown: New Perspectives in Trobriand Exchange*, University of Texas Press (1983).

9   Mackey, John E. & Sisodia, Raj, *Conscious Capitalism: Liberating the Heroic Spirit of Business*, Harvard Business Review Press (2012).

10  Raworth, Kate, *Doughnut Economics: Seven Ways to Think Like a 21st-Century Economist*, Penguin Random House (2017).

11  Cașu, D., 'Attempts at Introducing Communist Rituals in Family Traditions and Holidays: Case Study on Moldavian SSR', *Codrul Cosminului*, Vol. 20, No. 1, pp. 273–8 (2014).

12  Johnson, I., '"Ruling Through Ritual": An Interview with Guo Yuhua', *The China File* (2018): www.chinafile.com/library/nyrb-china-archive/ruling-through-ritual-interview-guo-yuhua.

13  Rybanska, V., McKay, R., Jong, J., & Whitehouse, H., 'Rituals Improve Children's Ability to Delay Gratification', *Child Development*, Vol. 89, No. 2, pp. 349–59 (2018).

14  Pew Research Center, 'Religious Landscape Study' (2014). www.pewresearch.org/religion/about-the-religious-landscape-study/에서 확인할 수 있다.

15  Pew Research Center, 'Young Adults Around the World Are Less Religious by Several Measures' (2018). www.pewresearch.org/religion/2018/06/13/young-adults-around-the-world-are-less-religious-by-several-measures/에서 확인할 수 있다.

16  Torchalla, I., Li, K., Strehlau, V., Linden, I. A., & Krausz, M., 'Religious Participation and Substance Use Behaviors in a Canadian Sample of Homeless People', *Community Mental Health Journal*, Vol. 50, No. 7, pp. 862–9 (2014).

17  Putnam, Robert D. & Campbell, David E., *American Grace: How Religion Divides and Unites Us*, Simon and Schuster (2010).

18  Chater, N. & Loewenstein, G., 'The I-frame and the S-frame: How Focusing on Individual-Level Solutions Has Led Behavioral Public Policy Astray', *Behavioral and Brain Sciences*, Vol. 46, No. E147 (2023). DOI: 10.1017/S0140525X22002023.

19  Beermann, V., Rieder, A., & Uebernickel, F., 'Green Nudges: How to Induce Pro-

environmental Behavior Using Technology', International Conference on Information Systems (2022).

20 https://citizensassembly.co.uk.

## 8장 돈벌이로 전락한 종교성

1 뉴크리에이션 교회는 이 점에서 무척 관대한 듯하다. 복음주의 기독교의 모든 교파에서 신도가 둘 이상의 전통적인 믿음을 동시에 신봉하는 것을 허용하지는 않는다.

2 Zengkun, F., 'Singapore Pastor Joseph Prince Goes Worldwide', Straits Times (2014년 10월 28일).

3 복음주의 교회는 교파에 따라 제공하는 실질적 혜택이 다르다는 점에도 주목해야 한다. 예컨대 보험 설계를 제공하는 교파도 있다. (Auriol, E., Lassebie, J., Panin, A., Raiber, E., & Seabright, P., 'God Insures Those Who Pay? Formal Insurance and Religious Offerings in Ghana', *Quarterly Journal of Economics*, Vol. 135, No. 4, pp. 1799 – 1848 (2020) 참조.)

4 'Tithes and Offerings', New Creation Church website: www.newcreation.org.sg/give/

5 Iannaccone, L. R., 'Sacrifice and Stigma: Reducing Free-Riding in Cults, Communes, and Other Collectives', *Journal of Political Economy*, Vol. 100, No. 2, pp. 271 – 91 (1992).

6 성선택에서 어떻게 종교가 배우자 가치를 나타낼 수 있느냐에 대한 논의로는 Slone, J. & Van Slyke, J. (Eds.), *The Attraction of Religion: A New Evolutionary Psychology of Religion*, Bloomsbury Academic (2015)을 참조하기 바란다.

7 Seabright, Paul, *The Divine Economy: How Religions Compete for Wealth, Power and People*, Princeton University Press (in press).

8 European Research Council, 'Unboxing Cultural Rituals: Christmas in Pandemic Times' (2020): https://erc.europa.eu/projects-figures/stories/unboxing-cultural-rituals-christmas-pandemic-times.

9 Pearson, B., 'Holiday Spending to Exceed $1 Trillion – And 11 Other Surprising Data Points of Christmas', *Forbes* (2016년 12월 22일): www.forbes.com/sites/bryanpearson/2016/12/22/holiday-spending-to-exceed-1-trillion-and-11-other-surprising-data-points-of-christmas/?sh=1ef611e1247f.

10 이런 이상심리학적 현상abnormal psychology이 현실에서 치매나 뇌손상으로 나타날 때는 '초자연적'이 아니지만, 우리의 직관적 기대를 위배한다는 점에서는 최소한으로 반직관적이므로, MCI 이론에 따르면 본질적으로 주목을 끌고, 기억에 남으며, 쉽게 전파된다.

11 Tang, F., 'China's Lunar New Year Spending Growth Slows to Decade Low Despite Record US$148.96 Billion Sales', *South China Morning Post* (2019년 2월 11일).
12 Guthrie, Stewart, *Faces in the Clouds: A New Theory of Religion*, Oxford University Press (1993).
13 Goffman, Erving, *The Presentation of Self in Everyday Life*, Doubleday Anchor (1959).
14 Guthrie, S., 'Bottles Are Men, Glasses Are Women: Religion, Gender, and Secular Objects', *Material Religion*, Vol. 3, No. 1, pp. 14–33 (2007).
15 Sharma, M. & Zillur, R., 'Anthropomorphic Brand Management: An Integrated Review and Research Agenda', *Journal of Business Research*, Vol. 149, pp. 463–75 (2022).
16 Strohminger, N. & Jordan, M. R., 'Corporate Insecthood', *Cognition*, Vol. 224, No. 105068 (2022). DOI: 10.1016/j.cognition.2022.105068.
17 앞의 책.
18 Moller, J. & Herm, S., 'Shaping Retail Brand Personality Perceptions by Bodily Experiences', *Journal of Retailing*, Vol. 89, No. 4, pp. 438–46 (2013).
19 Perez-Vega, R., Taheri, B., Farrington, T., & O'Gorman, K., 'On Being Attractive, Social and Visually Appealing in Social Media: The Effects of Anthropomorphic Tourism Brands on Facebook Fan Pages', *Tourism Management*, Vol. 66, pp. 339–47 (2018).
20 Huang, X., Li, X., & Zhang, M., ' "Seeing" the Social Roles of Brands: How Physical Positioning Influences Brand Evaluation', *Journal of Consumer Psychology*, Vol. 23, No. 4, pp. 509–14 (2013).
21 Folse, J. A. G., Netemeyer, R. G., & Burton, S., 'Spokescharacters', *Journal of Advertising*, Vol. 41, No. 1, pp. 17–32 (2012).
22 Kucuk, S. U., 'Reverse (Brand) Anthropomorphism: The Case of Brand Hitlerization', *Journal of Consumer Marketing*, Vol. 37, No. 6, pp. 651–9 (2020).
23 이하에서 인용된 이야기는 'I Can't Believe It's Pink Margarine', *99% Invisible* podcast (2021년 10월 19일)을 정리한 것이다. https://99percentinvisible.org/episode/i-cant-believe-its-pink margarine/transcript/.
24 'Butter vs Margarine: One of America's Most Bizarre Food Battles', *Distillations* podcast (2017년 11월 15일); www.sciencehistory.org/stories/distillations-pod/butter-vs-margarine/도 참조하기 바란다.
25 Slone, Jason D., *Theological Incorrectness: Why Religious People Believe What They*

*Shouldn't*, Oxford University Press (2004).

26　www.buycott.com.

27　https://donegood.co; https://blog.orangeharp.com.

28　Harcup, T. & O'Neill, D., 'What Is News? Galtung and Ruge Revisited', *Journalism Studies*, Vol. 2, No. 2, pp. 261–80 (2001).

29　www.niemanlab.org/2019/08/americans-with-less-education-are-more-likely-to-say-that-local-news-is-important-to-them-and-to-get-it-from-tv/(2019); www.latimes.com/entertainment/envelope/la-xpm-2013-apr-02-la-et-ct-nielsen-educated-viewers-watch-less-tv-20130401-story.html (2013).

30　Fehr, E. & Fischbacher, U., 'Third-Party Punishment and Social Norms', *Evolution and Human Behavior*, Vol. 25, No. 2, pp. 63–87 (2004).

31　Geraci, A. & Surian, L., 'Preverbal Infants' Reactions to Third-Party Punishments and Rewards Delivered Toward Fair and Unfair Agents', *Journal of Experimental Child Psychology*, Vol. 226, No. 105574 (2023). DOI: 10.1016/j.jecp.2022.105574.

32　Lee, Richard Borshay, *The !Kung San: Men, Women and Work in a Foraging Society*, Cambridge University Press (1979).

33　Morese, R., Rabellino, D., Sambataro, F., Perussia, F., Valentini, M. C., Bara, B. G., et al., 'Group Membership Modulates the Neural Circuitry Underlying Third Party Punishment', *PLoS ONE*, Vol. 11, No. 11, e0166357 (2016). DOI: 10.1371/journal.pone.0166357.

34　Buckholtz, J. W., Asplund, C. L., Dux, P. E., Zald, D. H., Gore, J. C., Jones, O. D., & Marois, R., 'The Neural Correlates of Third-Party Punishment', *Neuron*, Vol. 60, No. 5, pp. 930–40 (2008).

35　Apps, M. A. J., McKay, R., Azevedo, R. T., Whitehouse, H., & Tsakiris, M., 'Not On My Team: Medial Prefrontal Cortex Contributions to Ingroup Fusion and Fairness', *Brain and Behaviour*, Vol. 8, No. 8 (2018). DOI: 10.1002/brb3.1030.

36　Kantrowitz, A., 'The Man Who Built the Retweet: "We Handed a Loaded Weapon to 4-Year-Olds"', *BuzzFeed News* (2019년 7월 23일).

37　Brady, W. J., Wills, J. A., Jost, J. T., Tucker, J. A., & Van Bavel, J. J., 'Emotion Shapes the Diffusion of Moralized Content in Social Networks', *Proceedings of the National Academy of Sciences USA (PNAS)*, Vol. 114, pp. 7313–18 (2017); Crockett, M. J., 'Moral Outrage in the Digital Age', *Nature Human Behaviour*, Vol. 1, pp. 769–71 (2017);

Burton, J. W., Cruz, N., & Hahn, U., 'Reconsidering Evidence of Moral Contagion in Online Social Net works', *Nature Human Behaviour*, Vol. 5, pp. 1629-35 (2021).

38 Egebark, J. & Ekström, M., 'Like What You Like or Like What Others Like? Conformity and Peer Effects on Facebook', Research Institute of Industrial Economics, IFN Working Paper No. 886 (2011).

39 Jędryczka, W., Misiak, M., & Whitehouse, H., 'Explaining Political Polarization Over Abortion: The Role of Moral Values Among Conservatives', *Social Psychology*, Vol. 54, No. 4 (2023). DOI: 10.1027/ 1864-9335/a000525.

40 Curry, O. S., 'Morality as Cooperation: A Problem-Centred Approach', in Shackelford, T. K. & Hansen, R. D. (Eds.), *The Evolution of Morality*, Springer International Publishing (2016).

41 'Digital Propaganda or "Normal" Political Polarization? Case Study of Political Debate on Polish Twitter', Panoptykon Foundation: https:// panoptykon.org/twitter-report.

42 Palese, M., 'The Irish Abortion Referendum: How a Citizens' Assem bly Helped to Break Years of Political Deadlock', Electoral Reform Society (2018년 5월 29일): www.electoral-reform.org.uk/the-irish-abortion-referendum-how-a-citizens-assembly-helped-to-break-years-of-political-deadlock/.

43 Kantrowitz, A., 'The Man Who Built the Retweet'.

44 www.newscientist.com/article/2217937-whatsapp-restrictions-slow-the-spread-of-fake-news-but-dont-stop-it/.

## 9장 결집하거나 증오하거나, 부족주의의 두 얼굴

1 O'Brien, N., 'Interview with a Former Terrorist: Nasir Abbas' Deradicalization Work in Indonesia', *CTC Sentinel*, Vol. 1, No. 12 (2008).

2 Letzing, J. & Berkley, A., 'Is the Internet Really More Effective at Radi calizing People than Older Media?', *The Digital Economy*, World Economic Forum (2021). www.weforum.org/agenda/2021/07/is-the-internet-really-more-effective-at-radicalizing-people-than-older-media/에서 확인할 수 있다.

3 'The Use of Social Media by United States Extremists', National Consortium for the Study of Terrorism and Responses to Terrorism (START) (2023). www.start.umd.edu/pubs/START_PIRUS_UseOfSocialMediaByUSExtremists_ResearchBrief_July2018.pdf 에서 확인할 수 있다.

4   Kavanagh, C. M., Kapitány, R., Putra, I. E., & Whitehouse, H., 'Exploring the Pathways Between Transformative Group Experiences and Identity Fusion', *Frontiers in Psychology*, Vol. 11, No. 1172 (2020). DOI: 10.3389/fpsyg.2020.01172.

5   Courchesne, L., Rasikh, B., McQuinn, B., & Buntain, C., 'Powered by Twitter? The Taliban's Takeover of Afghanistan', Centre for Artificial Intelligence, Data, and Conflict (2022). www.tracesofconflict.com/_files/ugd/17ec87_19ecafa8cf1046af8554251 bce0aaf6f.pdf에서 확인할 수 있다.

6   Ebner, J., Kavanagh, C., & Whitehouse, H., 'Is There a Language of Terrorists? A Comparative Manifesto Analysis', *Studies in Conflict and Terrorism* (2022). DOI: 10.1080/1057610X.2022.2109244.

7   Buhrmester, M. D., Fraser, W. T., Lanman, J. A., Whitehouse, H., & Swann, W. B., Jr., 'When Terror Hits Home: Identity Fused Americans Who Saw Boston Bombing Victims as "Family" Provided Aid', *Self & Identity*, Vol. 14, No. 3, pp. 253–70 (2015).

8   Marks, G. & Miller, N., 'Ten Years of Research on the False-Consensus Effect: An Empirical and Theoretical Review', *Psychological Bulletin*, Vol. 102, No. 1, pp. 72–90 (1987).

9   Klein, J. W., Bastian, B., Odjidja, E. N., Ayaluri, S. S., Kavanagh, C. M., & Whitehouse, H., 'Ingroup Commitment Can Foster Intergroup Trust' (in preparation).

10  Suedfeld, P., Tetlock, P. E., & Streufert, S., 'Conceptual/Integrative Complexity', in Smith, C. P., Atkinson, J. W., McClelland, D. C., & Veroff, J. (Eds.), *Motivation and Personality: Handbook of Thematic Content Analysis*, Cambridge University Press (1992).

11  Suedfeld, P. & Tetlock, P., 'Integrative Complexity of Communications in International Crises', *Journal of Conflict Resolution*, Vol. 21, No. 1 (1977), pp. 169–84.

12  Suedfeld, P. & Bluck, S., 'Changes in Integrative Complexity Prior to Surprise Attacks', *Journal of Conflict Resolution*, Vol. 32, No. 4 (1988). DOI: 10.1177/0022002788032004002

13  Pruitt, D. G. & Lewis, S. A., 'Development of Integrative Solutions in Bilateral Negotiation', *Journal of Personality and Social Psychology*, Vol. 31, No. 4, pp. 621–33 (1975).

14  Johnson, Dominic, *Overconfidence and War: The Havoc and Glory of Positive Illusions*, Harvard University Press (2004).

15  Suedfeld, P., 'The Cognitive Processing of Politics and Politicians: Archival Studies of Conceptual and Integrative Complexity', *Journal of Personality*, Vol. 78, No. 6, pp.

1669–1702 (2010).

16 Ebner, J. & Whitehouse, H., 'Identity and Extremism: Sorting Out the Causal Pathways to Radicalisation and Violent Self-sacrifice', in Busher, J., Malkki, L., & Marsden, S. (Eds.), *Routledge Handbook on Radicalisation and Countering Radicalisation*, Routledge (2023).

17 이 프로젝트는 옥스퍼드대학교 모들린칼리지의 Calleva Centre로부터 지원을 받았다.

18 Villettaz, P., Gillieron, G., & Killias, M., 'The Effects on Re-offending of Custodial vs. Non-custodial Sanctions: An Updated Systematic Review of the State of Knowledge', *Campbell Systematic Reviews*, Vol. 11, No. 1, pp. 1–92 (2015).

19 Suzanne Reich, Senior Lecturer (Criminology and Criminal Justice) and Program Director (School of Law and Justice, University of Southern Queensland) – 개인적 대담.

20 Dobbie, W. S., and Yang, C. S., 'The Economic Costs of Pretrial Detention', *Research Briefs in Economic Policy*, No. 283 (2022). www.cato.org/research-briefs-economic-policy/economic-costs-pretrial-detention에서 확인할 수 있다.

21 Whitehouse, H. & Fitzgerald, R., 'Fusion and Reform: The Potential for Identity Fusion to Reduce Recidivism and Improve Reintegration', *Anthropology in Action*, Vol. 27, No. 1, pp. 1–13 (2020).

22 Newson, M., Bortolini, T. S., da Silva, R., Buhrmester, M., & White house, H., 'Brazil's Football Warriors: Social Bonding and Inter-group Violence', *Evolution and Human Behavior*, Vol. 39, No. 6, pp. 675–83 (2018).

23 Newson, M. & Whitehouse, H., 'The Twinning Project: How Football, the Beautiful Game, Can Be Used to Reduce Reoffending', *Prison Service Journal*, Vol. 248, pp. 28–31 (2020).

24 Newson, M., Peitz, L., Cunliffe, J., & Whitehouse, H., 'Pathways to Fusion in Prison: The Effects Attachment and Personal Transformation on the Twinning Project' (in preparation).

25 Newson, M., Peitz, L., Cunliffe, J., & Whitehouse, H., 'Improving Prison Behaviour and Receiving Community Attitudes Through Football' (in preparation).

26 Reich, S., Buhrmester, M. B., & Whitehouse, H., 'Identity Fusion and Going Straight: How Disclosure of Life-Changing Experiences Can Impact Ethical Hiring Practices and Positive Reintegration Outcomes', *Journal of Business Ethics* (under review).

## 맺는말

1 'The History of The World: Every Year': www.youtube.com/watch?v=-6Wu0Q7x5D0.
2 www.parliament.scot/about/how-parliament-works/sustainability.
3 www.oxfam.org/en/press-releases/richest-bag-nearly-twice-much-wealth-rest-world-put-together-over-past-two-years.
4 이 점에 관련해서는 내셔널지오그래픽 채널의 다큐멘터리 시리즈에서 종교의 기원에 대해 배우 모건 프리먼과 진행한 인터뷰를 참조하기 바란다. www.youtube.com/watch?v=IZhJicFWEu0
5 Whitehouse, H., 'From Conflict to Covid: How Shared Experiences Shape Our World and How They Could Improve It', *New England Journal of Public Policy*, Vol. 33, No. 2 (2021). https://scholarworks.umb.edu/nejpp/vol33/iss2/7/에서 확인할 수 있다.
6 Curry, O. S., Hare, D., Hepburn, C., Johnson, D. D. P., Buhrmester, M. D., Whitehouse, H., & Macdonald, D. W., 'Cooperative Conservation: Seven Ways to Save the World', *Conservation Science and Practice*, Vol. 2, No. 1 (2019). DOI: 10.1111/csp2.123.
7 Buhrmester, M. D., Burnham, D., Johnson, D. D. P., Curry, O. S., Macdonald, D. W., & Whitehouse, H., 'How Moments Become Movements: Shared Outrage, Group Cohesion, and the Lion That Went Viral', *Frontiers in Ecology and Evolution*, Vol. 6, No. 54 (2018). DOI: 10.3389/fevo.2018.00054
8 Jacobs, A. J., 'The World's Largest Family Reunion ... We're All Invited!', TEDActive (2014). www.ted.com/talks/a_j_jacobs_the_world_s_largest_family_reunion_we_re_all_invited?language=en에서 확인할 수 있다.
9 Reinhardt, L. & Whitehouse, H., 'Why Care for Humanity?' (submitted).
10 Cowan, M., 'Inclusiveness, Foresight, and Decisiveness: The Practical Wisdom of Barrier-Crossing Leaders', *New England Journal of Public Policy*, Vol. 29, No. 1, Article 14 (2017).
11 Buhrmester, M. D., Cowan, M. A., & Whitehouse, H., 'What Motivates Barrier-Crossing Leadership?', *New England Journal of Public Policy*, Vol. 34, No. 2, Article 7 (2022). https://scholarworks.umb.edu/nejpp/vol34/iss2/7/에서 확인할 수 있다.

# 찾아보기

## ㄱ

가내 생산 방식 194
갈바닉 피부 반응(GSR) 139
거스리, 스튜어트 346~347
공리주의 305
공포 관리 이론(TMT) 228~230
과민한 행위자 탐지 장치(HADD) 95
과잉 모방 49~53, 58, 165
괴베클리 테페 159~169, 178~182, 201, 443
구석기 140, 165, 190, 234, 411, 443
군장 23, 202, 213~214, 216, 218, 220~221, 224, 226, 256, 261, 311~312, 320~321, 403, 408
굽타 제국 245
기독교 73~74, 76~77, 110, 170, 176, 240, 249, 280, 285, 299, 337, 339, 340~341, 343, 350, 422, 431
깨어있는 자본주의 315

## ㄴ

나람신, 아카드 왕 215~216
나이지리아 126
나푸아트, 앤드루 솔로몬 401
남수단 111

남아메리카 26, 105, 165, 202, 214, 227, 407
네바다, 미국 41
농업 165, 177~178, 184, 187~191, 194, 198, 201, 211~212, 258~260, 293~294, 424
뉴슨, 마사 413~414
뉴욕, 미국 47, 307
뉴질랜드 221

## ㄷ

단기적 사고 193, 321, 326~327
데인, 데이비드 412~413
도덕성 회복 운동 281
도덕적 종교 28, 354, 433
동남아시아 154, 202
동일시 266~271, 282~284, 286, 378, 394

## ㄹ

라자스탄, 인도 40
러시아 285
레가레, 크리스틴 37
레이워스, 케이트 315
레젠바누, 랄프 306
래티머, 휴 283
리들리, 니컬러스 283

리반스카, 베로니카 324
리비아 23, 117~119, 147~148, 150~152, 271, 276, 282, 386~387

ㅁ

마가린 349
마나 221
마녀 18, 79, 83, 91, 343, 344
마다가스카르 88, 202, 226
마르크스, 칼 249
마셜, 앨프리드 305
마야 문명 214
마음 이론 86
말레이시아 41
말리노프스키, 브로니스와프 309
맥케이, 라이언 22
맥퀸, 브라이언 114~117, 387
머스크, 일론 429~430
메르가르, 파키스탄 201
메소아메리카 202, 222, 277
메소포타미아, 고대 185, 201, 214~215, 221, 259~260, 279
모방 13, 27, 35~39, 44, 49, 50~66, 165, 319, 323
모방 문화 35
문화 상대주의 104
미국 68, 83, 202, 272, 277, 282, 326~327, 345, 349, 382~383, 426, 440
미노스 문명 204
미스라타, 리비아 115~118, 147, 150
미얀마 216
미크로네시아 106

민족주의 131, 264, 287, 376
민족지학 23, 186~188, 211, 216, 312
밀, 존 스튜어트 305
밀그램, 스탠리 65

ㅂ

바누아투, 바누아투공화국 23, 306~307, 323, 401, 408
바르트, 프레드리크 134, 264
발루치스탄, 파키스탄 201
발리 382, 432
방사모로 393
배럿, 저스틴 91
버터 349
번식 의식 135, 144
베이닝족 70~71, 73~74, 173, 179, 217~219, 263, 299, 307, 313
벤담, 제러미 305
벨기에 269
벨루오리존치, 브라질 251~252
벨파스트, 북아일랜드 186, 374
벵거, 아르센 412
복합 사회 76, 185, 268, 271, 359
볼리비아 202
부아예, 파스칼 82, 97
부아지지, 무함마드 386
부어메스터, 마이클 272
부족주의 13, 29~30, 114, 155, 251, 255, 262, 273, 277, 280, 374, 378~379, 400, 407, 413, 415~418, 435
  신성한 가치 276, 280~287, 385
  자기희생 40, 114, 118~121, 144, 147,

찾아보기 **481**

149~154, 253, 269, 276, 287, 390
폭력 124, 126, 129, 152, 257, 260~261, 268~270, 281, 285~287, 374~380, 383, 388~393, 406~408
북아메리카 16, 105, 125, 214, 224
북아일랜드 분쟁 144~146, 376
불교 19, 79, 240, 246, 339, 431
브라질 12, 23, 251, 253, 407
브래티, 조 262~264, 265~266
블레어, 토니 398

ㅅ
사일로 문제 21
사회적 복잡성 164, 233~236, 241, 255, 259
살린스, 마셜 194
상상의 공동체 166, 175, 263, 297, 385, 394, 411
상호 확증 파괴 393
샨 주, 미얀마 216
서아프리카 126, 152
선택편향 231
세샤트 232~238, 241~242, 248, 255, 257
셰익스피어, 윌리엄 349
순응 편향 54, 56, 58, 66, 165
순응주의 13, 27, 54~55, 59~60, 65~66, 172~173, 203, 208, 292~298, 308, 319, 329, 366, 445
슈미트, 클라우스 160
스완, 윌리엄 129~130, 283
스파르타 274~275
스페인 223, 249
슬로바키아 324

시리아 167~168
식민지화 261, 298, 332
신석기 160, 167, 177, 181, 190, 193~199, 209~211, 292, 296, 424, 430~431
신석기 혁명 177, 190
실체주의자 306, 308, 315
싯다르타 고타마 240
싱가포르 337~340

ㅇ
아르헨티나 202
아마존 지역 125, 134
아시리아 245
아이네이아스 탁티쿠스 274
아잔데족 111
아즈텍 제국 214, 222, 247, 259
아카드 제국 214~216, 245
아케메네스 제국 245
아테네, 고대 274~275
아트란, 스콧 281
아프가니스탄 380~382, 386~387
아프리카, 사하라 이남 215, 277
앳킨슨, 퀸틴 24, 186~188
야생의 도덕 359
야생의 종교 67, 78~79, 84~85, 87, 89, 112
 의인화 92, 346~348
 전염성 88~89
에번스프리처드, 에드워드 111, 117
에브너, 율리아 389, 400
에콰도르 202
엘더, 레이먼드 374~375
역사의 집 195~198, 210, 322

영국 48, 89, 251, 269, 295, 317, 389, 398,
    400, 408~409, 413
예수 284, 338~339
오르모 로드, 벨파스트 274, 376
오스만 제국 248
오스트레일리아 90, 120, 125, 134, 304, 402
옥스퍼드셔, 잉글랜드 109, 312
우드번, 제임스 191
우르파, 아나톨리아 166~168, 170
우크라이나 285
웨더얼, 크리스 364
유교 245, 280
유대교 244, 435
의례 27, 40~41, 45~49, 54~55, 57~65, 88,
    94, 126~128, 133~135, 138~139, 159,
    161, 163, 164~165, 166, 168~176,
    177~184, 186~191, 196~199, 204,
    207~209, 264~265, 296~297, 299~302,
    306~318, 322~329, 343, 414, 426
  통과의례 72, 437
의례의 동물 39, 40
의미 기억 265~266
이라크 152, 168, 282, 285, 398~399
이란 243, 282
이스라엘 243, 280
이스터섬 221
이슬람 126, 280, 285, 318, 350, 372, 384~
    385, 387
이슬람 국가 285, 316, 372, 387
이집트, 고대 200, 202, 215, 225, 232, 239~
    240, 259, 261, 286, 429~430
인간 제물 108, 222~231, 236~237

인도 16, 92, 243
인도네시아 23, 41, 380~385, 394
인지종교학 84
일본 23, 244
일상화 174~179, 182~183, 186~188, 190~
    191, 194, 196~199, 202, 244, 264, 296~
    297, 302, 313~318, 322~332, 357, 411,
    414, 423, 426~428
일화 기억 265
입문 의식 72, 123~127, 134~135, 139, 152~
    153, 169, 263, 264~265, 300, 436~437
잉카, 잉카 제국 202, 221, 223, 227, 230,
    237, 260, 428~429

ㅈ

자본주의 280, 297, 300~302, 304~309,
    310~316, 320~321, 334, 428, 444
자연선택 17, 19, 81, 420
자카르타, 인도네시아 380, 383
재커리, 오티스 154
잭슨, 제시 416
저커버그, 마크 363
전쟁 118, 122~123, 251, 254~258, 260~261,
    273~277, 280, 376~379, 381~391
정체성 융합 128~135, 144~147, 149~150,
    262~263, 267, 269~272, 282~283,
    376~380, 415~416, 436, 441
  확장 융합 271~277, 282~287, 388, 394,
    411
제단 의식 142~143
제마 이슬라미야 380
종교 편향 74, 85, 107, 209, 259, 346, 349,

352, 354

종교성 13, 81, 98, 106~107, 134, 293, 329, 337, 371~372, 434

초자연적 존재 76, 79, 82, 96~97, 99, 107, 111, 205, 213, 225, 343, 350

주나라 237~238, 245

진나라 238, 245

짐바브웨 435

집단 정렬 128, 166, 264

**ㅊ**

차탈회위크 178~186, 190, 195~196, 201, 210, 291~292, 322

최소한으로 반직관적(MCI) 98~99, 103

축의 시대 240~243, 279~280, 341, 442

친족 선택 104, 132

칠레 202

칭하이성, 중국 16

**ㅋ**

카다피, 무아마르 114~115, 117, 276

카메룬 23, 83, 126

캐나다 192, 327

캐배너, 크리스 389

커맨셜리티 329~330

케르메즈 데레 169

코비, 앨런 428

쿨라, 쿨라 교환 309~311, 321

크노소스, 크레타 200, 203~204

크랜머, 토머스 283

키붕 67, 71, 74~78, 174~176, 179, 206~208, 264~265, 300~302,

313~314, 316, 332~336, 341~342, 410, 422~423, 430, 432, 444

**ㅌ**

탄자니아 191

태국 16

태평양 213, 221, 226, 306~307, 309

터친, 피터 232, 258

테라 부족 441

텔 할룰라, 시리아 167

템스강 109~110

튀니지 386

튀르키예 159, 167, 181, 292

트로브리안드 군도 309~312

트위닝 프로젝트 412~416

특권 편향 51, 54

**ㅍ**

파머, 월터 435

파키스탄 15, 154

파푸아뉴기니 10, 20~21, 23, 48, 67, 82, 88, 121, 123, 125~126, 130, 135~136, 139, 168, 175~176, 217, 221, 298~299, 301, 303, 332~333, 376, 422~423

조상숭배 15~16, 207, 209, 211~212, 229~230, 339, 345

팔레스타인 210, 243

페니키아 245

페루 202, 257

포르투갈 249

폭스, 존 153~154

폴란드 366~368

폴리네시아 202, 221, 224~246, 256
프랑수아, 피터 232
피츠제럴드, 로빈 405
필리핀 380~381

## ㅎ

하라파 문명 185~186
하와이 214, 221
하자족 191~192
한나라 238, 240, 245, 280
할둔, 이븐 277~279
해리스, 콘로이 410
형식주의자 305, 308
형제애 152~154, 267
호더, 이언 179
호퍼, 에릭 54
호혜성 104, 191, 237, 246, 248~250
환경 문제 314~315, 317, 319, 432
환원주의 19, 84
황하 201
효용 305~306, 308
후세인, 사담 398
히타이트 제국 245, 259

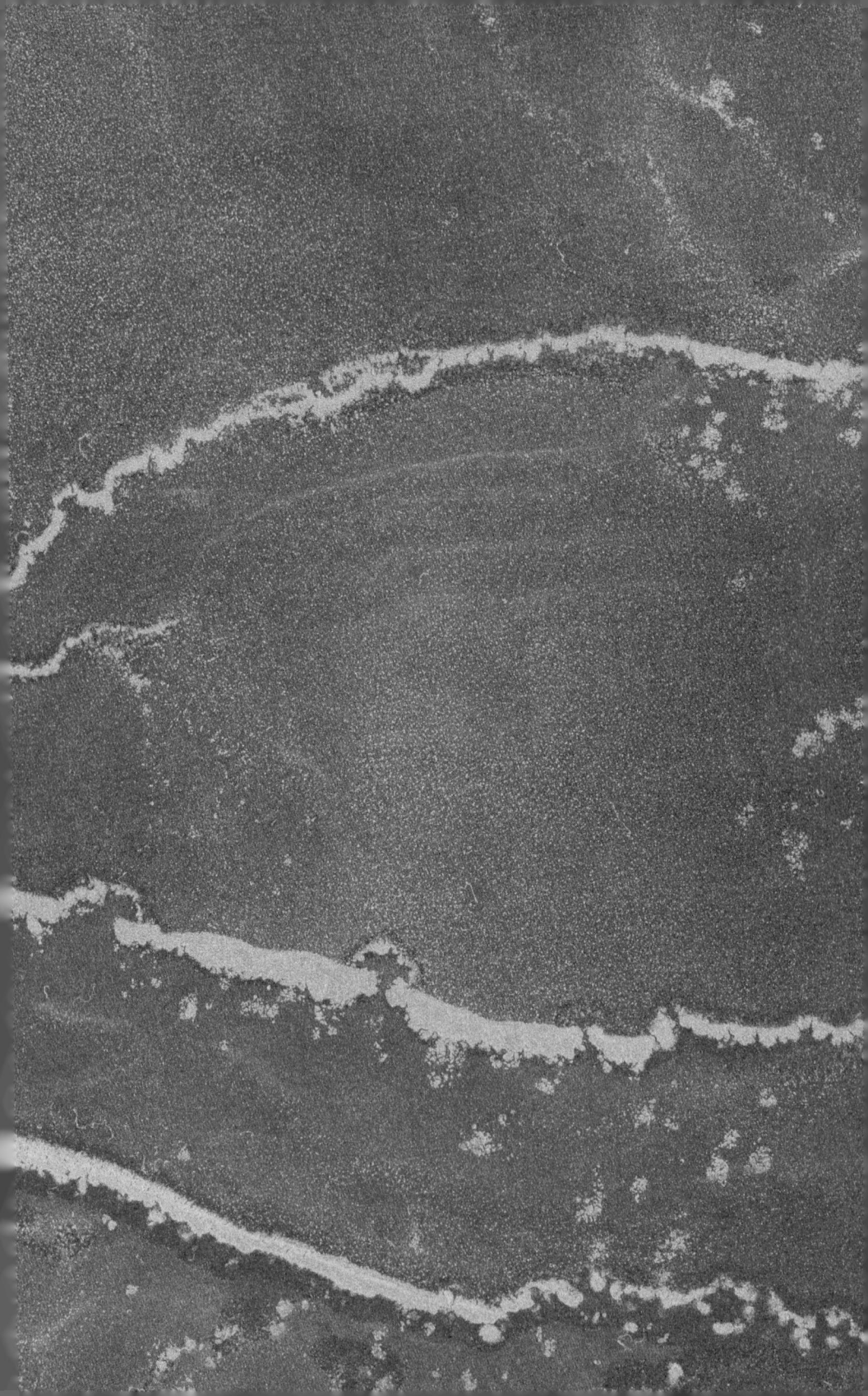

# INHERITANCE

# 인간 본성의 역습

**초판 1쇄 인쇄** 2025년 12월 2일
**초판 1쇄 발행** 2025년 12월 10일

**지은이** 하비 화이트하우스
**옮긴이** 강주헌
**펴낸이** 최순영

**출판2 본부장** 박태근
**지식교양 팀장** 송두나
**편집** 맹준혁
**교정교열** 김수연
**디자인** 윤정아

**펴낸곳** ㈜위즈덤하우스  **출판등록** 2000년 5월 23일 제13-1071호
**주소** 서울특별시 마포구 양화로 19 합정오피스빌딩 17층
**전화** 02) 2179-5600  **홈페이지** www.wisdomhouse.co.kr

ISBN 979-11-7171-552-7  03180

- 이 책의 전부 또는 일부 내용을 재사용하려면 반드시 사전에 저작권자와 ㈜위즈덤하우스의 동의를 받아야 합니다.
- 인쇄·제작 및 유통상의 파본 도서는 구입하신 서점에서 바꿔드립니다.
- 책값은 뒤표지에 있습니다.